#MUTED

kandismon

#1

papertoons

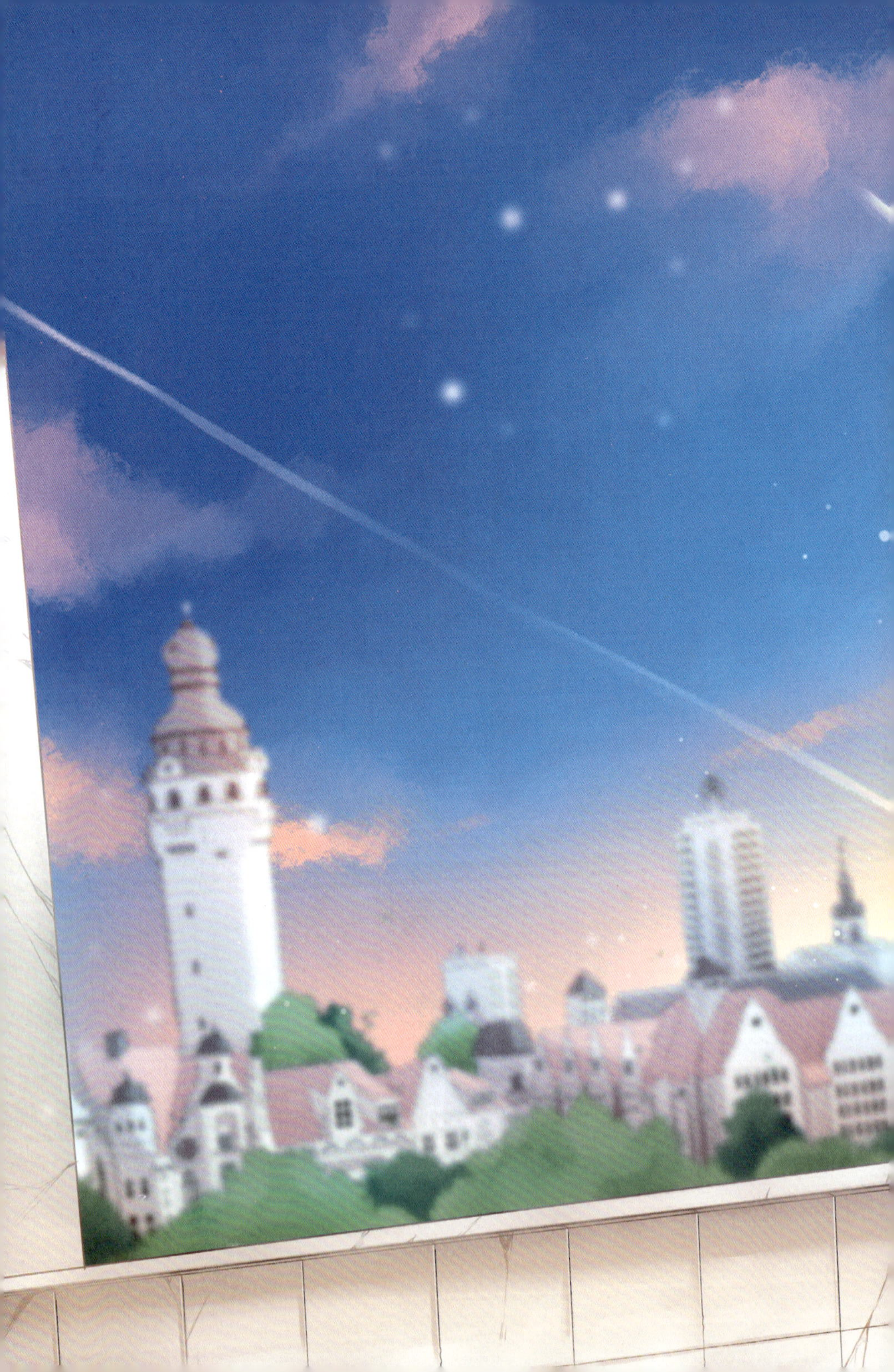

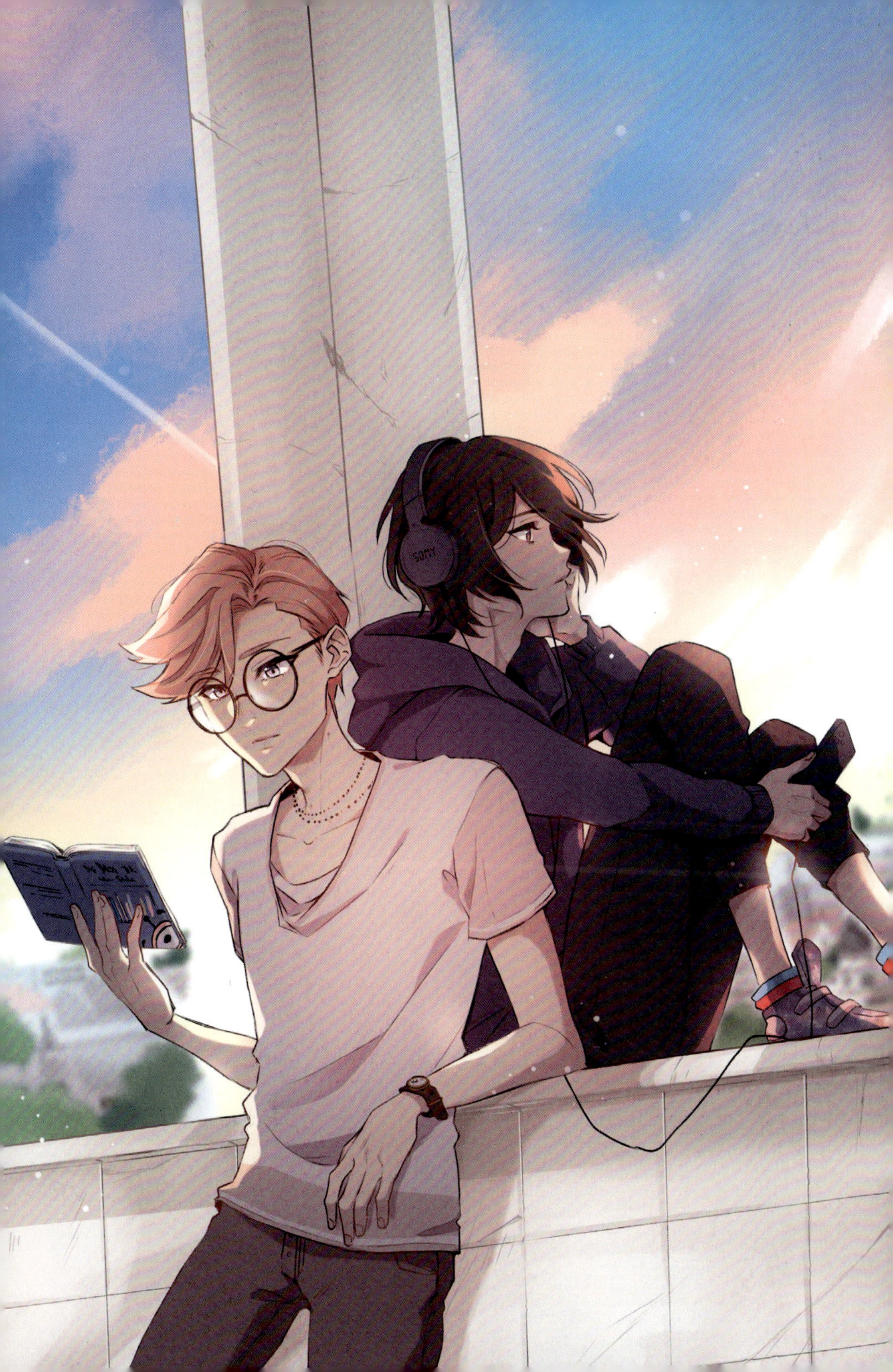

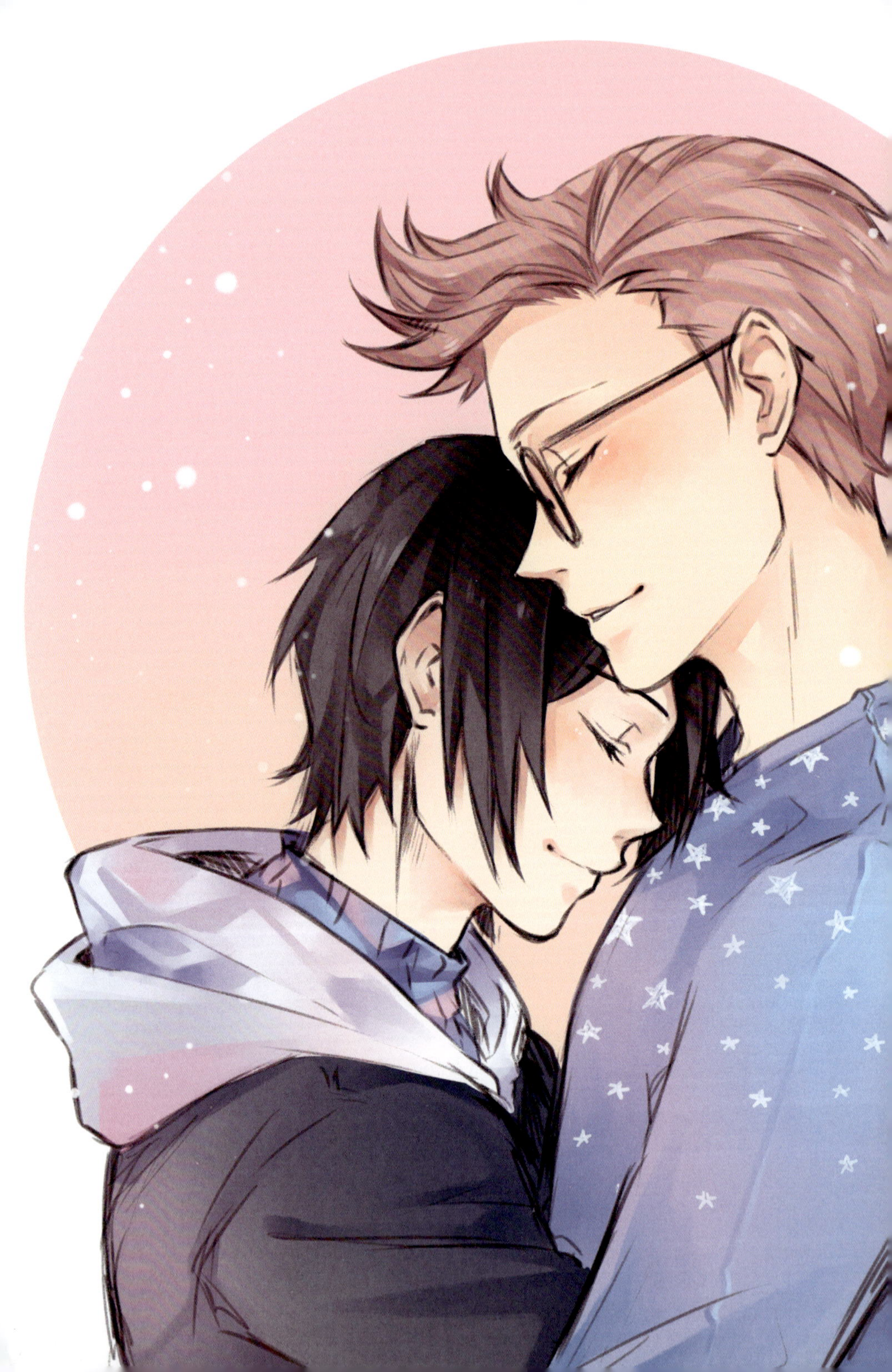

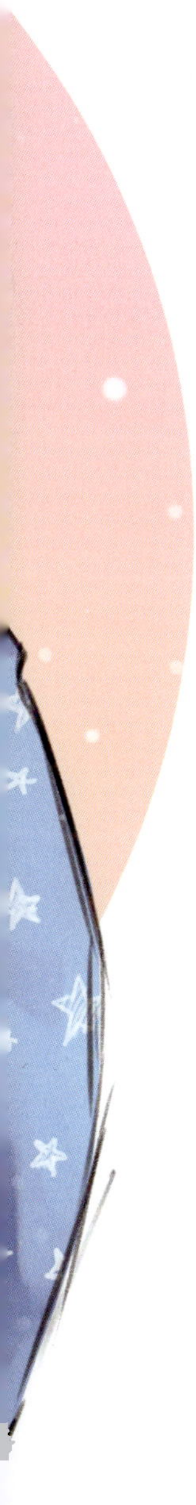

INHALTSVERZEICHNIS

#MUTED

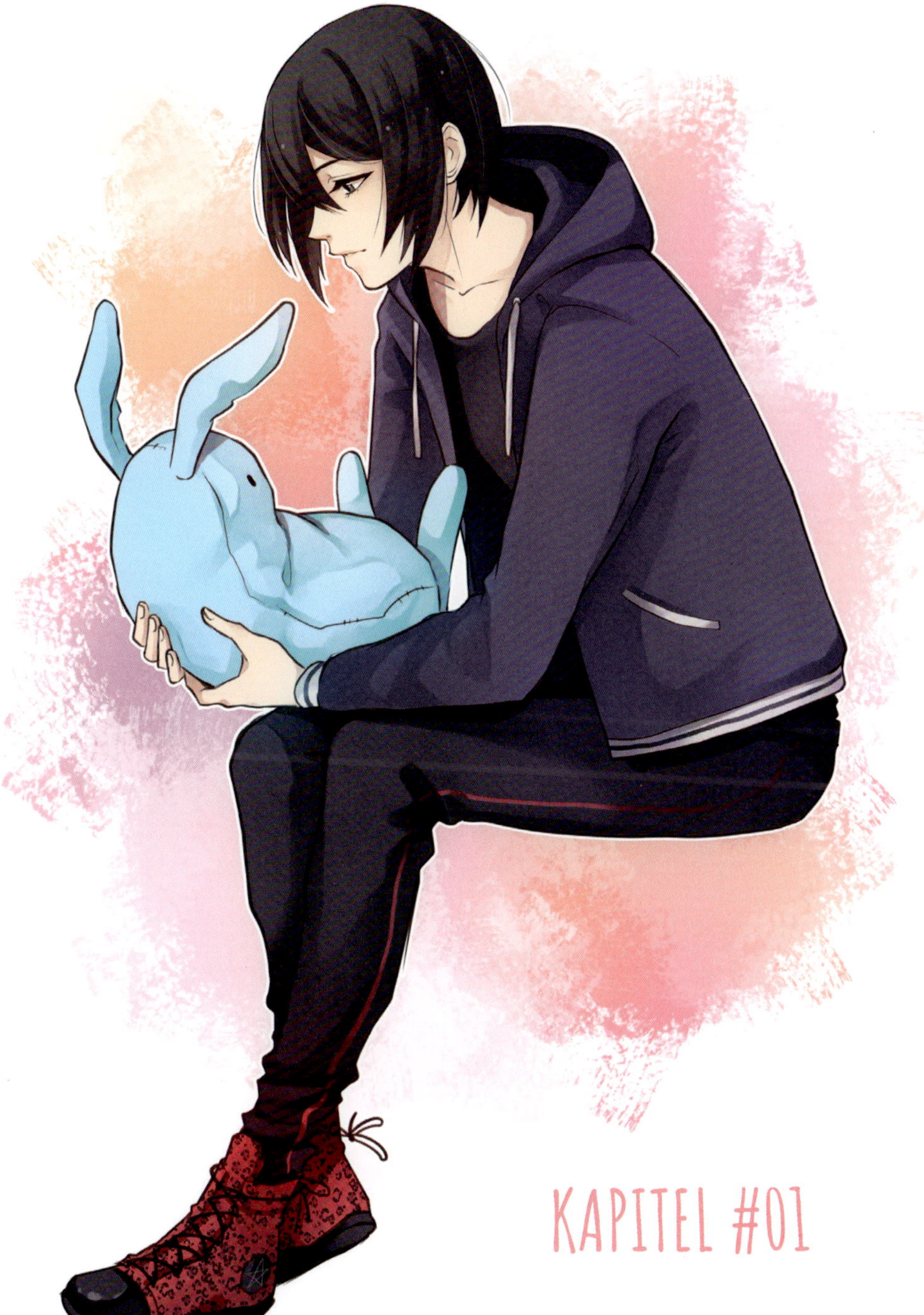

KAPITEL #01

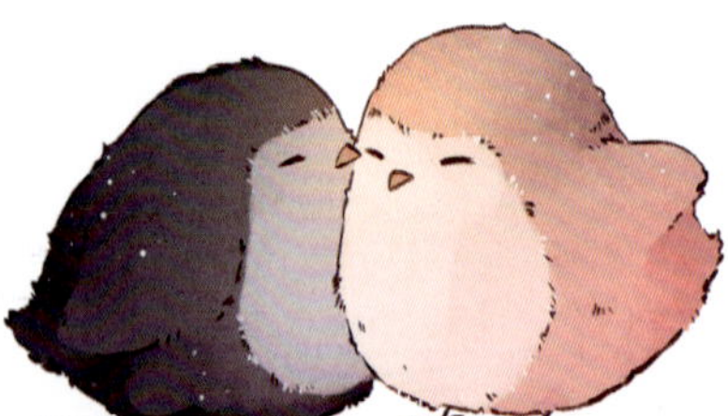

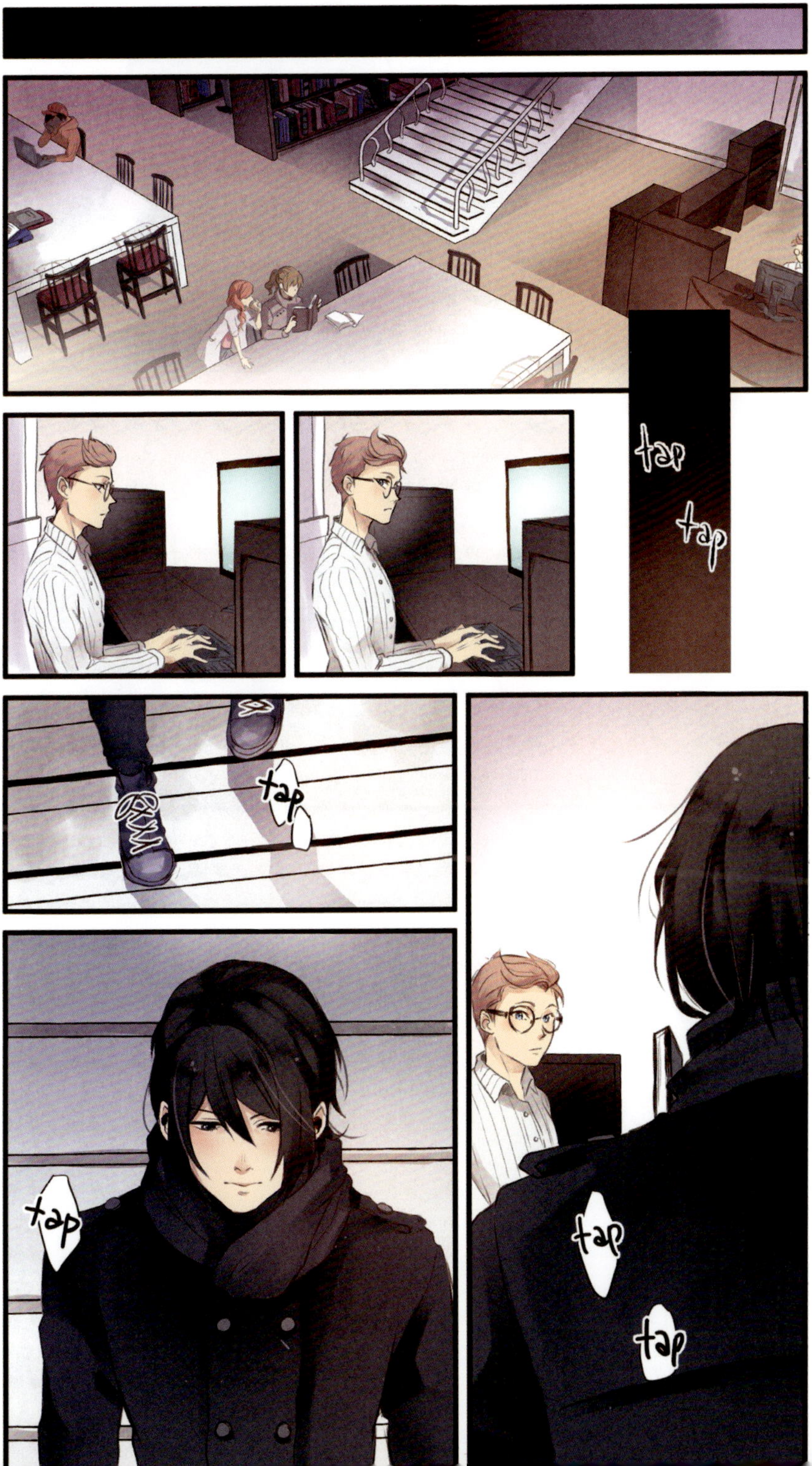
tap
tap
tap
tap
tap
tap

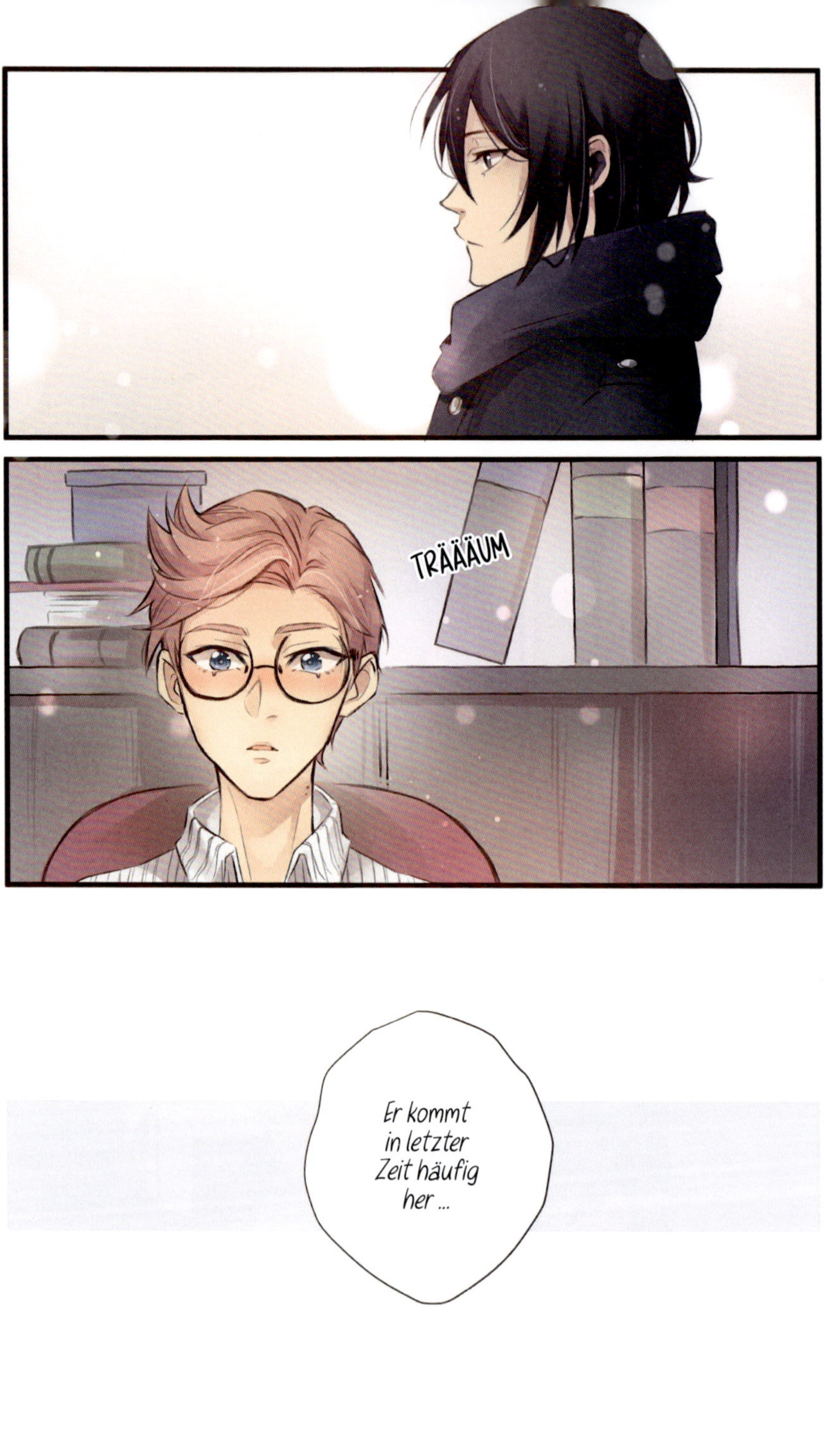
TRÄÄÄUM
Er kommt in letzter Zeit häufig her ...

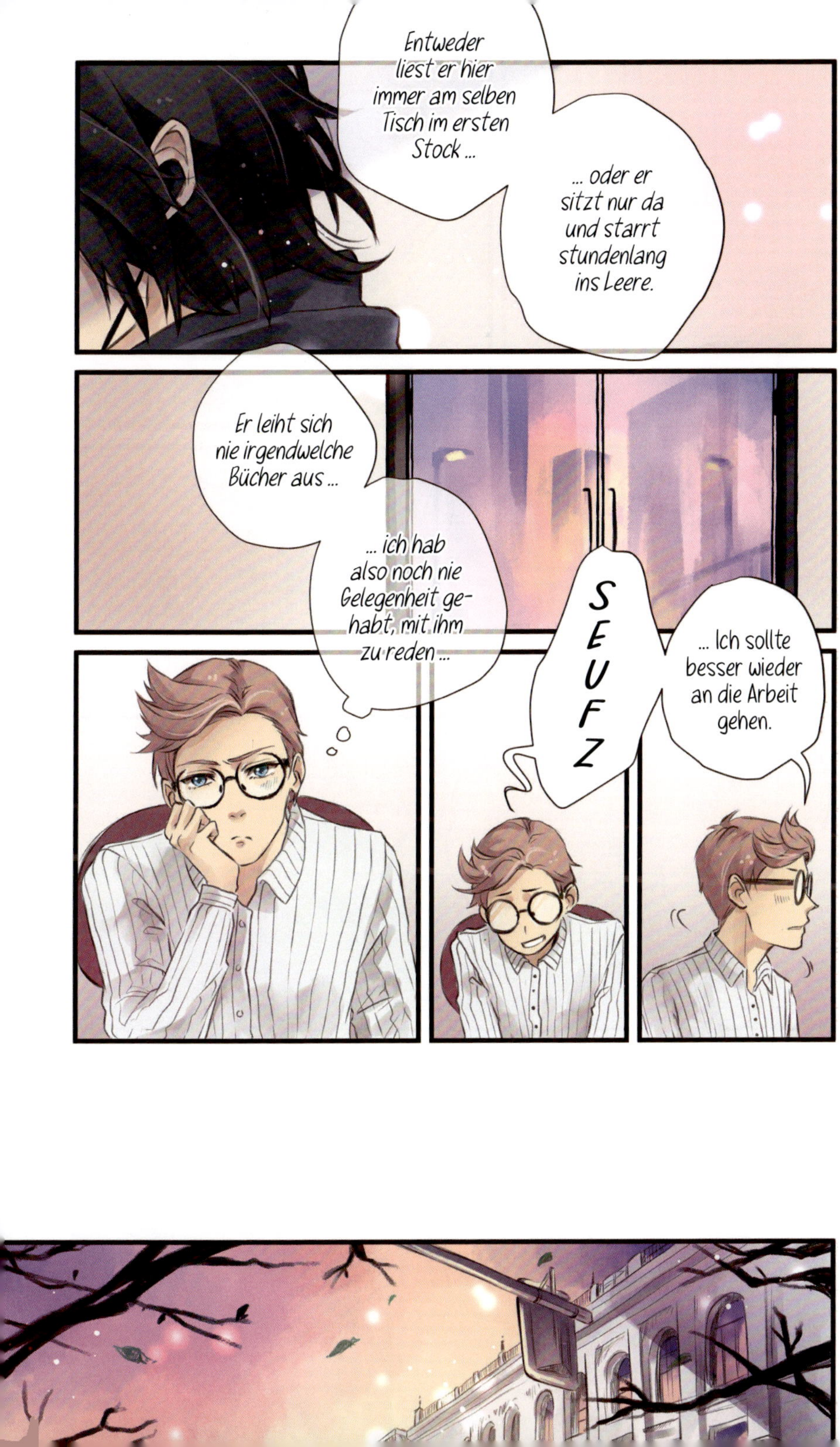

Entweder liest er hier immer am selben Tisch im ersten Stock ...
... oder er sitzt nur da und starrt stundenlang ins Leere.
Er leiht sich nie irgendwelche Bücher aus ...
... ich hab also noch nie Gelegenheit gehabt, mit ihm zu reden ...
SEUFZ
... Ich sollte besser wieder an die Arbeit gehen.

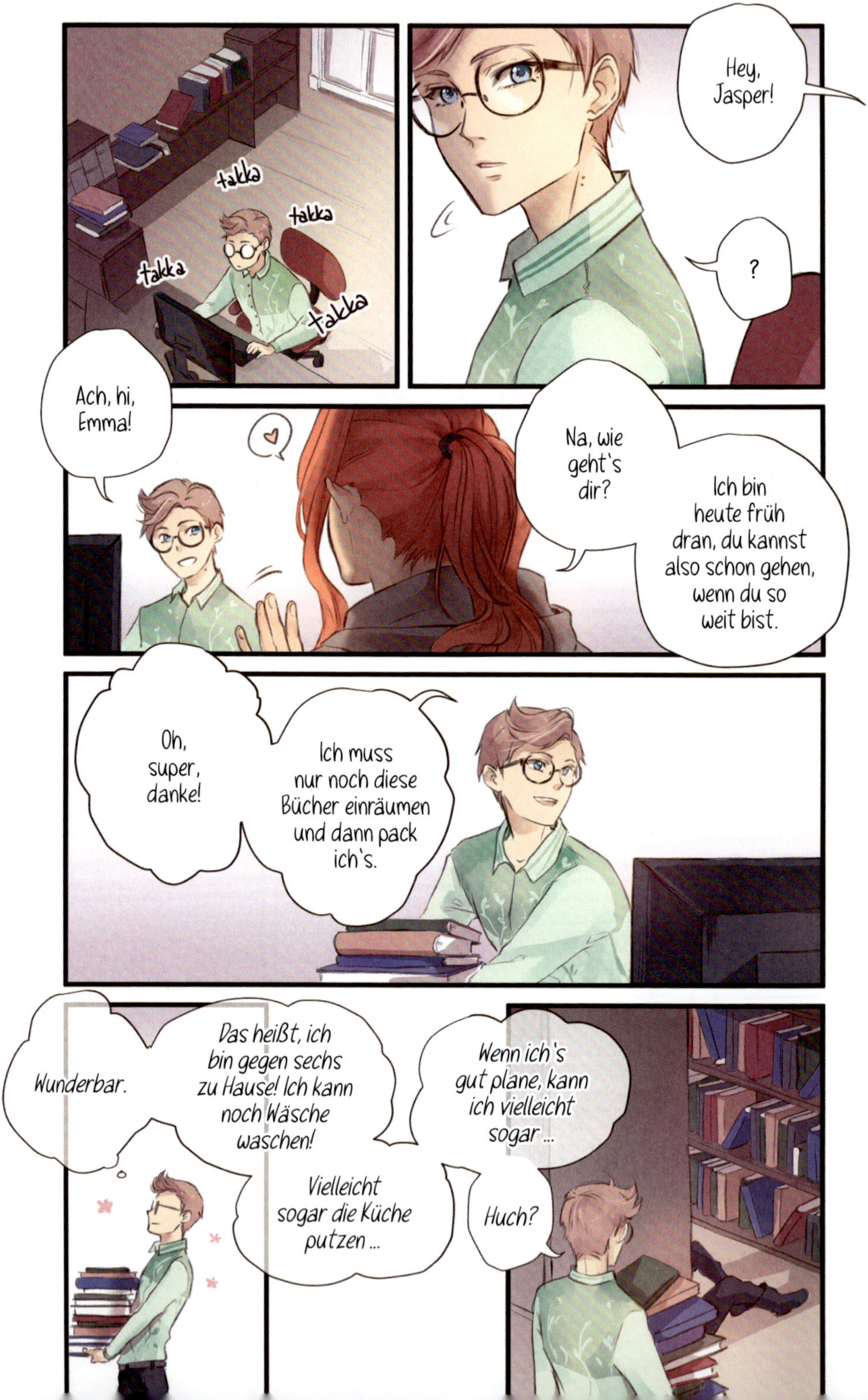
takka
takka
takka
takka
Hey, Jasper!
?
Ach, hi, Emma!
Na, wie geht's dir?
Ich bin heute früh dran, du kannst also schon gehen, wenn du so weit bist.
Oh, super, danke!
Ich muss nur noch diese Bücher einräumen und dann pack ich's.
Wunderbar.
Das heißt, ich bin gegen sechs zu Hause! Ich kann noch Wäsche waschen!
Vielleicht sogar die Küche putzen ...
Wenn ich's gut plane, kann ich vielleicht sogar ...
Huch?

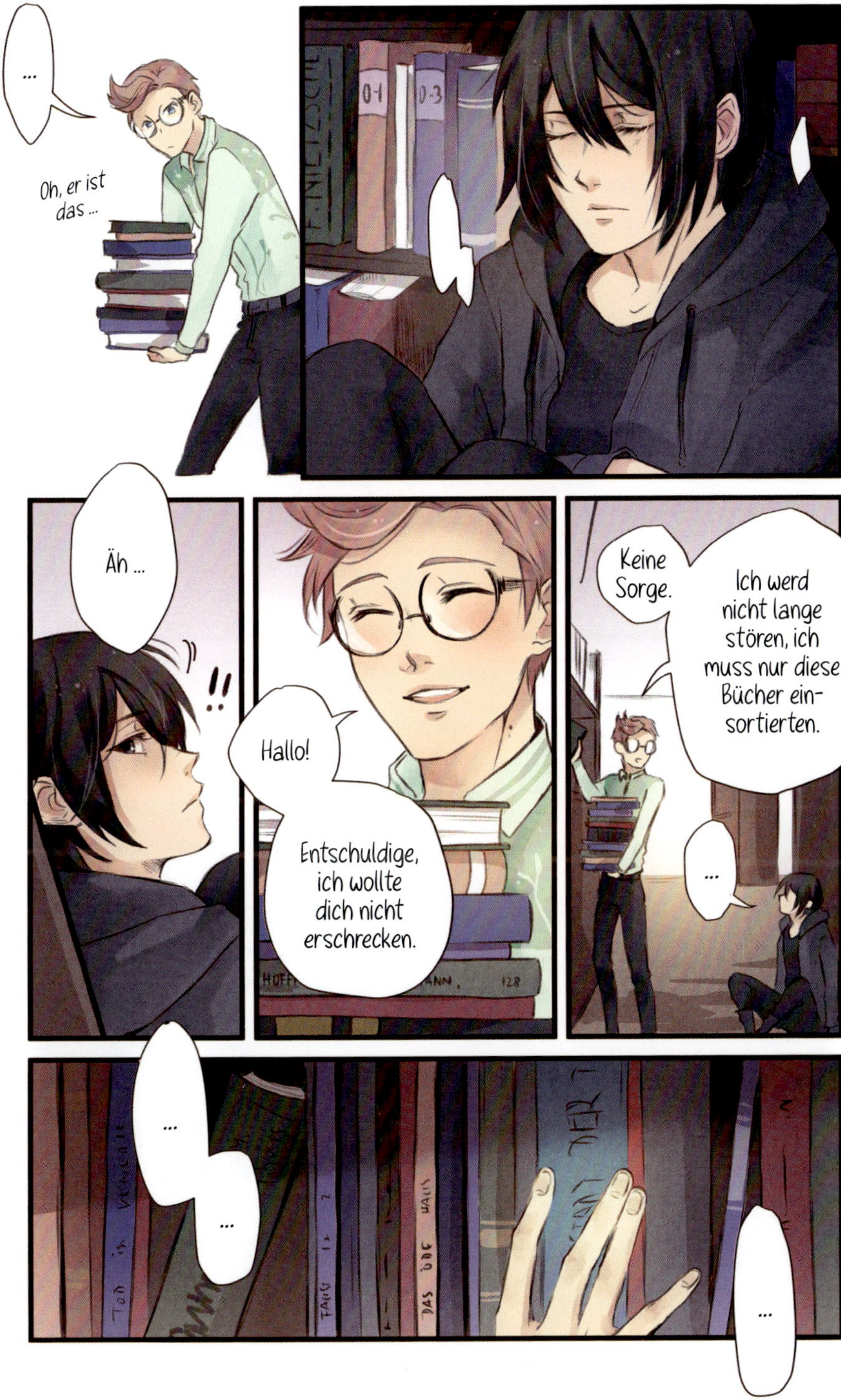
…
Oh, er ist das …
Äh …
Hallo!
Entschuldige, ich wollte dich nicht erschrecken.
Keine Sorge.
Ich werd nicht lange stören, ich muss nur diese Bücher einsortierten.
…
…
…
…

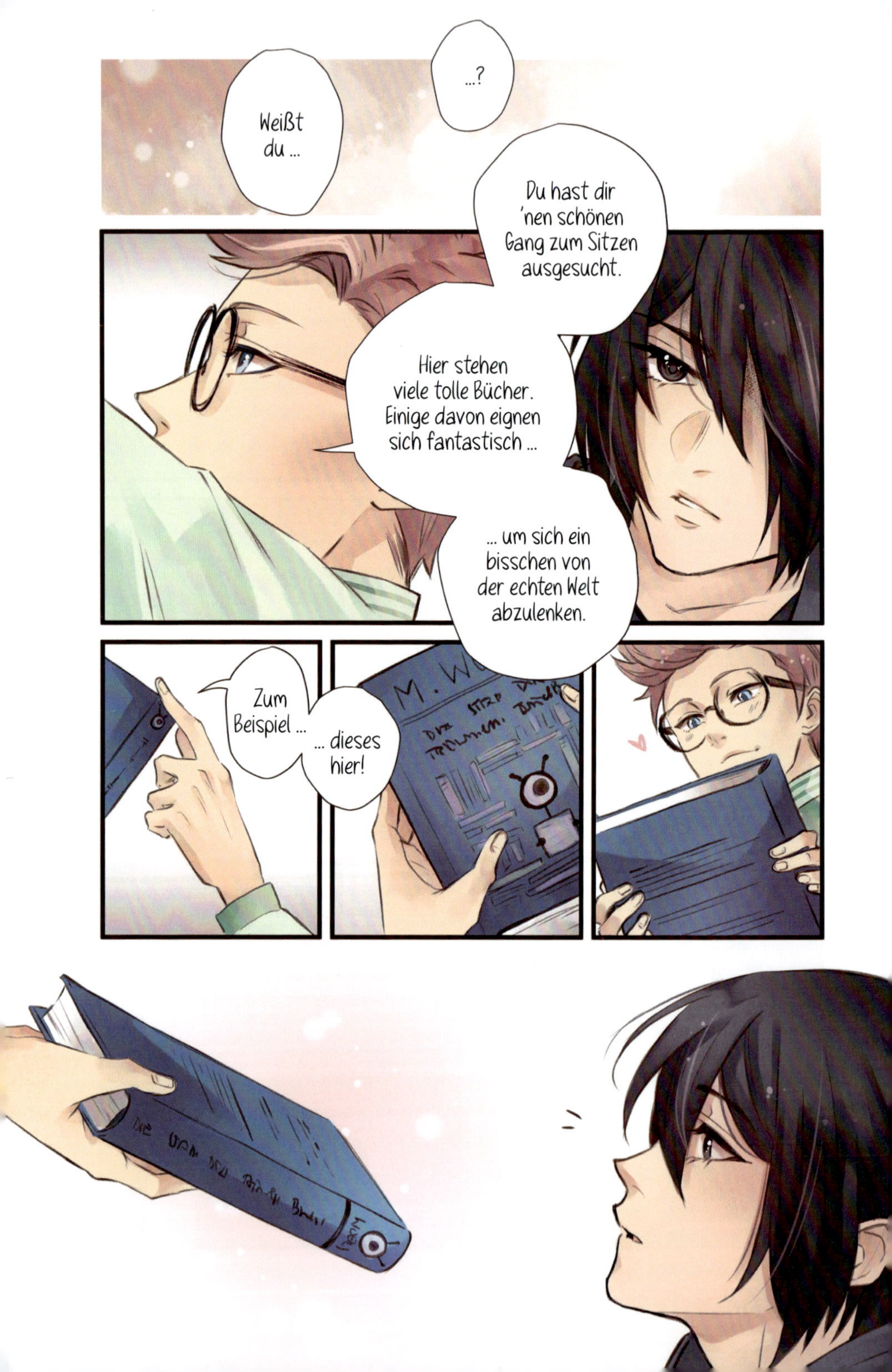
Weißt du ...
...?
Du hast dir 'nen schönen Gang zum Sitzen ausgesucht.
Hier stehen viele tolle Bücher. Einige davon eignen sich fantastisch ...
... um sich ein bisschen von der echten Welt abzulenken.
Zum Beispiel ...
... dieses hier!

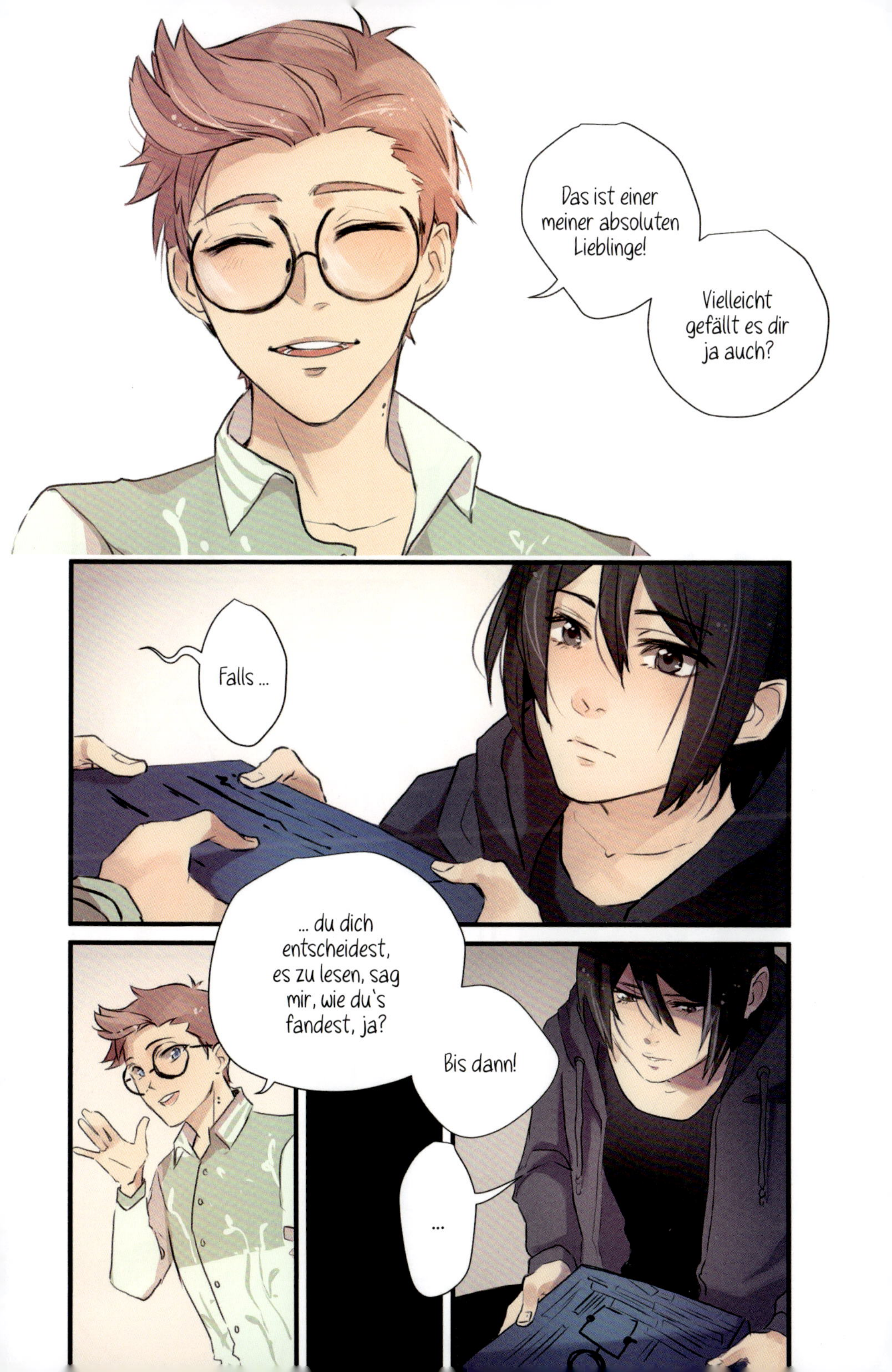

Das ist einer meiner absoluten Lieblinge!
Vielleicht gefällt es dir ja auch?
Falls ...
... du dich entscheidest, es zu lesen, sag mir, wie du's fandest, ja?
Bis dann!
...

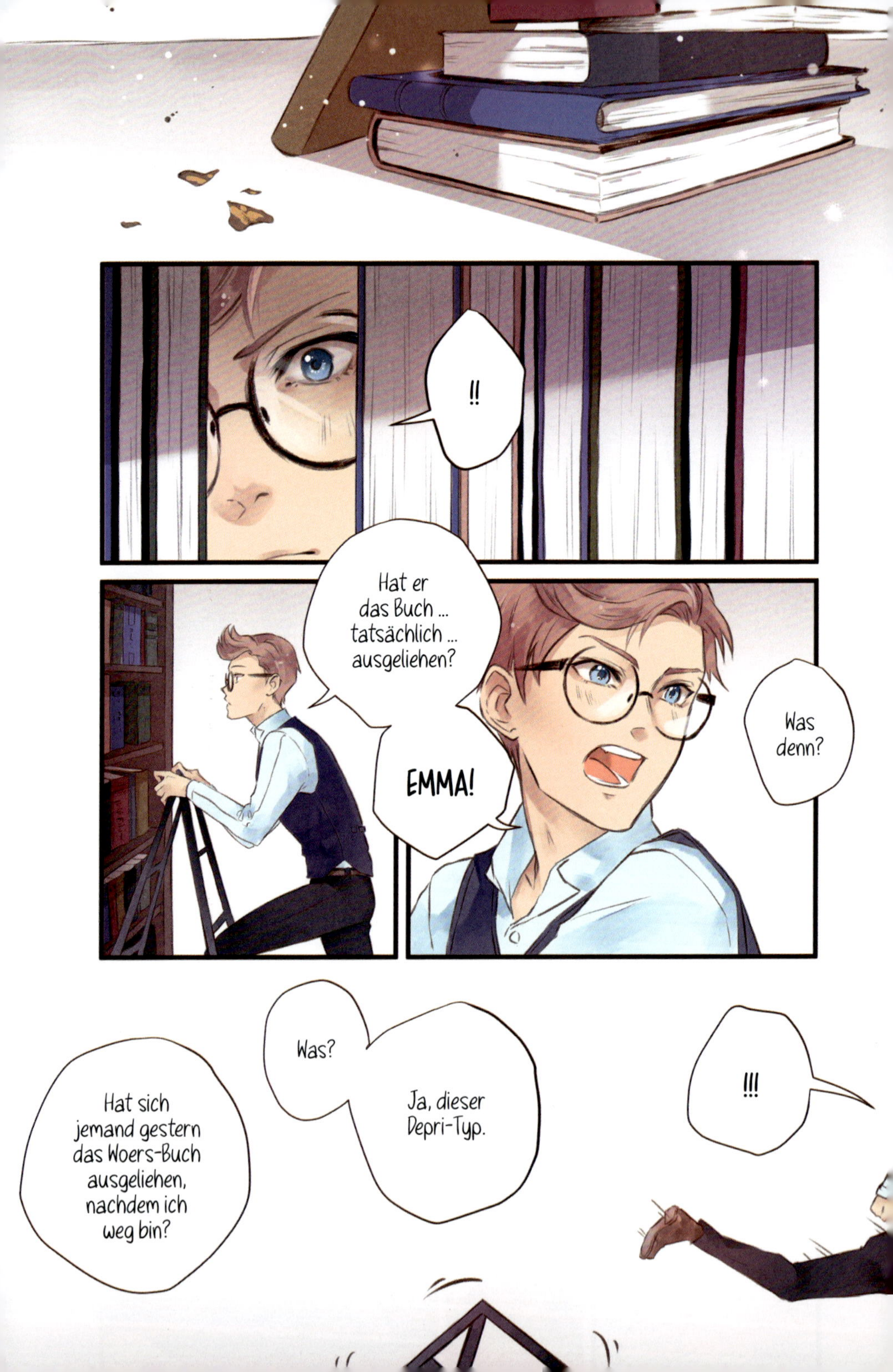
!!
Hat er das Buch ... tatsächlich ... ausgeliehen?
EMMA!
Was denn?
Hat sich jemand gestern das Woers-Buch ausgeliehen, nachdem ich weg bin?
Was?
Ja, dieser Depri-Typ.
!!!

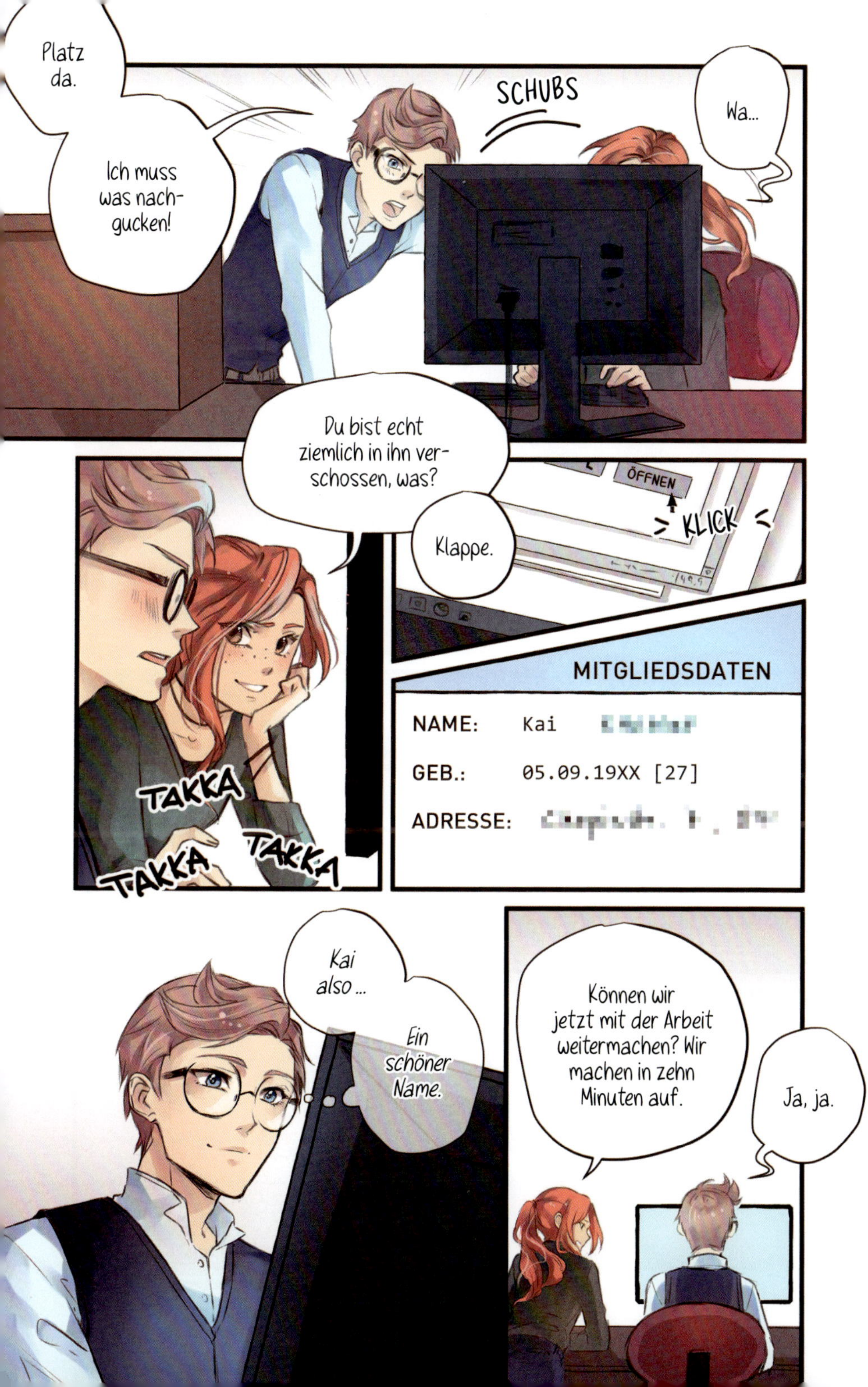
Platz da.
Ich muss was nachgucken!
SCHUBS
Wa...
Du bist echt ziemlich in ihn verschossen, was?
Klappe.
TAKKA
TAKKA
TAKKA
ÖFFNEN
KLICK
MITGLIEDSDATEN
NAME: Kai
GEB.: 05.09.19XX [27]
ADRESSE:
Kai also ...
Ein schöner Name.
Können wir jetzt mit der Arbeit weitermachen? Wir machen in zehn Minuten auf.
Ja, ja.

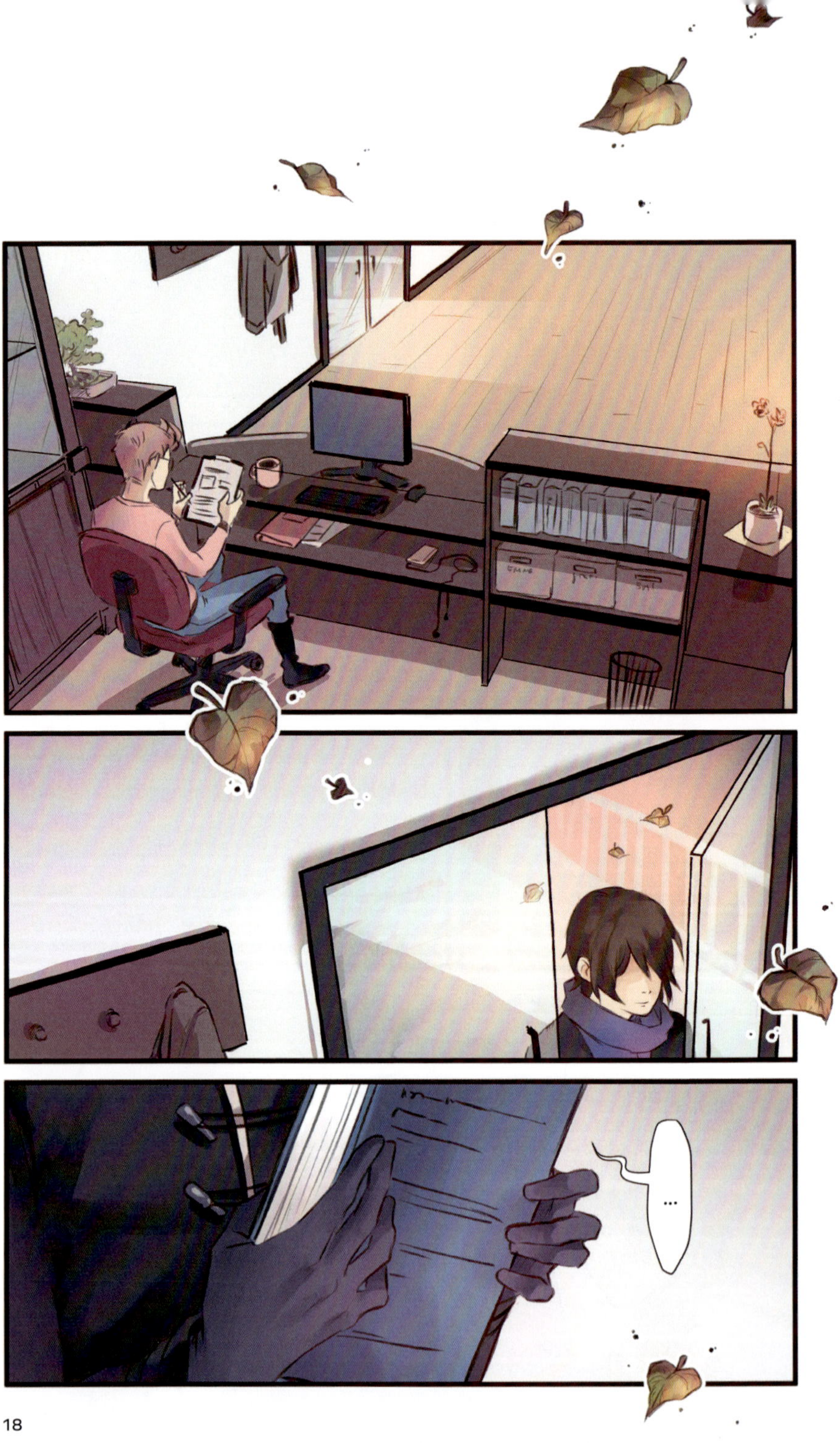

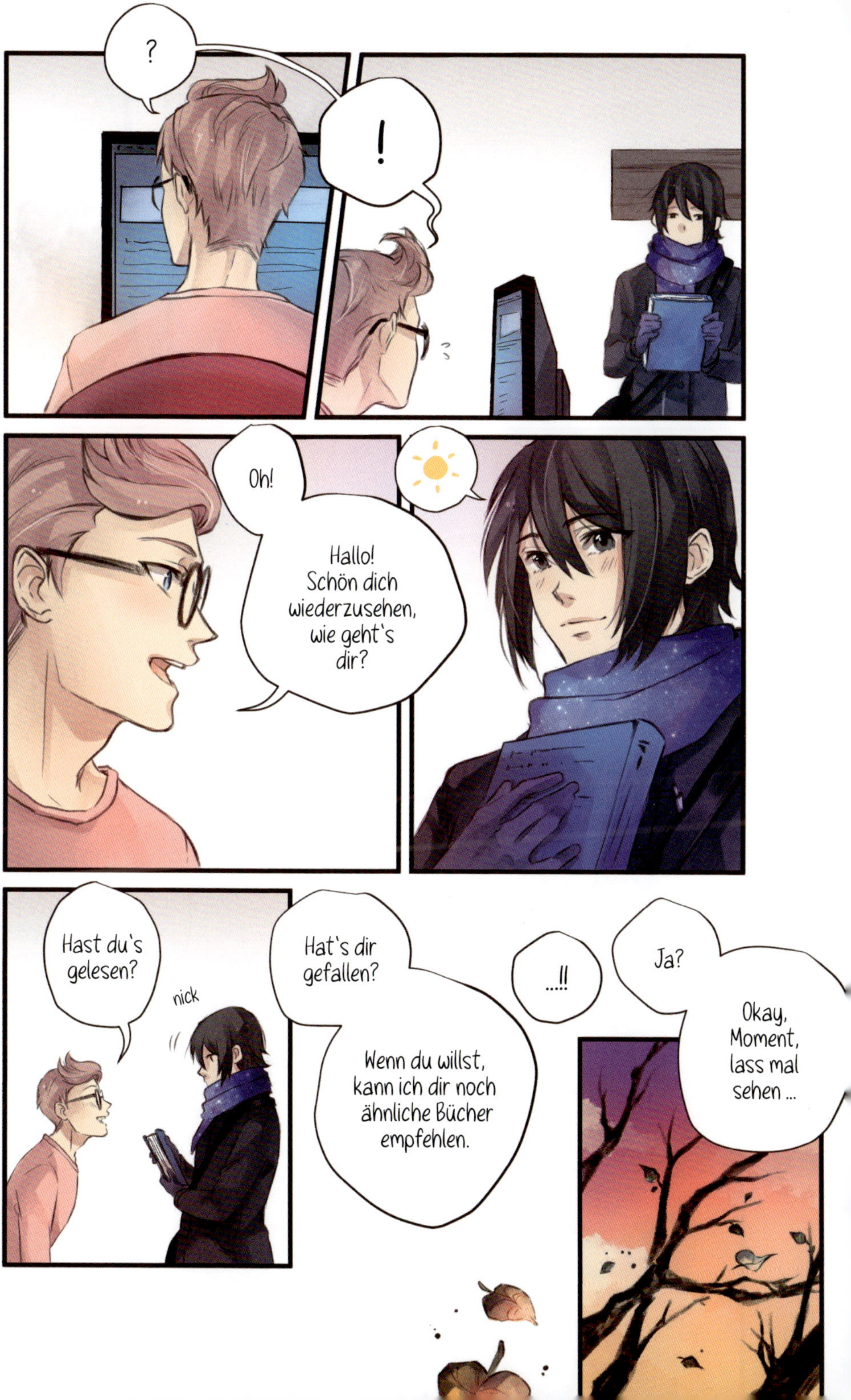
?
!
Oh!
Hallo! Schön dich wiederzusehen, wie geht's dir?
Hast du's gelesen?
nick
Hat's dir gefallen?
Wenn du willst, kann ich dir noch ähnliche Bücher empfehlen.
...!!
Ja?
Okay, Moment, lass mal sehen ...

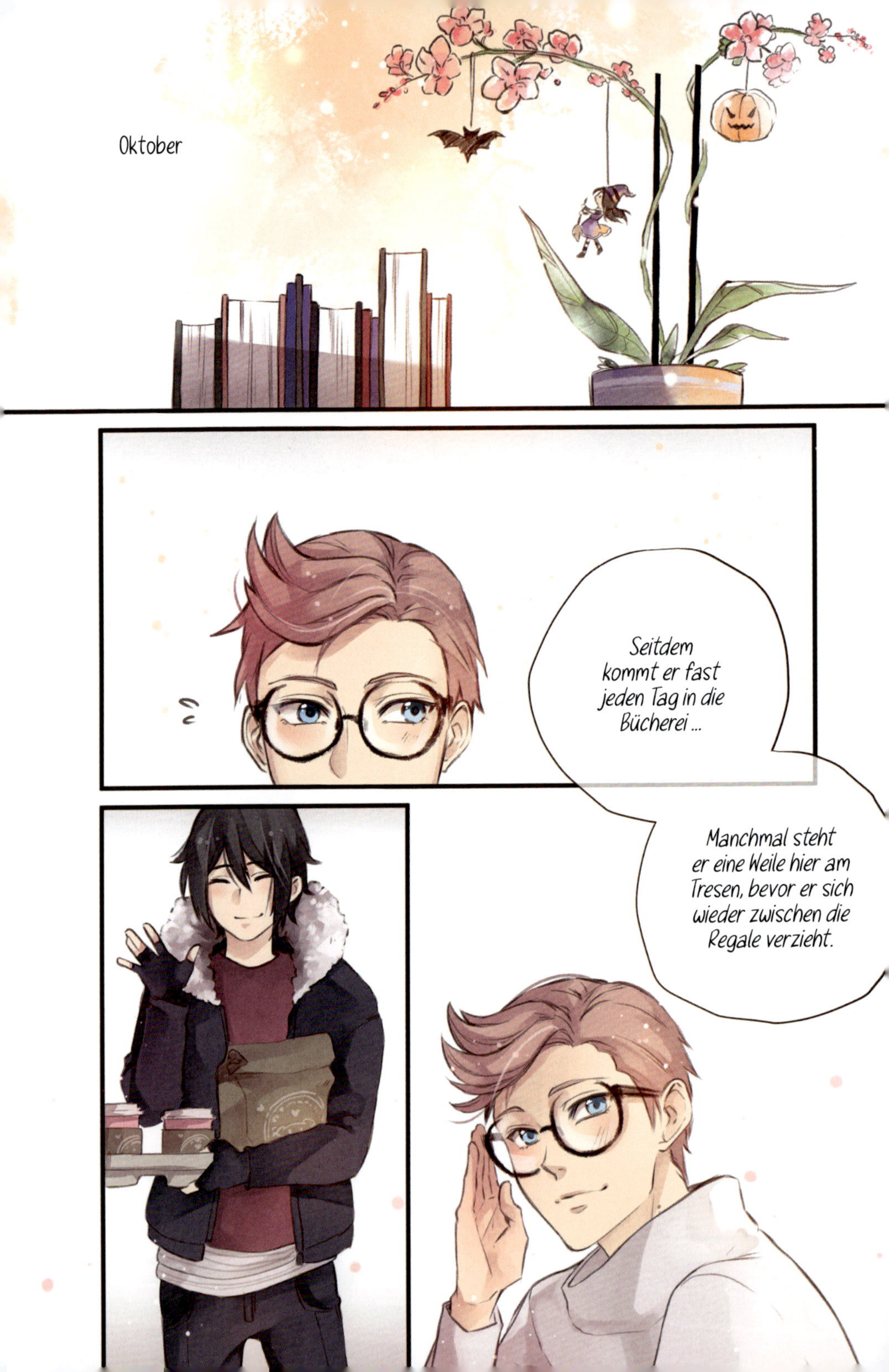
Oktober
Seitdem kommt er fast jeden Tag in die Bücherei ...
Manchmal steht er eine Weile hier am Tresen, bevor er sich wieder zwischen die Regale verzieht.

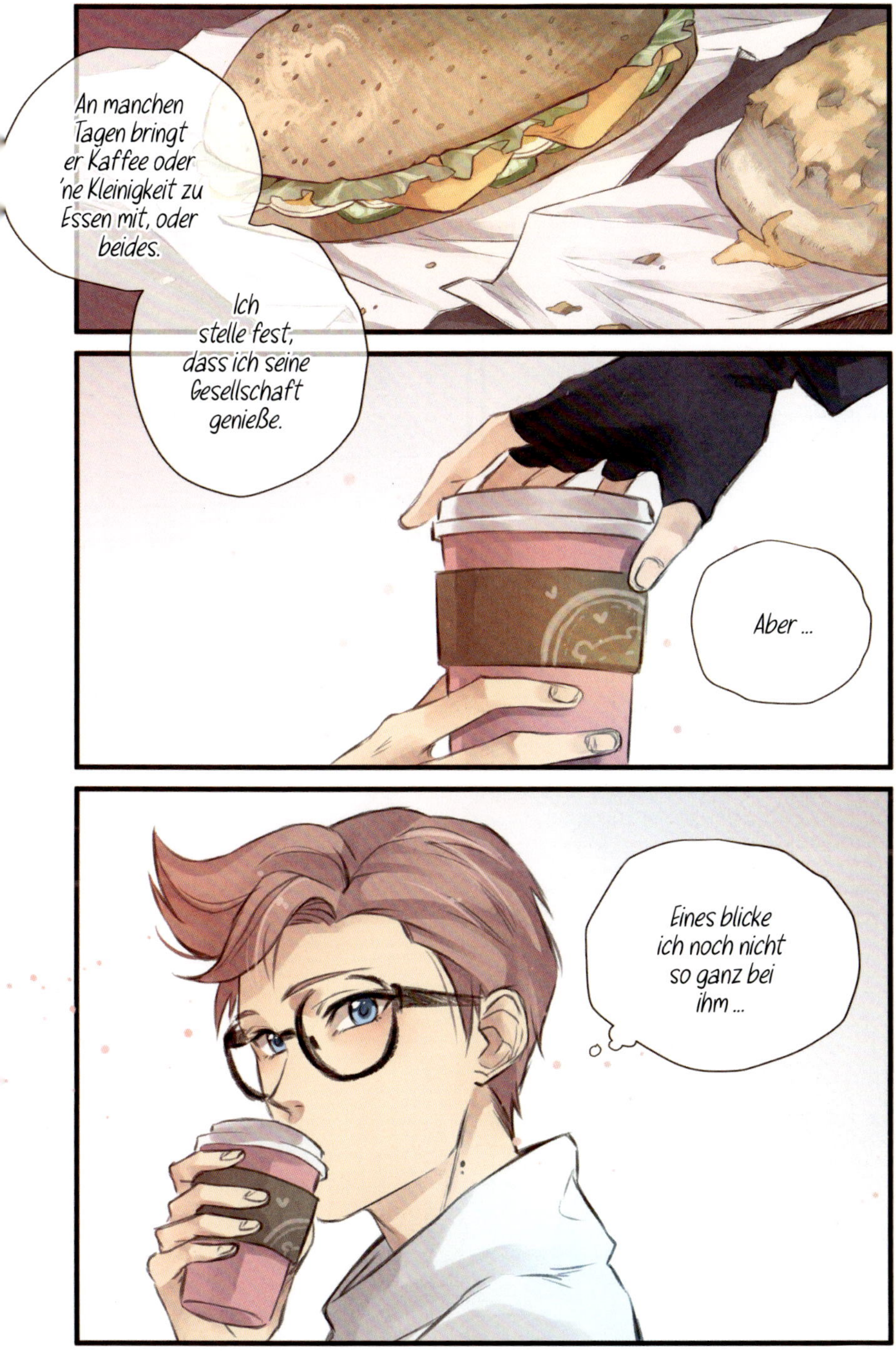
An manchen Tagen bringt er Kaffee oder 'ne Kleinigkeit zu Essen mit, oder beides.
Ich stelle fest, dass ich seine Gesellschaft genieße.
Aber ...
Eines blicke ich noch nicht so ganz bei ihm ...

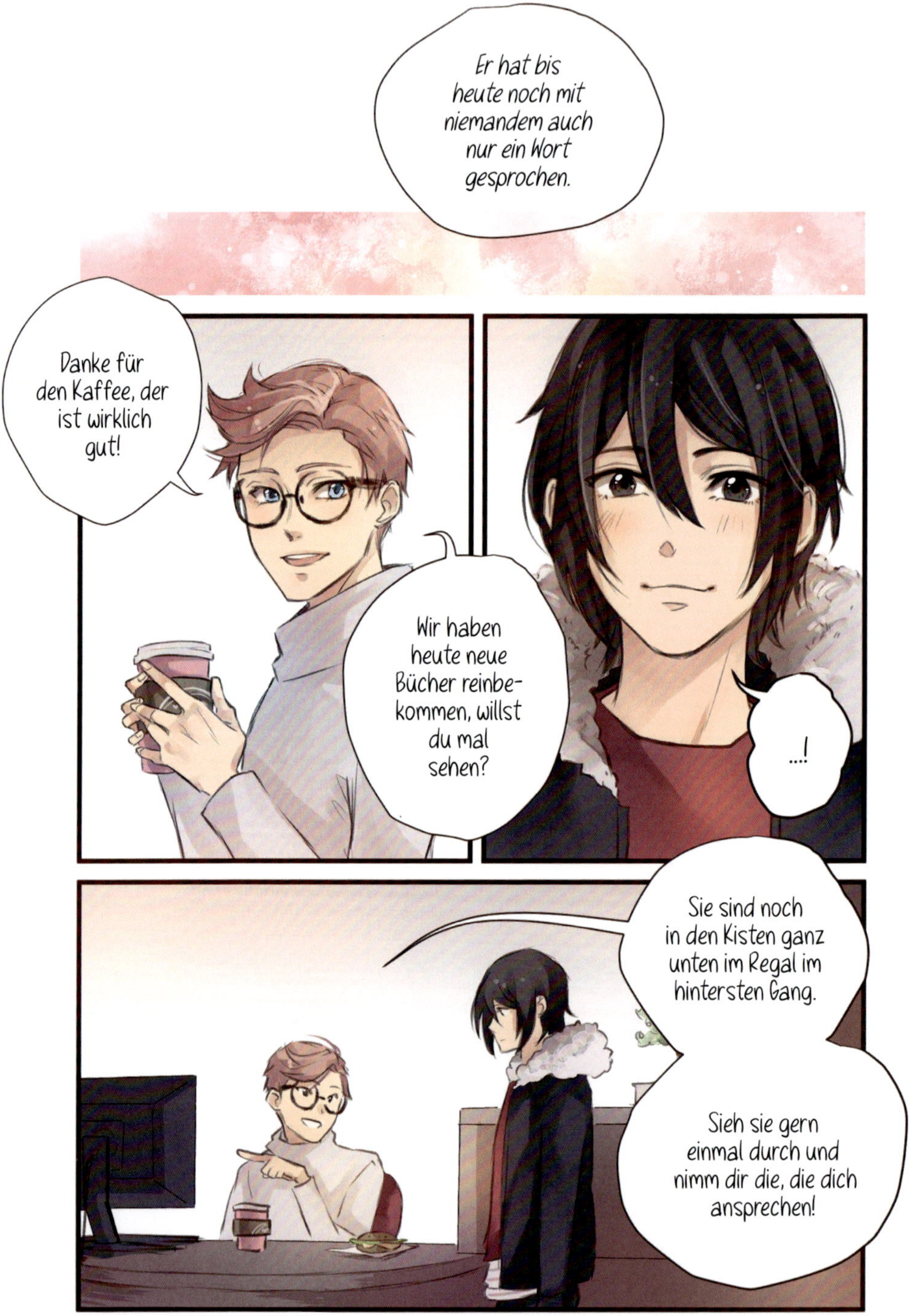
Er hat bis heute noch mit niemandem auch nur ein Wort gesprochen.
Danke für den Kaffee, der ist wirklich gut!
Wir haben heute neue Bücher reinbekommen, willst du mal sehen?
...!
Sie sind noch in den Kisten ganz unten im Regal im hintersten Gang.
Sieh sie gern einmal durch und nimm dir die, die dich ansprechen!

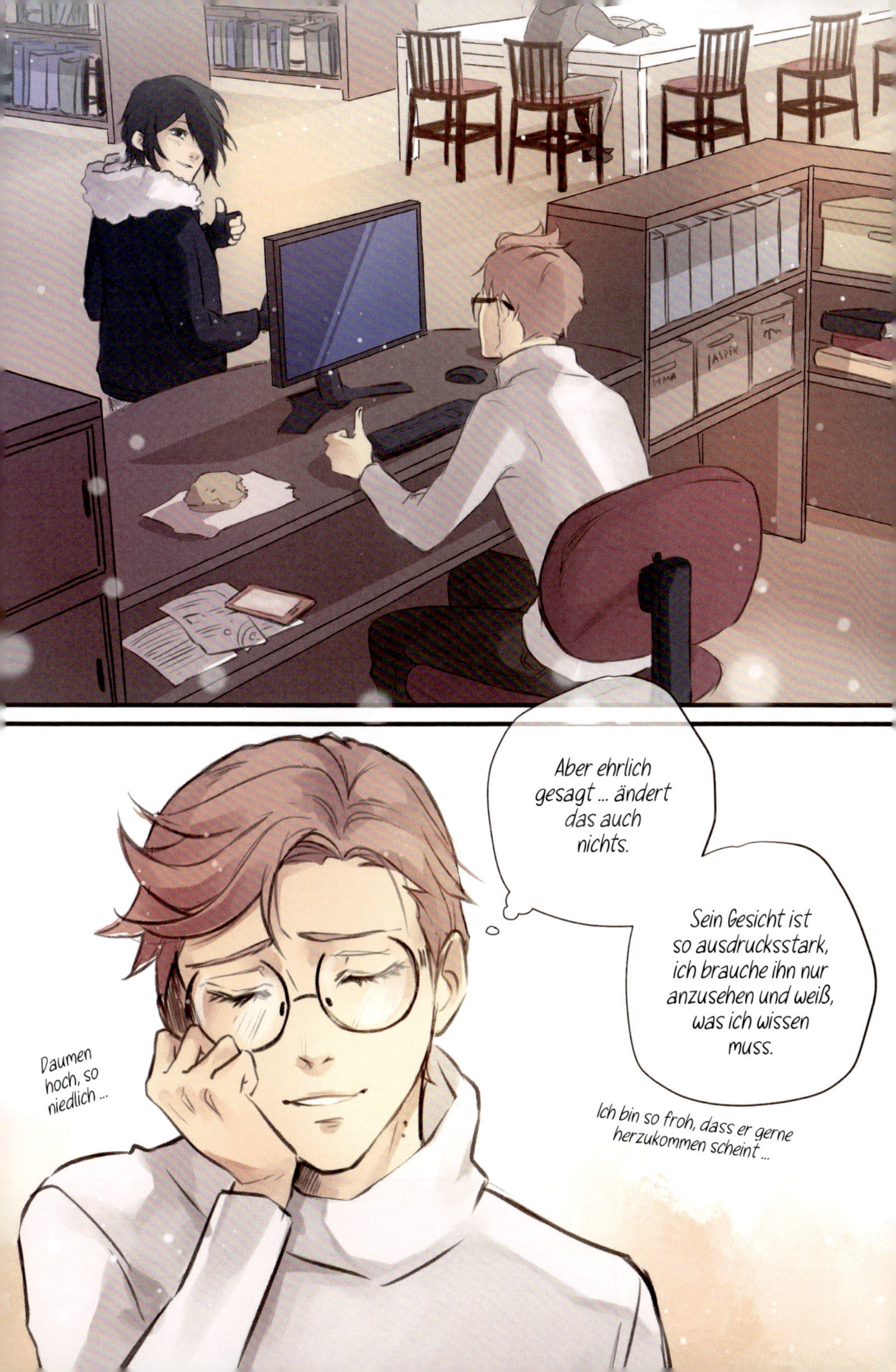
Aber ehrlich gesagt ... ändert das auch nichts.
Sein Gesicht ist so ausdrucksstark, ich brauche ihn nur anzusehen und weiß, was ich wissen muss.
Daumen hoch, so niedlich ...
Ich bin so froh, dass er gerne herzukommen scheint ...

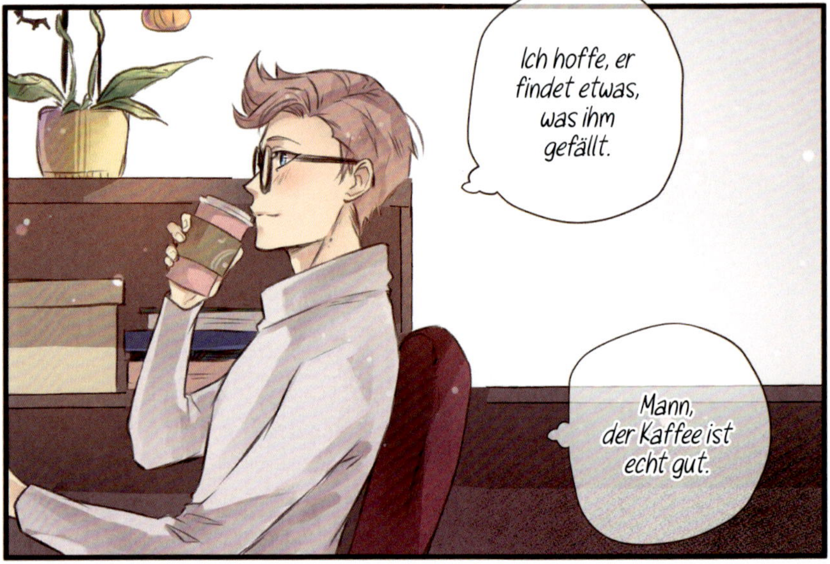

Oh.

Mir ist gerade noch ein Buch eingefallen, das ihm gefallen müsste, ich muss ihm das nachher sagen ...

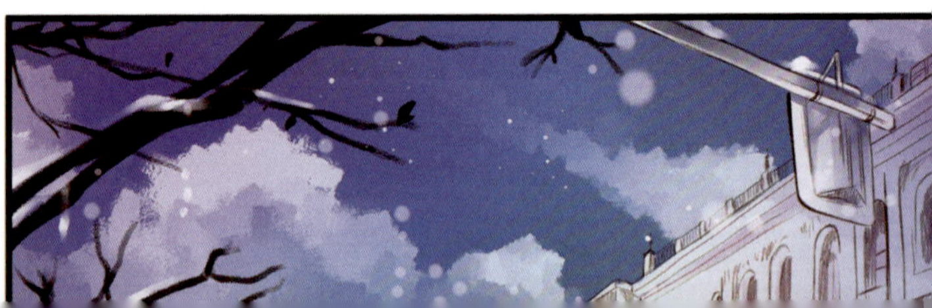

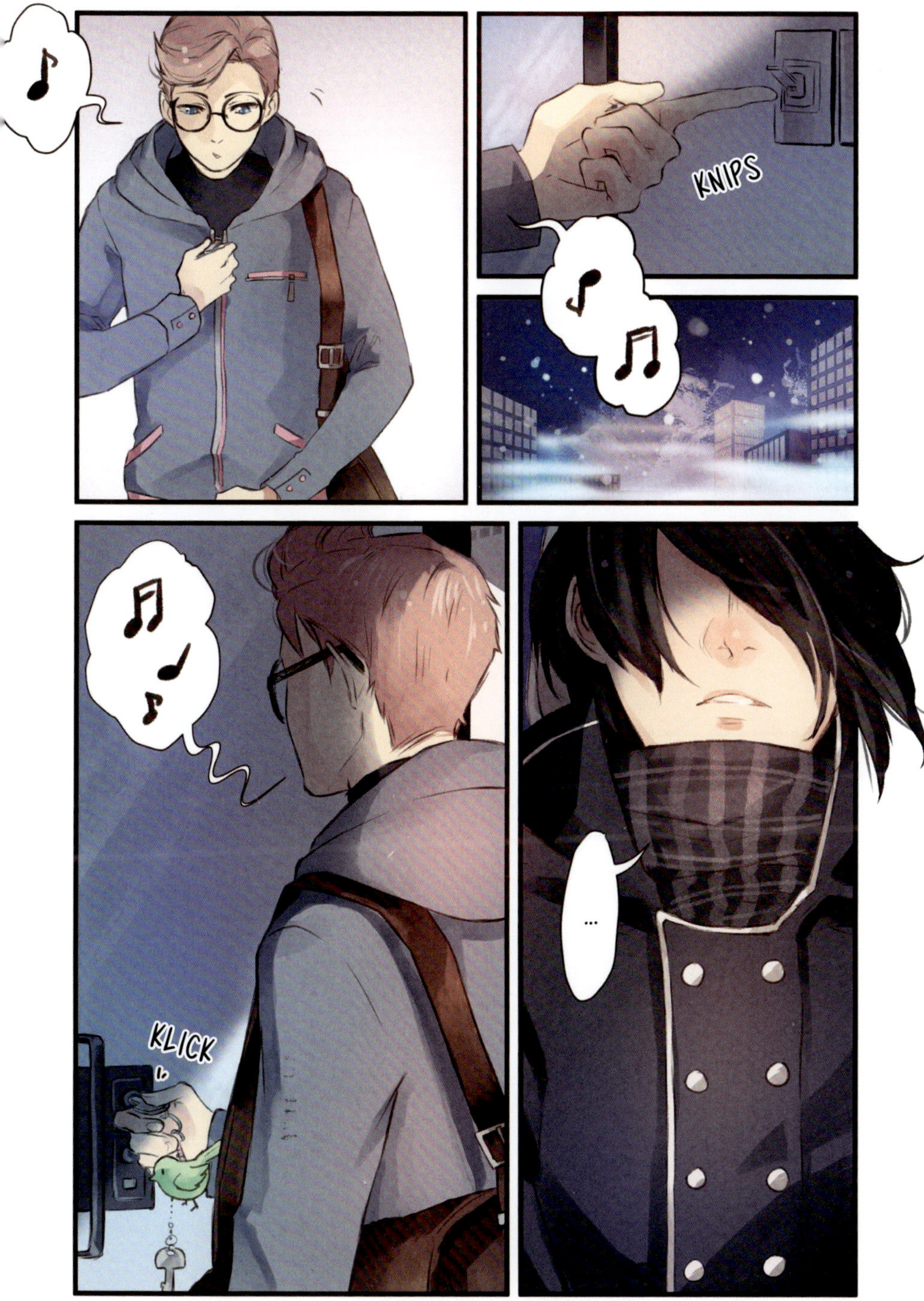

KNIPS
KLICK
...

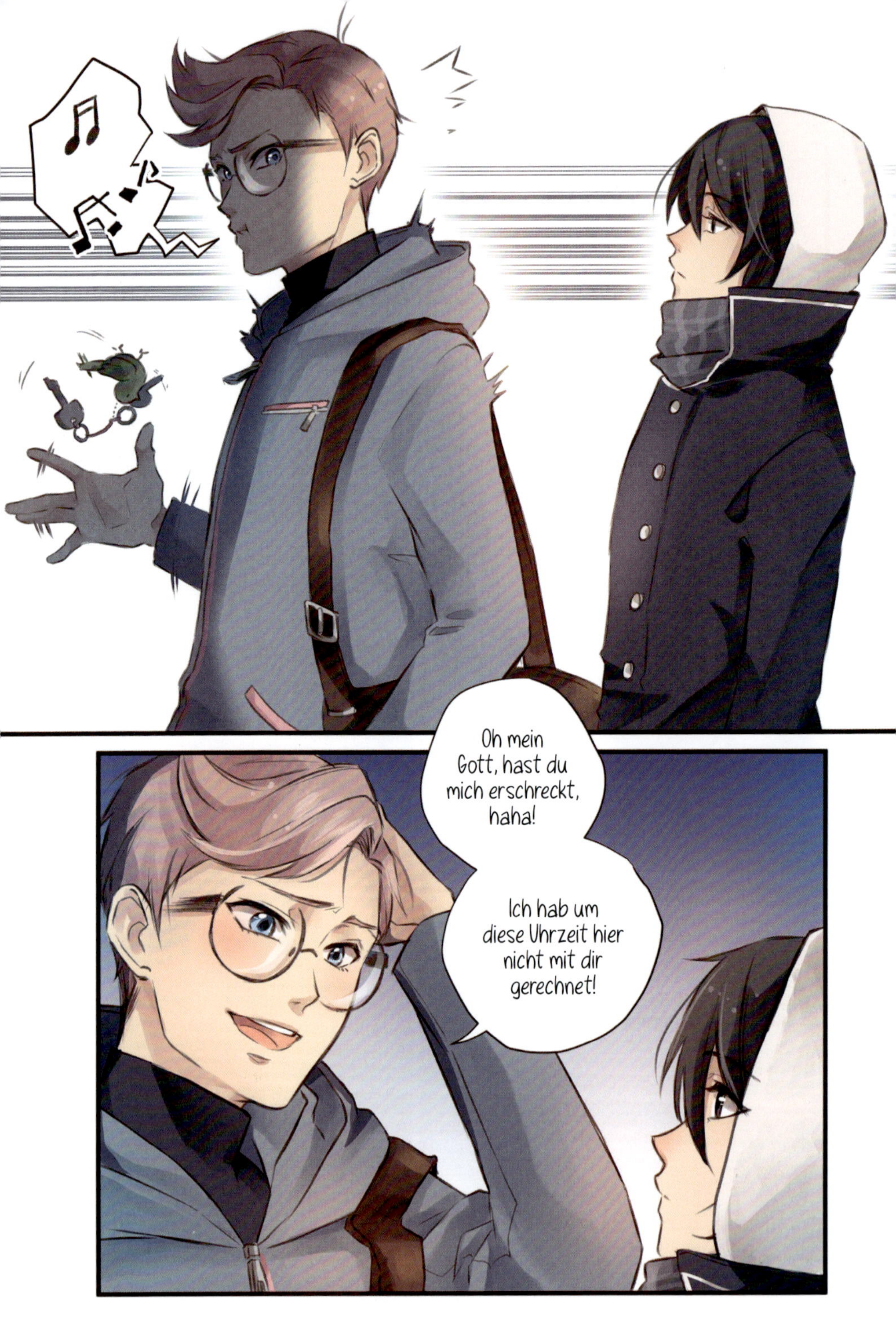
Oh mein Gott, hast du mich erschreckt, haha!
Ich hab um diese Uhrzeit hier nicht mit dir gerechnet!

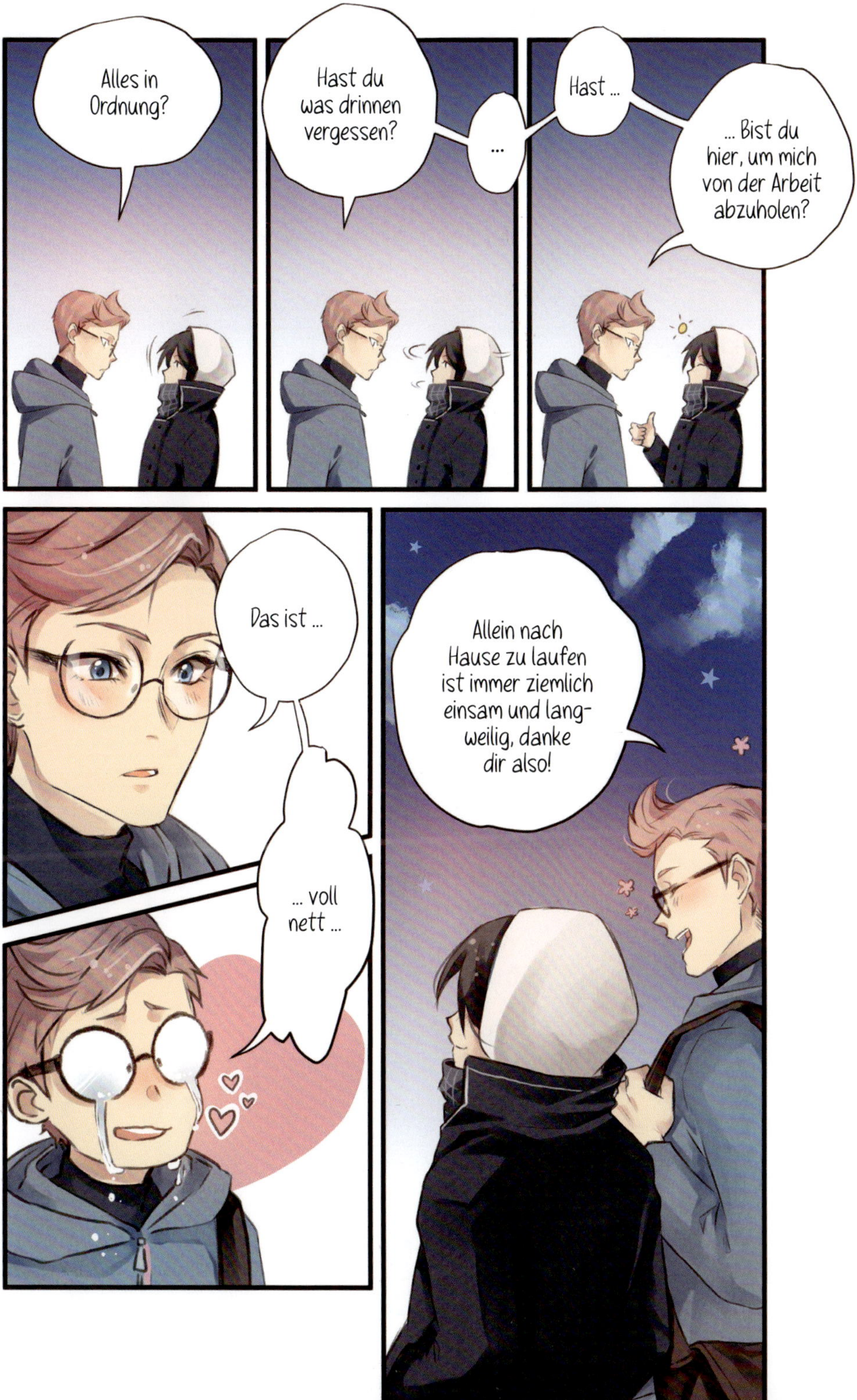
Alles in Ordnung?
Hast du was drinnen vergessen?
...
Hast ...
... Bist du hier, um mich von der Arbeit abzuholen?
Das ist ...
... voll nett ...
Allein nach Hause zu laufen ist immer ziemlich einsam und lang-weilig, danke dir also!

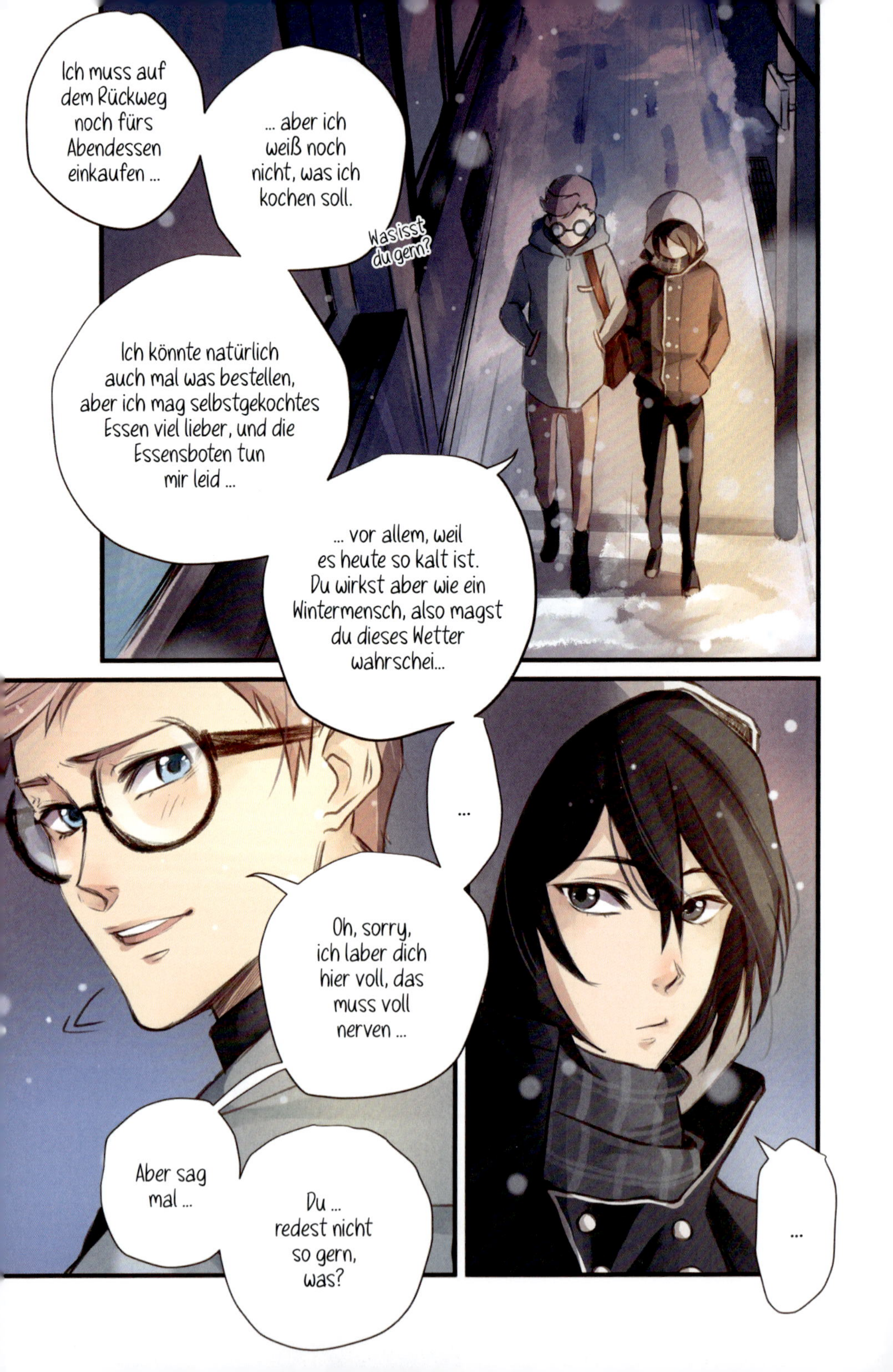
Ich muss auf dem Rückweg noch fürs Abendessen einkaufen ...
... aber ich weiß noch nicht, was ich kochen soll.
Was isst du gern?
Ich könnte natürlich auch mal was bestellen, aber ich mag selbstgekochtes Essen viel lieber, und die Essensboten tun mir leid ...
... vor allem, weil es heute so kalt ist. Du wirkst aber wie ein Wintermensch, also magst du dieses Wetter wahrschei...
...
Oh, sorry, ich laber dich hier voll, das muss voll nerven ...
Aber sag mal ...
Du ... redest nicht so gern, was?
...

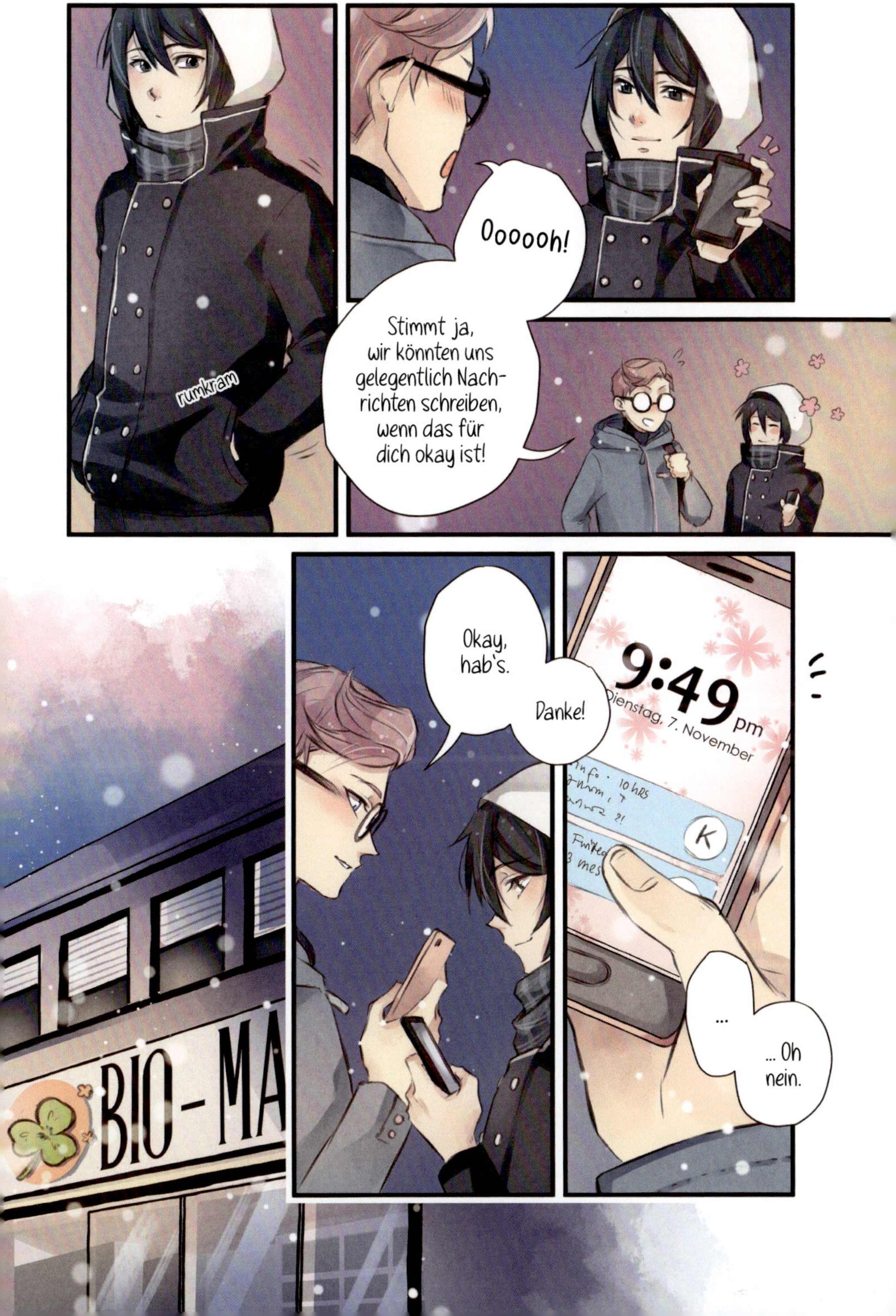
rumkram
Oooooh!
Stimmt ja, wir könnten uns gelegentlich Nachrichten schreiben, wenn das für dich okay ist!
Okay, hab's.
Danke!
9:49 pm
Dienstag, 7. November
BIO-MA
...
... Oh nein.

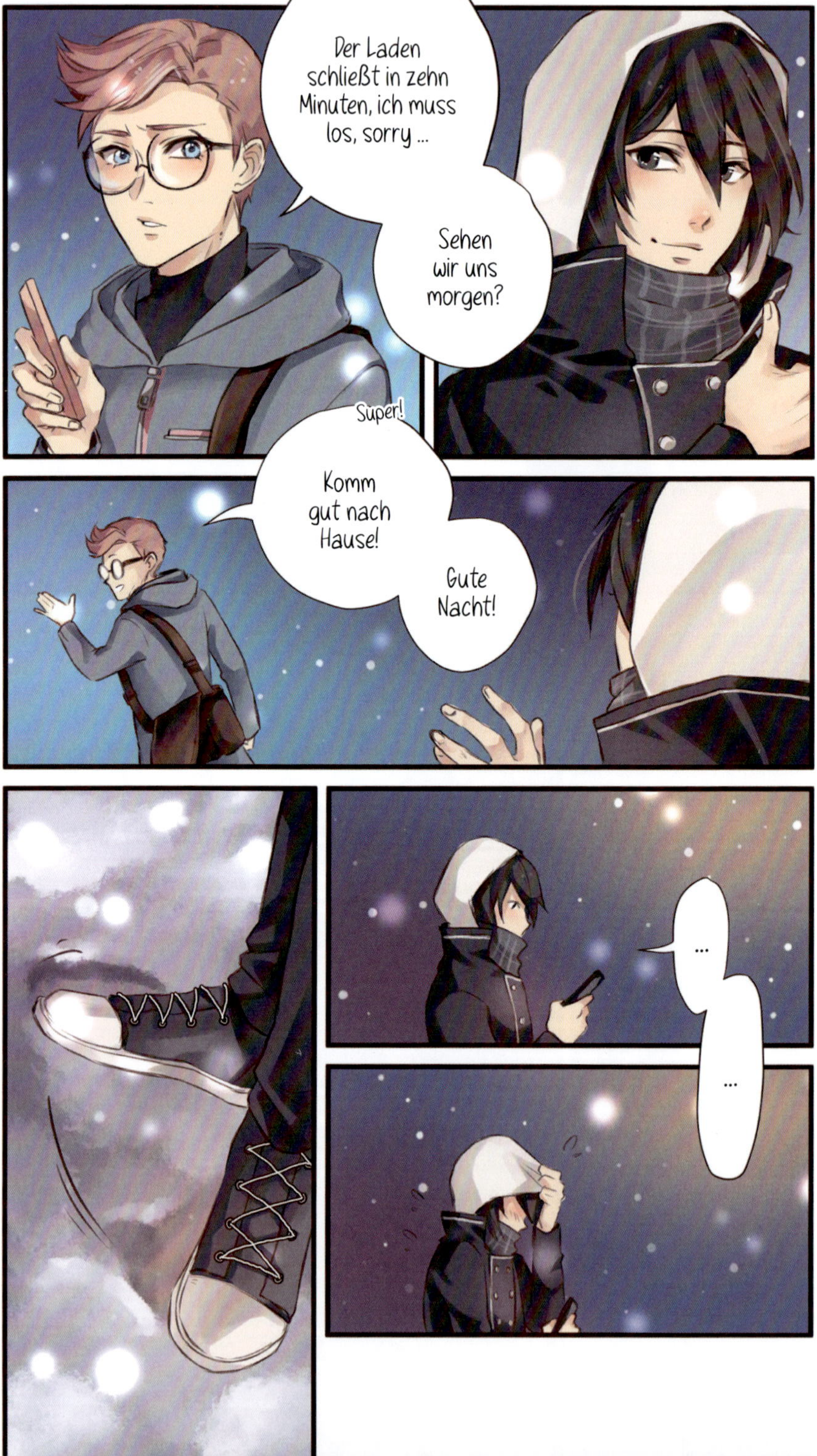
Der Laden schließt in zehn Minuten, ich muss los, sorry ...
Sehen wir uns morgen?
Super!
Komm gut nach Hause!
Gute Nacht!
...
...

Notes

#MUTED

KAPITEL #02

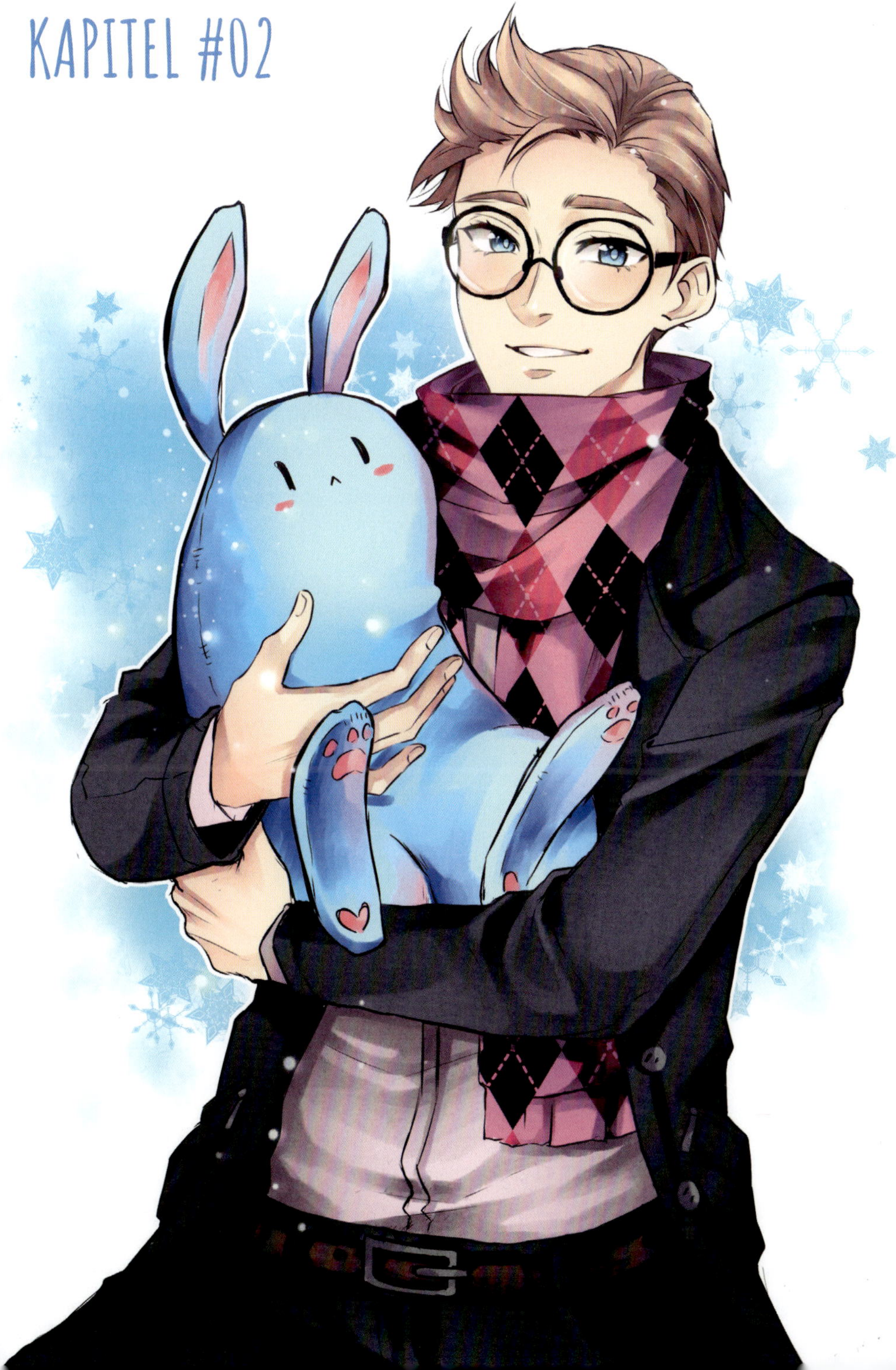

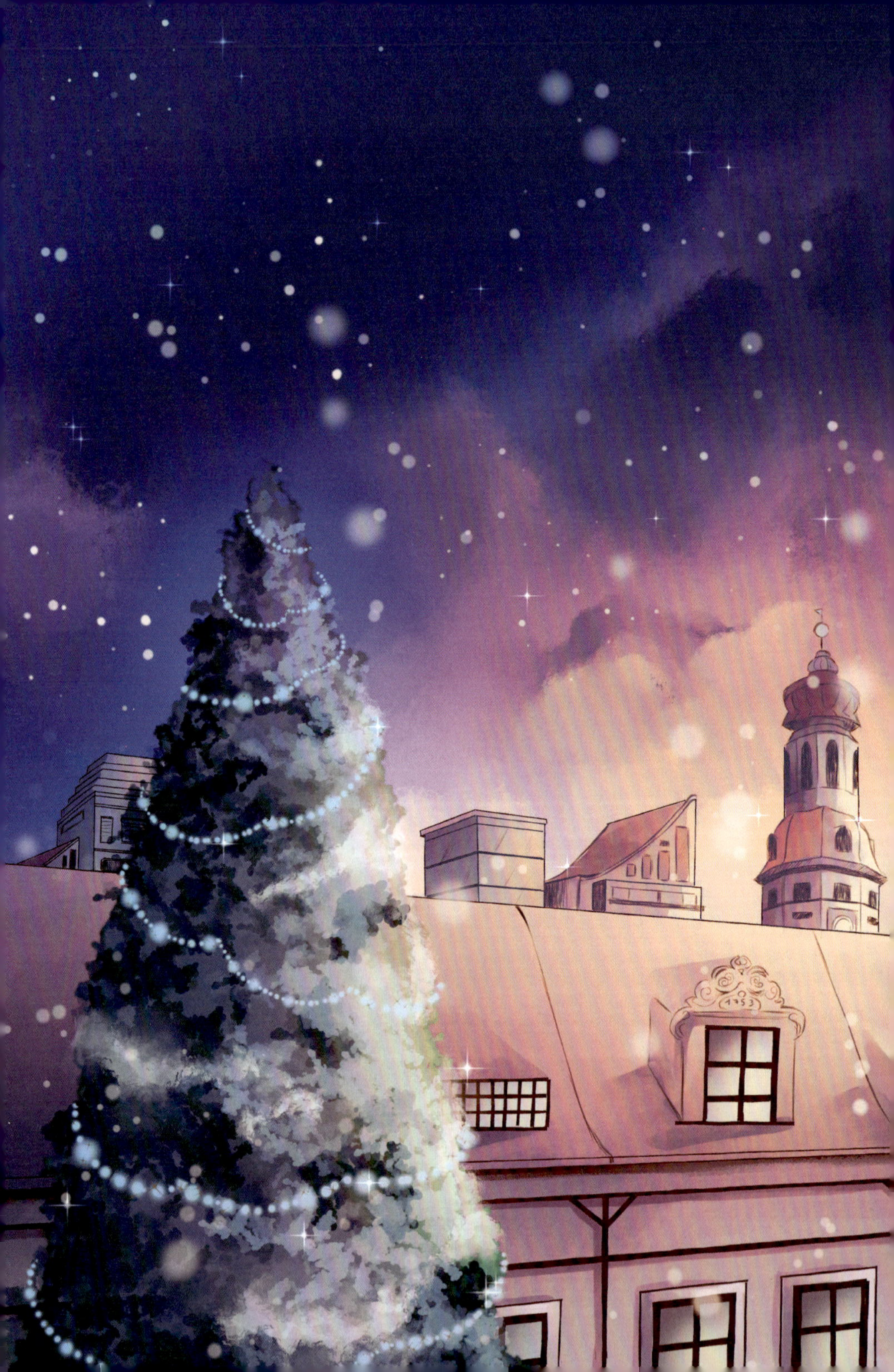

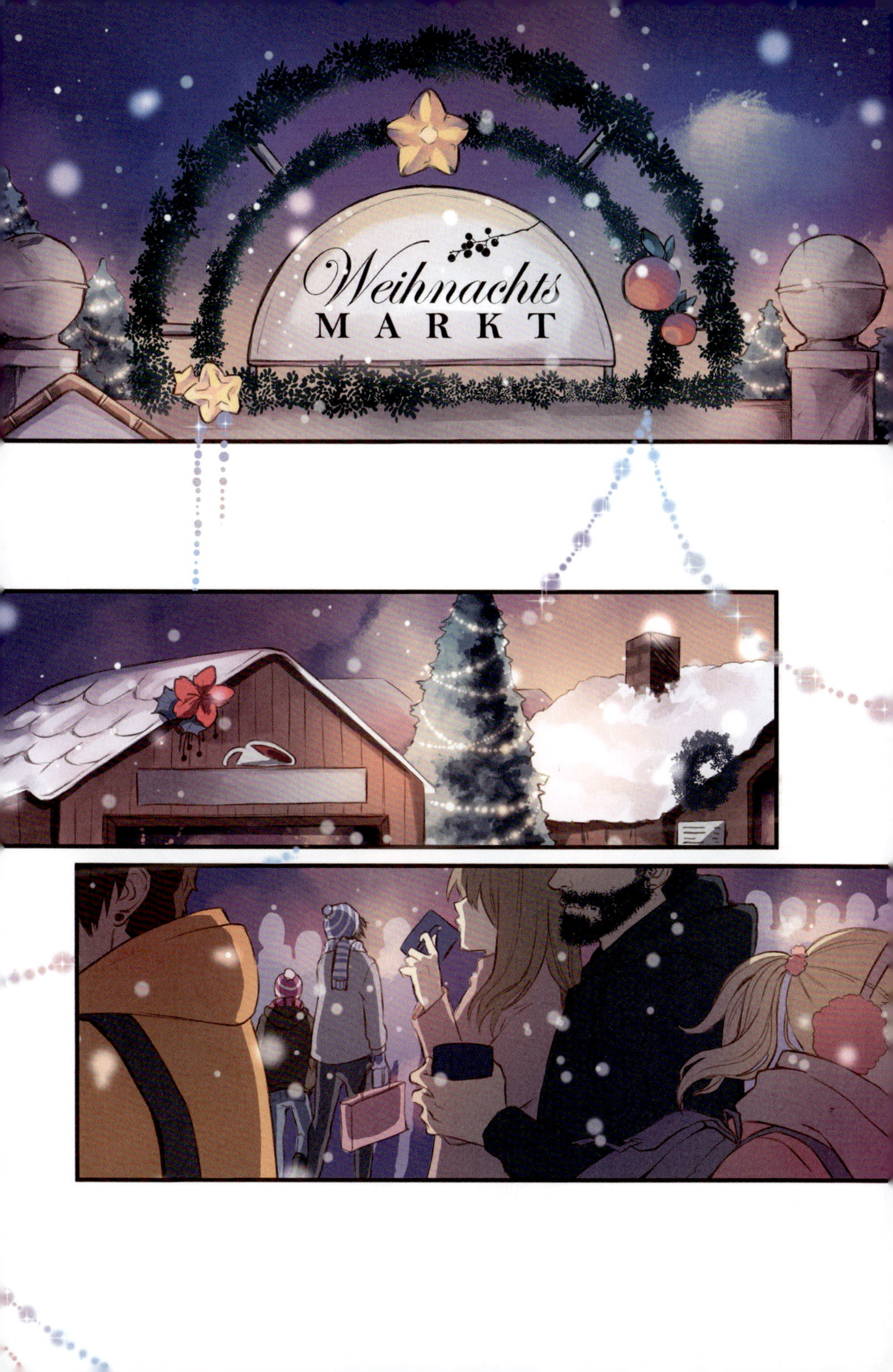
Weihnachts
MARKT

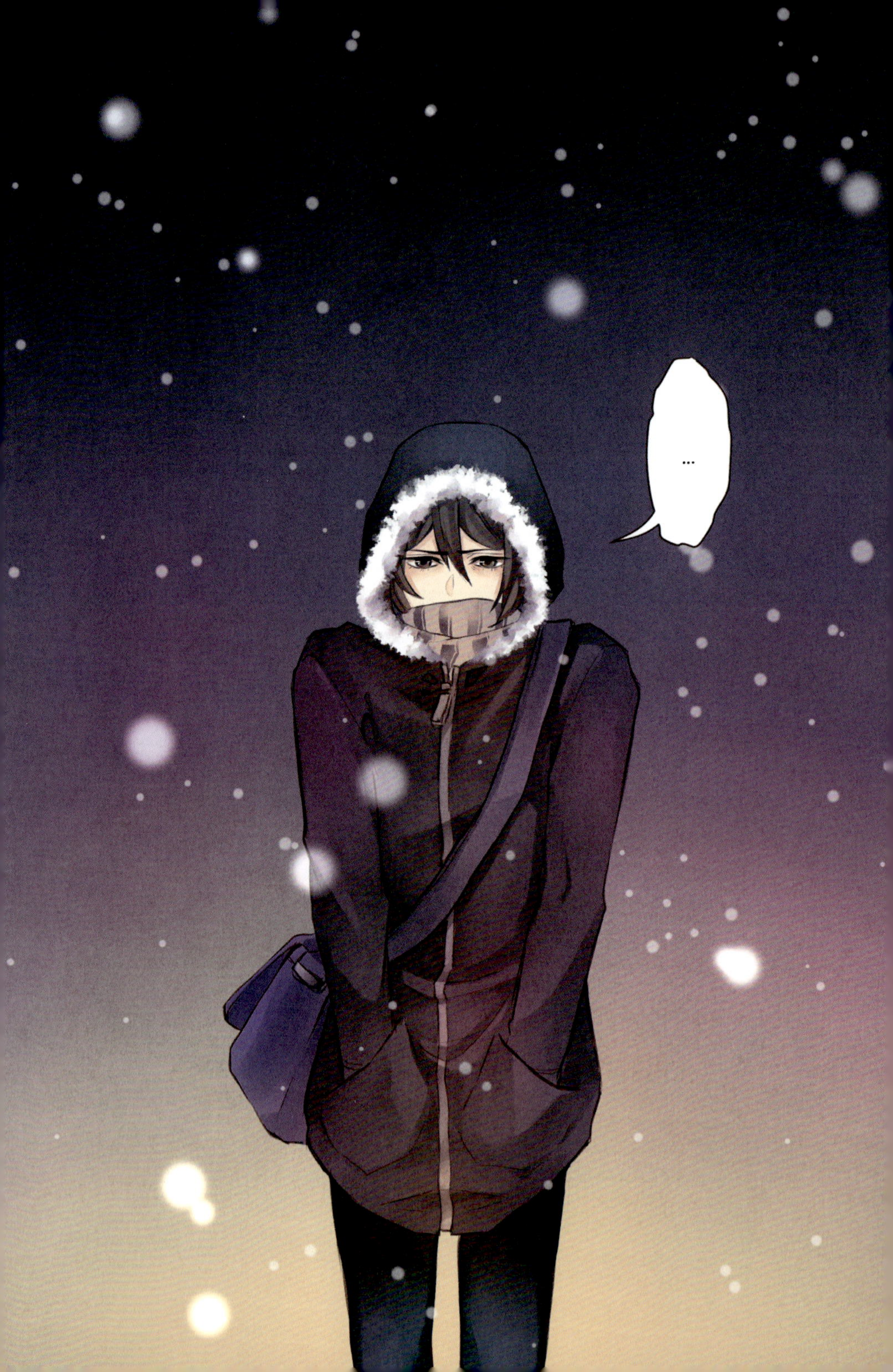

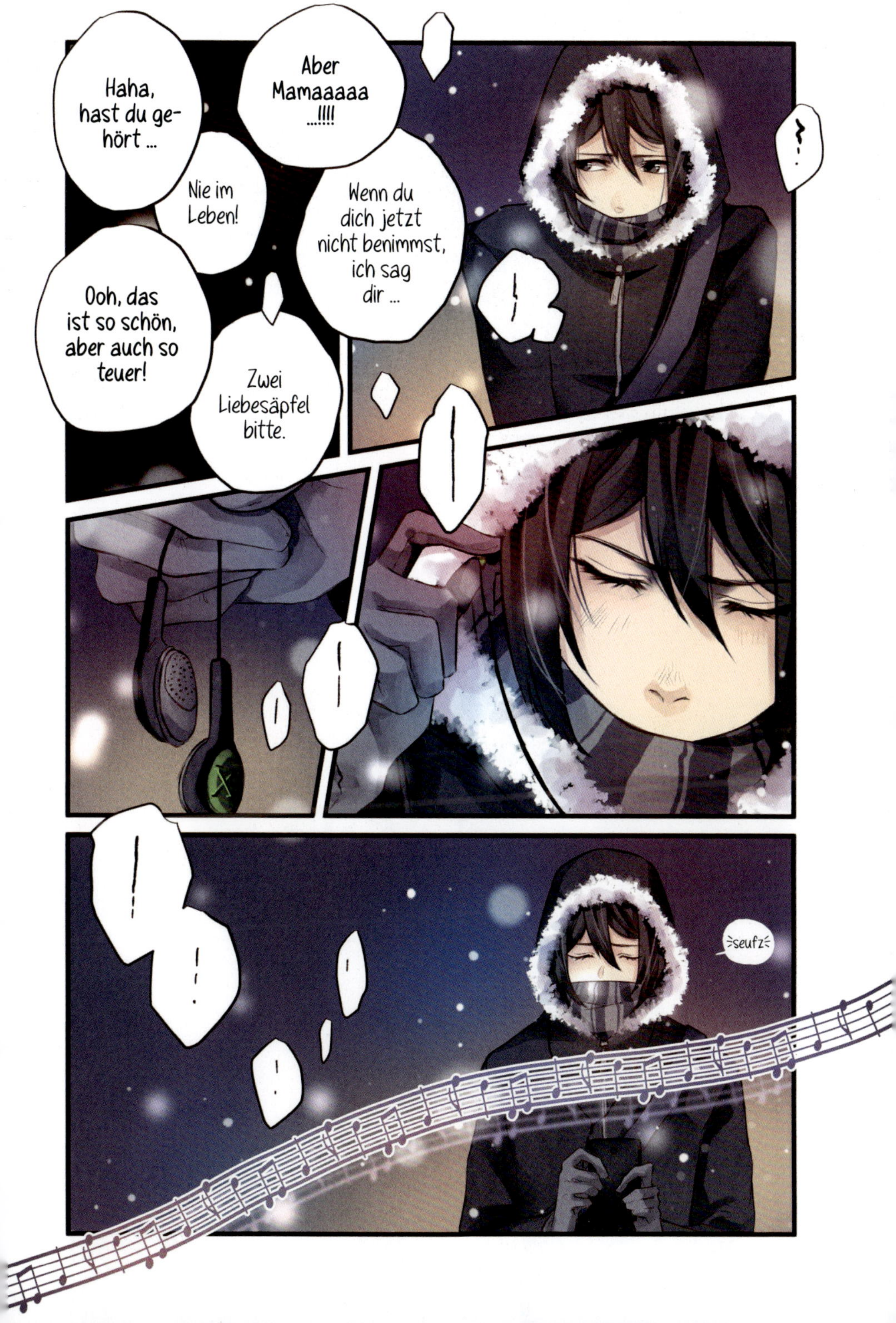
Haha, hast du gehört ...
Aber Mamaaaaa ...!!!!
Nie im Leben!
Wenn du dich jetzt nicht benimmst, ich sag dir ...
Ooh, das ist so schön, aber auch so teuer!
Zwei Liebesäpfel bitte.
seufz

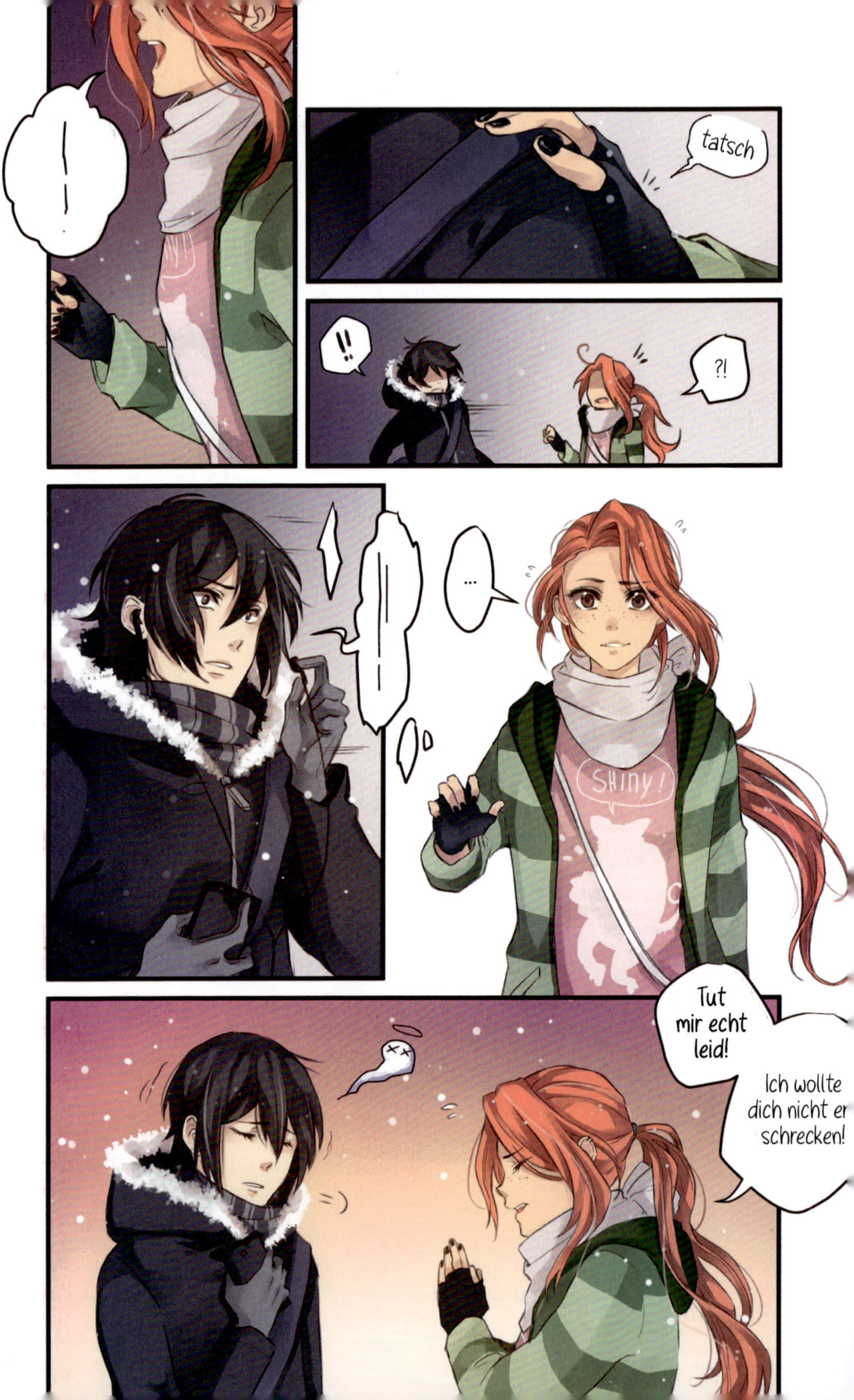

!
tatsch
!!
?!
!
!
...
Tut mir echt leid!
Ich wollte dich nicht er schrecken!

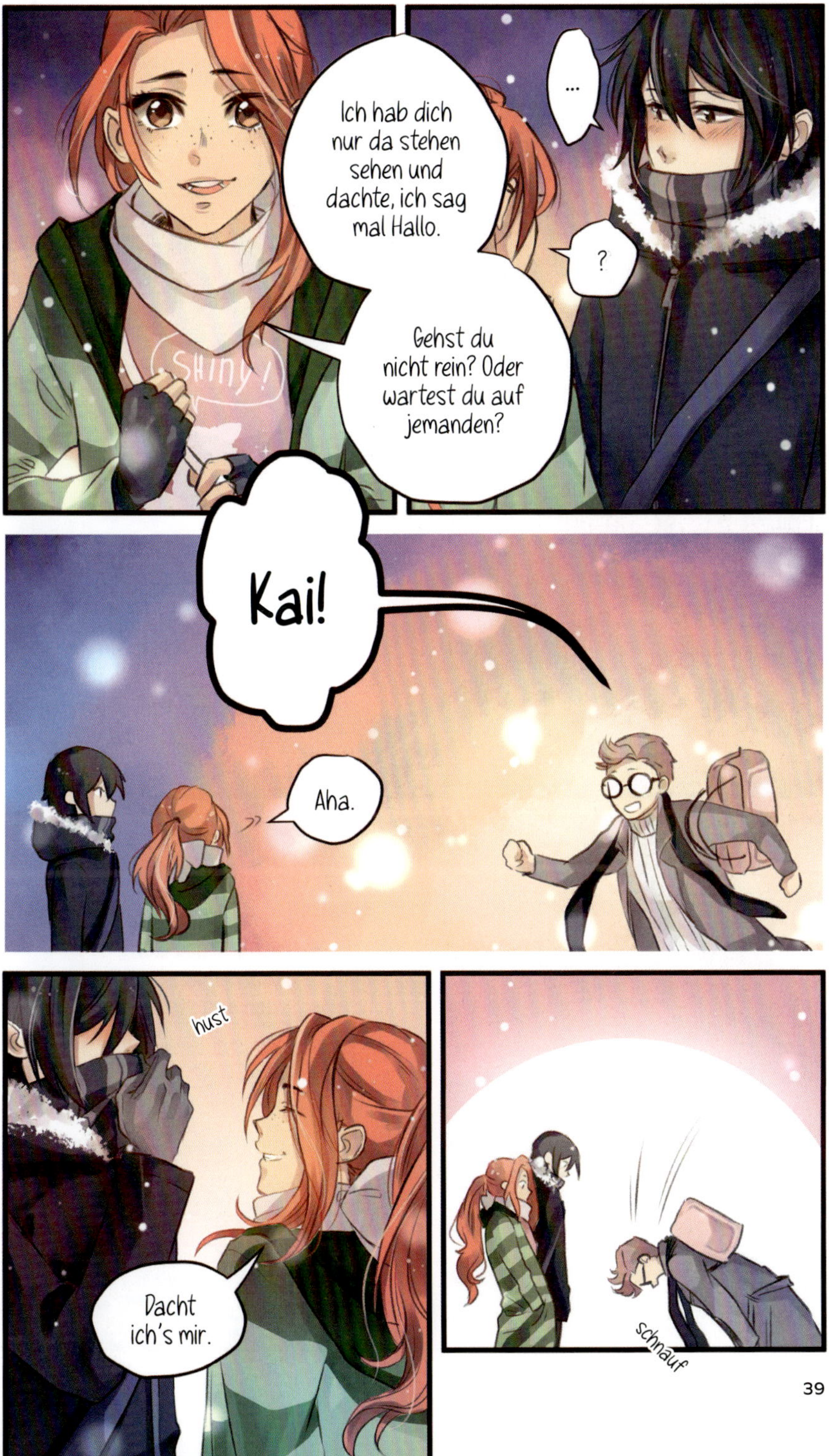

Ich hab dich nur da stehen sehen und dachte, ich sag mal Hallo.
...
?
Gehst du nicht rein? Oder wartest du auf jemanden?
Kai!
Aha.
hust
Dacht ich's mir.
schnauf

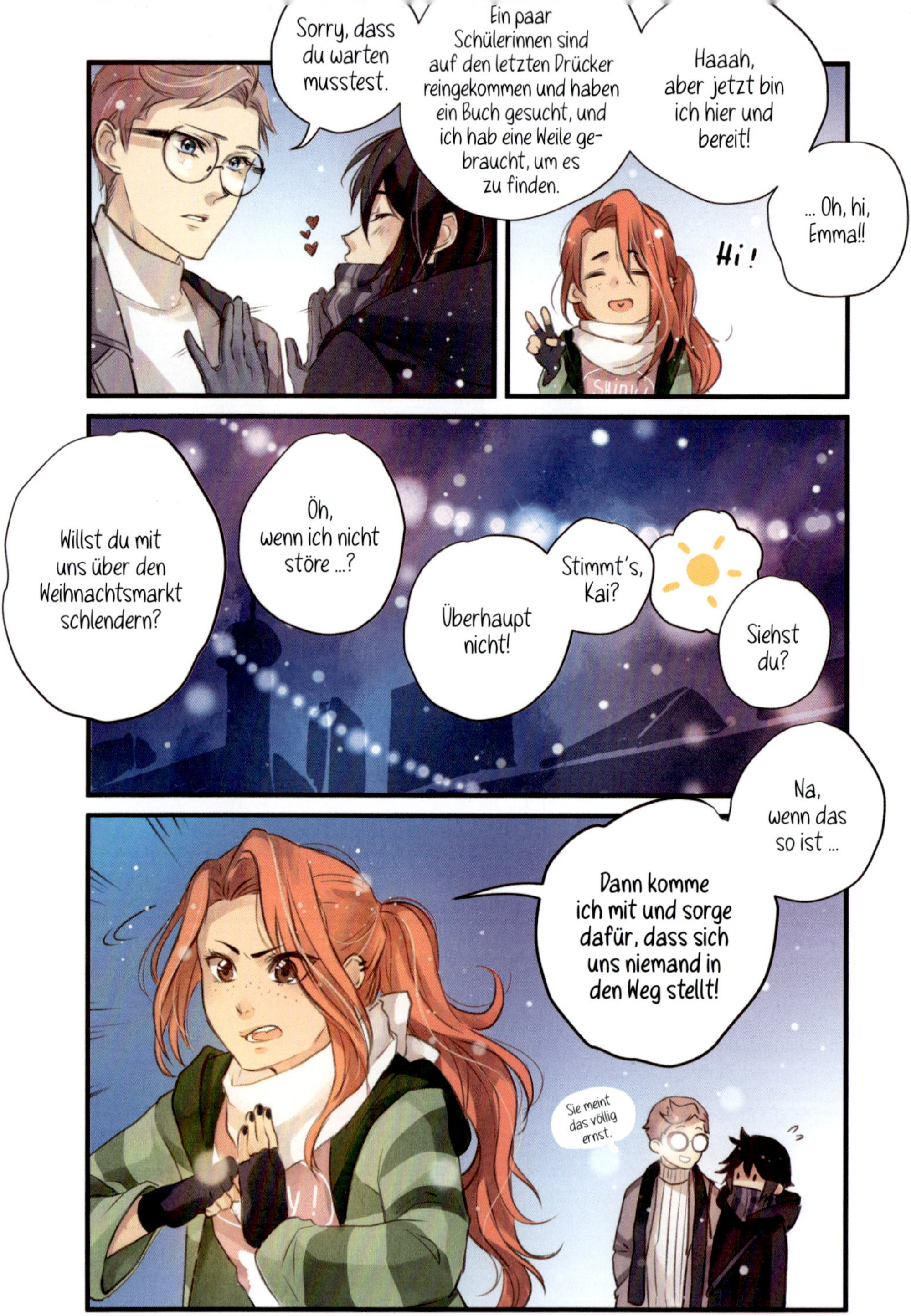
Sorry, dass du warten musstest.
Ein paar Schülerinnen sind auf den letzten Drücker reingekommen und haben ein Buch gesucht, und ich hab eine Weile gebraucht, um es zu finden.
Haaah, aber jetzt bin ich hier und bereit!
... Oh, hi, Emma!!
Hi!
Willst du mit uns über den Weihnachtsmarkt schlendern?
Öh, wenn ich nicht störe ...?
Überhaupt nicht!
Stimmt's, Kai?
Siehst du?
Na, wenn das so ist ...
Dann komme ich mit und sorge dafür, dass sich uns niemand in den Weg stellt!
Sie meint das völlig ernst.

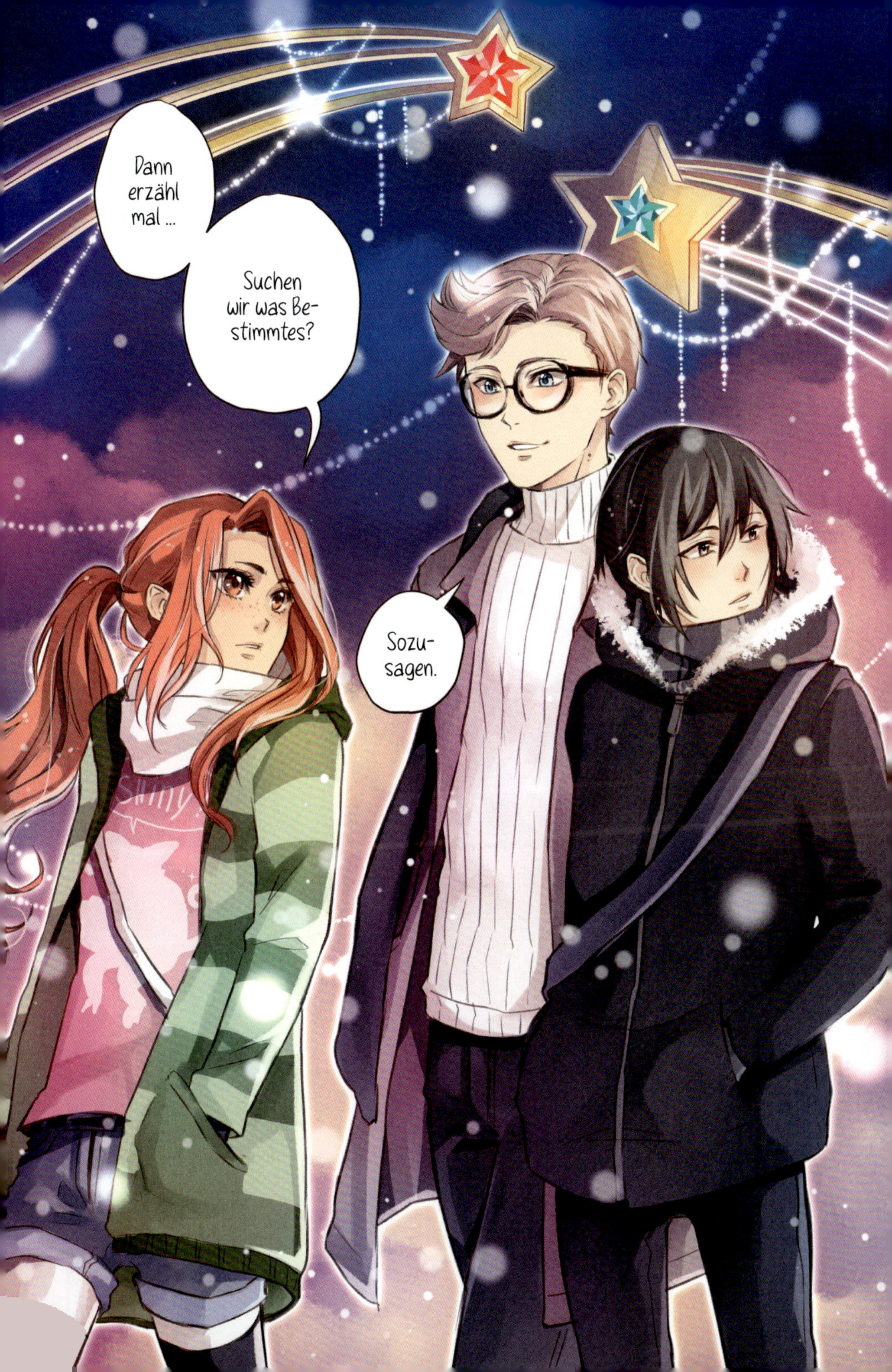
Dann erzähl mal ...
Suchen wir was Bestimmtes?
Sozusagen.

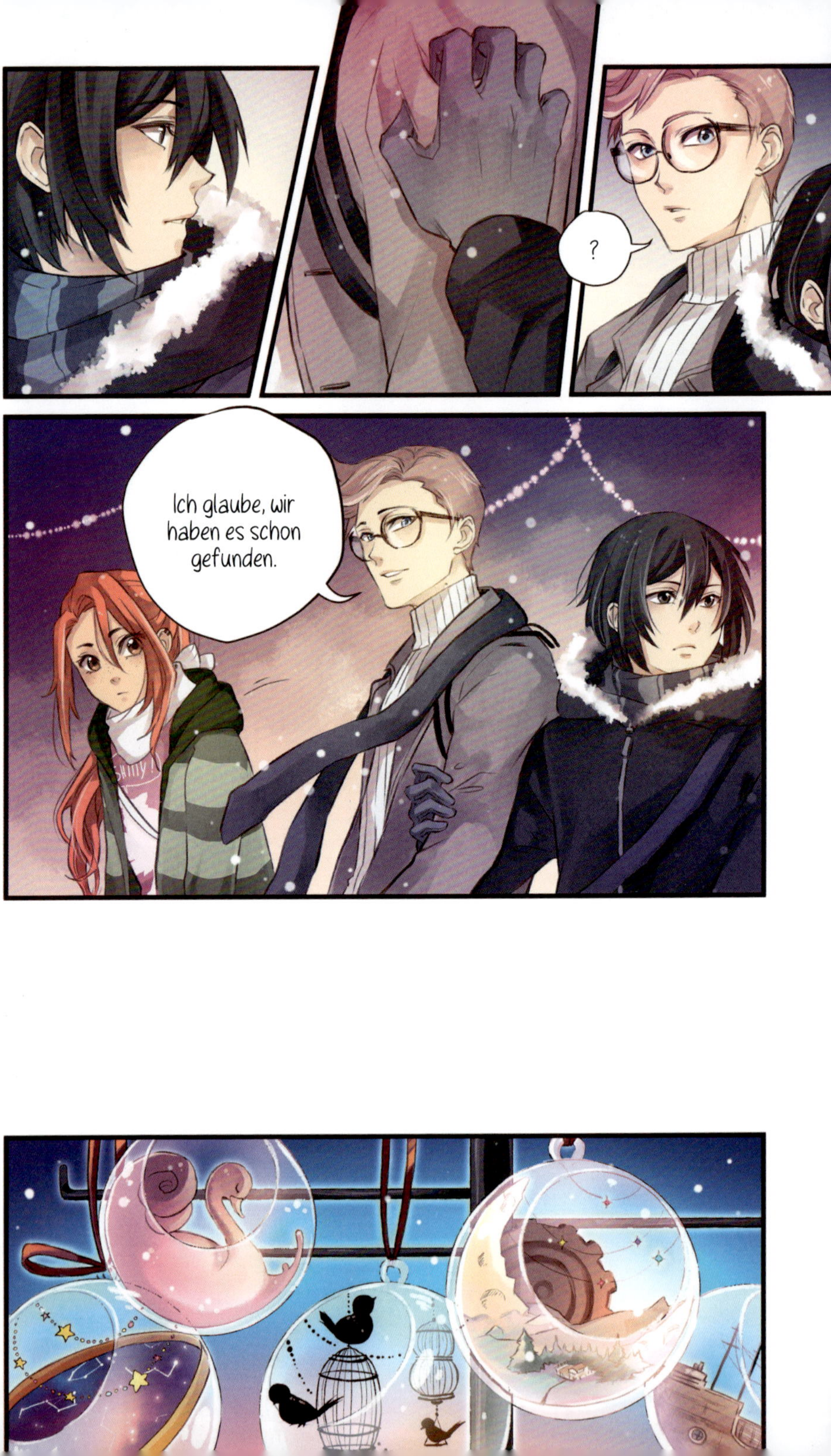
?
Ich glaube, wir haben es schon gefunden.

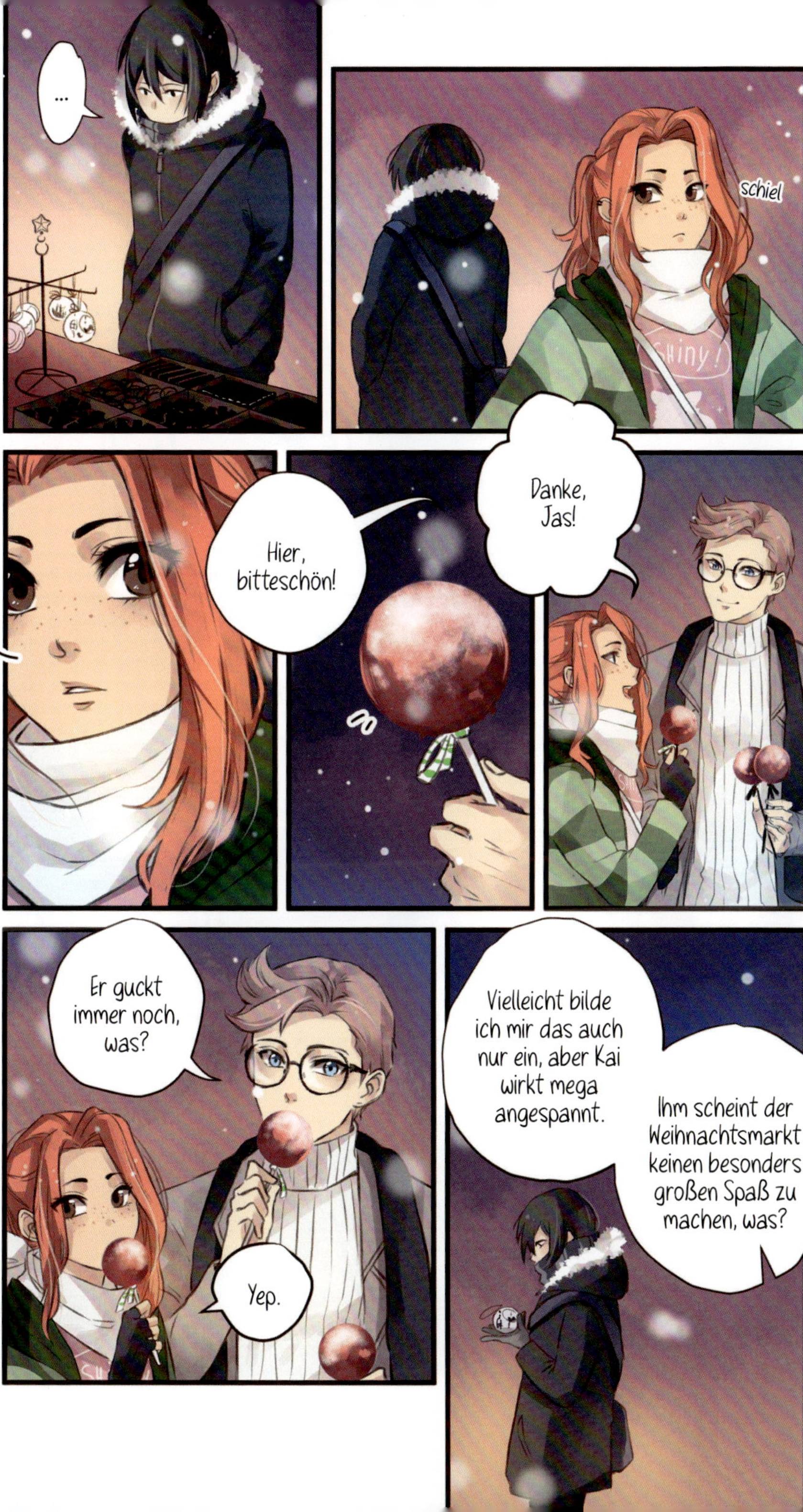
…
schiel
Hier, bitteschön!
Danke, Jas!
Er guckt immer noch, was?
Yep.
Vielleicht bilde ich mir das auch nur ein, aber Kai wirkt mega angespannt.
Ihm scheint der Weihnachtsmarkt keinen besonders großen Spaß zu machen, was?

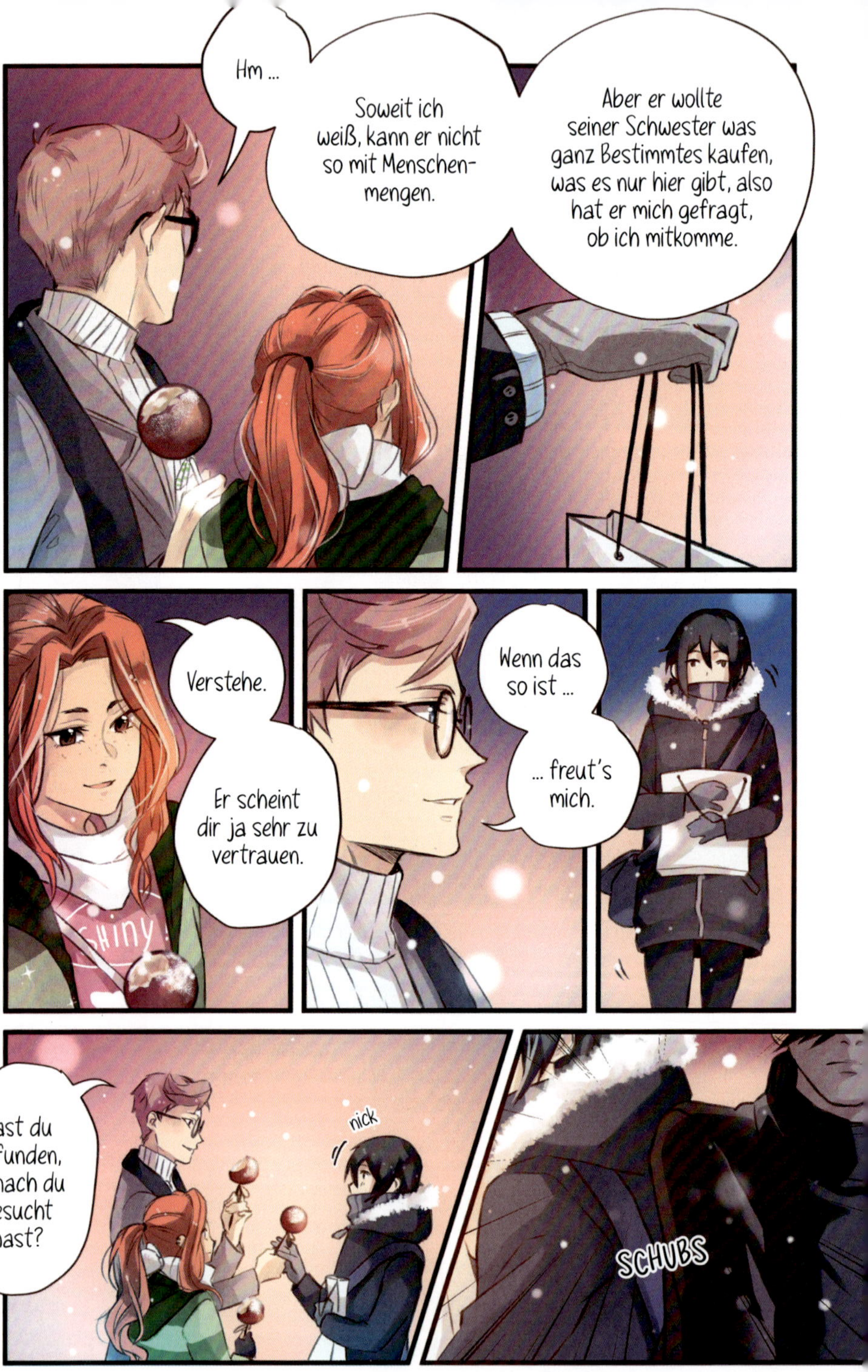
Hm ...
Soweit ich weiß, kann er nicht so mit Menschenmengen.
Aber er wollte seiner Schwester was ganz Bestimmtes kaufen, was es nur hier gibt, also hat er mich gefragt, ob ich mitkomme.
Verstehe.
Er scheint dir ja sehr zu vertrauen.
Wenn das so ist ...
... freut's mich.
SHINY
Hast du gefunden, wonach du gesucht hast?
nick
SCHUBS

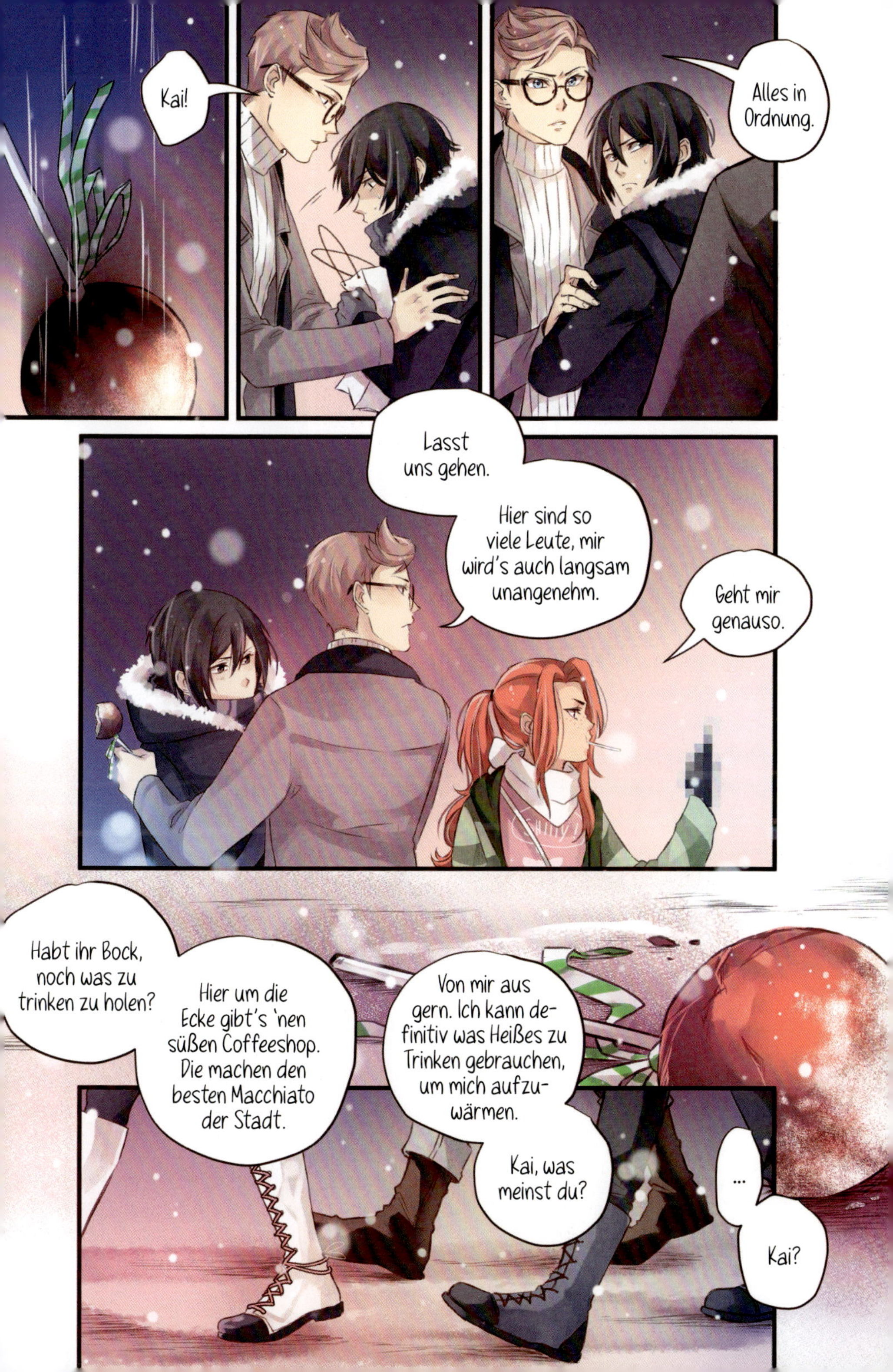
Kai!
Alles in Ordnung.
Lasst uns gehen.
Hier sind so viele Leute, mir wird's auch langsam unangenehm.
Geht mir genauso.
Habt ihr Bock, noch was zu trinken zu holen?
Hier um die Ecke gibt's 'nen süßen Coffeeshop. Die machen den besten Macchiato der Stadt.
Von mir aus gern. Ich kann definitiv was Heißes zu Trinken gebrauchen, um mich aufzuwärmen.
Kai, was meinst du?
...
Kai?

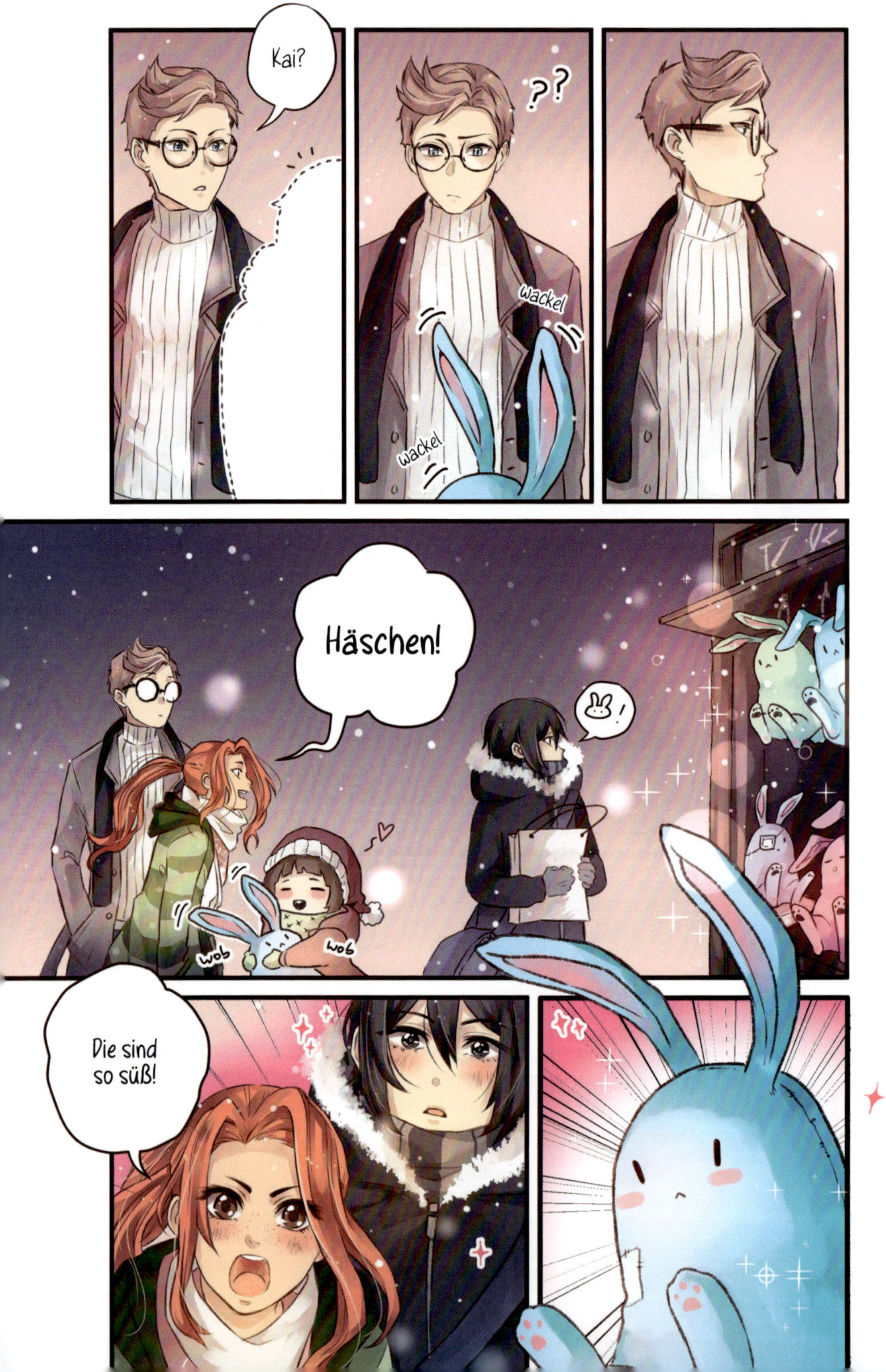
Kai?
??
wackel
wackel
Häschen!
wob
wob
Die sind so süß!

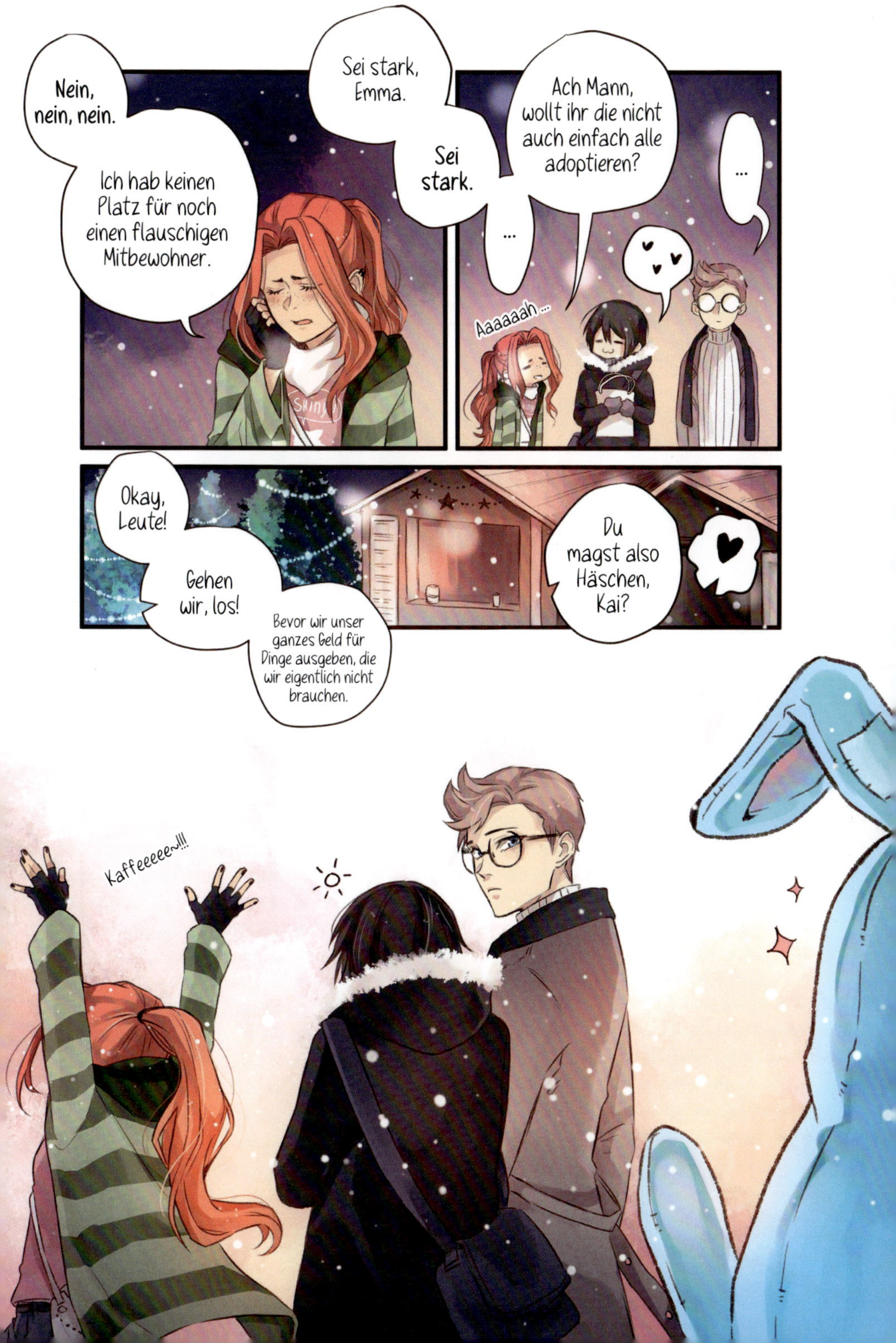
Nein, nein, nein.
Ich hab keinen Platz für noch einen flauschigen Mitbewohner.
Sei stark, Emma.
Sei stark.
...
Ach Mann, wollt ihr die nicht auch einfach alle adoptieren?
...
Aaaaaah ...
Okay, Leute!
Gehen wir, los!
Bevor wir unser ganzes Geld für Dinge ausgeben, die wir eigentlich nicht brauchen.
Du magst also Häschen, Kai?
Kaffeeeee~!!!

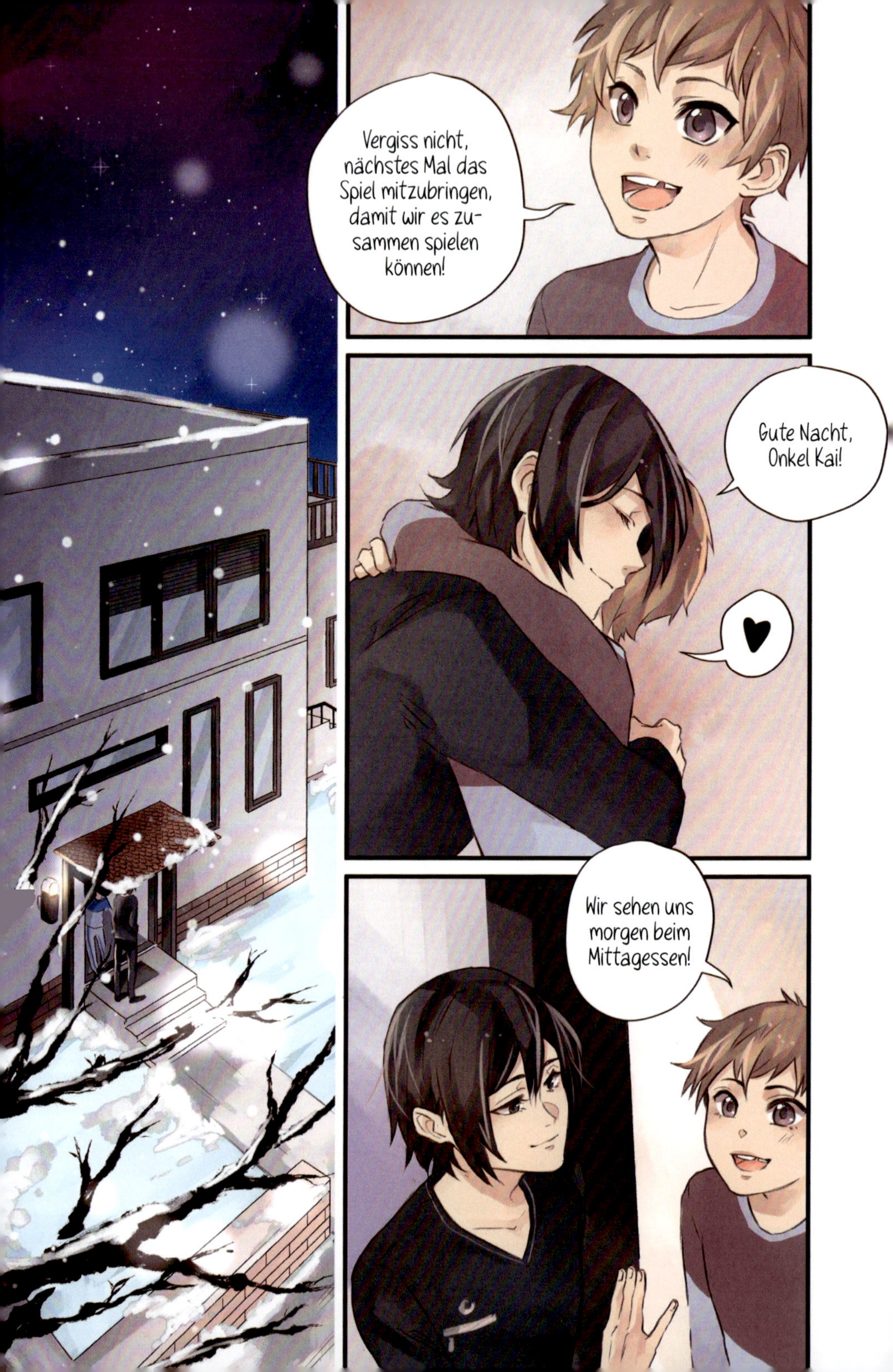
Vergiss nicht, nächstes Mal das Spiel mitzubringen, damit wir es zusammen spielen können!
Gute Nacht, Onkel Kai!
♥
Wir sehen uns morgen beim Mittagessen!

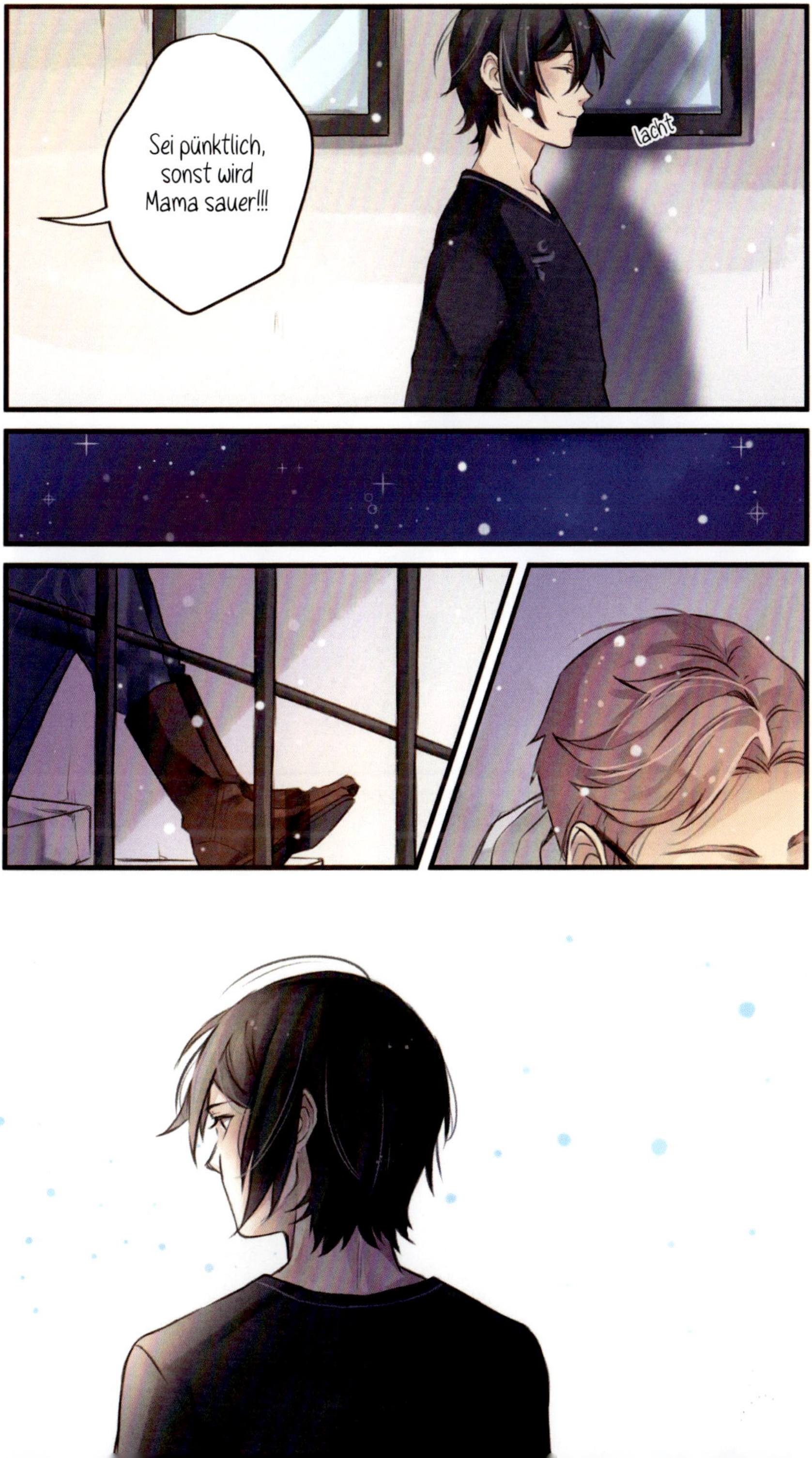
Sei pünktlich,
sonst wird
Mama sauer!!!
lacht

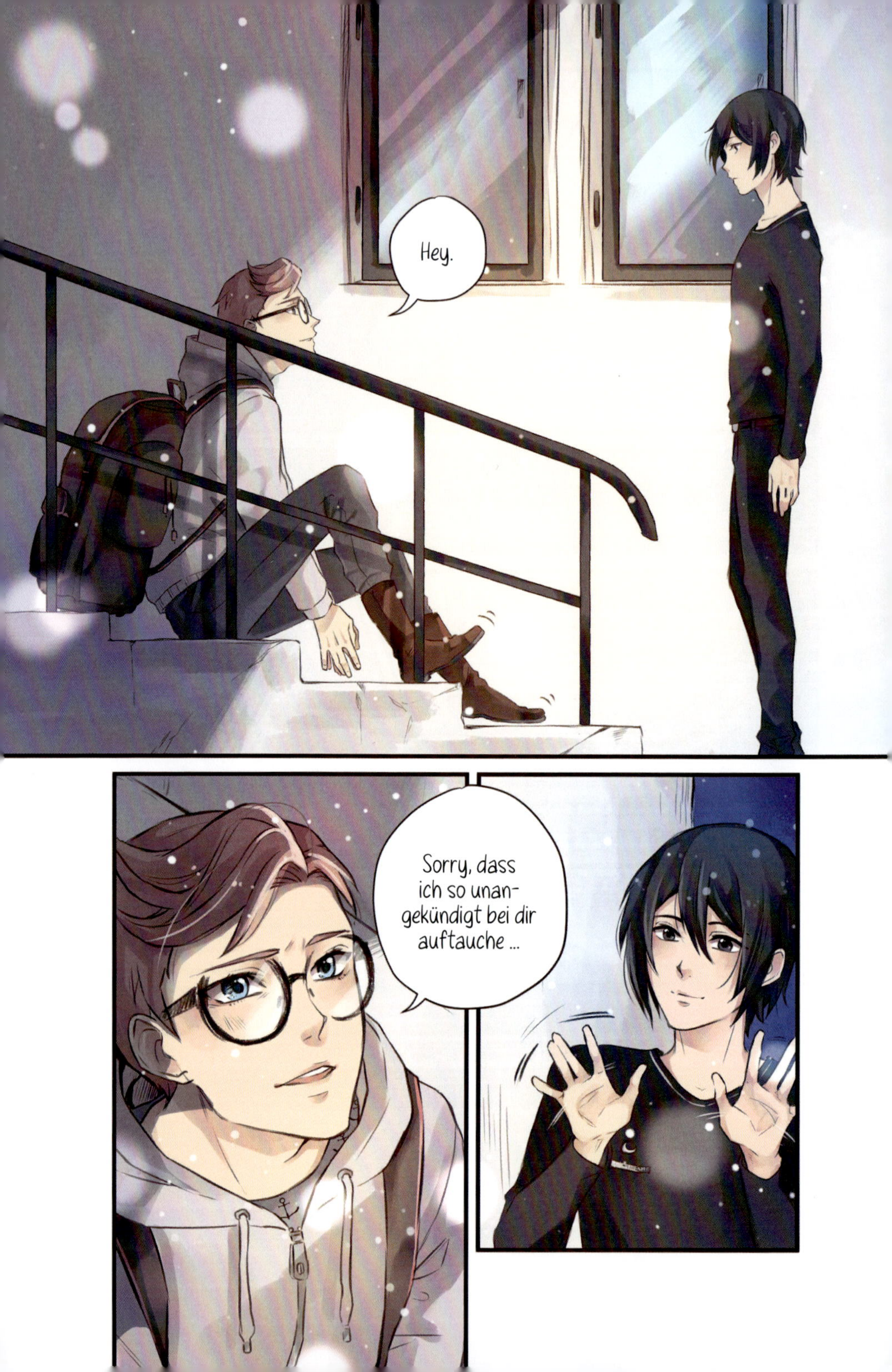
Hey.
Sorry, dass ich so unangekündigt bei dir auftauche ...

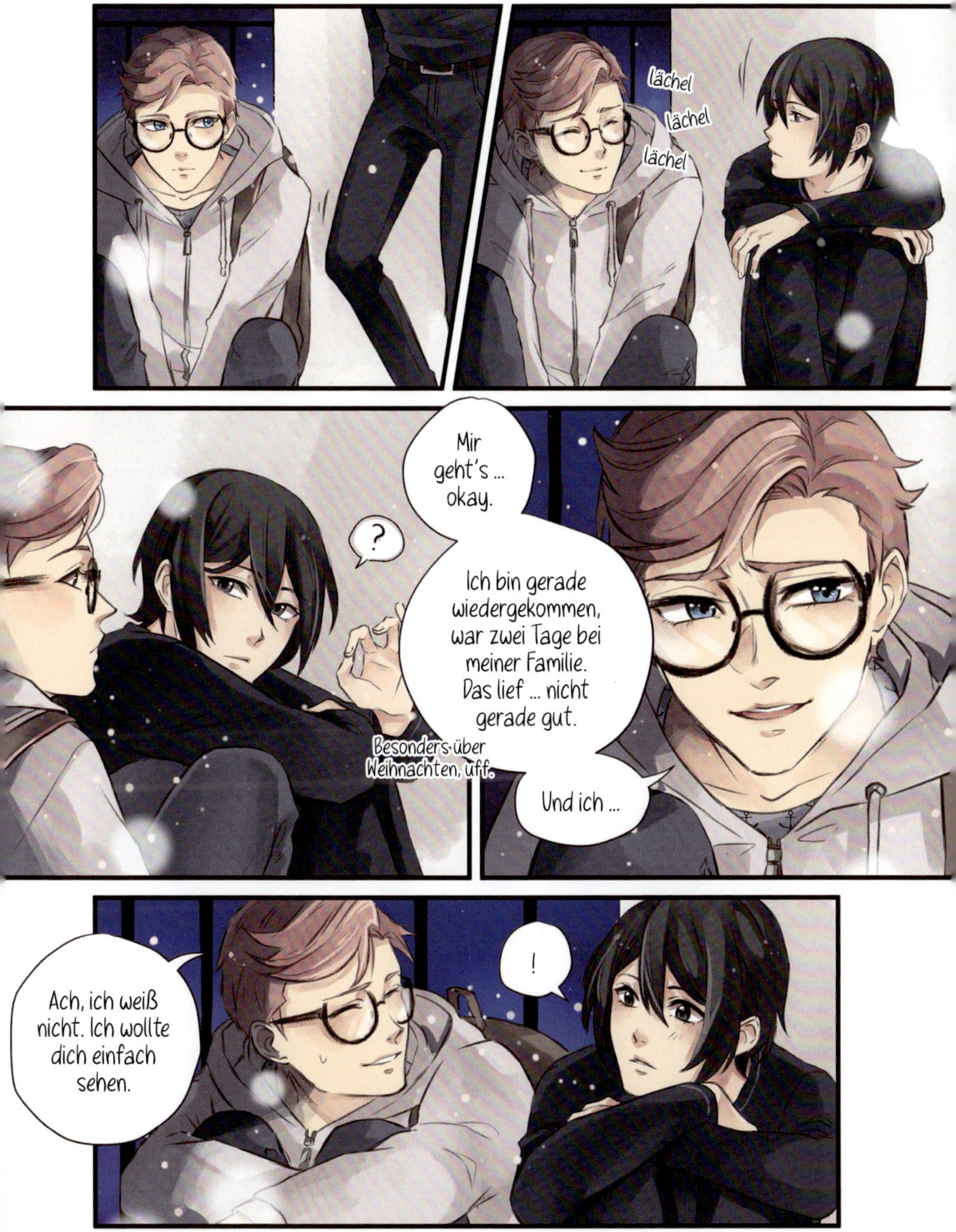

lächel
lächel
lächel
Mir geht's ... okay.
?
Ich bin gerade wiedergekommen, war zwei Tage bei meiner Familie. Das lief ... nicht gerade gut.
Besonders über Weihnachten, uff.
Und ich ...
Ach, ich weiß nicht. Ich wollte dich einfach sehen.
!

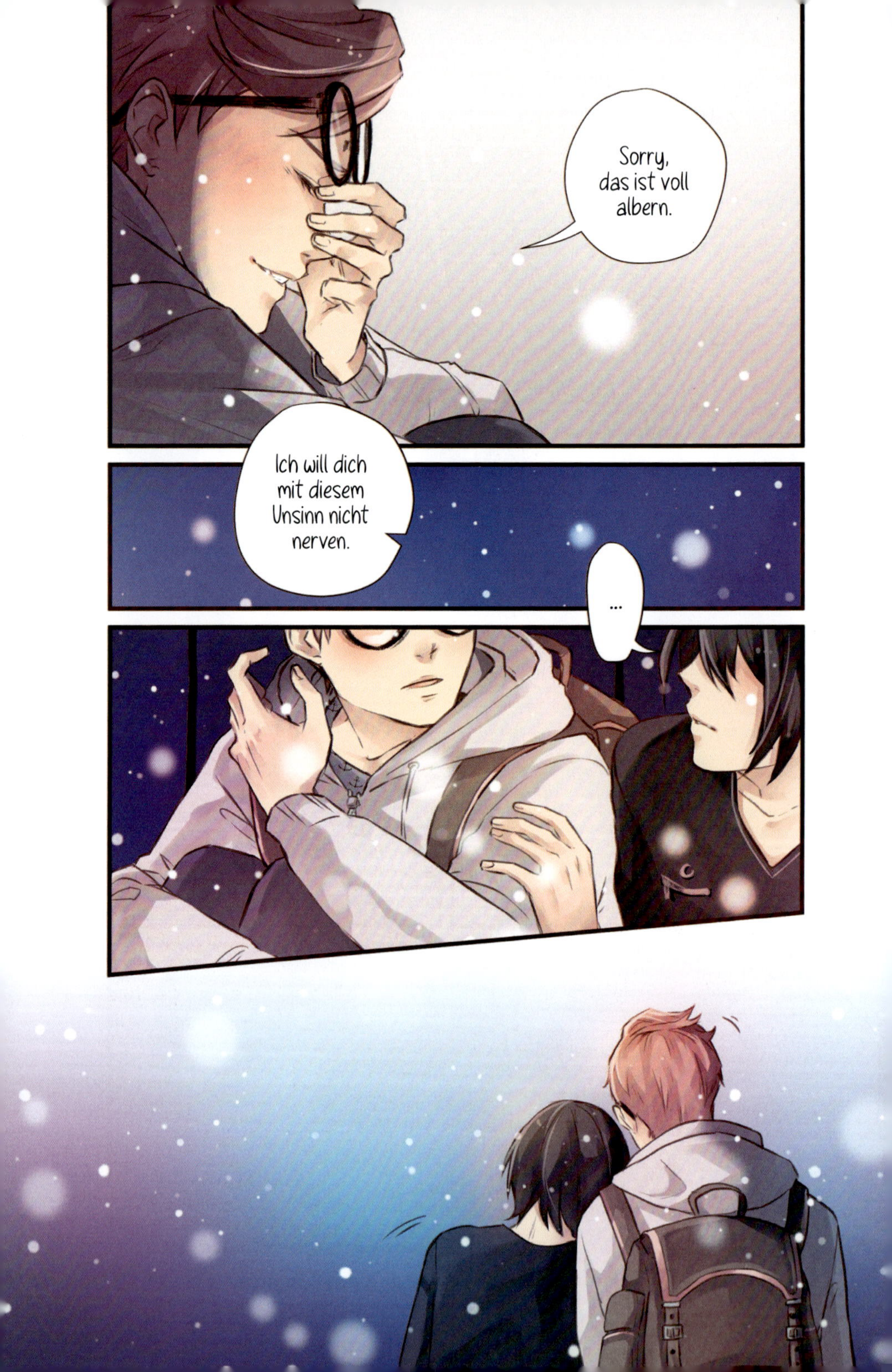
Sorry, das ist voll albern.
Ich will dich mit diesem Unsinn nicht nerven.
...

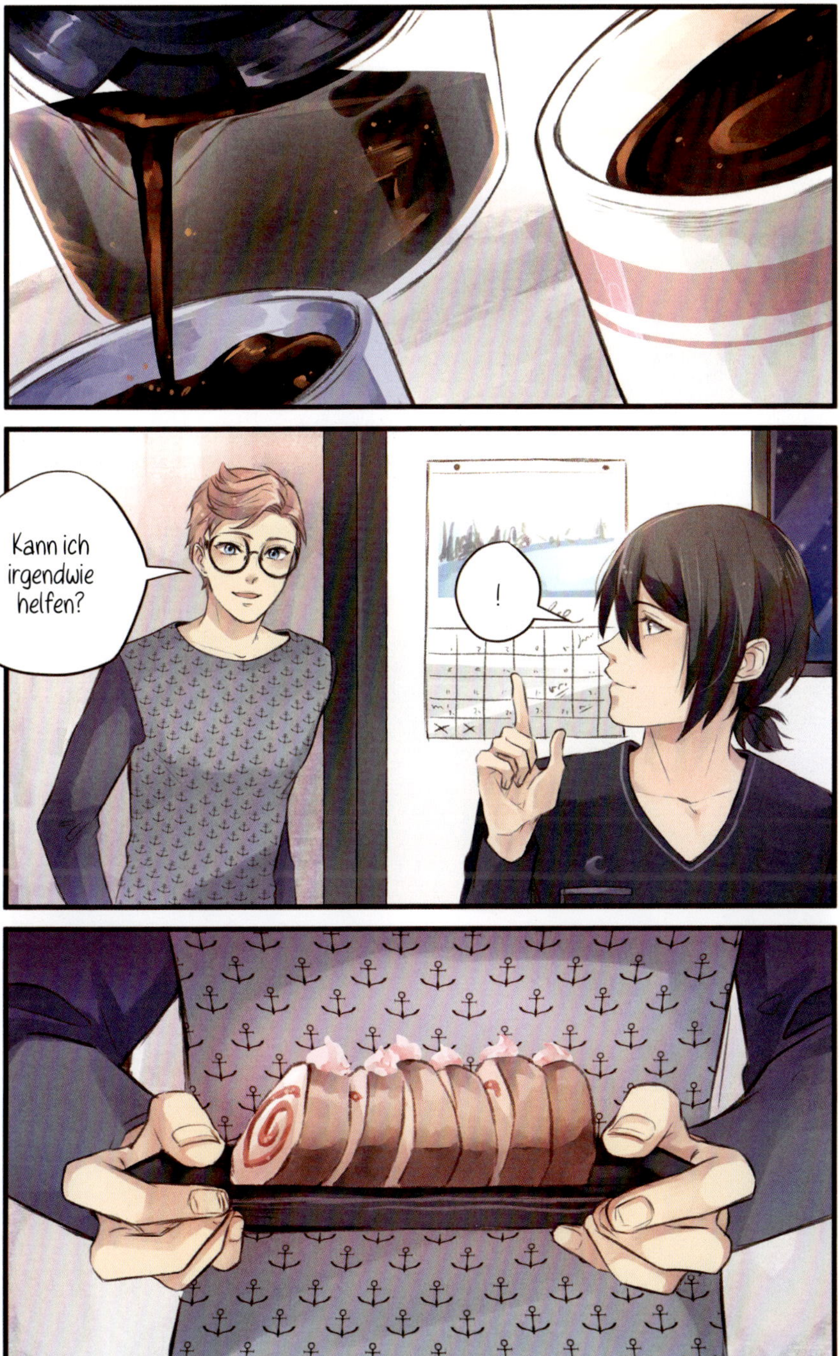
Kann ich irgendwie helfen?
!

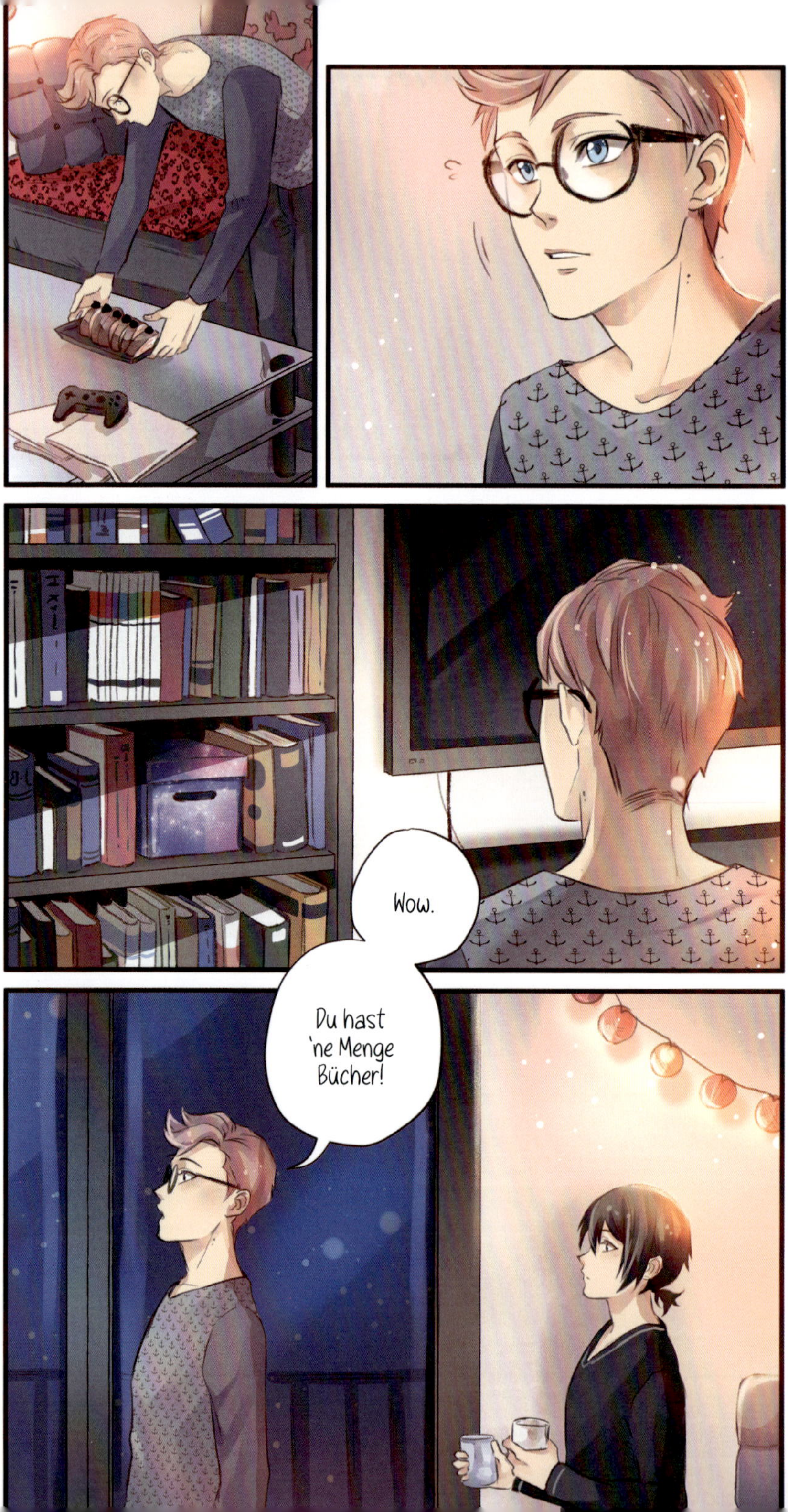
Wow.
Du hast 'ne Menge Bücher!

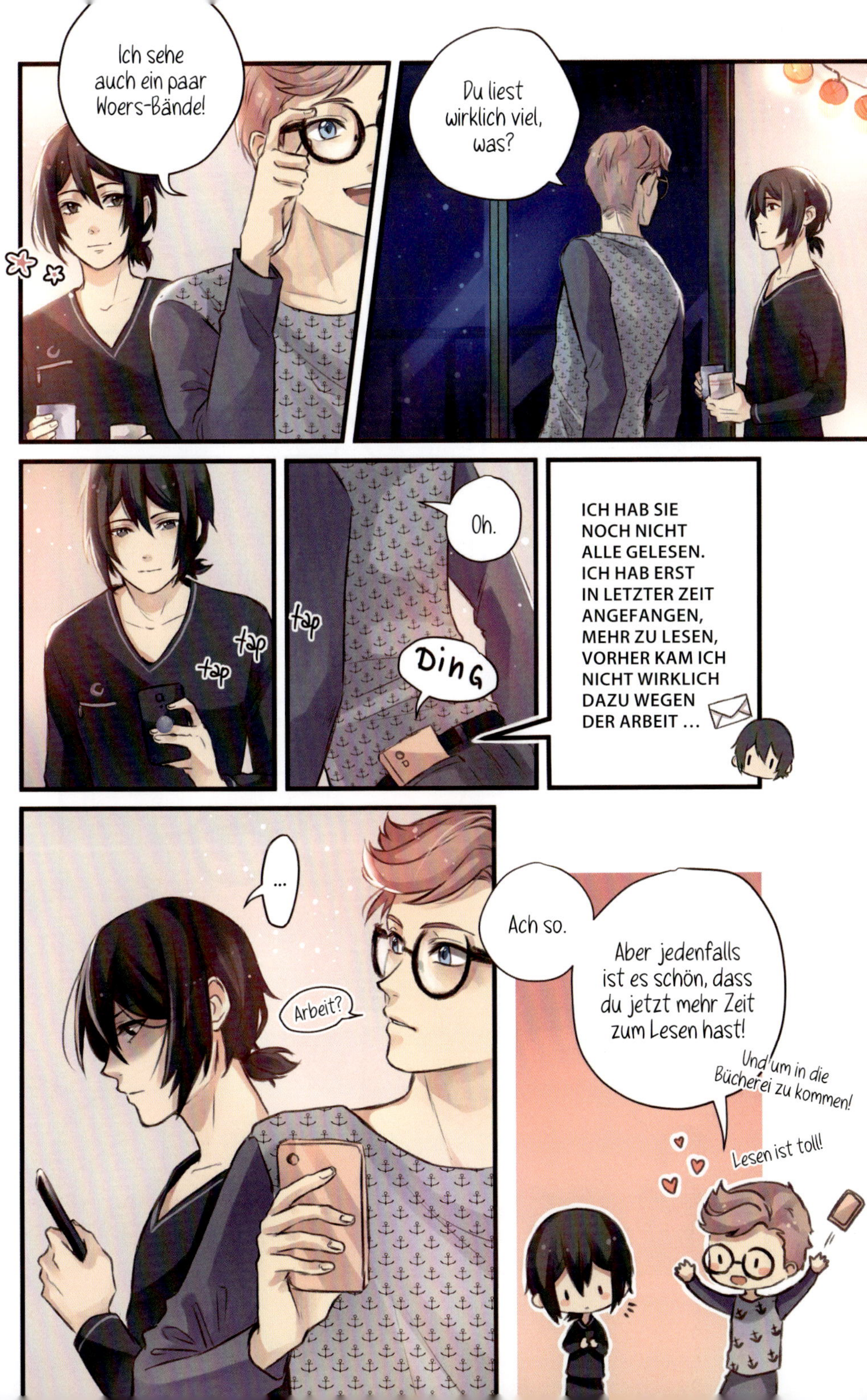
Ich sehe auch ein paar Woers-Bände!
Du liest wirklich viel, was?
tap
tap
tap
Oh.
Ding
ICH HAB SIE NOCH NICHT ALLE GELESEN. ICH HAB ERST IN LETZTER ZEIT ANGEFANGEN, MEHR ZU LESEN, VORHER KAM ICH NICHT WIRKLICH DAZU WEGEN DER ARBEIT …
…
Arbeit?
Ach so.
Aber jedenfalls ist es schön, dass du jetzt mehr Zeit zum Lesen hast!
Und um in die Bücherei zu kommen!
Lesen ist toll!

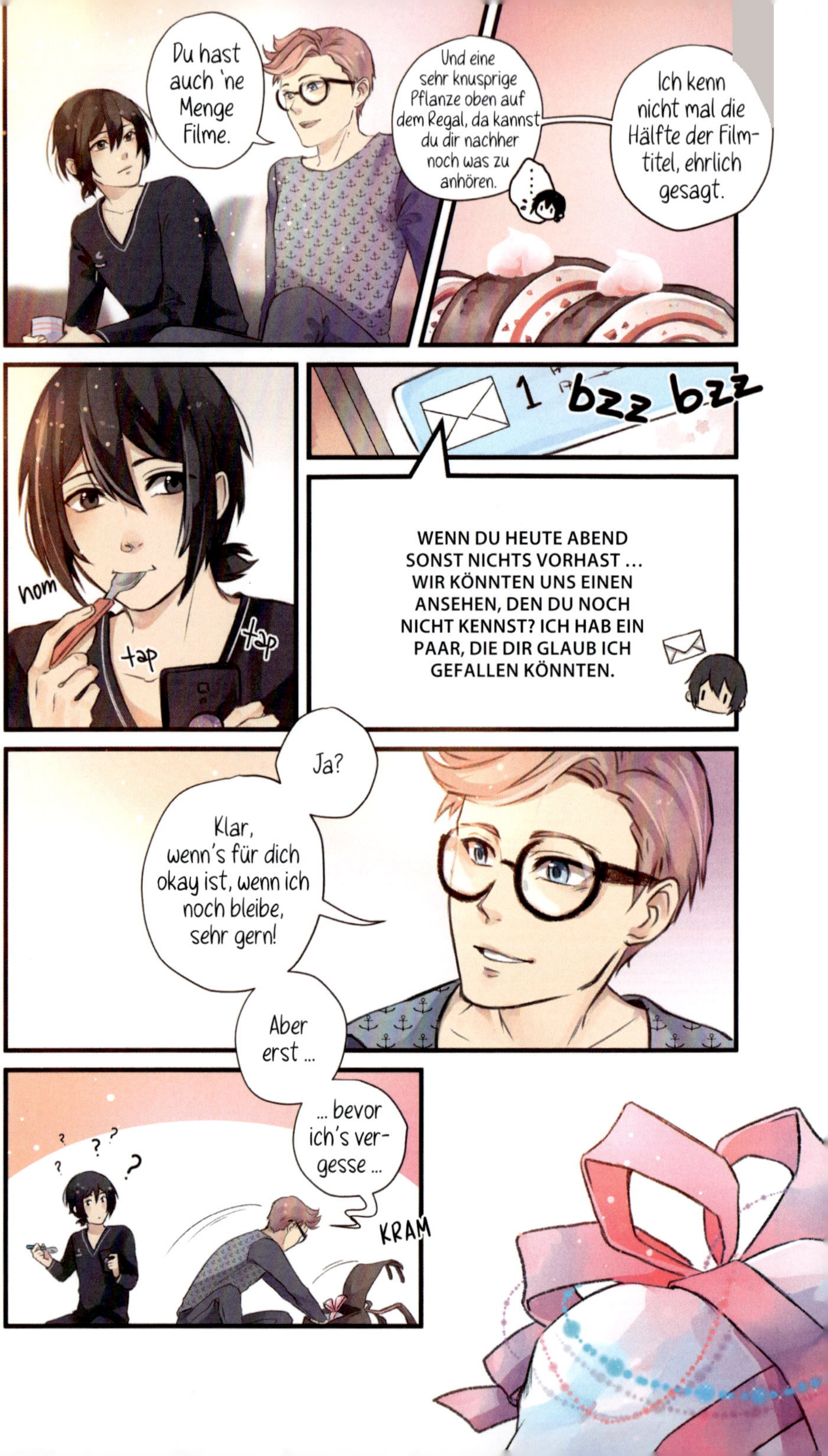
Du hast auch 'ne Menge Filme.
Und eine sehr knusprige Pflanze oben auf dem Regal, da kannst du dir nachher noch was zu anhören.
Ich kenn nicht mal die Hälfte der Filmtitel, ehrlich gesagt.
1
bzz bzz
nom
tap
tap
WENN DU HEUTE ABEND SONST NICHTS VORHAST … WIR KÖNNTEN UNS EINEN ANSEHEN, DEN DU NOCH NICHT KENNST? ICH HAB EIN PAAR, DIE DIR GLAUB ICH GEFALLEN KÖNNTEN.
Ja?
Klar, wenn's für dich okay ist, wenn ich noch bleibe, sehr gern!
Aber erst …
… bevor ich's vergesse …
KRAM
? ? ? ? ?

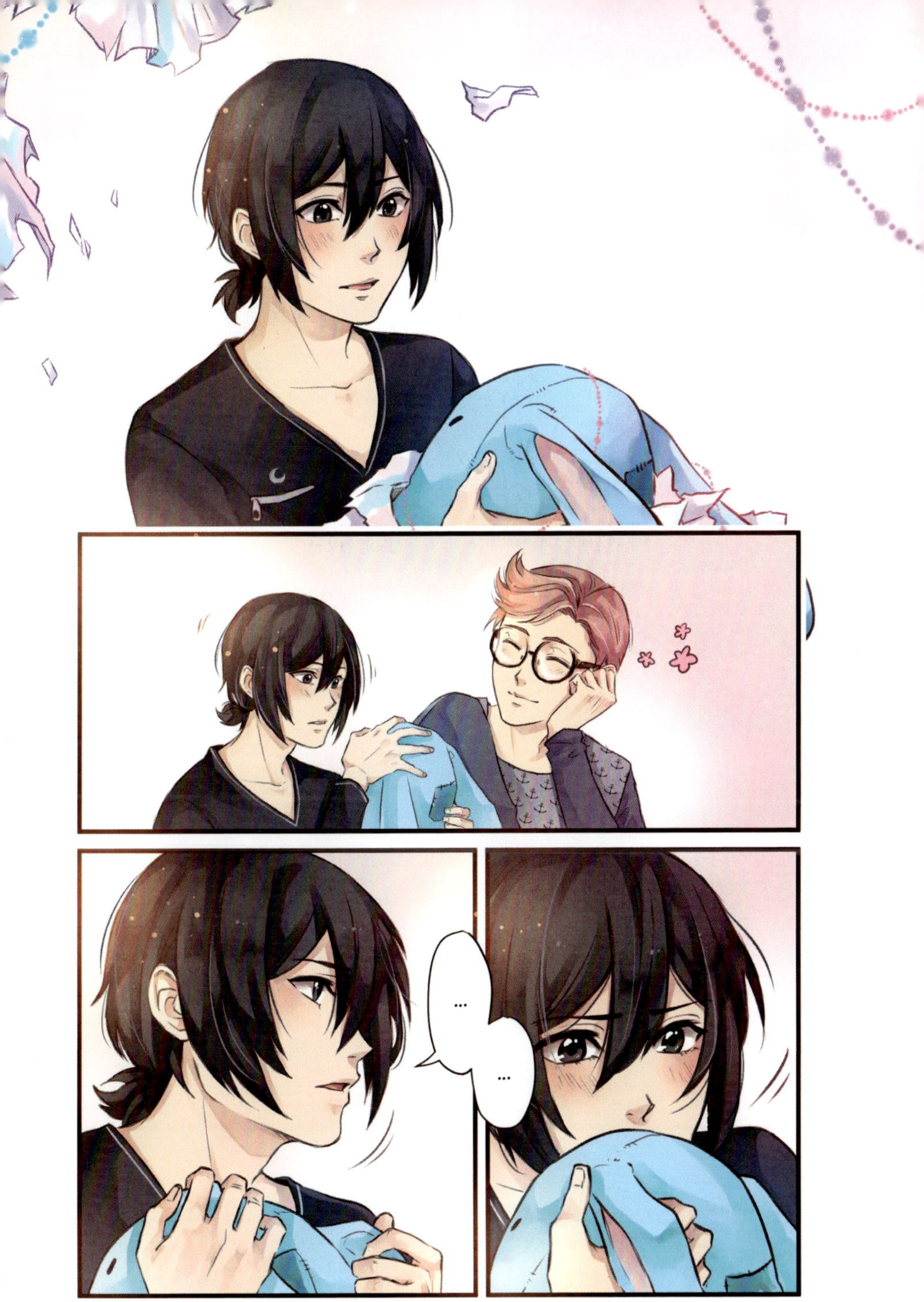

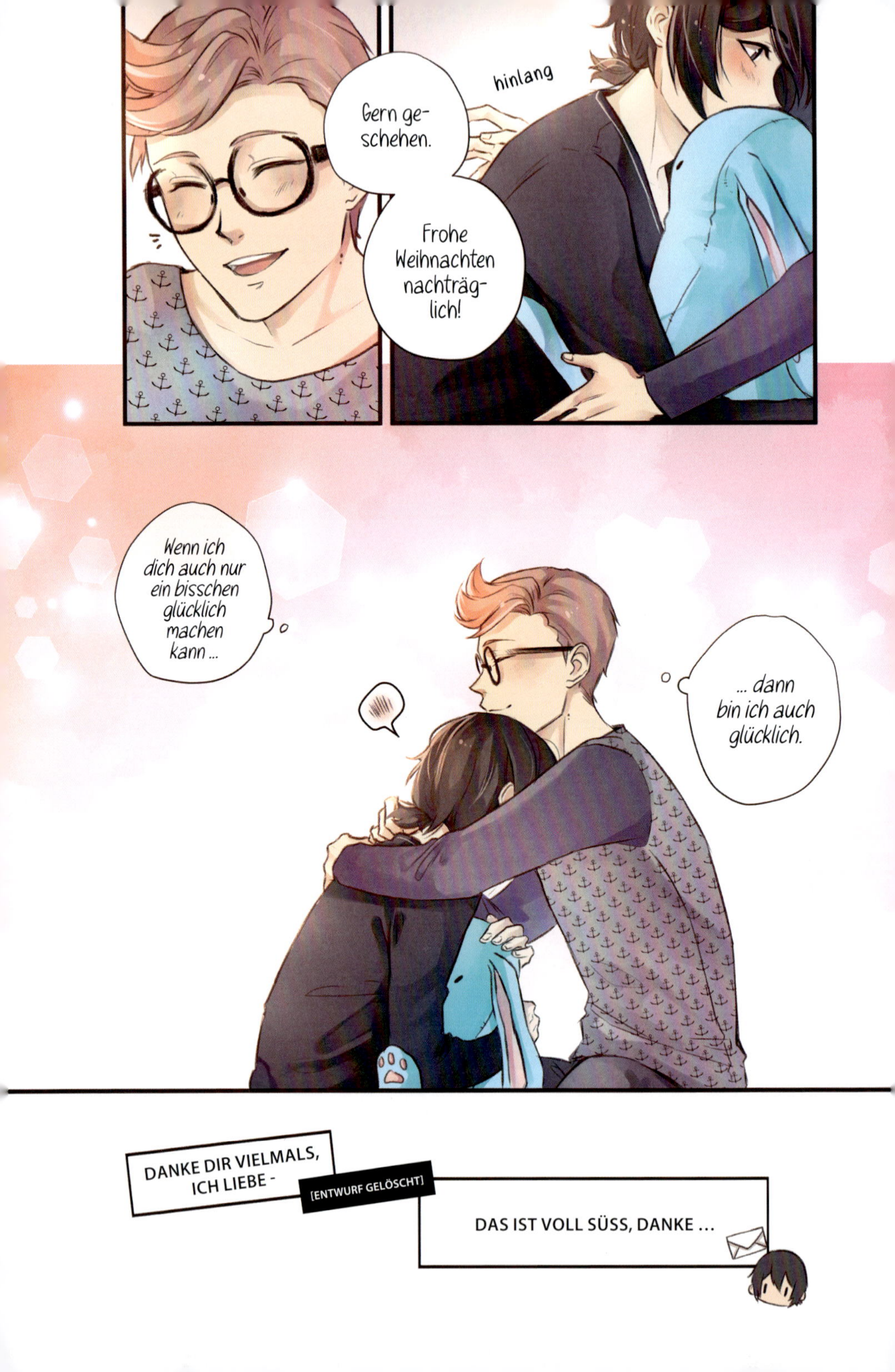
Gern geschehen.
Frohe Weihnachten nachträglich!
hinlang
Wenn ich dich auch nur ein bisschen glücklich machen kann ...
... dann bin ich auch glücklich.
DANKE DIR VIELMALS, ICH LIEBE -
[ENTWURF GELÖSCHT]
DAS IST VOLL SÜSS, DANKE ...

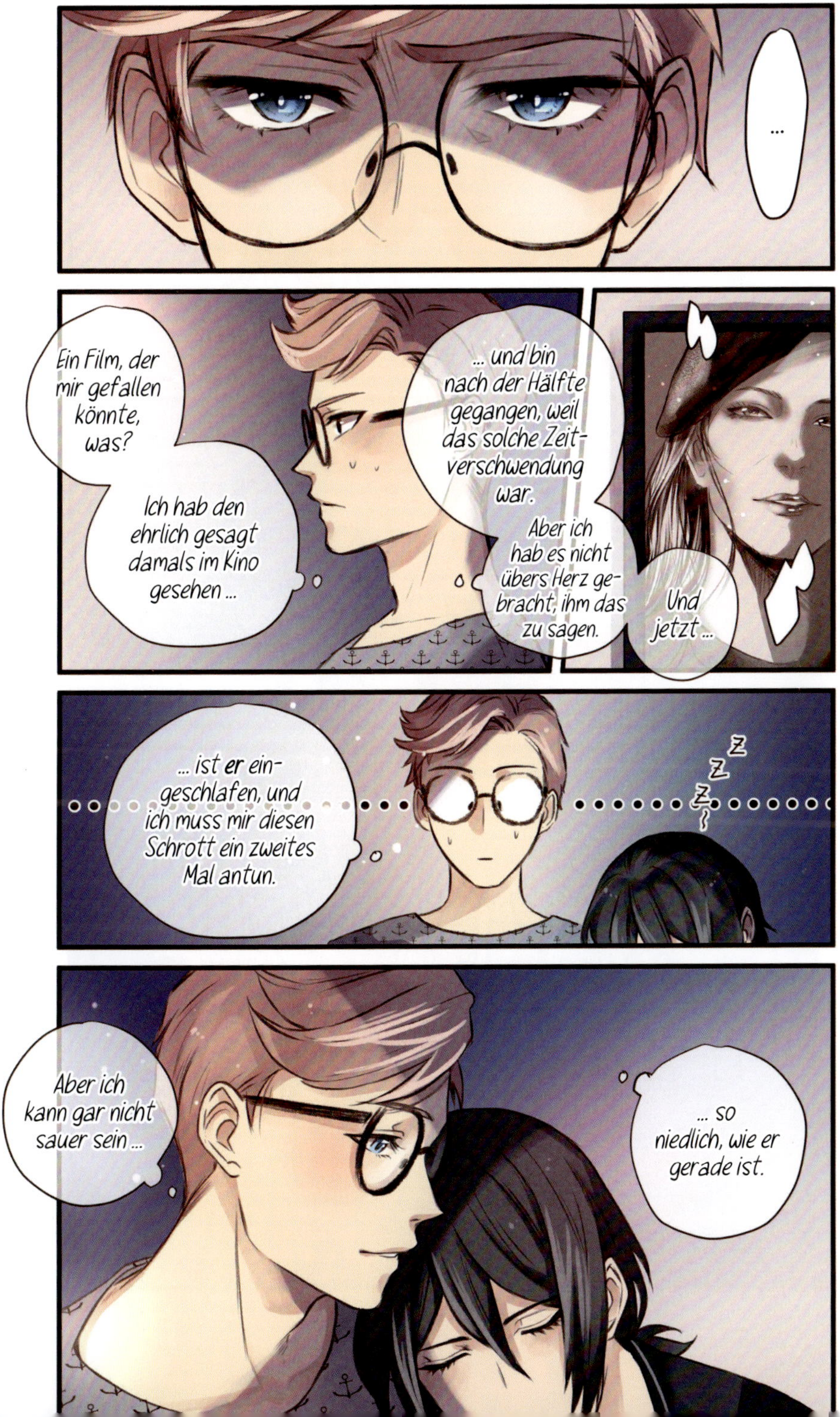
...
Ein Film, der mir gefallen könnte, was?
Ich hab den ehrlich gesagt damals im Kino gesehen ...
... und bin nach der Hälfte gegangen, weil das solche Zeitverschwendung war.
Aber ich hab es nicht übers Herz gebracht, ihm das zu sagen.
Und jetzt ...
... ist **er** eingeschlafen, und ich muss mir diesen Schrott ein zweites Mal antun.
Z Z Z
Aber ich kann gar nicht sauer sein ...
... so niedlich, wie er gerade ist.

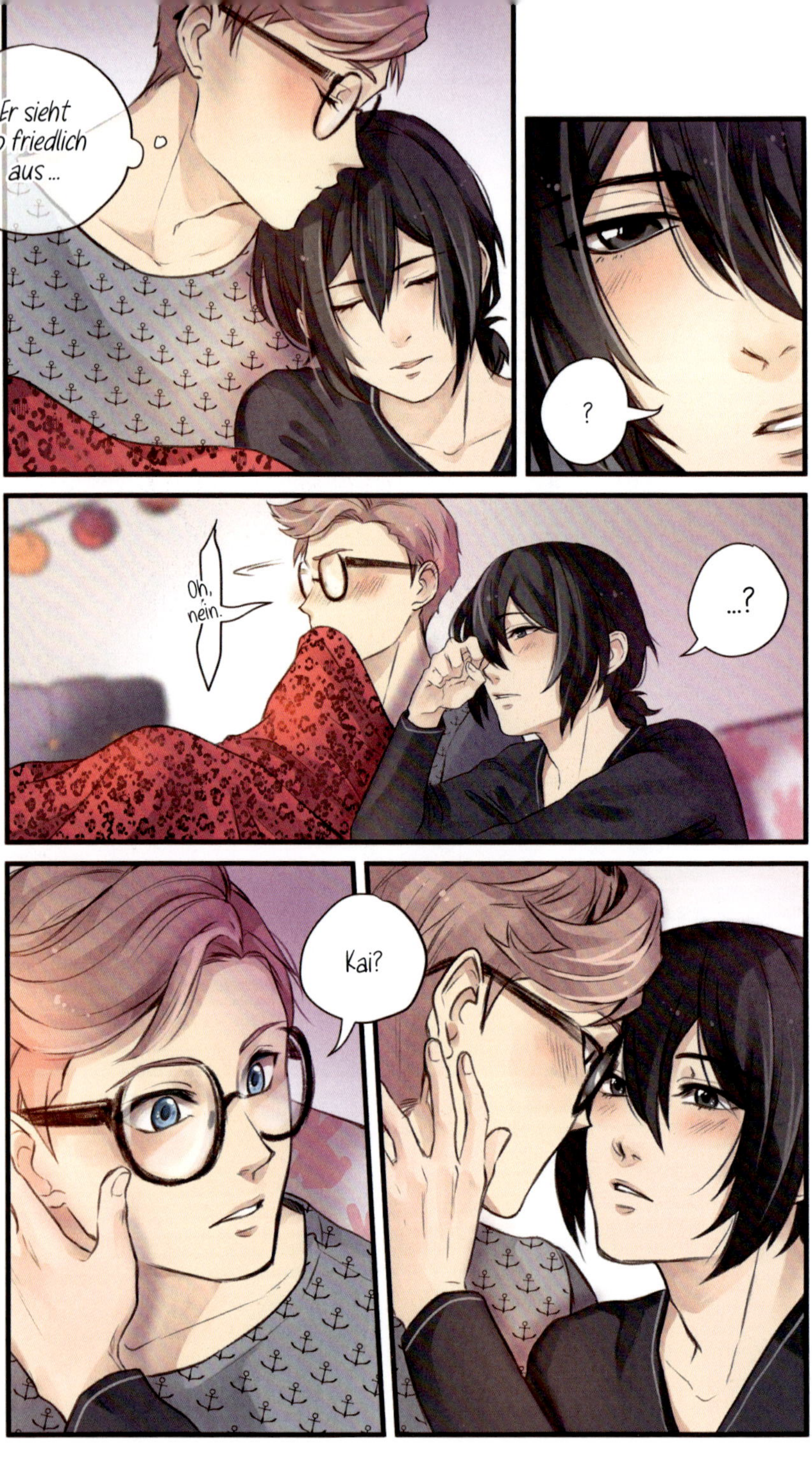
Er sieht so friedlich aus ...
?
Oh, nein.
...?
Kai?

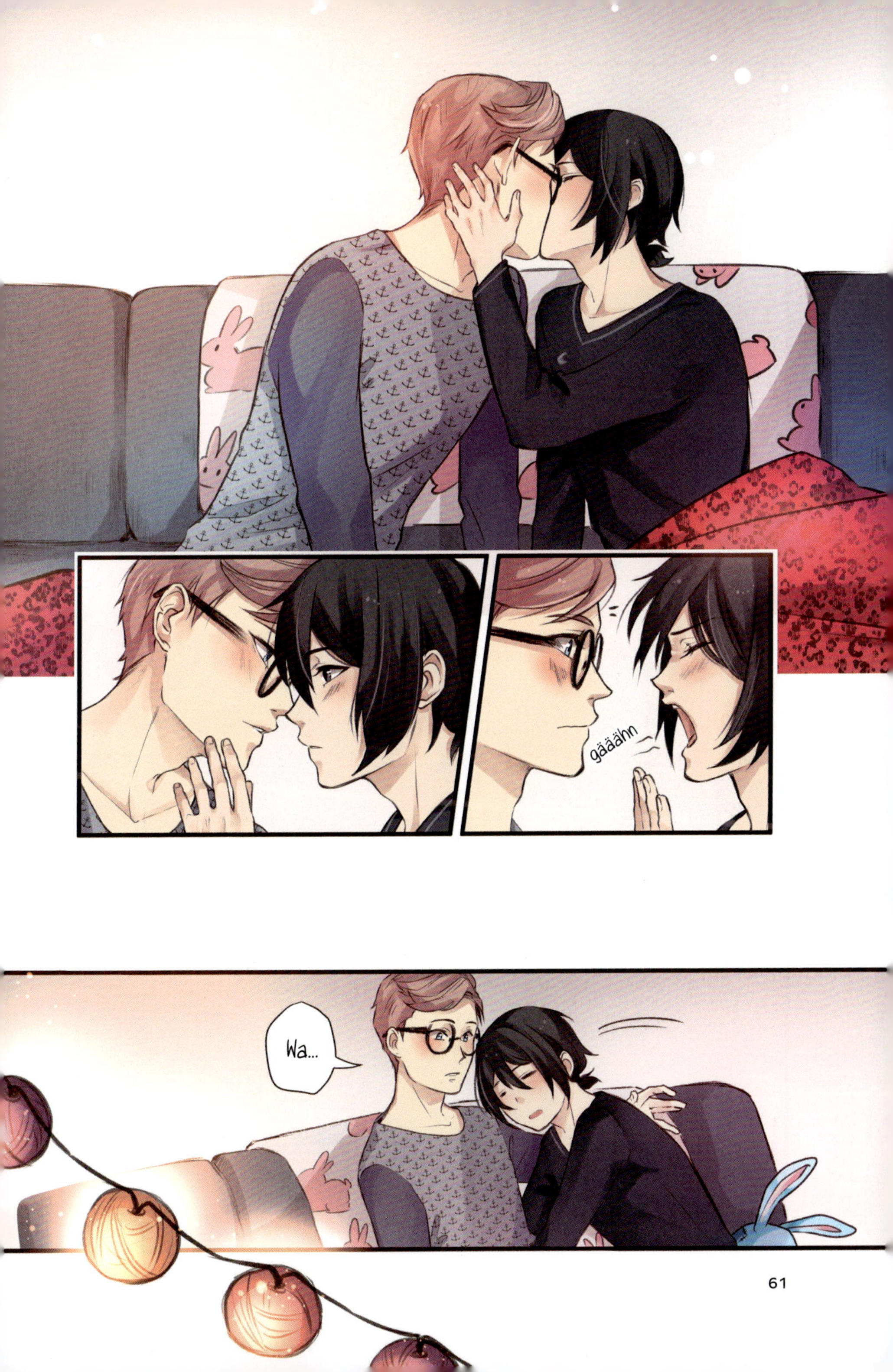
gääähn
Wa...

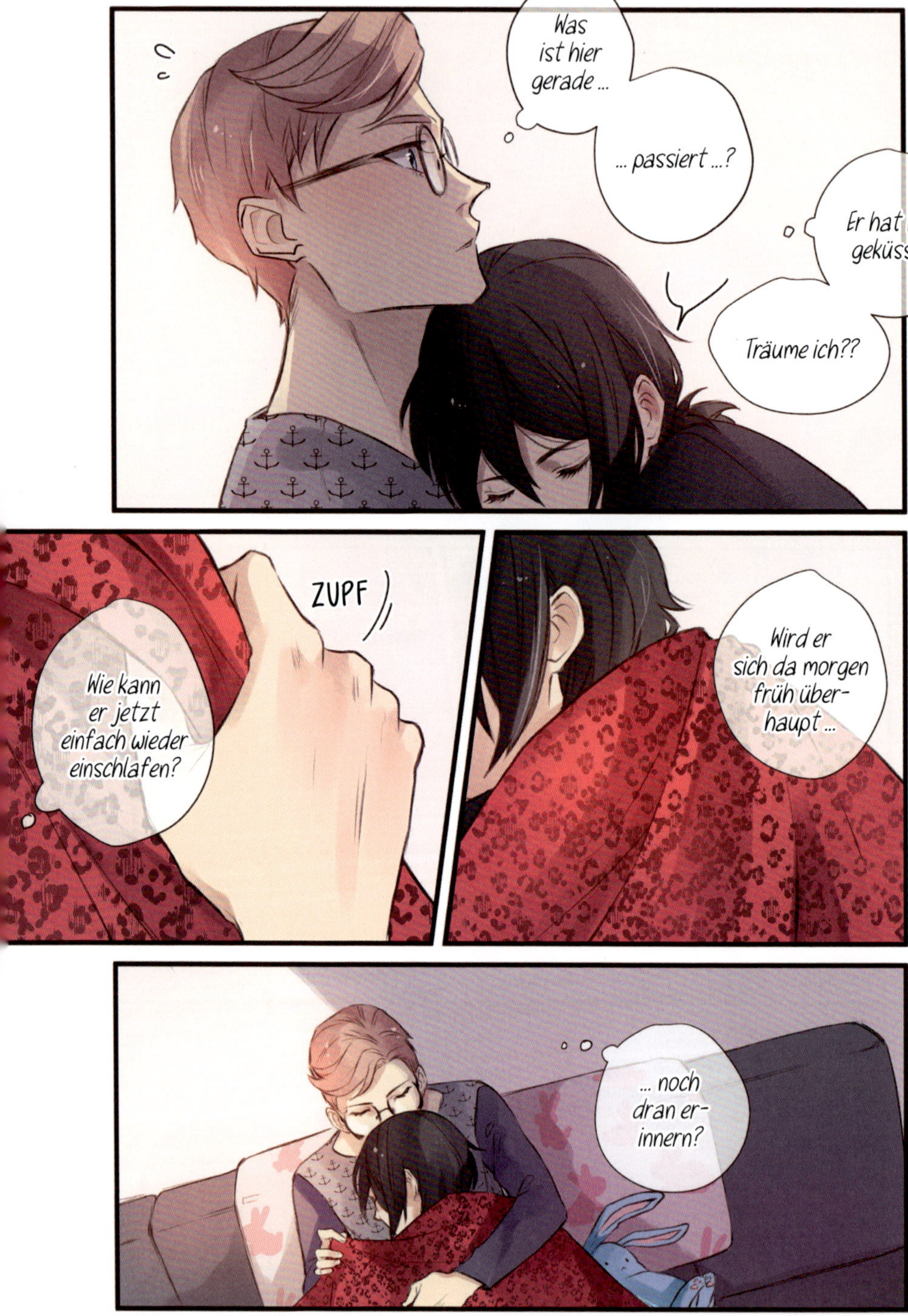

Was ist hier gerade ...
... passiert ...?
Er hat mich geküsst??
Träume ich??
ZUPF
Wie kann er jetzt einfach wieder einschlafen?
Wird er sich da morgen früh über-haupt ...
... noch dran er-innern?

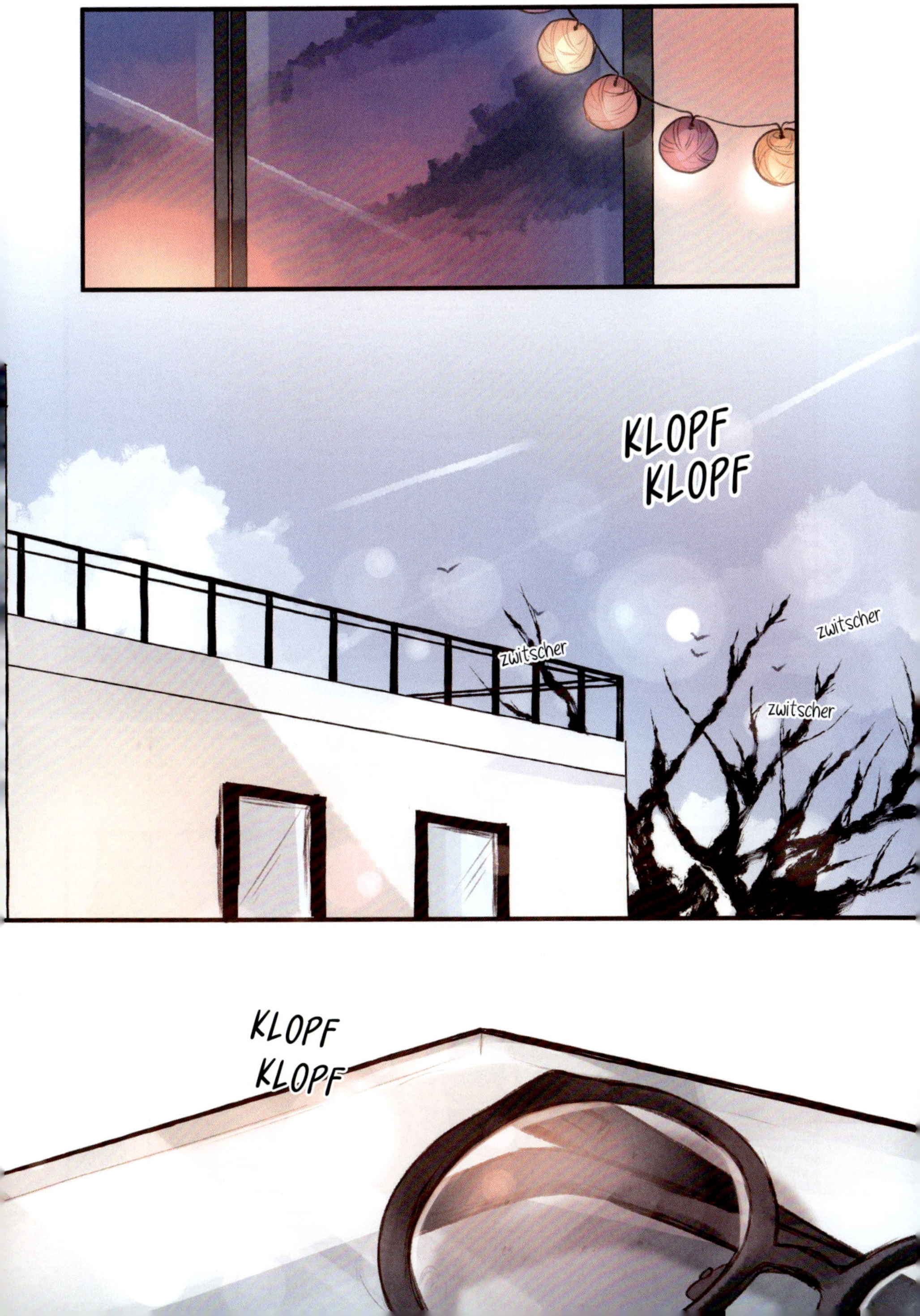
KLOPF
KLOPF
zwitscher
zwitscher
zwitscher
KLOPF
KLOPF

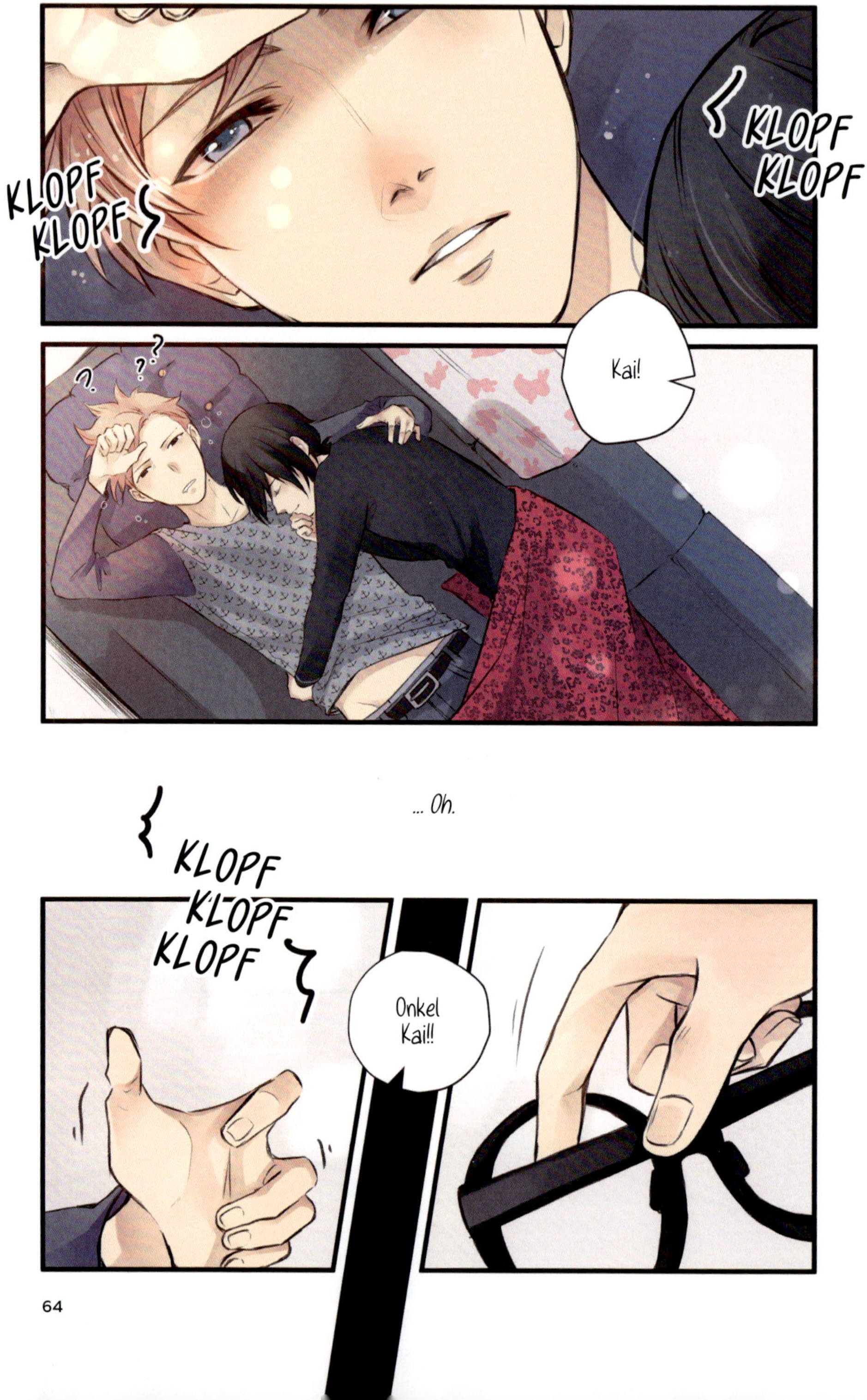
KLOPF
KLOPF
KLOPF
KLOPF
Kai!
... Oh.
KLOPF
KLOPF
KLOPF
Onkel Kai!!

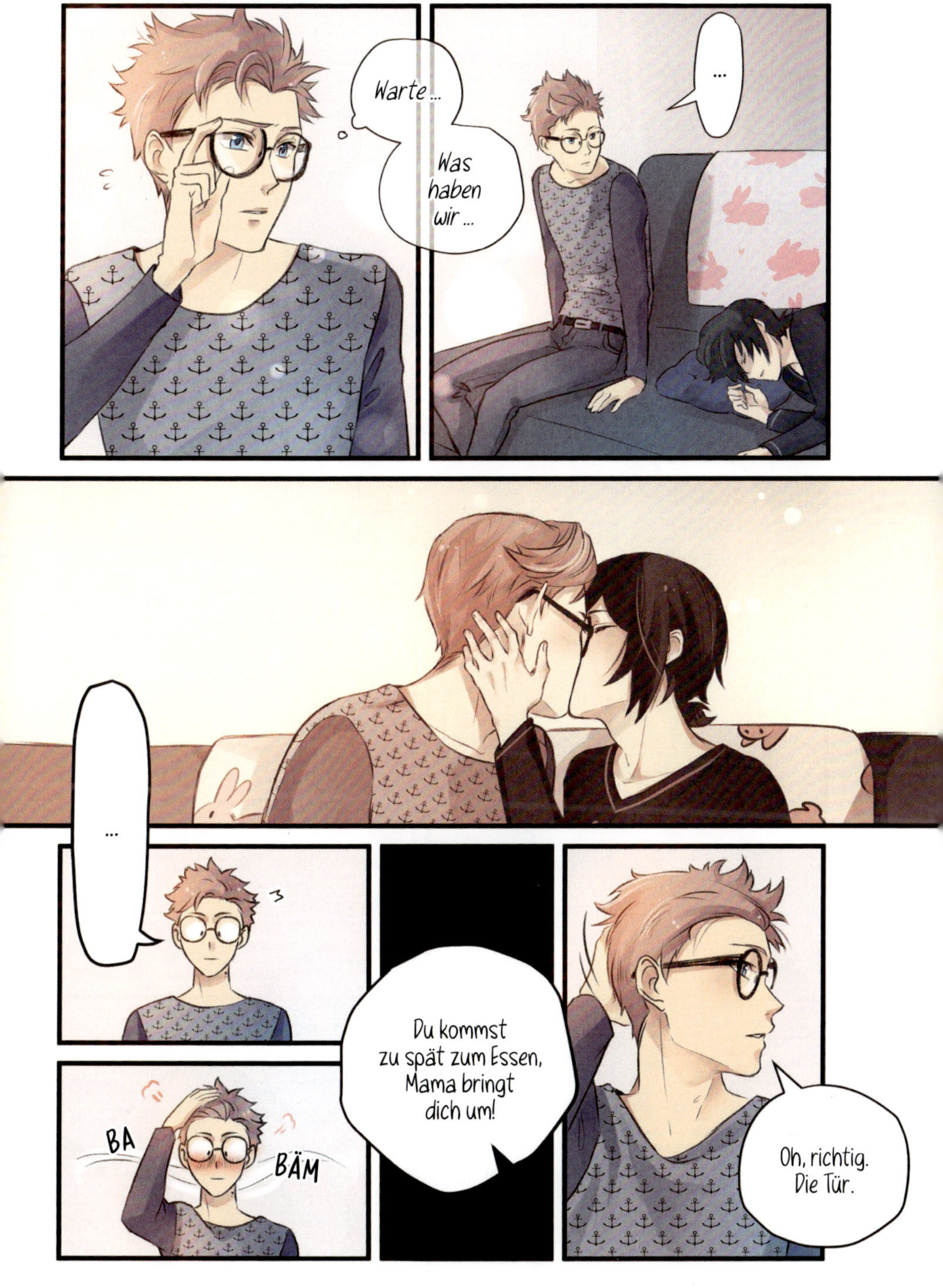
Warte ...
Was haben wir ...
...
...
BA
BÄM
Du kommst zu spät zum Essen, Mama bringt dich um!
Oh, richtig. Die Tür.

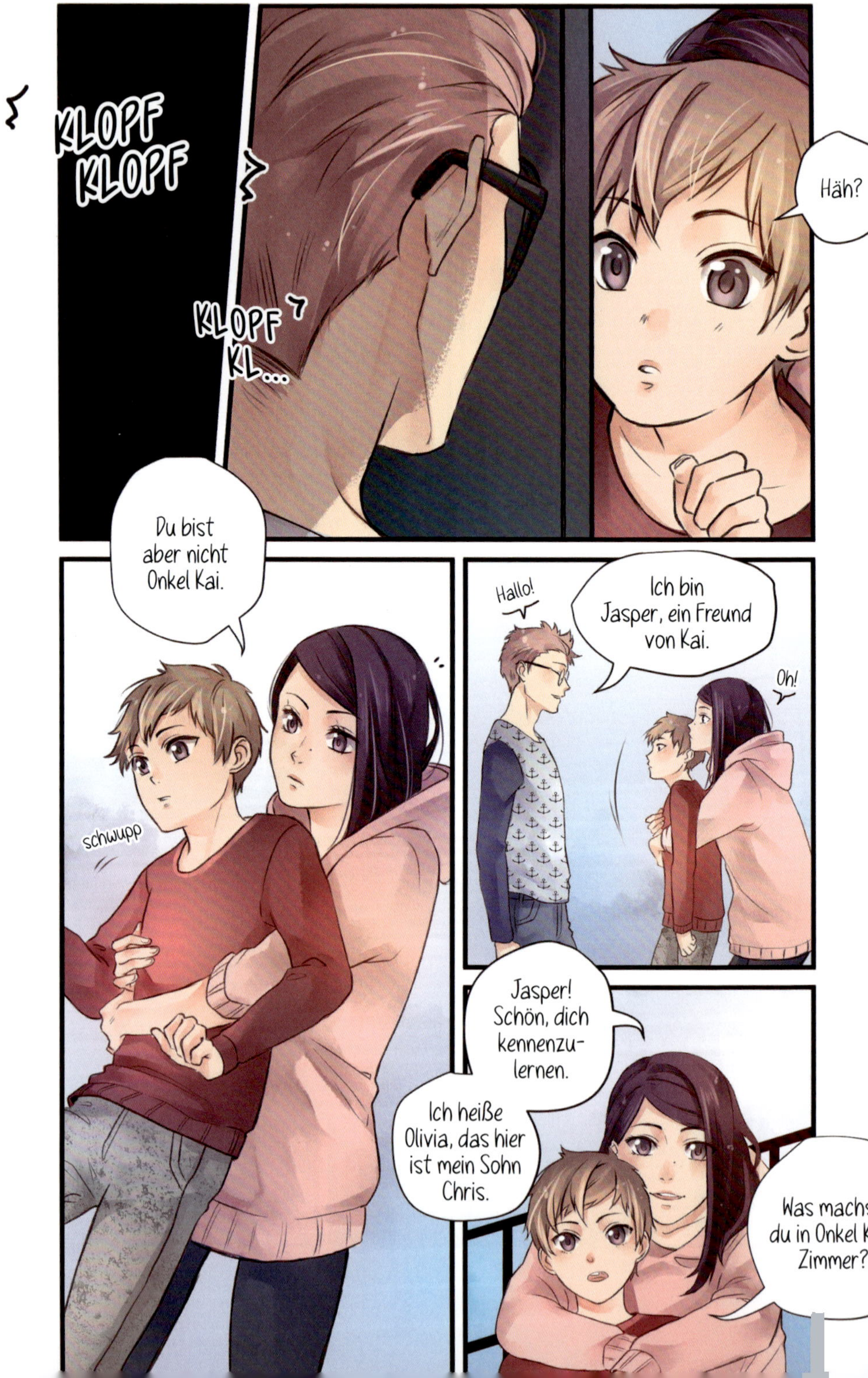
KLOPF
KLOPF
KLOPF
KL...
Häh?
Du bist aber nicht Onkel Kai.
schwupp
Hallo!
Ich bin Jasper, ein Freund von Kai.
Oh!
Jasper! Schön, dich kennenzulernen.
Ich heiße Olivia, das hier ist mein Sohn Chris.
Was machs
du in Onkel K
Zimmer?

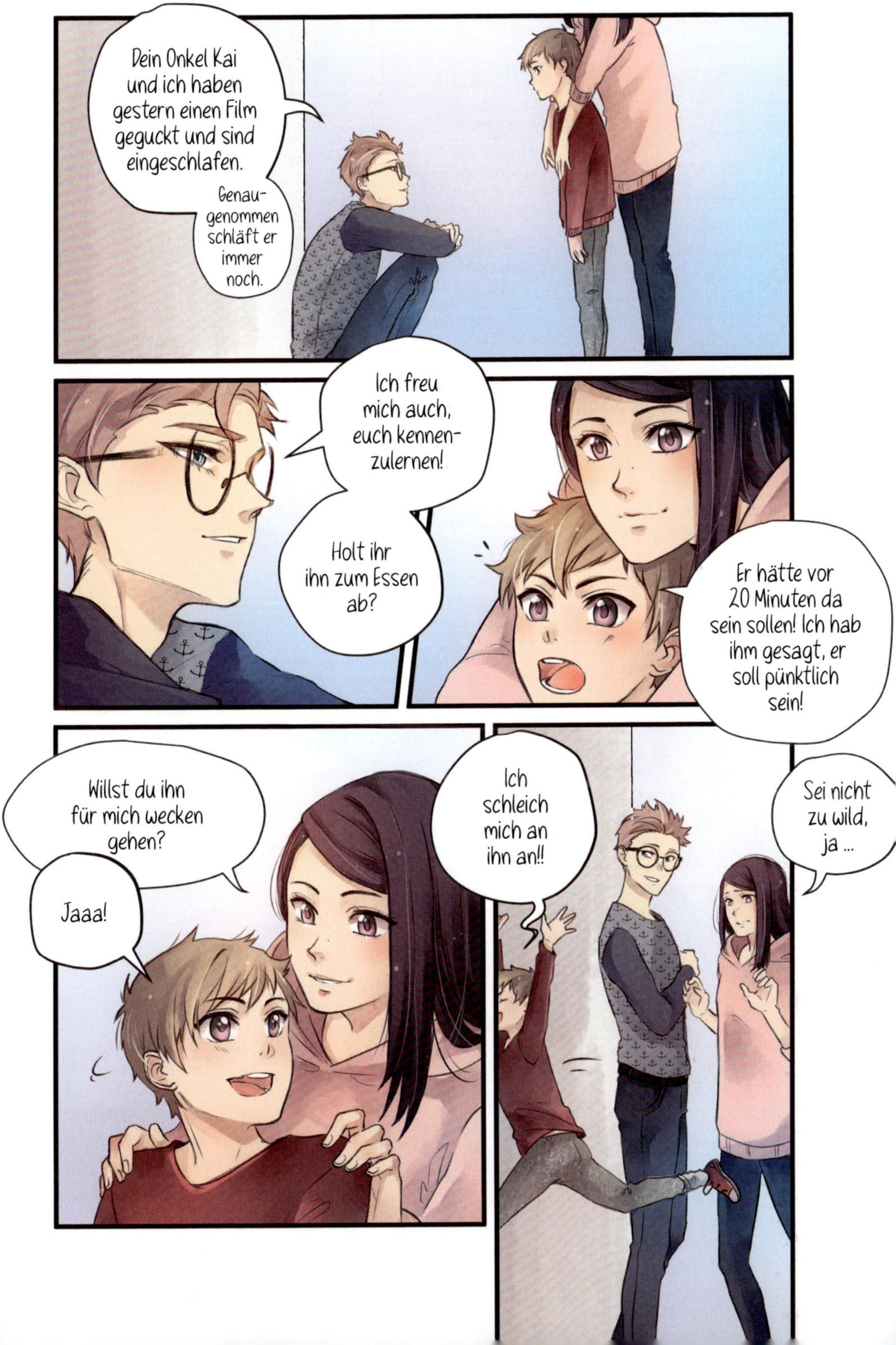
Dein Onkel Kai und ich haben gestern einen Film geguckt und sind eingeschlafen.
Genau-genommen schläft er immer noch.
Ich freu mich auch, euch kennen-zulernen!
Holt ihr ihn zum Essen ab?
Er hätte vor 20 Minuten da sein sollen! Ich hab ihm gesagt, er soll pünktlich sein!
Willst du ihn für mich wecken gehen?
Jaaa!
Ich schleich mich an ihn an!!
Sei nicht zu wild, ja ...

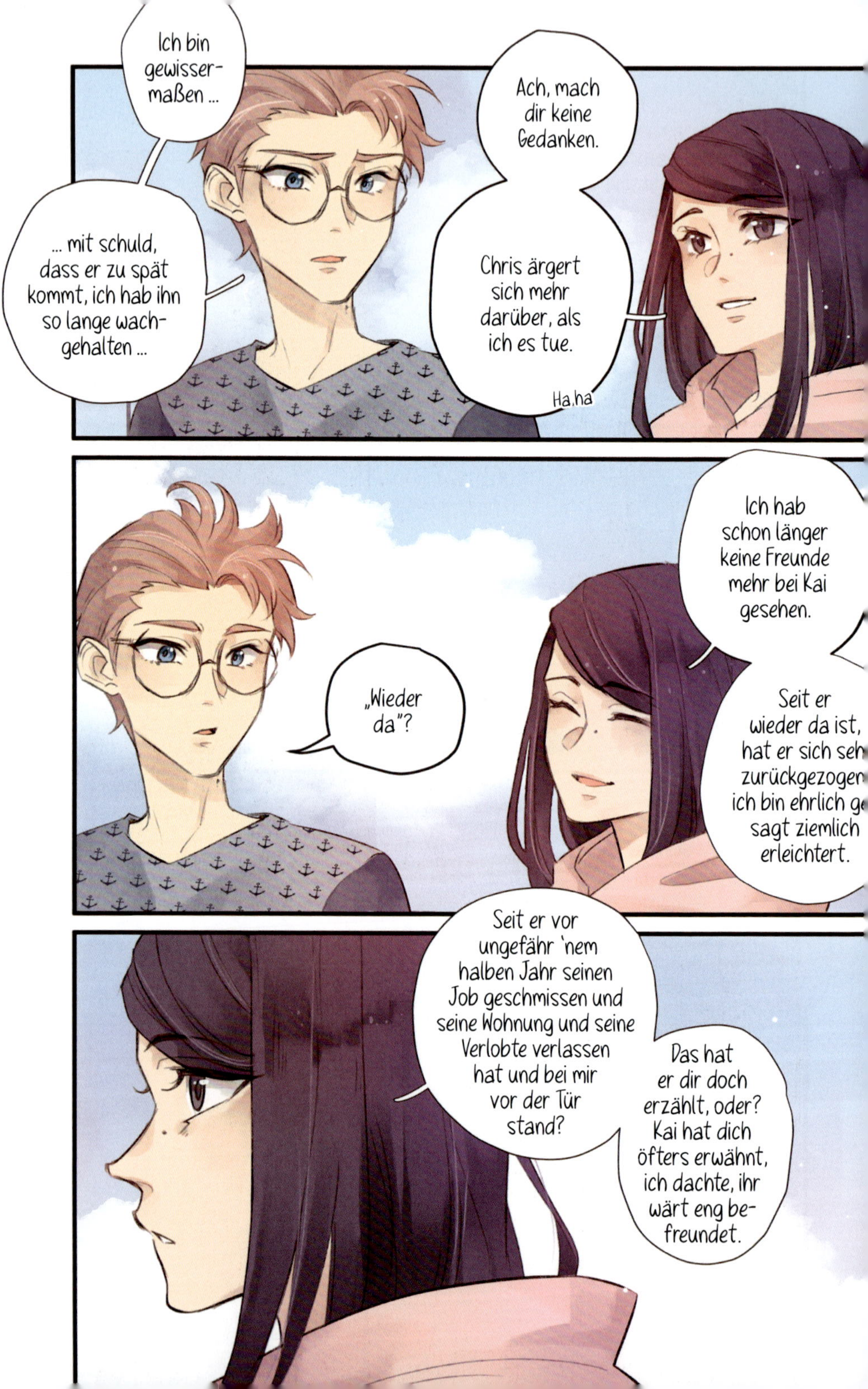
Ich bin gewissermaßen …
… mit schuld, dass er zu spät kommt, ich hab ihn so lange wachgehalten …
Ach, mach dir keine Gedanken.
Chris ärgert sich mehr darüber, als ich es tue.
Ha,ha
Ich hab schon länger keine Freunde mehr bei Kai gesehen.
Seit er wieder da ist, hat er sich seh zurückgezogen ich bin ehrlich ge sagt ziemlich erleichtert.
„Wieder da"?
Seit er vor ungefähr 'nem halben Jahr seinen Job geschmissen und seine Wohnung und seine Verlobte verlassen hat und bei mir vor der Tür stand?
Das hat er dir doch erzählt, oder? Kai hat dich öfters erwähnt, ich dachte, ihr wärt eng befreundet.

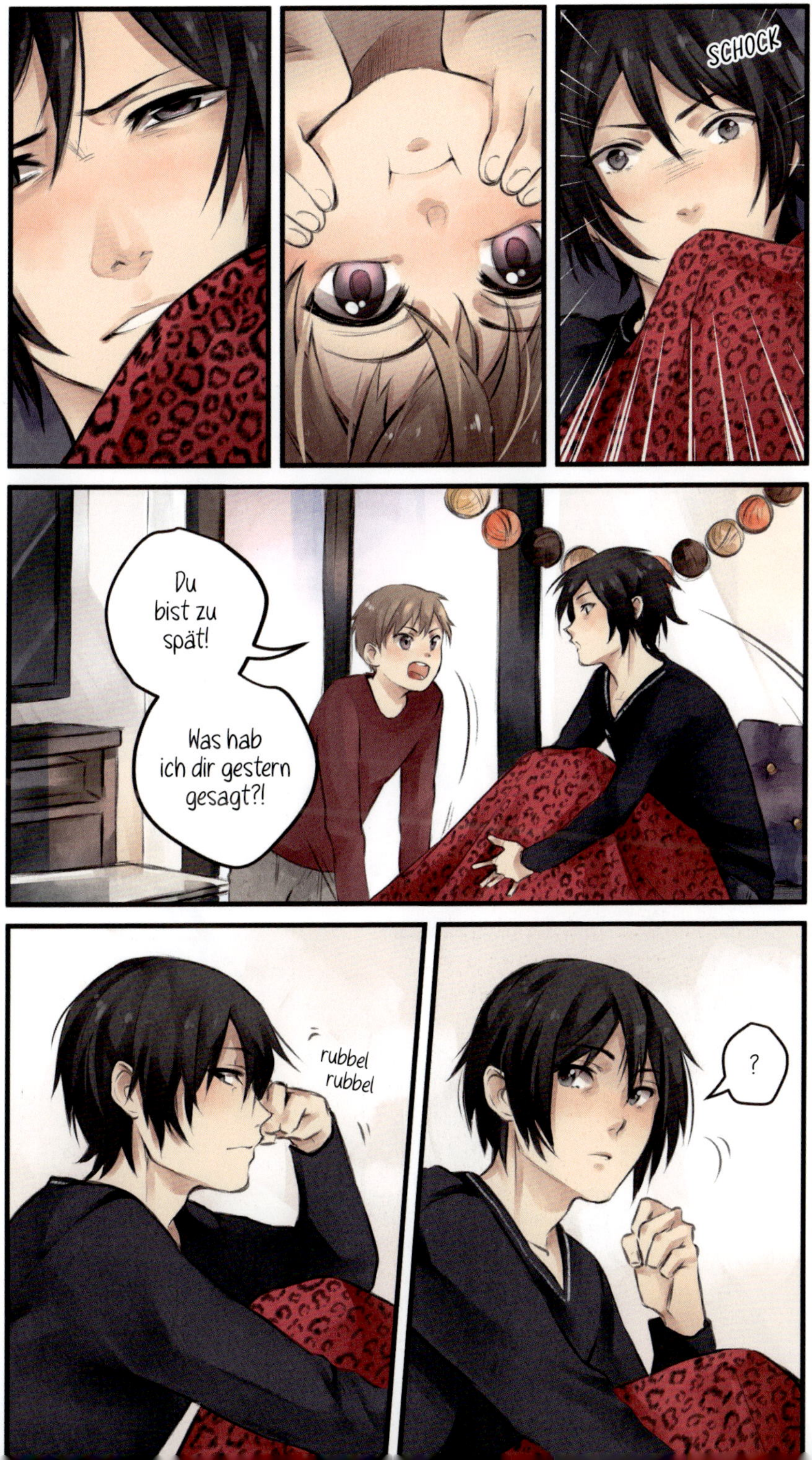
SCHOCK
Du bist zu spät!
Was hab ich dir gestern gesagt?!
rubbel rubbel
?

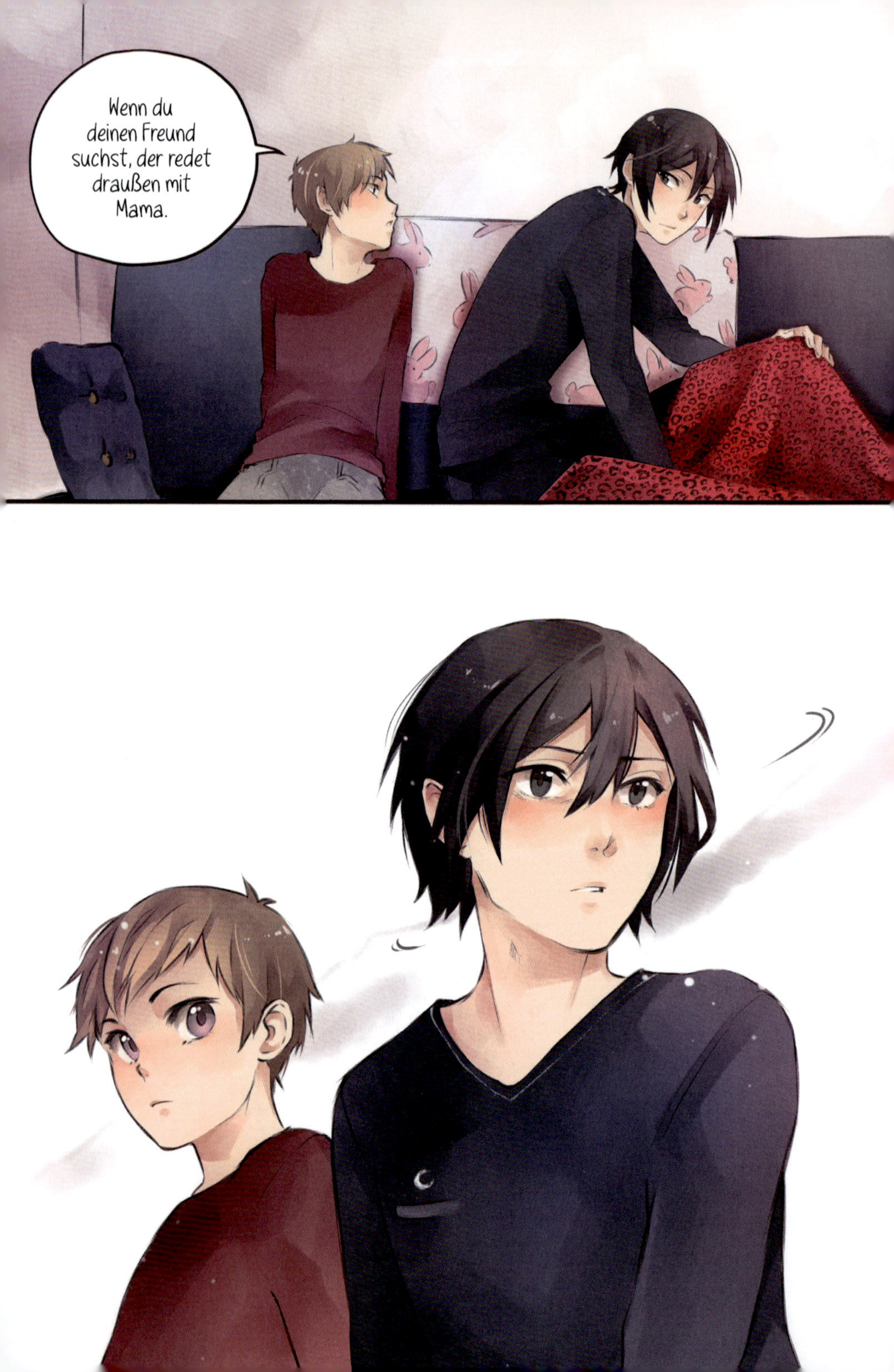
Wenn du deinen Freund suchst, der redet draußen mit Mama.

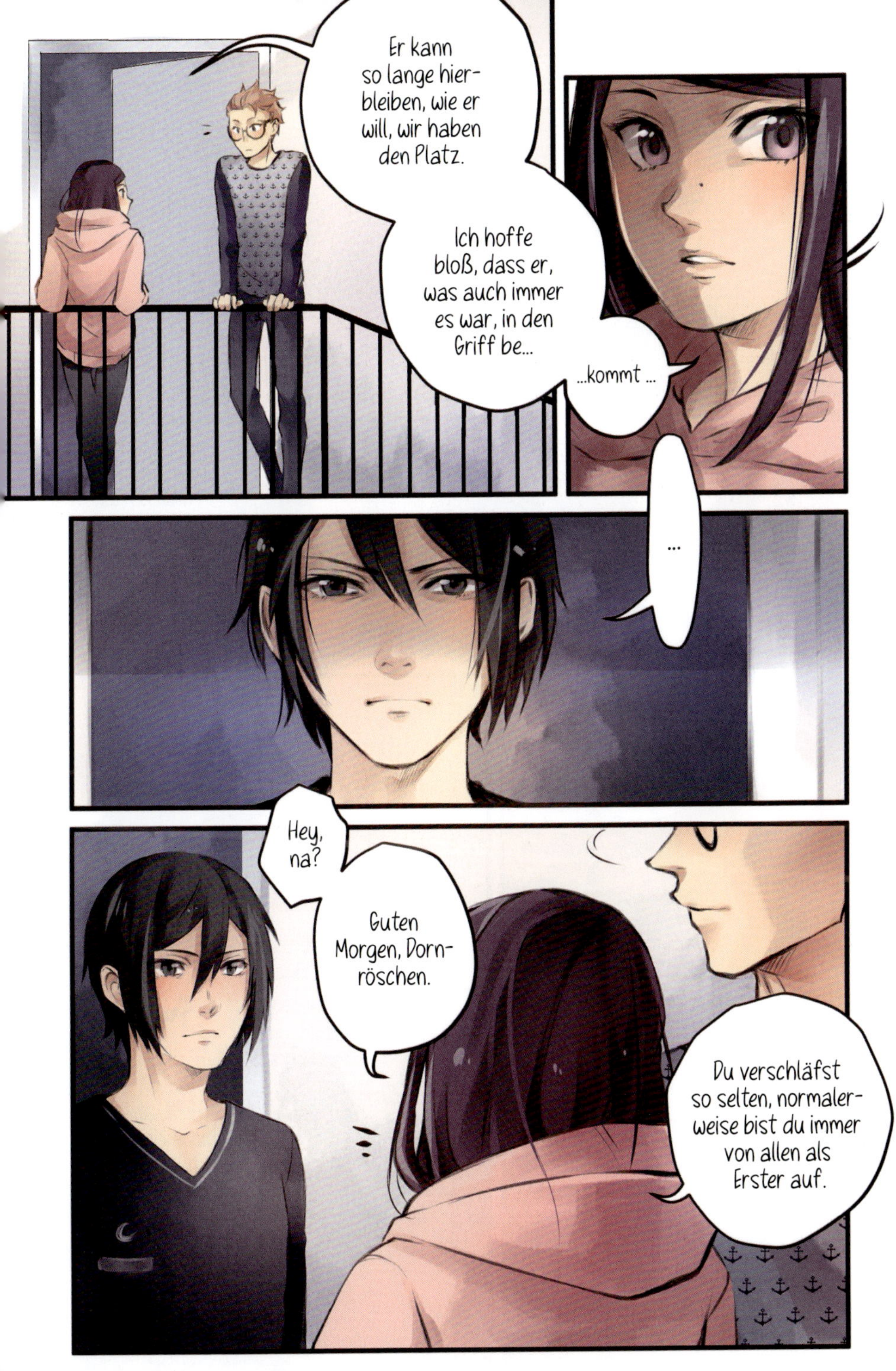
Er kann so lange hierbleiben, wie er will, wir haben den Platz.
Ich hoffe bloß, dass er, was auch immer es war, in den Griff be...
...kommt ...
...
Hey, na?
Guten Morgen, Dornröschen.
Du verschläfst so selten, normalerweise bist du immer von allen als Erster auf.

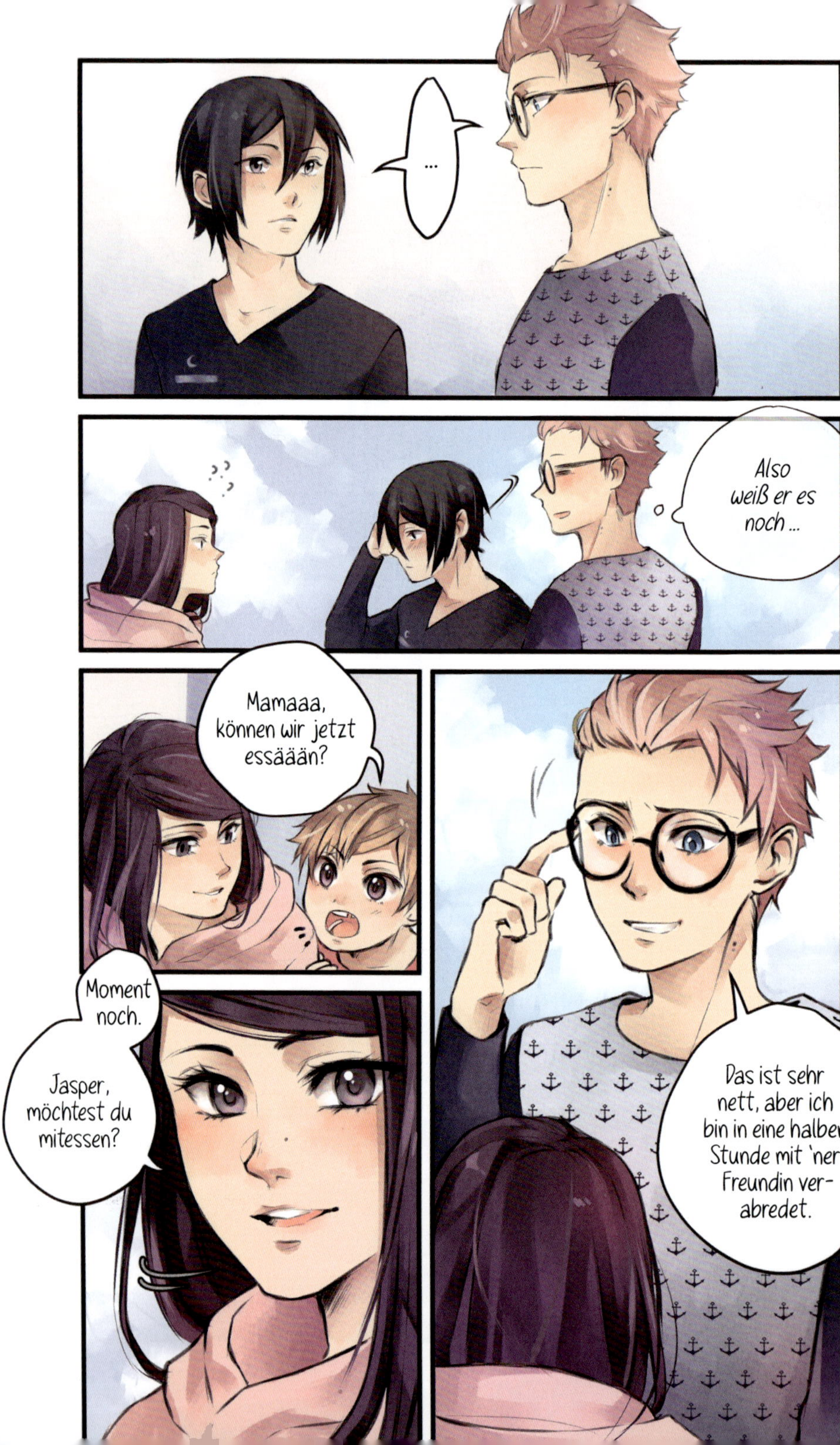
...
Also weiß er es noch ...
Mamaaa, können wir jetzt essäään?
Moment noch.
Jasper, möchtest du mitessen?
Das ist sehr nett, aber ich bin in eine halben Stunde mit 'ner Freundin verabredet.

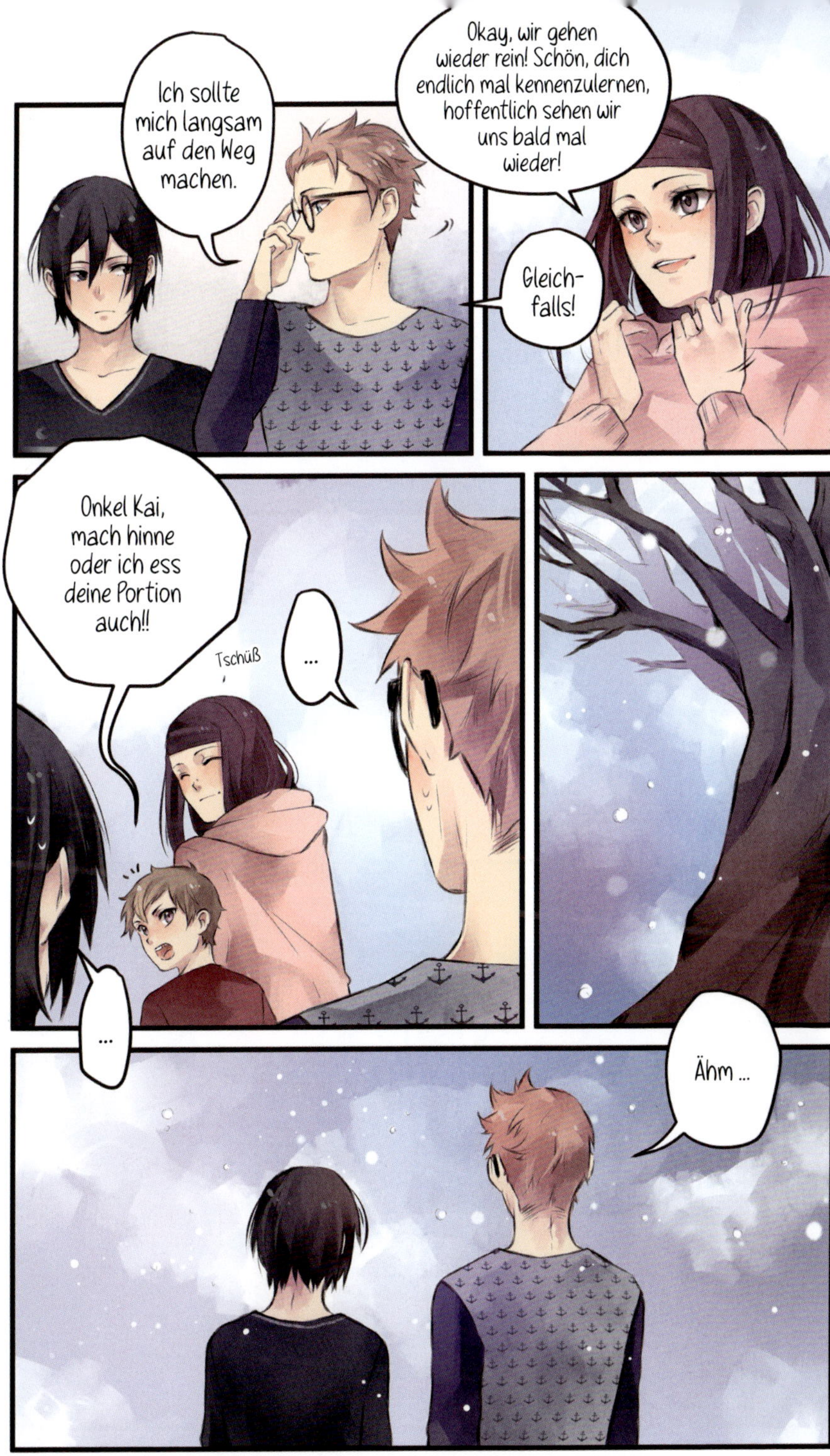
Ich sollte mich langsam auf den Weg machen.
Okay, wir gehen wieder rein! Schön, dich endlich mal kennenzulernen, hoffentlich sehen wir uns bald mal wieder!
Gleich-falls!
Onkel Kai, mach hinne oder ich ess deine Portion auch!!
Tschüß
...
...
Ähm ...

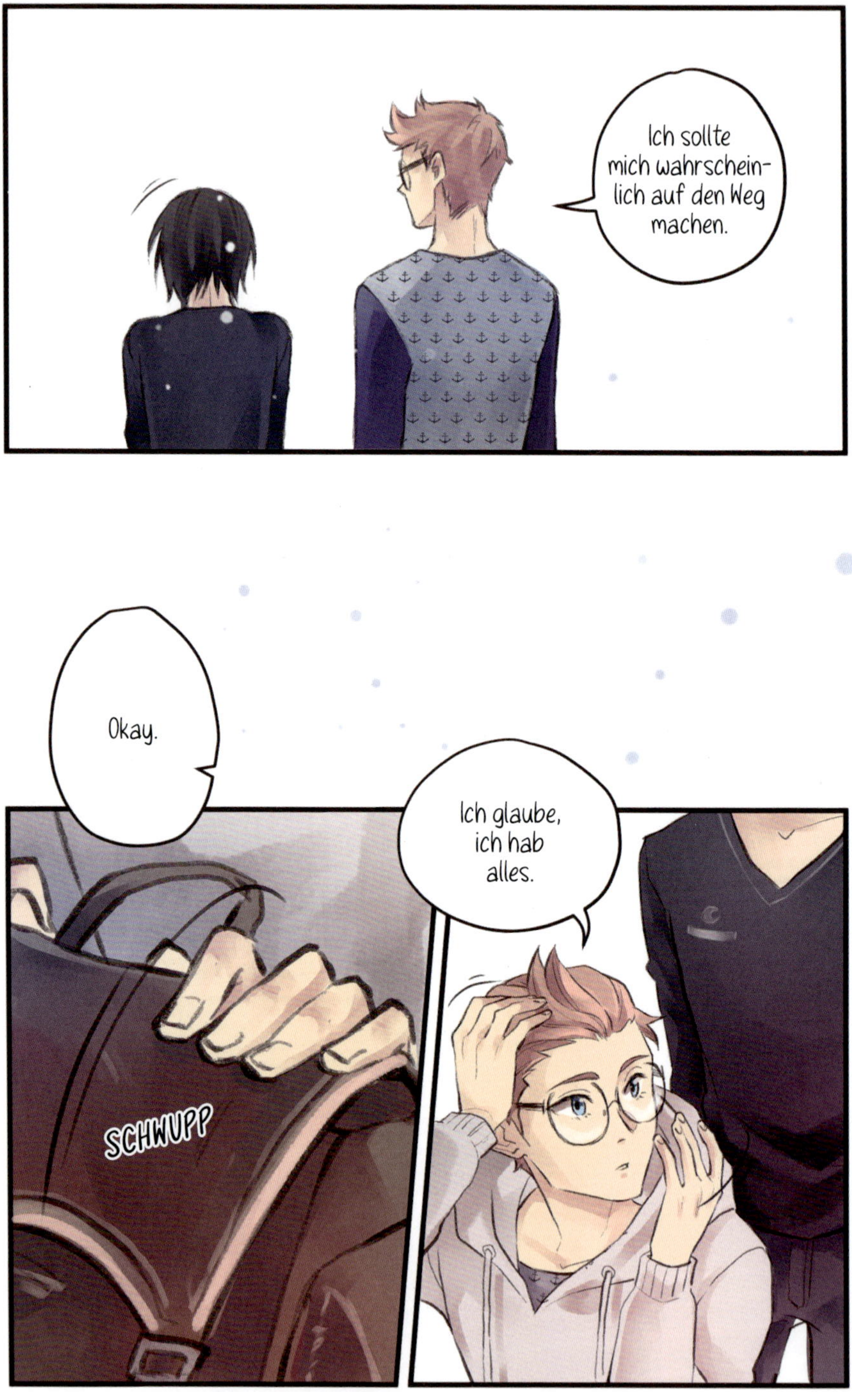

Ich sollte mich wahrschein-lich auf den Weg machen.
Okay.
SCHWUPP
Ich glaube, ich hab alles.

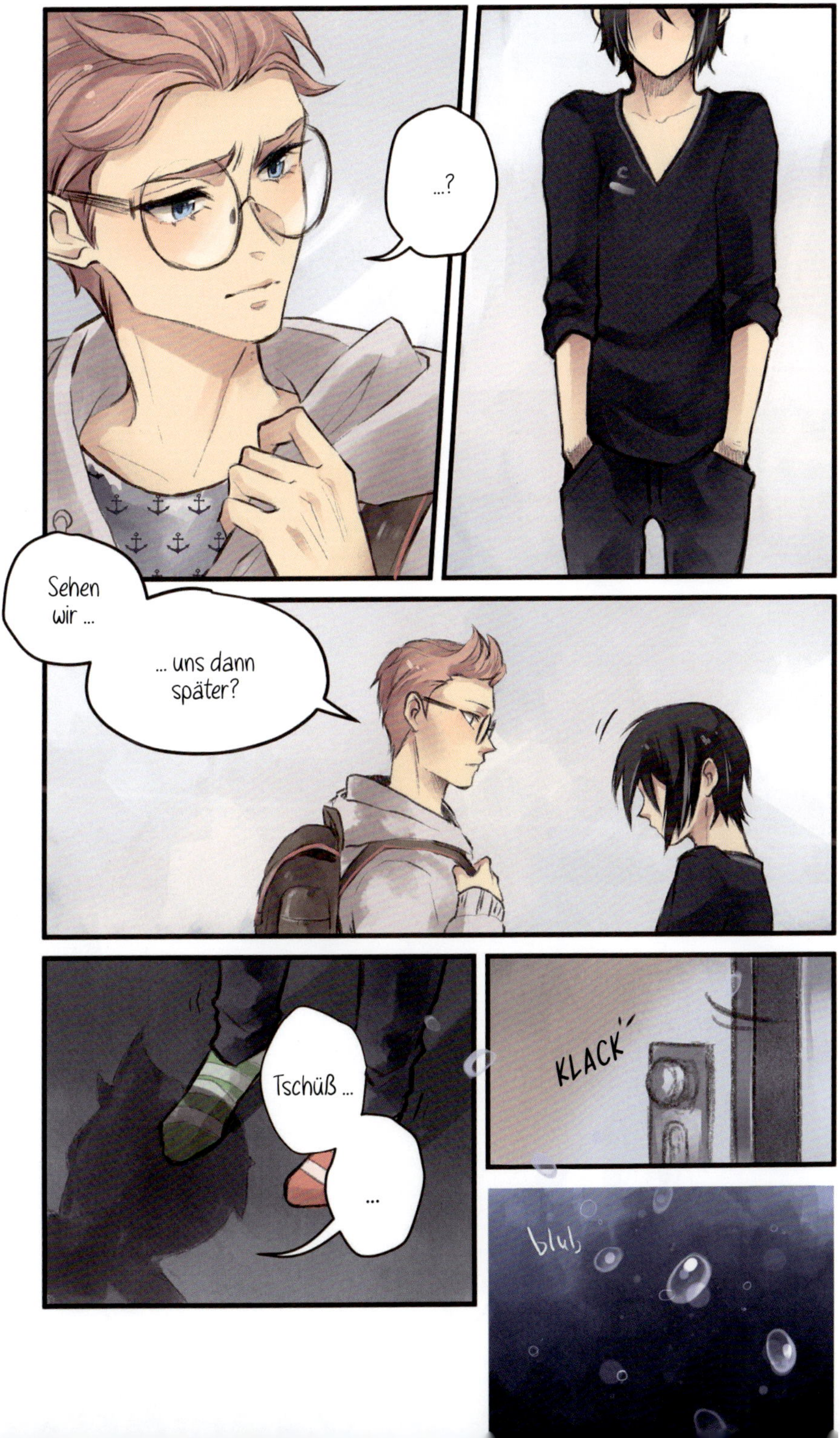
...?
Sehen wir ...
... uns dann später?
Tschüß ...
...
KLACK
blub

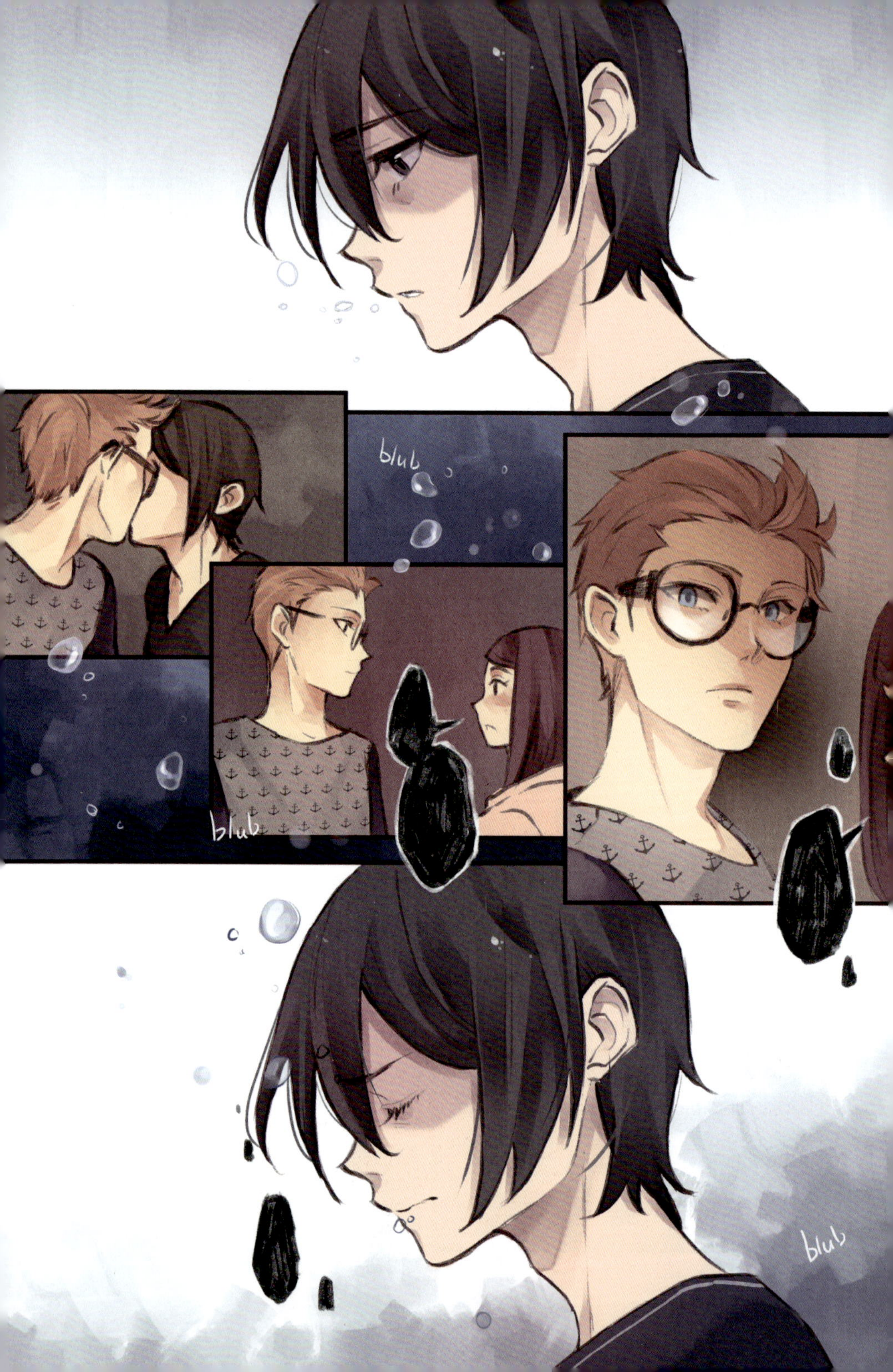
blub
blub
blub

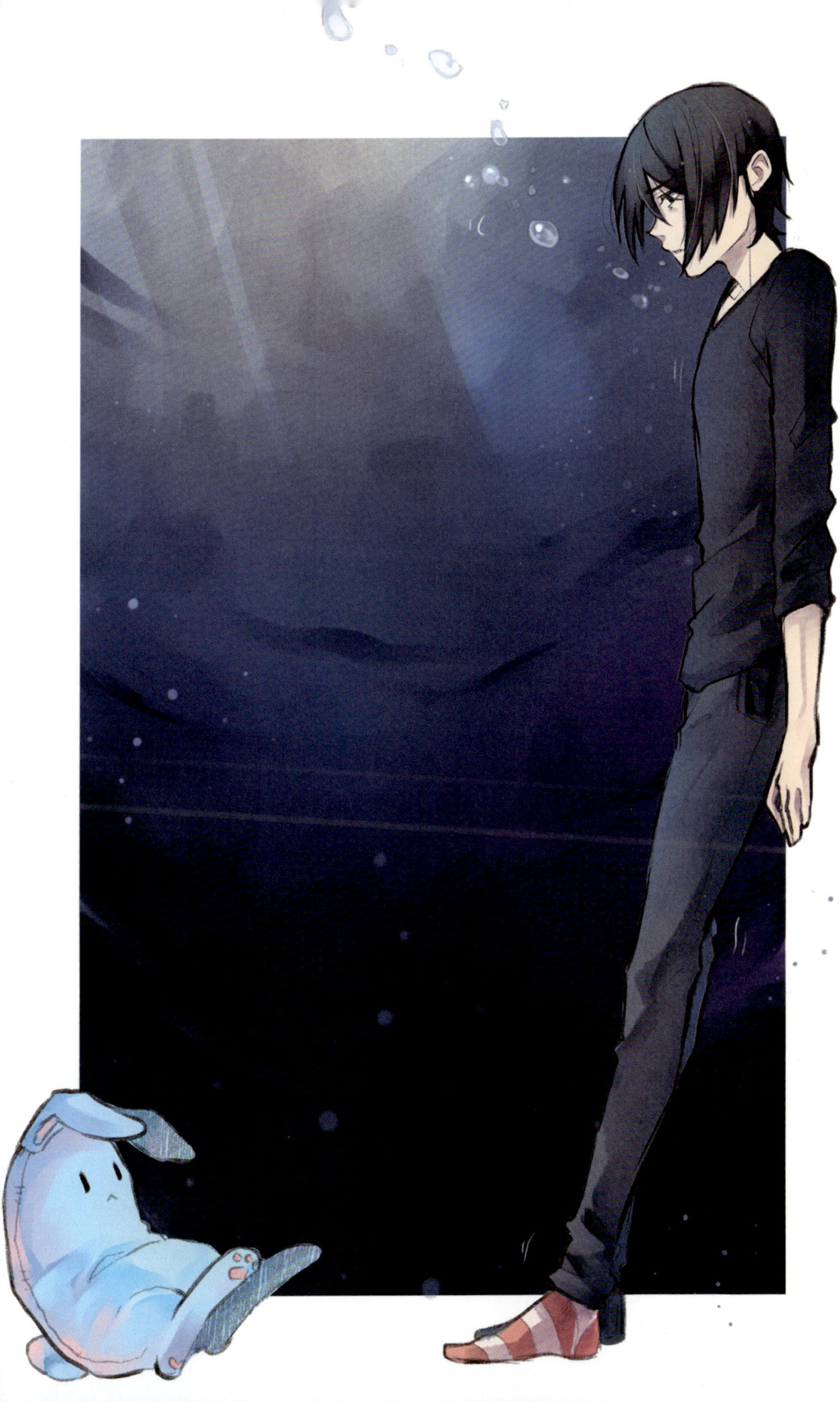

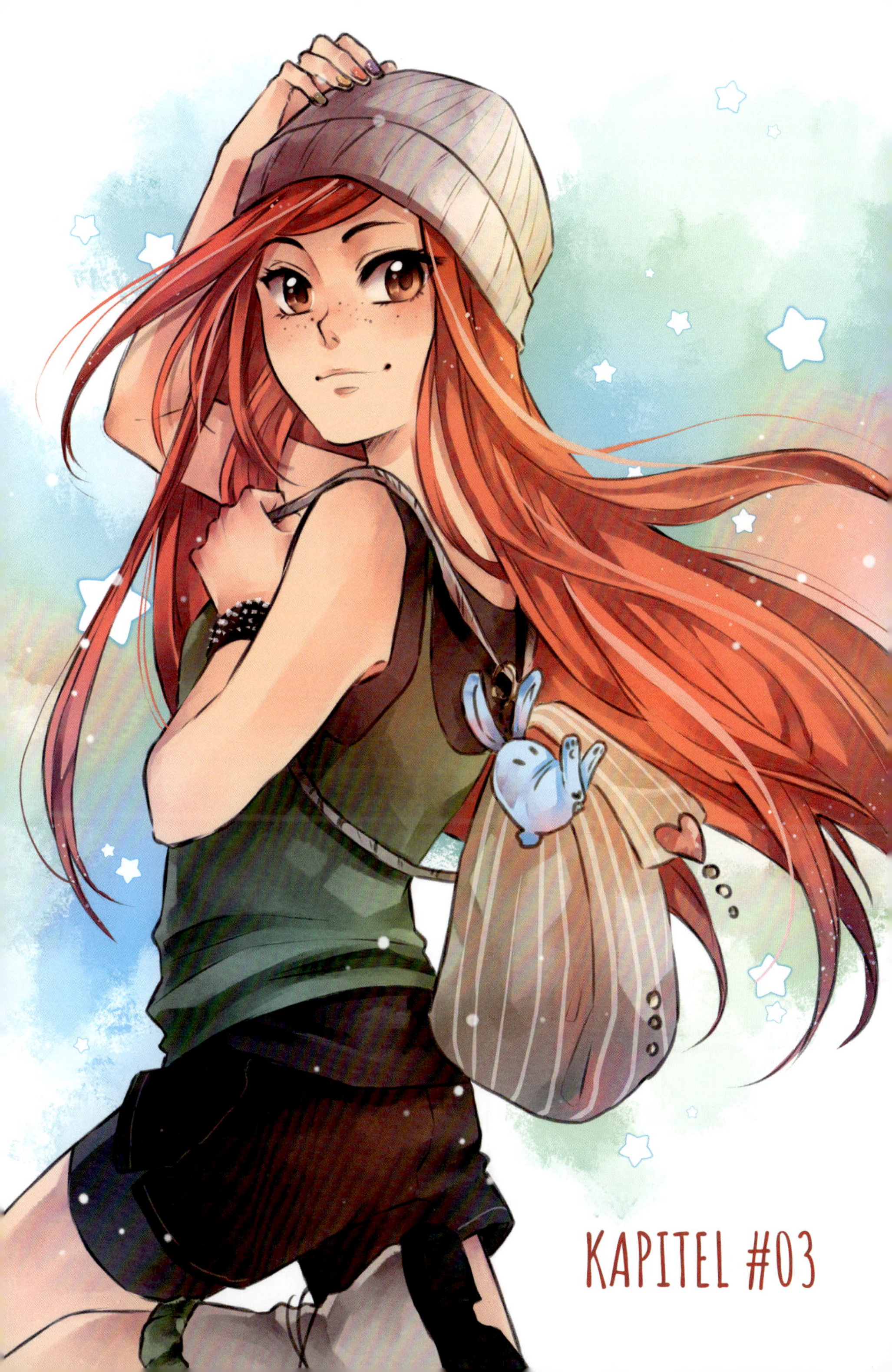

KAPITEL #03

Kapitel 2 Zusammenfassung

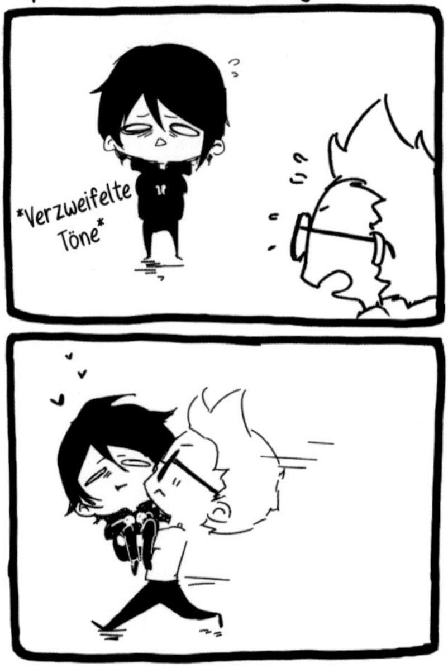

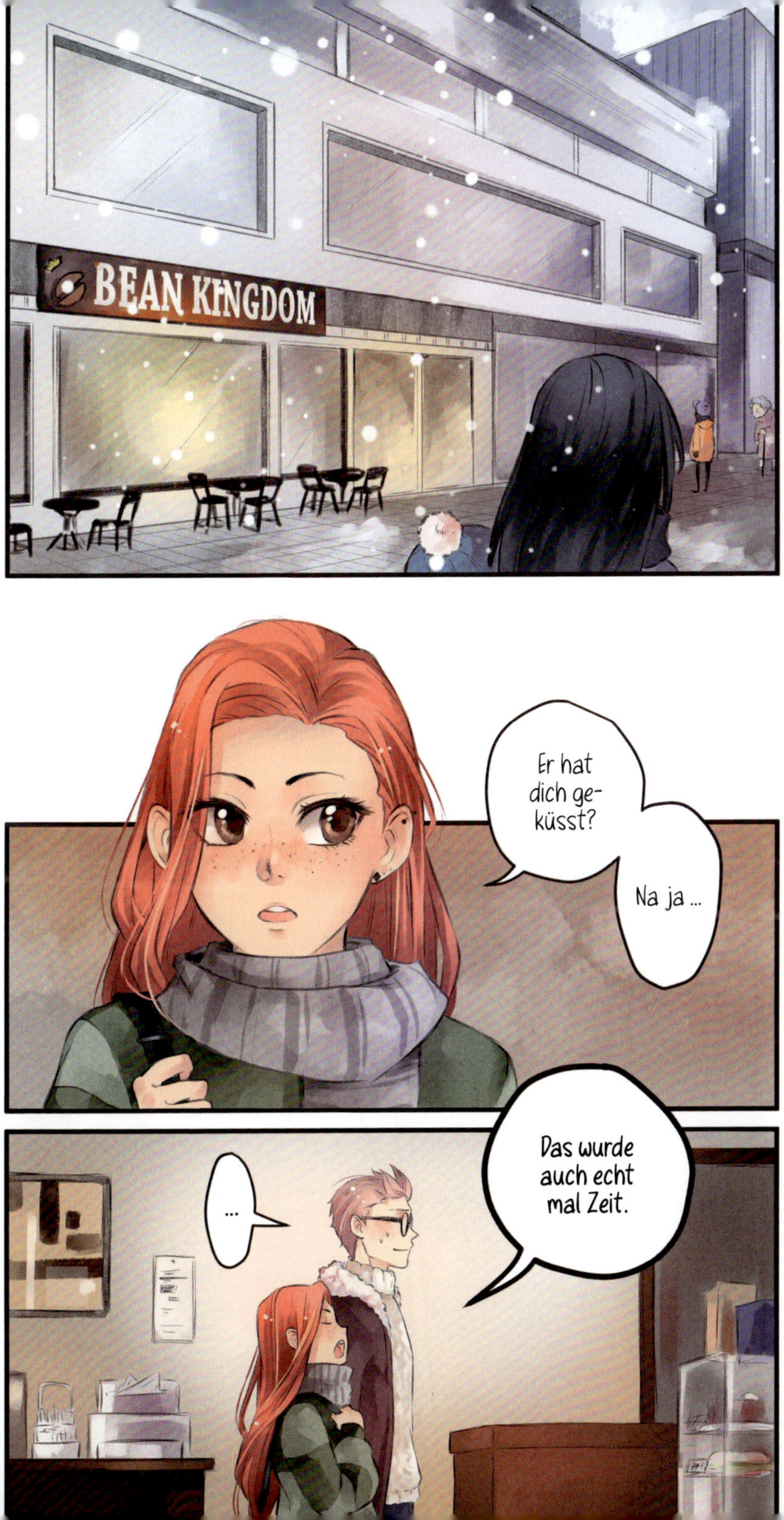
BEAN KINGDOM
Er hat dich geküsst?
Na ja …
Das wurde auch echt mal Zeit.
…

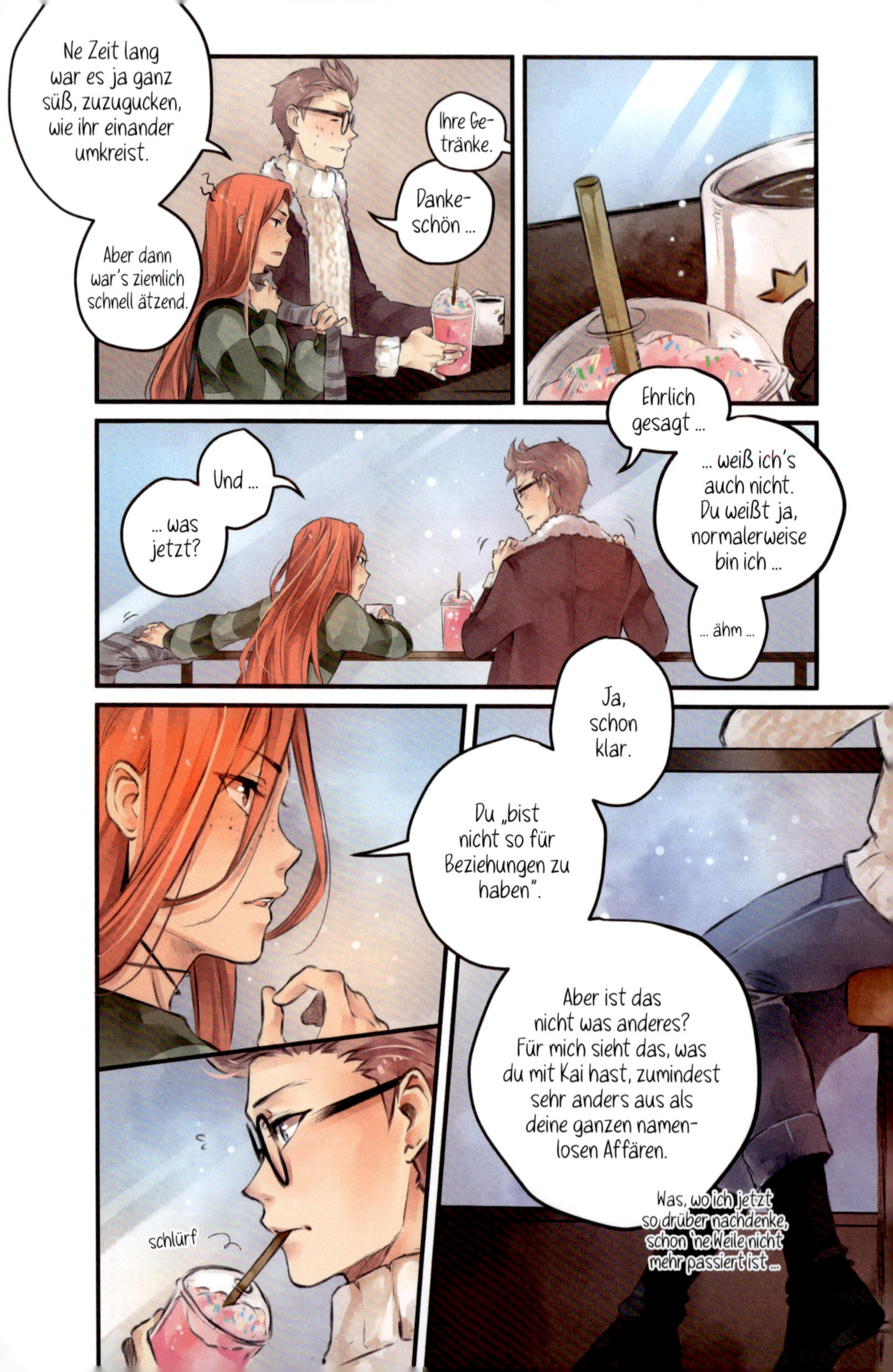
Ne Zeit lang war es ja ganz süß, zuzugucken, wie ihr einander umkreist.
Aber dann war's ziemlich schnell ätzend.
Ihre Getränke.
Dankeschön ...
Ehrlich gesagt ...
... weiß ich's auch nicht. Du weißt ja, normalerweise bin ich ...
... ähm ...
Und ...
... was jetzt?
Ja, schon klar.
Du „bist nicht so für Beziehungen zu haben".
Aber ist das nicht was anderes? Für mich sieht das, was du mit Kai hast, zumindest sehr anders aus als deine ganzen namenlosen Affären.
schlürf
Was, wo ich jetzt so drüber nachdenke, schon 'ne Weile nicht mehr passiert ist ...

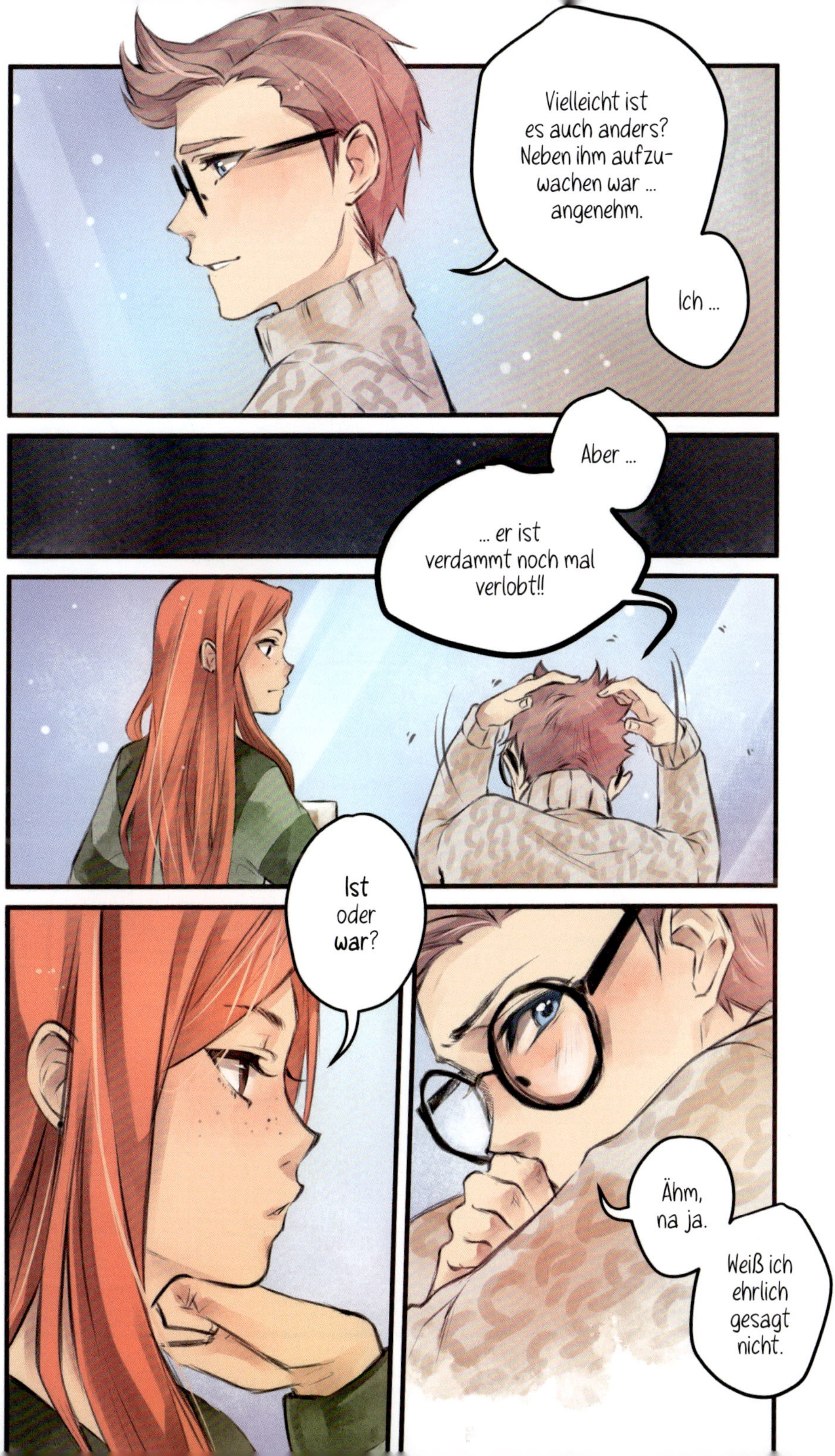
Vielleicht ist es auch anders? Neben ihm aufzuwachen war ... angenehm.
Ich ...
Aber ...
... er ist verdammt noch mal verlobt!!
Ist oder war?
Ähm, na ja.
Weiß ich ehrlich gesagt nicht.

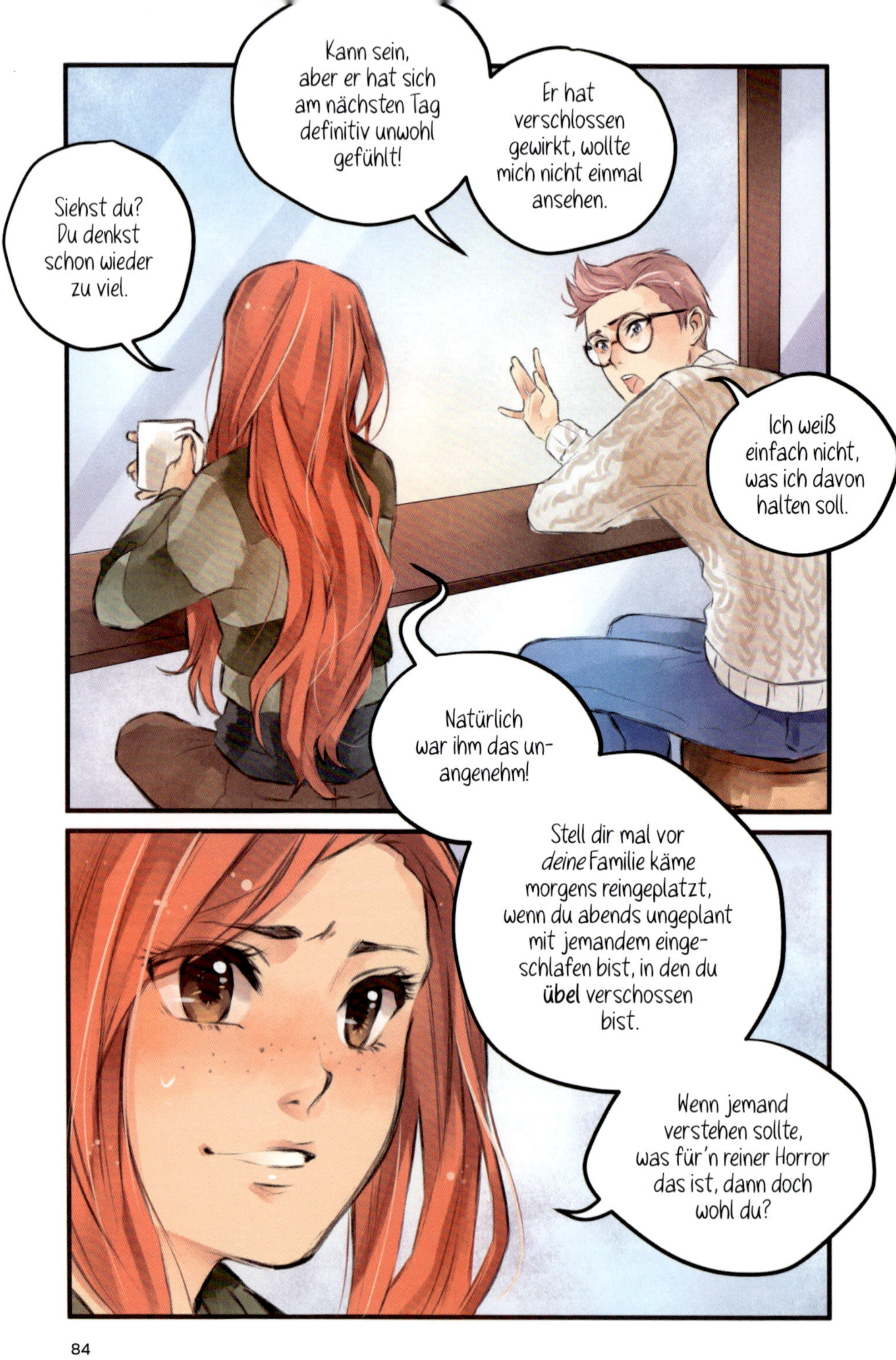

Kann sein, aber er hat sich am nächsten Tag definitiv unwohl gefühlt!
Er hat verschlossen gewirkt, wollte mich nicht einmal ansehen.
Siehst du? Du denkst schon wieder zu viel.
Ich weiß einfach nicht, was ich davon halten soll.
Natürlich war ihm das unangenehm!
Stell dir mal vor *deine* Familie käme morgens reingeplatzt, wenn du abends ungeplant mit jemandem eingeschlafen bist, in den du **übel** verschossen bist.
Wenn jemand verstehen sollte, was für'n reiner Horror das ist, dann doch wohl du?

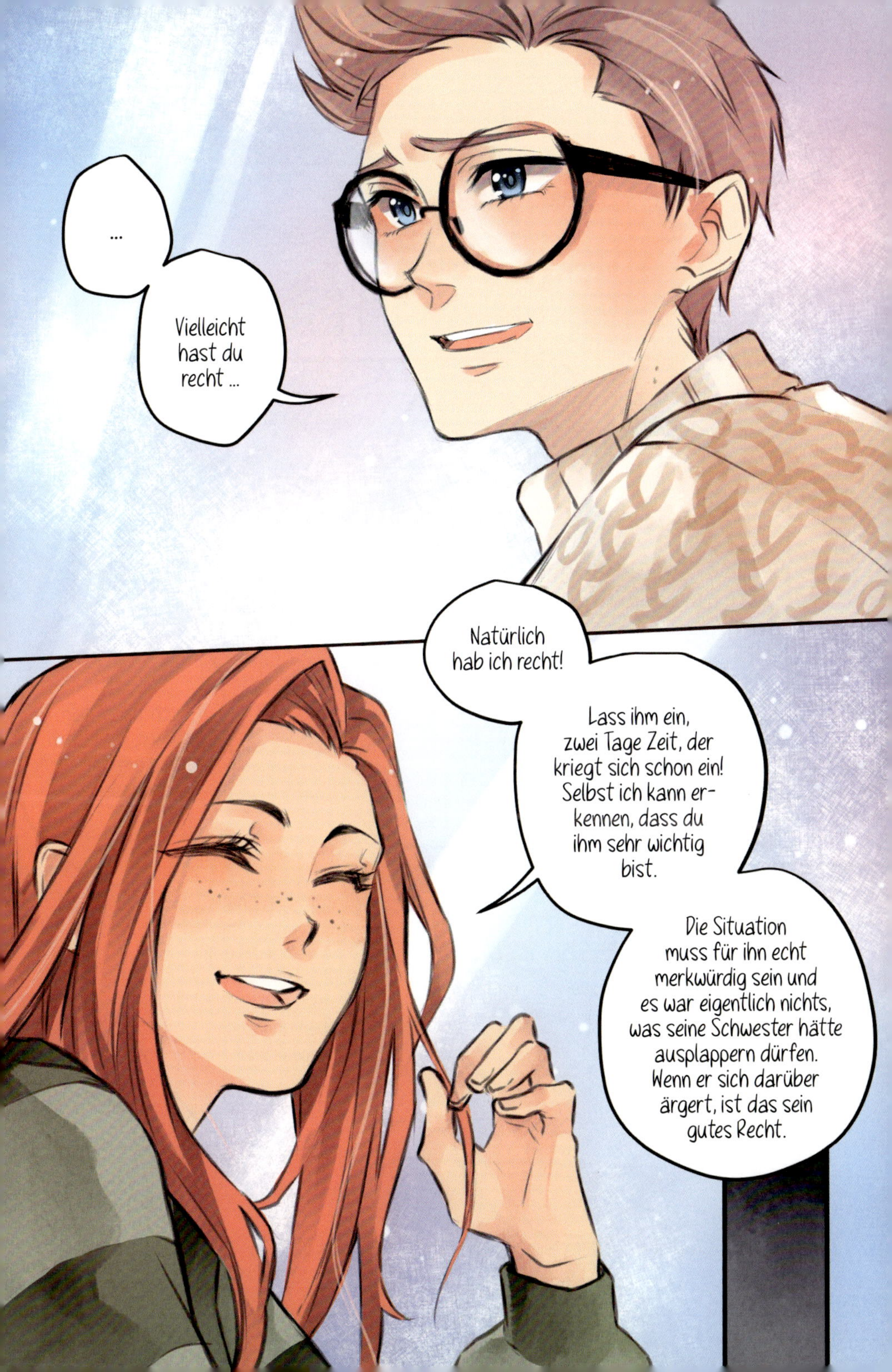
...
Vielleicht hast du recht ...
Natürlich hab ich recht!
Lass ihm ein, zwei Tage Zeit, der kriegt sich schon ein! Selbst ich kann erkennen, dass du ihm sehr wichtig bist.
Die Situation muss für ihn echt merkwürdig sein und es war eigentlich nichts, was seine Schwester hätte ausplappern dürfen. Wenn er sich darüber ärgert, ist das sein gutes Recht.

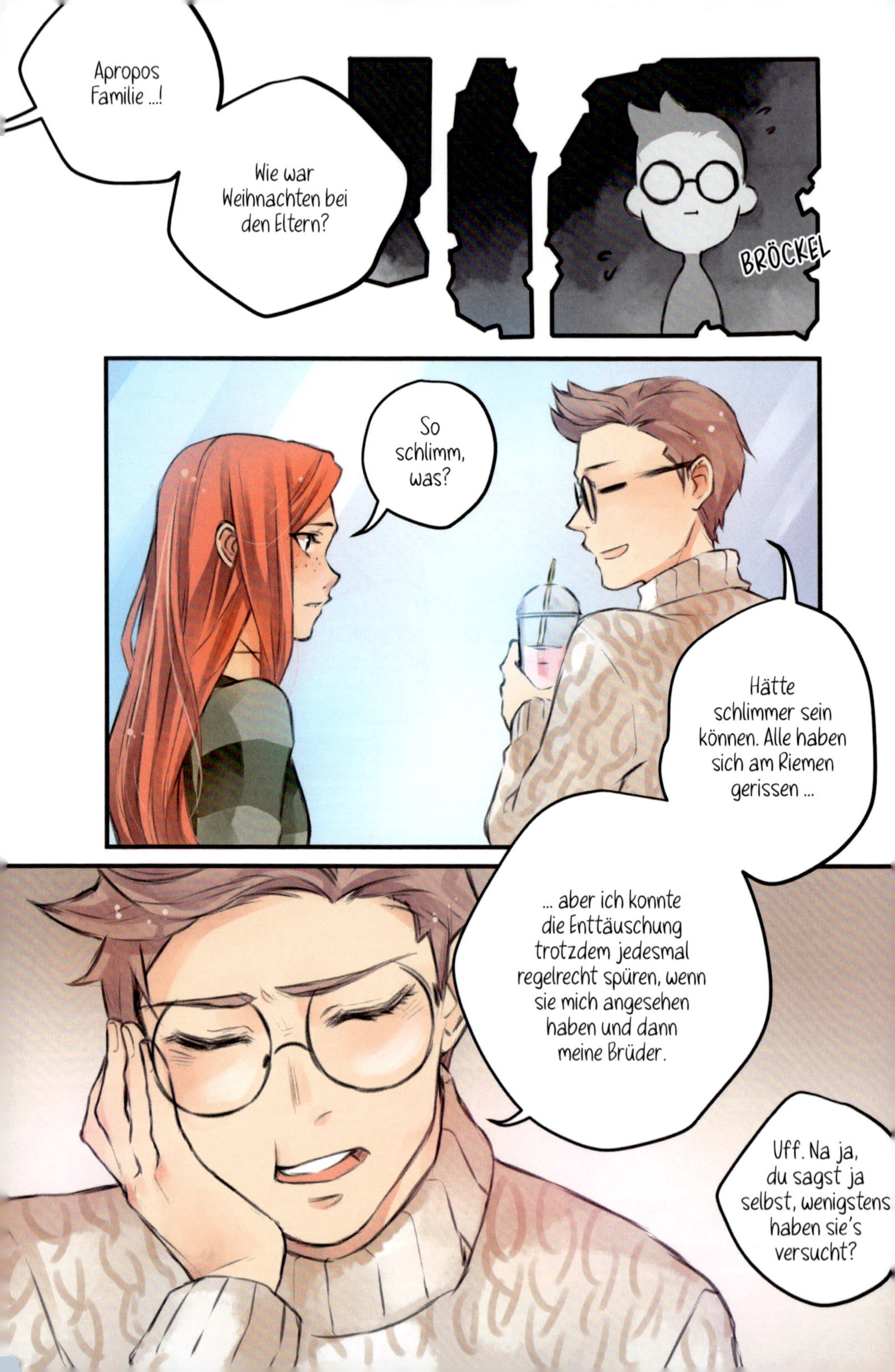
Apropos Familie …!
Wie war Weihnachten bei den Eltern?
BRÖCKEL
So schlimm, was?
Hätte schlimmer sein können. Alle haben sich am Riemen gerissen …
… aber ich konnte die Enttäuschung trotzdem jedesmal regelrecht spüren, wenn sie mich angesehen haben und dann meine Brüder.
Uff. Na ja, du sagst ja selbst, wenigstens haben sie's versucht?

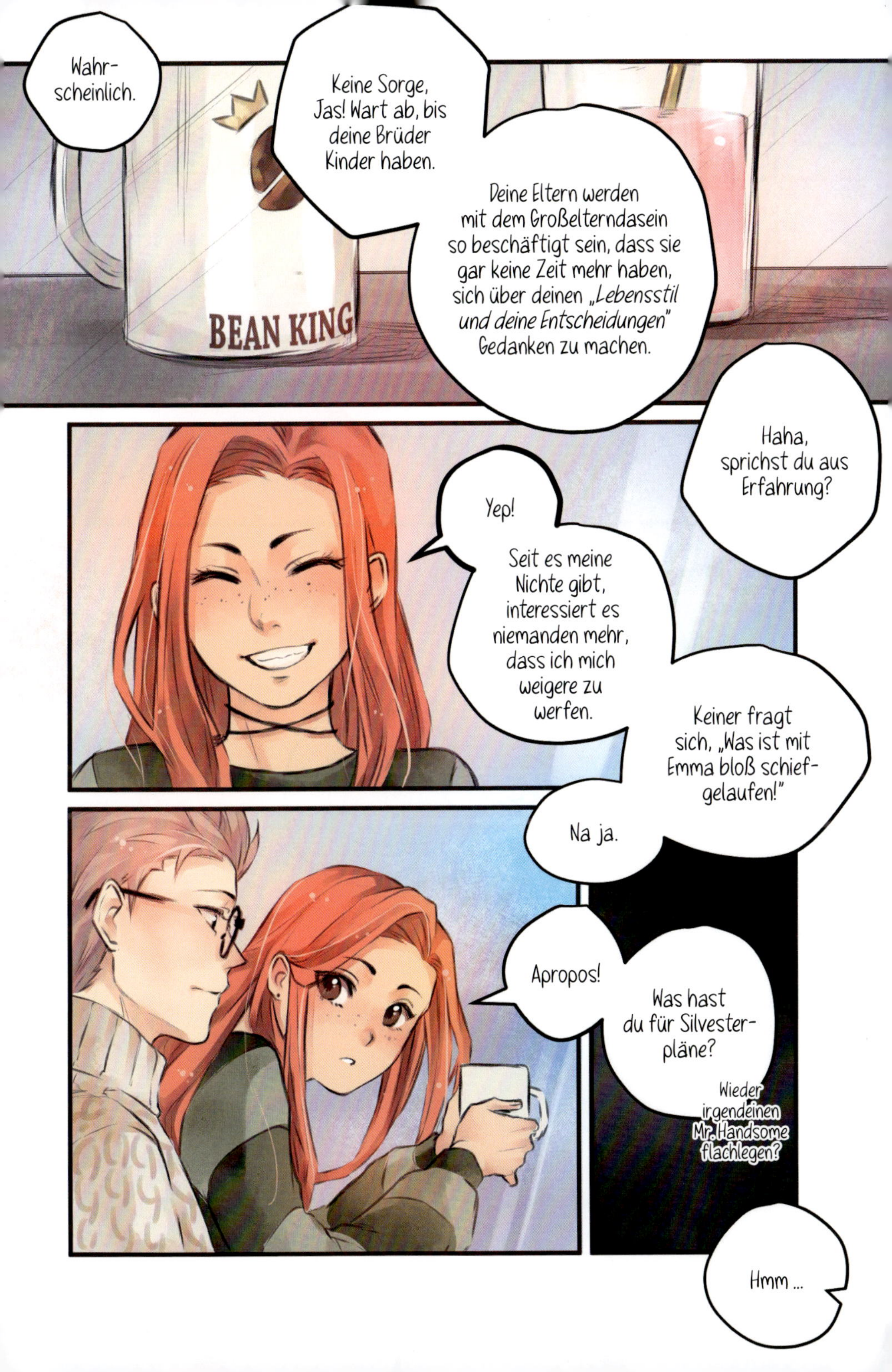
Wahr-scheinlich.
Keine Sorge, Jas! Wart ab, bis deine Brüder Kinder haben.
Deine Eltern werden mit dem Großelterndasein so beschäftigt sein, dass sie gar keine Zeit mehr haben, sich über deinen „*Lebensstil und deine Entscheidungen*" Gedanken zu machen.
BEAN KING
Haha, sprichst du aus Erfahrung?
Yep!
Seit es meine Nichte gibt, interessiert es niemanden mehr, dass ich mich weigere zu werfen.
Keiner fragt sich, „Was ist mit Emma bloß schief-gelaufen!"
Na ja.
Apropos!
Was hast du für Silvester-pläne?
Wieder irgendeinen Mr. Handsome flachlegen?
Hmm ...

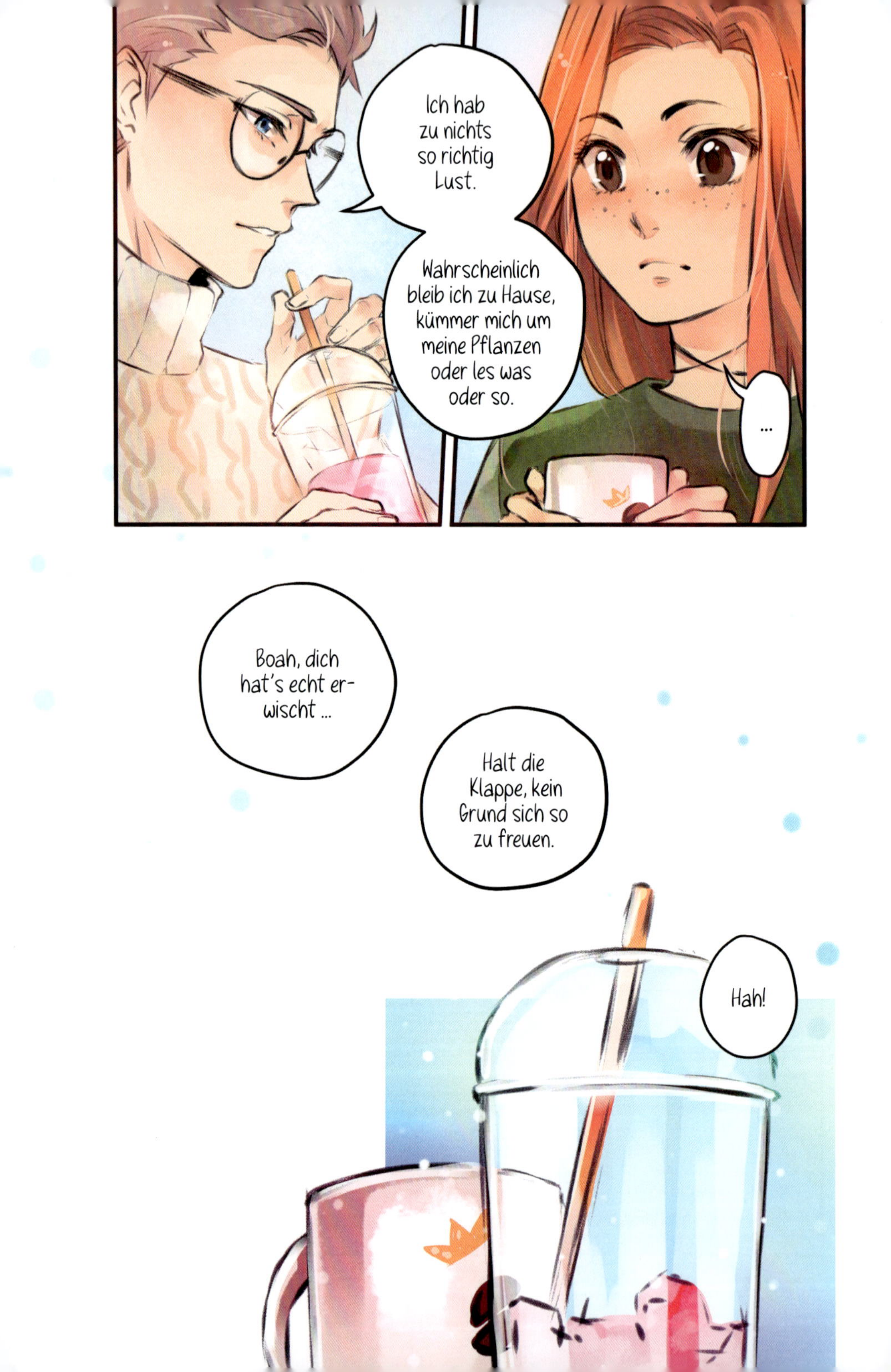
Ich hab zu nichts so richtig Lust.
Wahrscheinlich bleib ich zu Hause, kümmer mich um meine Pflanzen oder les was oder so.
...
Boah, dich hat's echt erwischt ...
Halt die Klappe, kein Grund sich so zu freuen.
Hah!

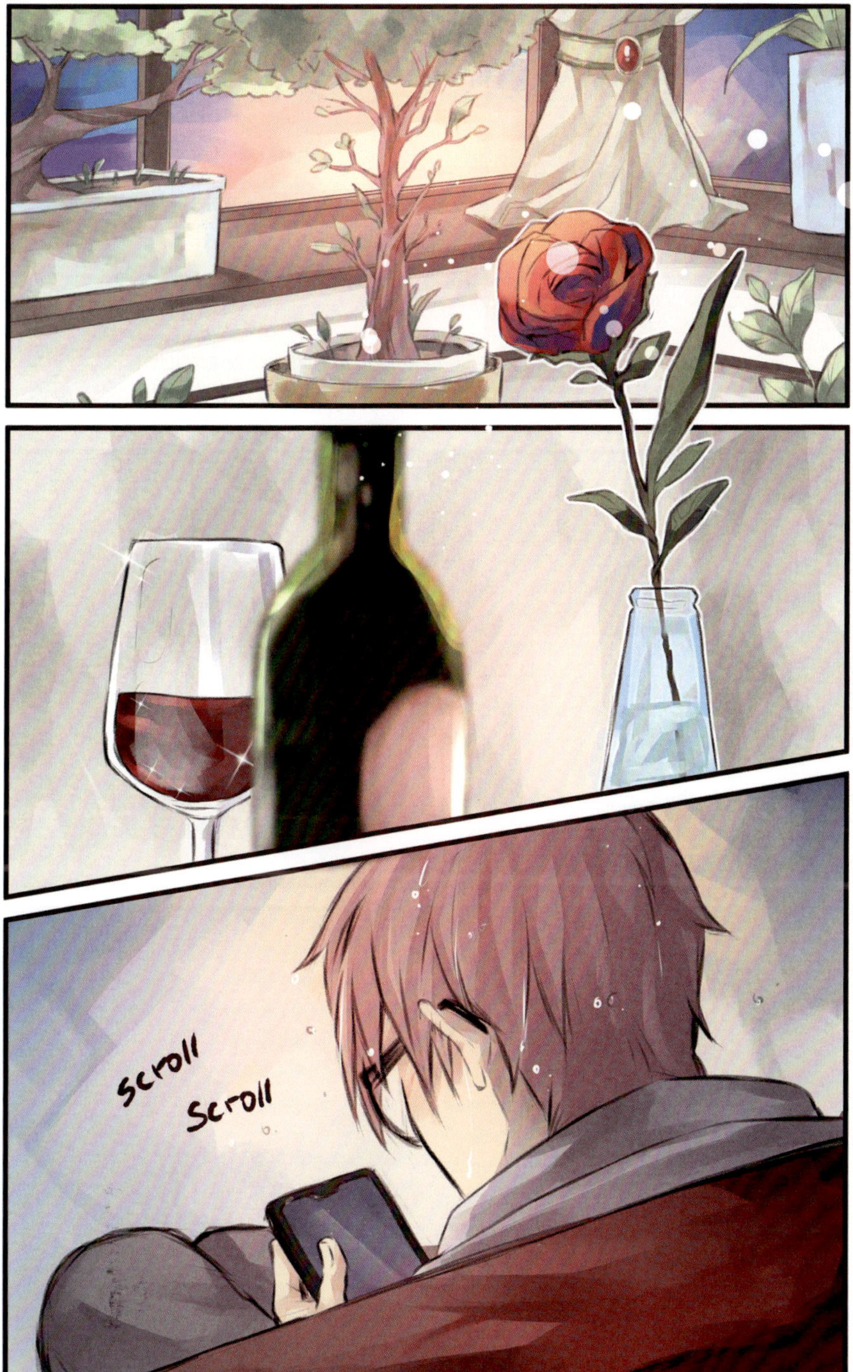
scroll
Scroll

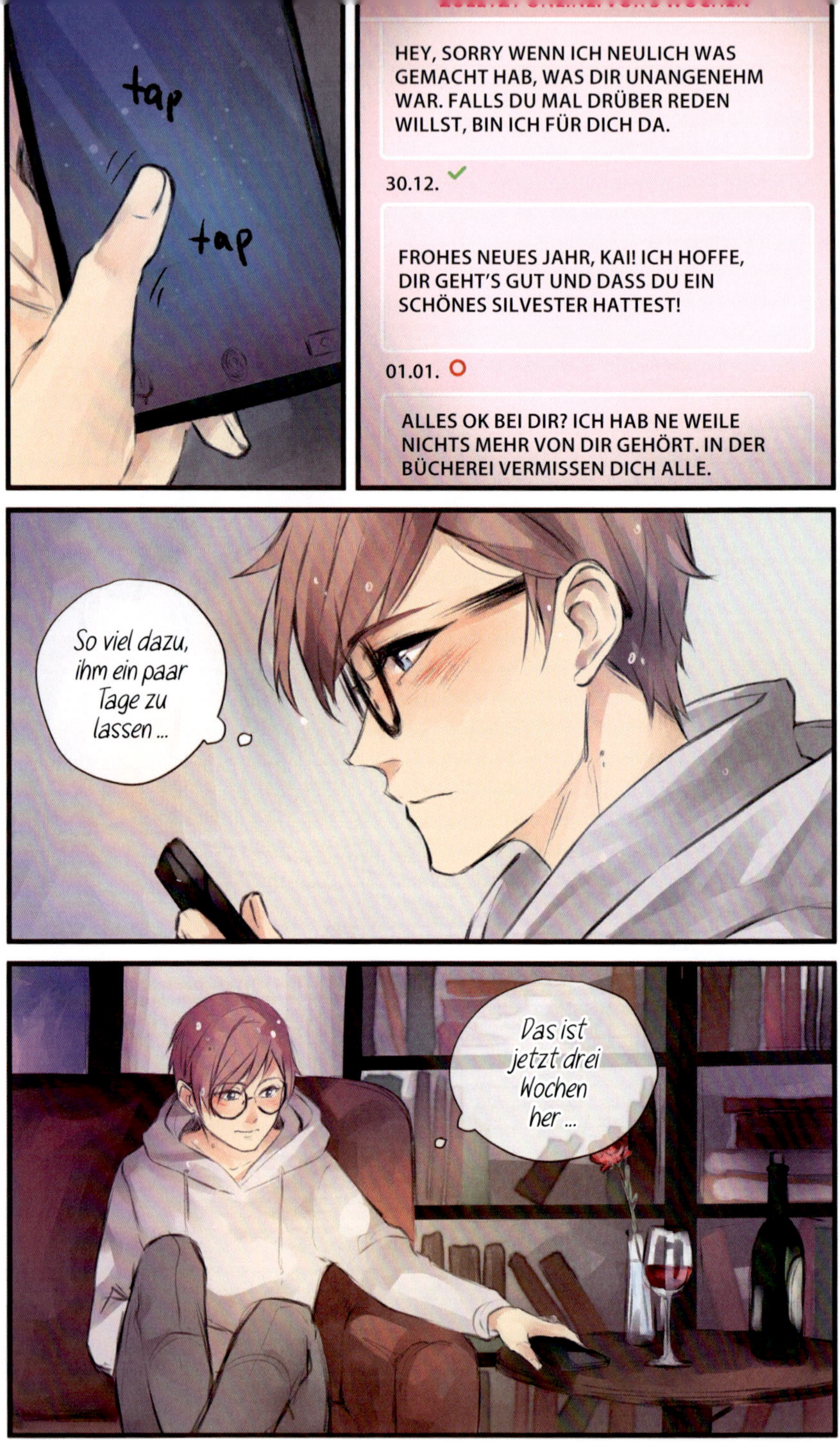
tap
tap
HEY, SORRY WENN ICH NEULICH WAS GEMACHT HAB, WAS DIR UNANGENEHM WAR. FALLS DU MAL DRÜBER REDEN WILLST, BIN ICH FÜR DICH DA.
30.12.
FROHES NEUES JAHR, KAI! ICH HOFFE, DIR GEHT'S GUT UND DASS DU EIN SCHÖNES SILVESTER HATTEST!
01.01.
ALLES OK BEI DIR? ICH HAB NE WEILE NICHTS MEHR VON DIR GEHÖRT. IN DER BÜCHEREI VERMISSEN DICH ALLE.
So viel dazu, ihm ein paar Tage zu lassen ...
Das ist jetzt drei Wochen her ...

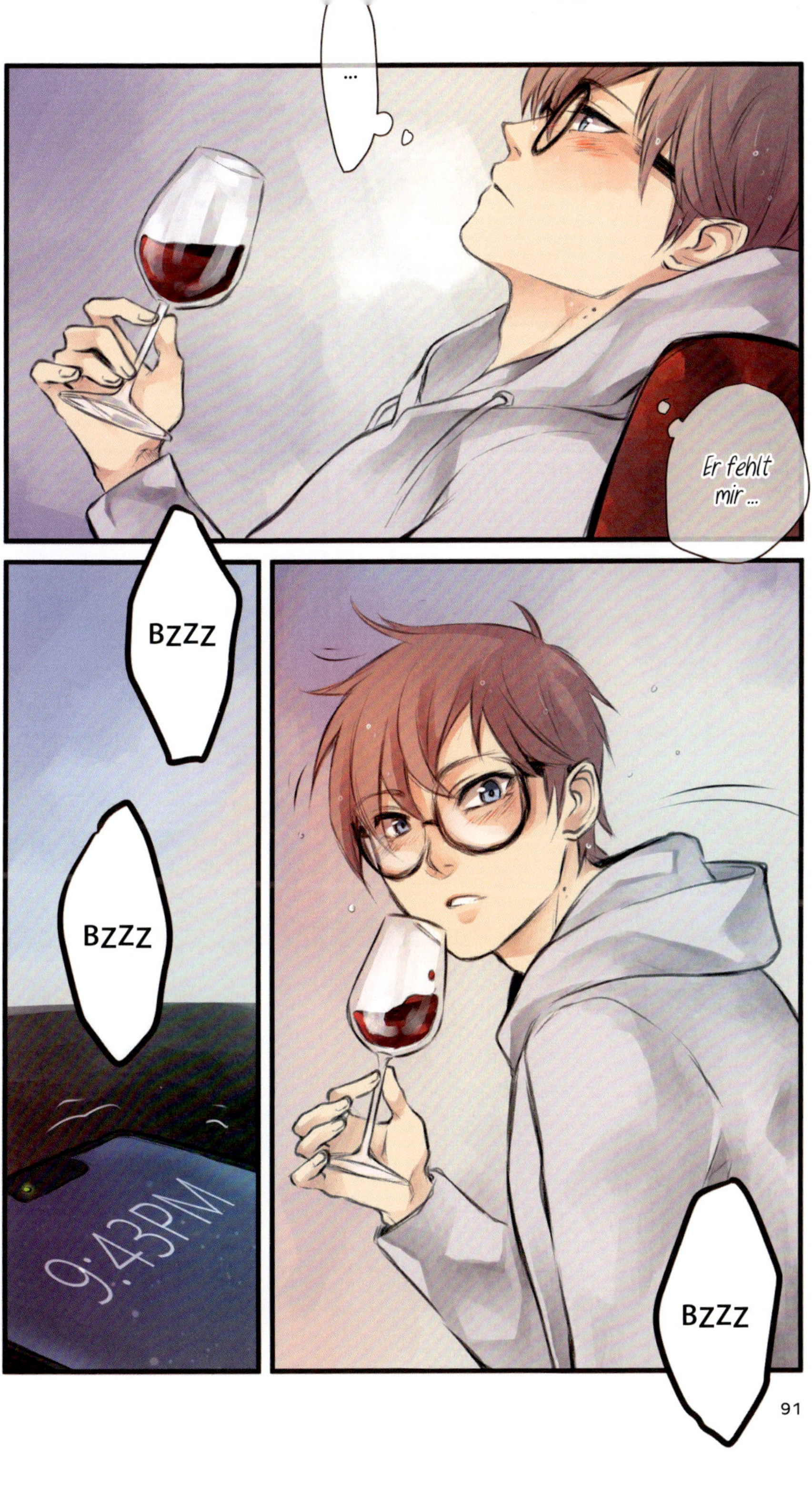
...
Er fehlt mir ...
BZZZ
BZZZ
9:43PM
BZZZ

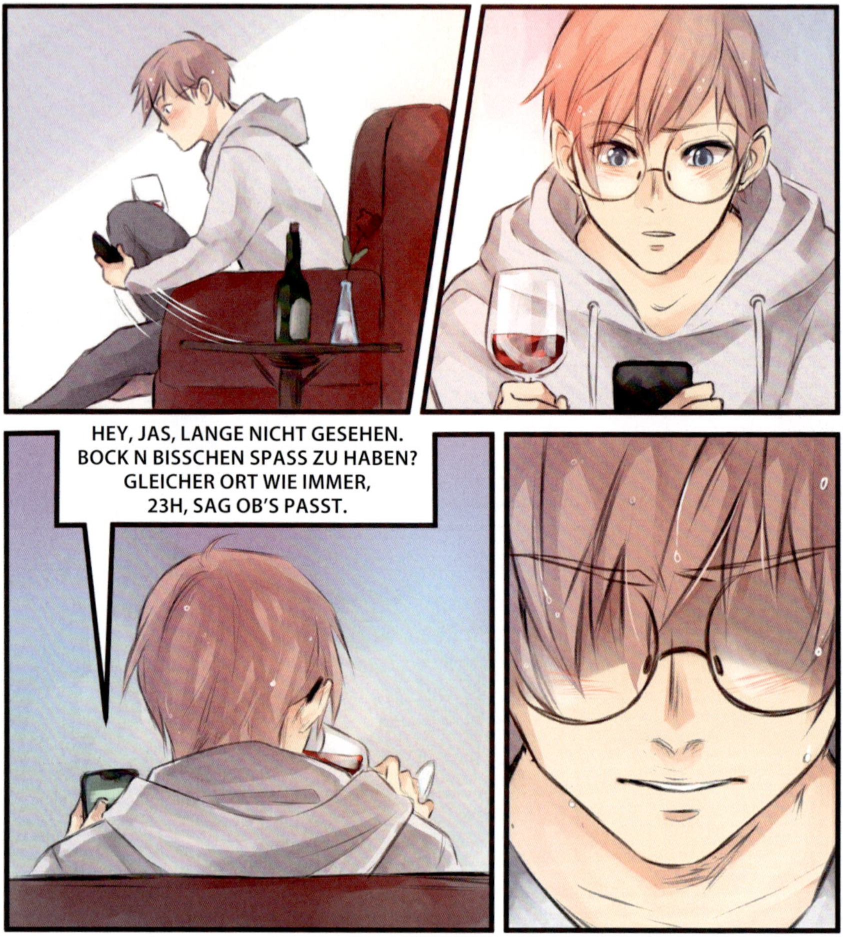

Er fehlt mir ...

... aber ...

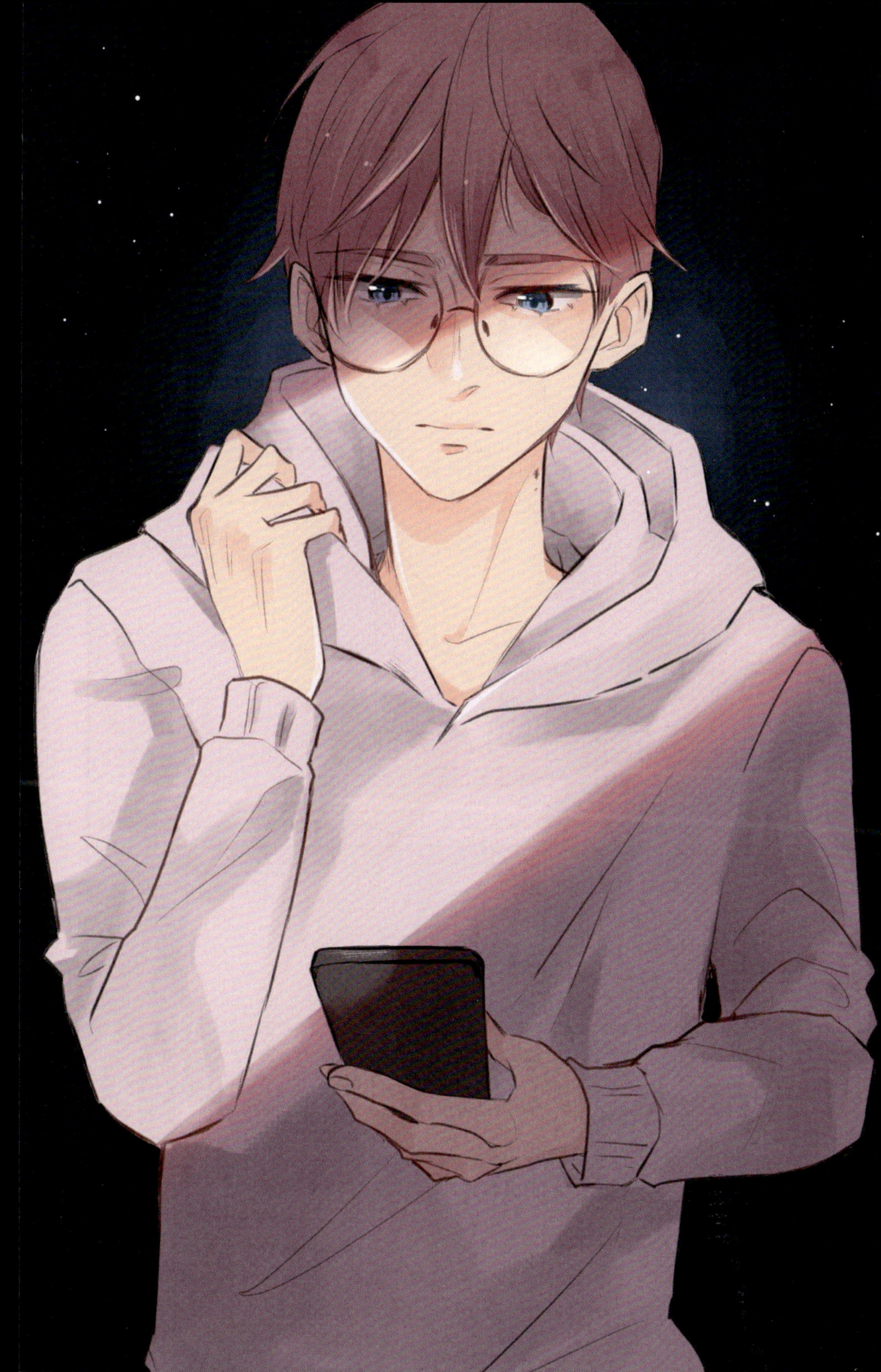

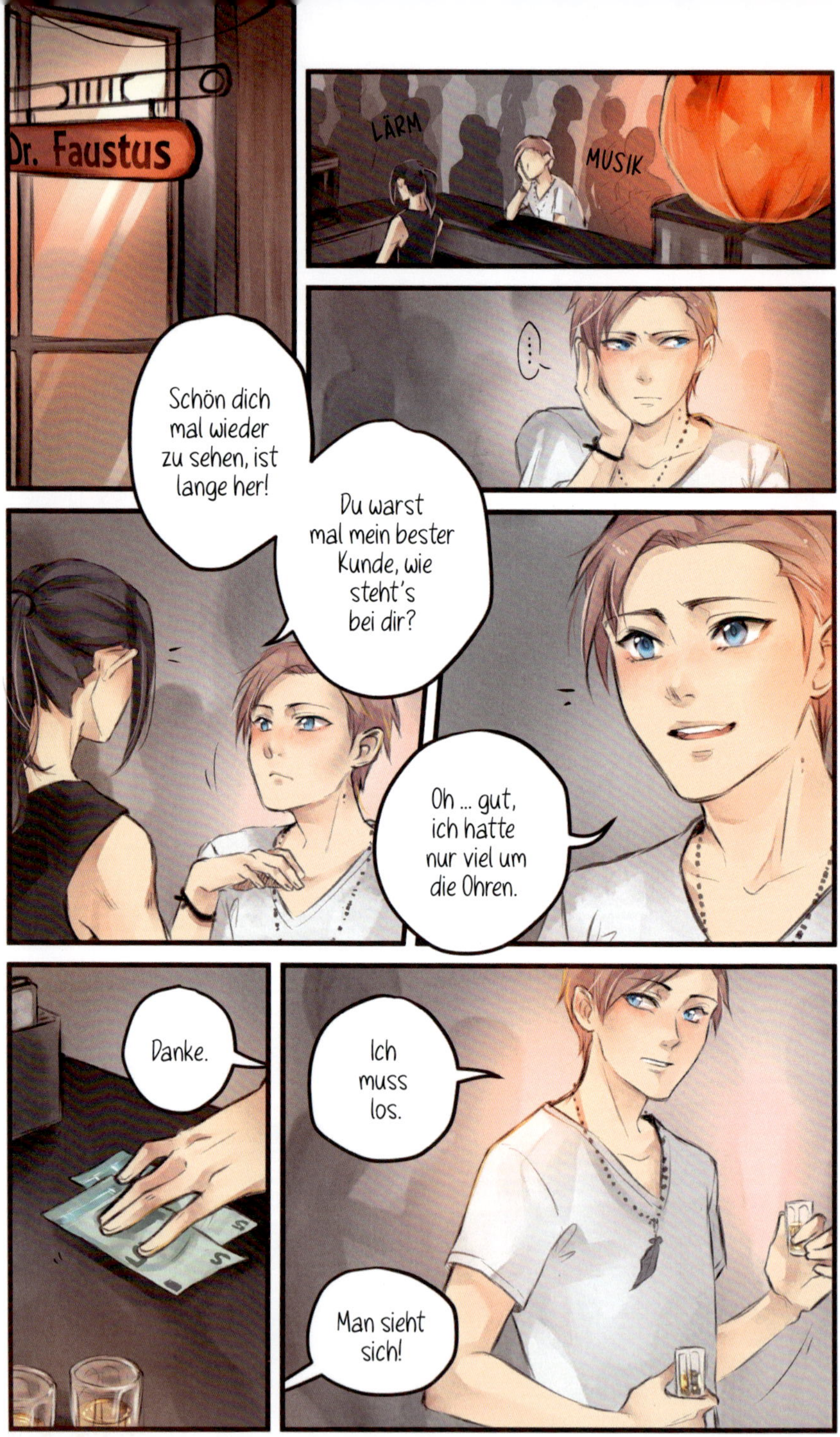
Dr. Faustus
LÄRM
MUSIK
...
Schön dich mal wieder zu sehen, ist lange her!
Du warst mal mein bester Kunde, wie steht's bei dir?
Oh ... gut, ich hatte nur viel um die Ohren.
Danke.
Ich muss los.
Man sieht sich!

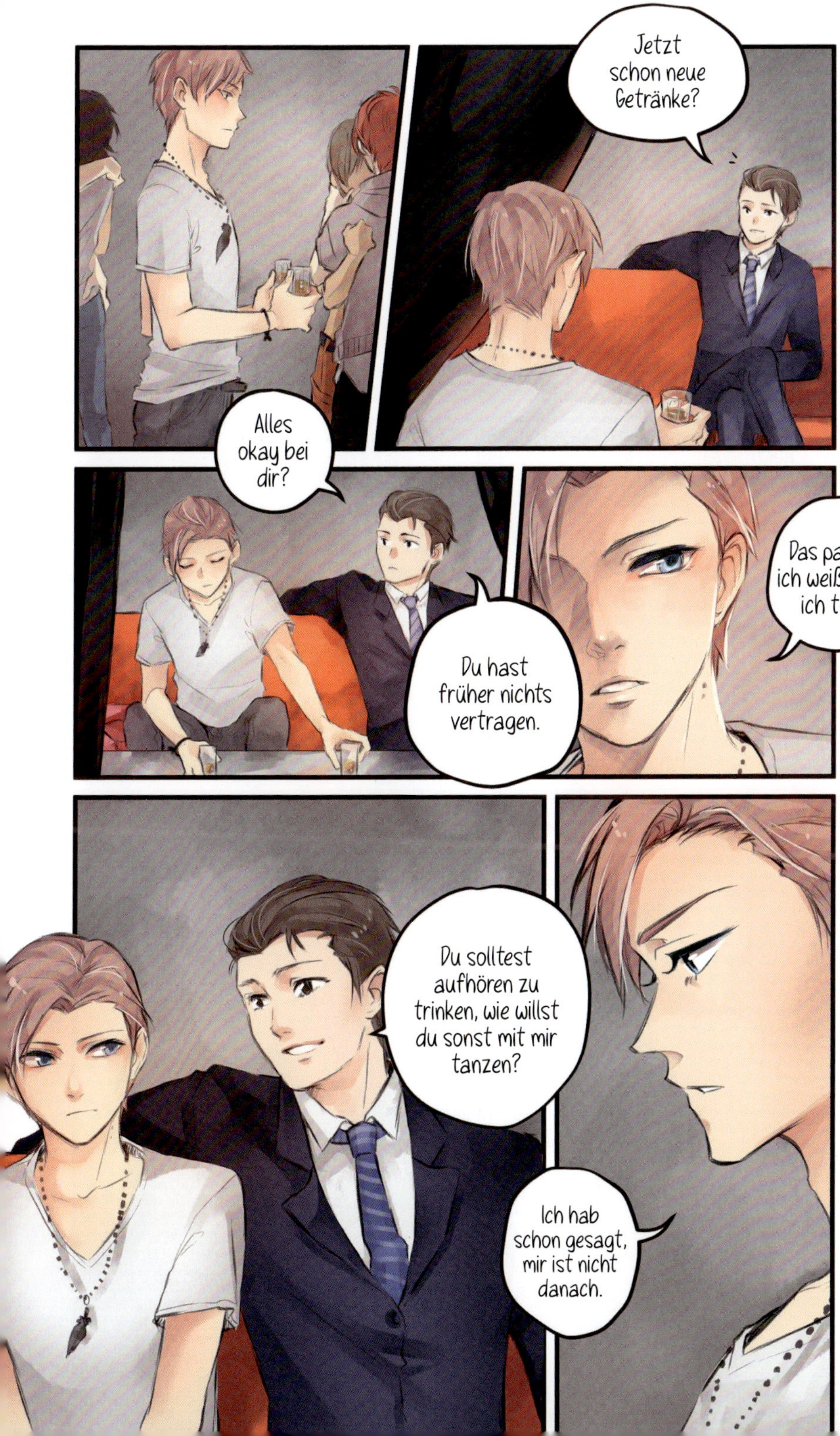
Jetzt schon neue Getränke?
Alles okay bei dir?
Du hast früher nichts vertragen.
Das passt, ich weiß, was ich tue.
Du solltest aufhören zu trinken, wie willst du sonst mit mir tanzen?
Ich hab schon gesagt, mir ist nicht danach.

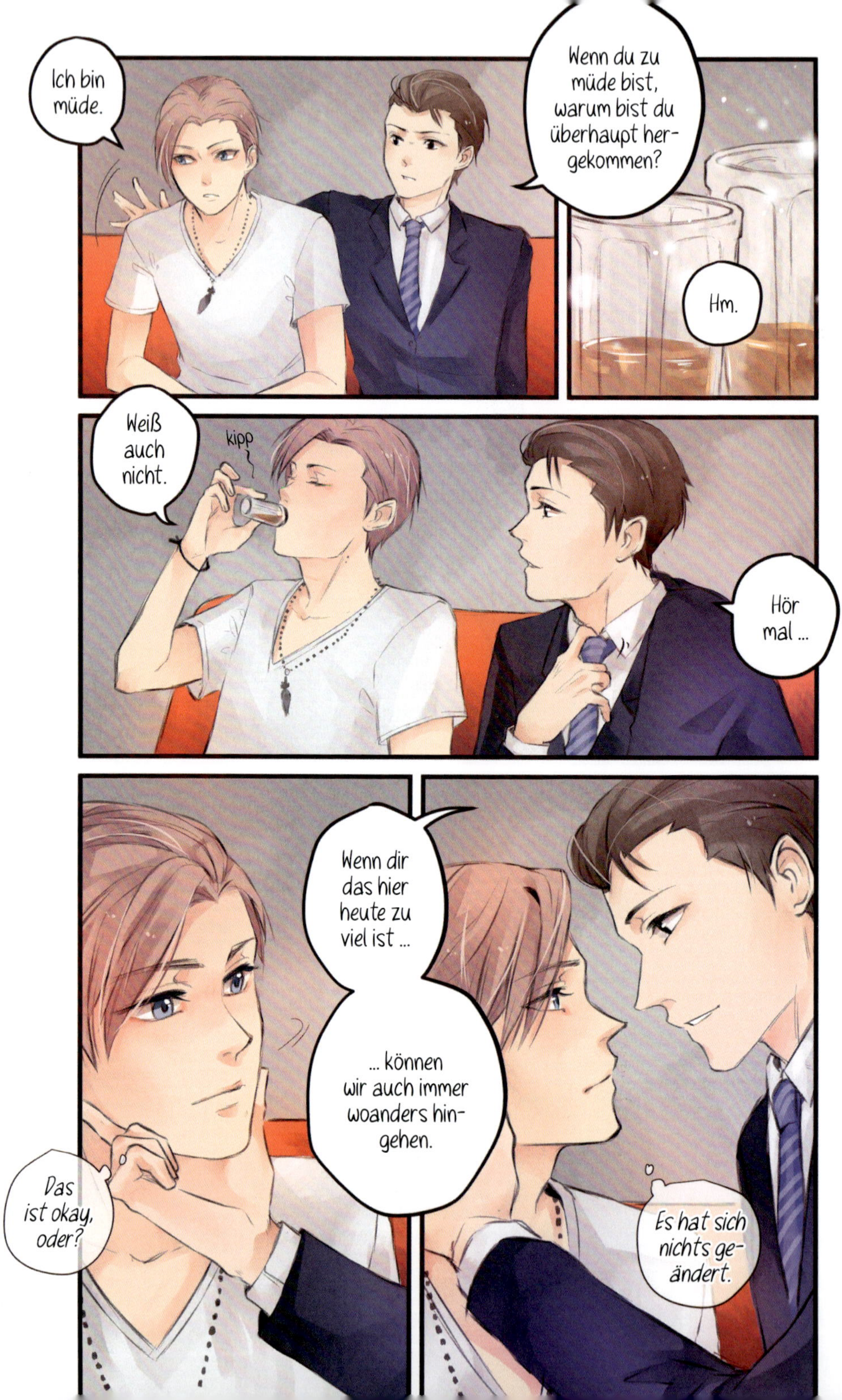
Ich bin müde.
Wenn du zu müde bist, warum bist du überhaupt hergekommen?
Hm.
Weiß auch nicht.
kipp
Hör mal ...
Wenn dir das hier heute zu viel ist ...
... können wir auch immer woanders hingehen.
Das ist okay, oder?
Es hat sich nichts geändert.

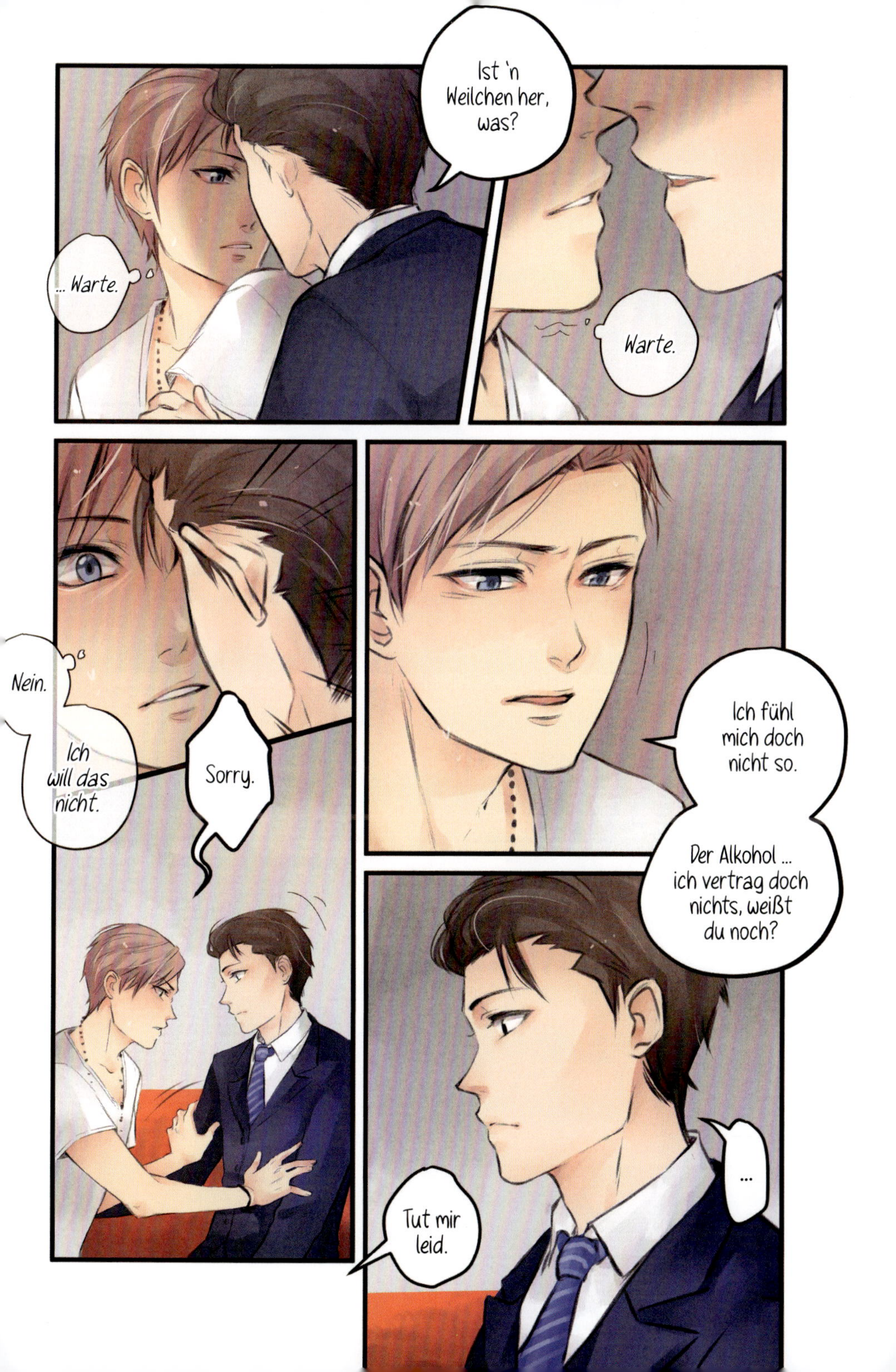

Ist 'n Weilchen her, was?
... Warte.
Warte.
Nein.
Ich will das nicht.
Sorry.
Ich fühl mich doch nicht so.
Der Alkohol ... ich vertrag doch nichts, weißt du noch?
...
Tut mir leid.

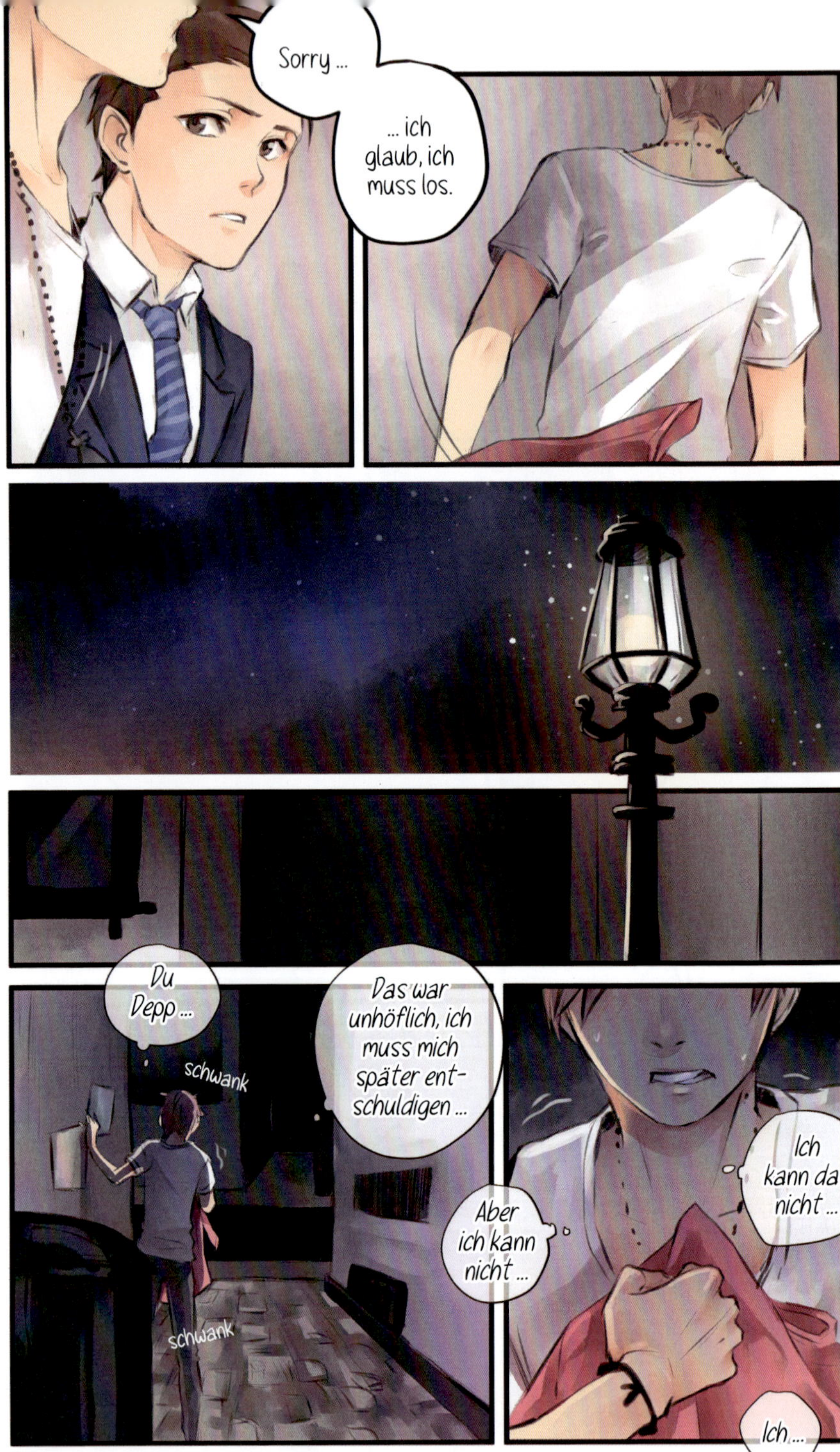
Sorry ...
... ich glaub, ich muss los.
Du Depp ...
schwank
schwank
Das war unhöflich, ich muss mich später entschuldigen ...
Aber ich kann nicht ...
Ich kann das nicht ...
Ich ...

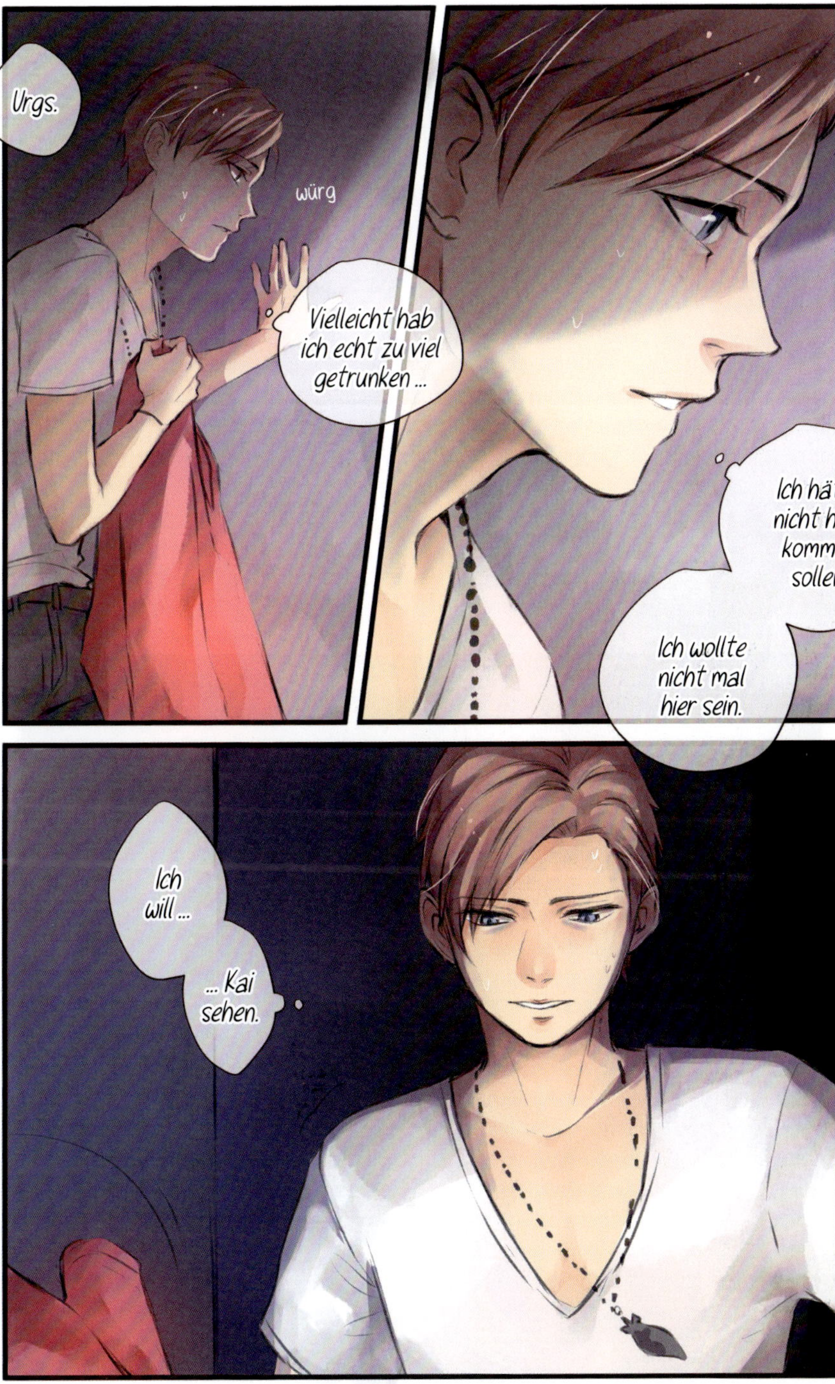
Urgs.
würg
Vielleicht hab ich echt zu viel getrunken ...
Ich hätte nicht her-kommen sollen.
Ich wollte nicht mal hier sein.
Ich will ...
... Kai sehen.

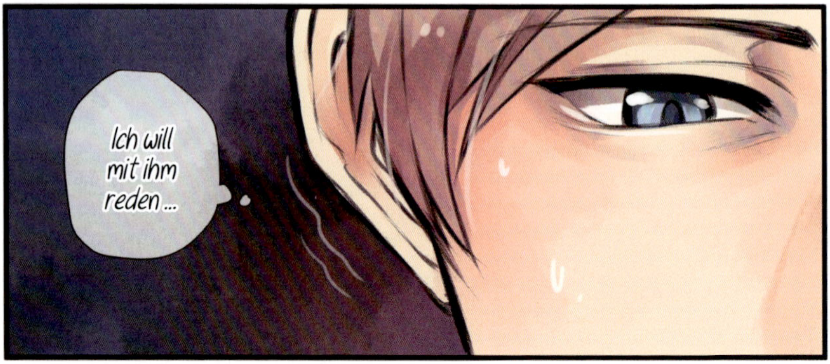

Ich ...

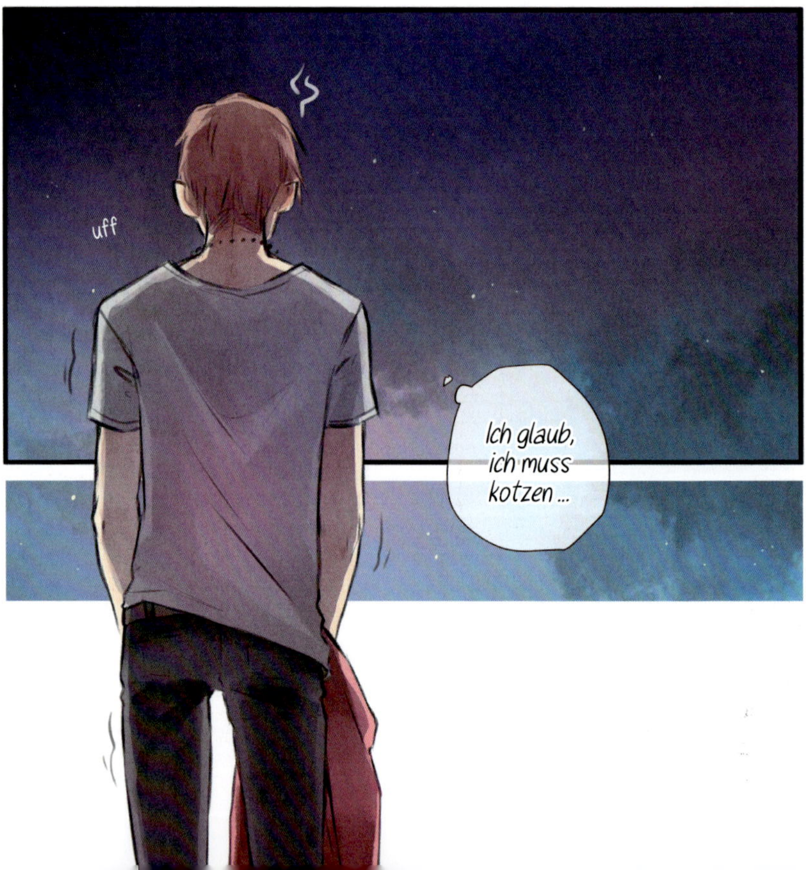

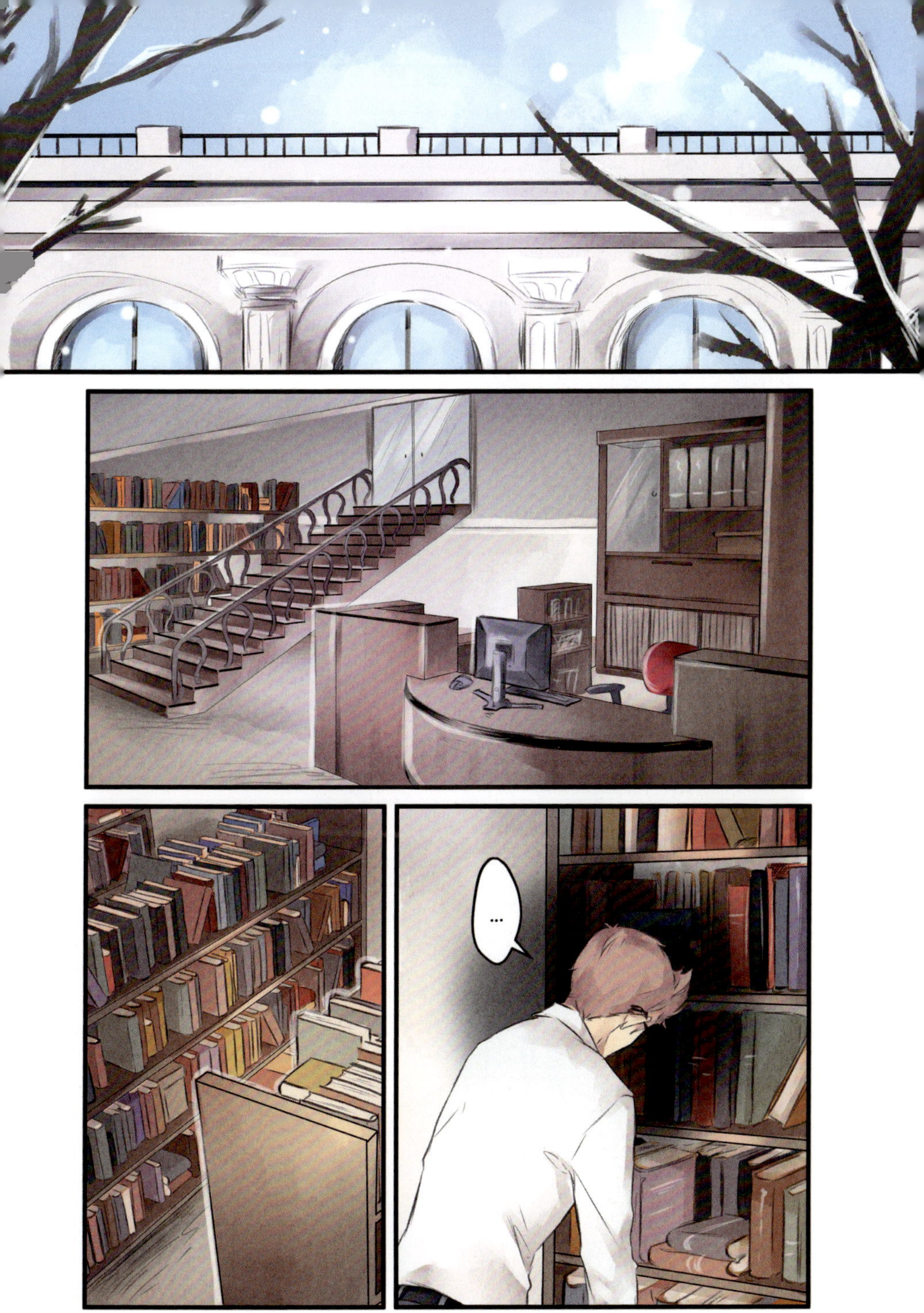

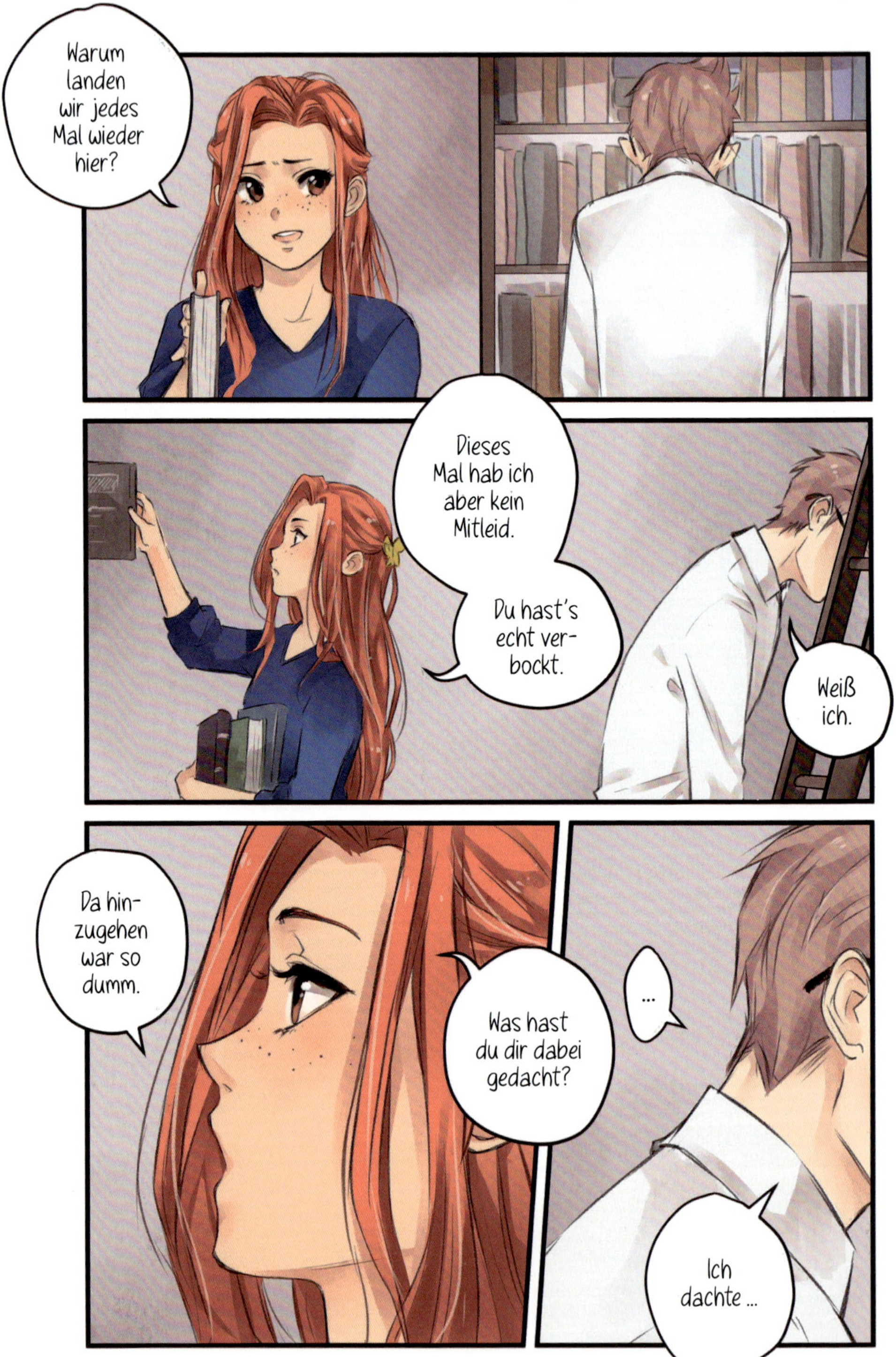
Warum landen wir jedes Mal wieder hier?
Dieses Mal hab ich aber kein Mitleid.
Du hast's echt verbockt.
Weiß ich.
Da hinzugehen war so dumm.
Was hast du dir dabei gedacht?
...
Ich dachte ...

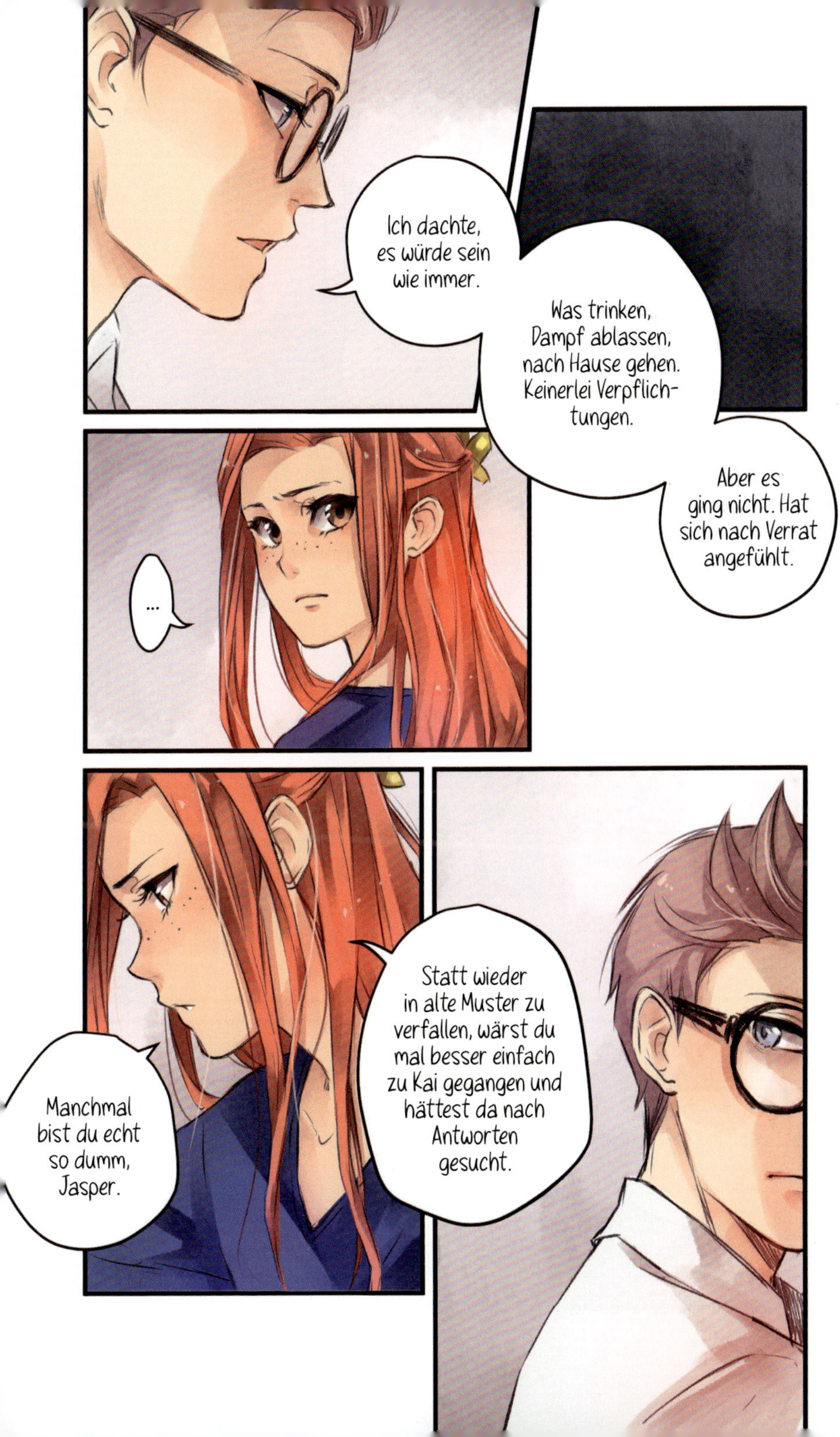
Ich dachte, es würde sein wie immer.
Was trinken, Dampf ablassen, nach Hause gehen. Keinerlei Verpflich-tungen.
Aber es ging nicht. Hat sich nach Verrat angefühlt.
...
Statt wieder in alte Muster zu verfallen, wärst du mal besser einfach zu Kai gegangen und hättest da nach Antworten gesucht.
Manchmal bist du echt so dumm, Jasper.

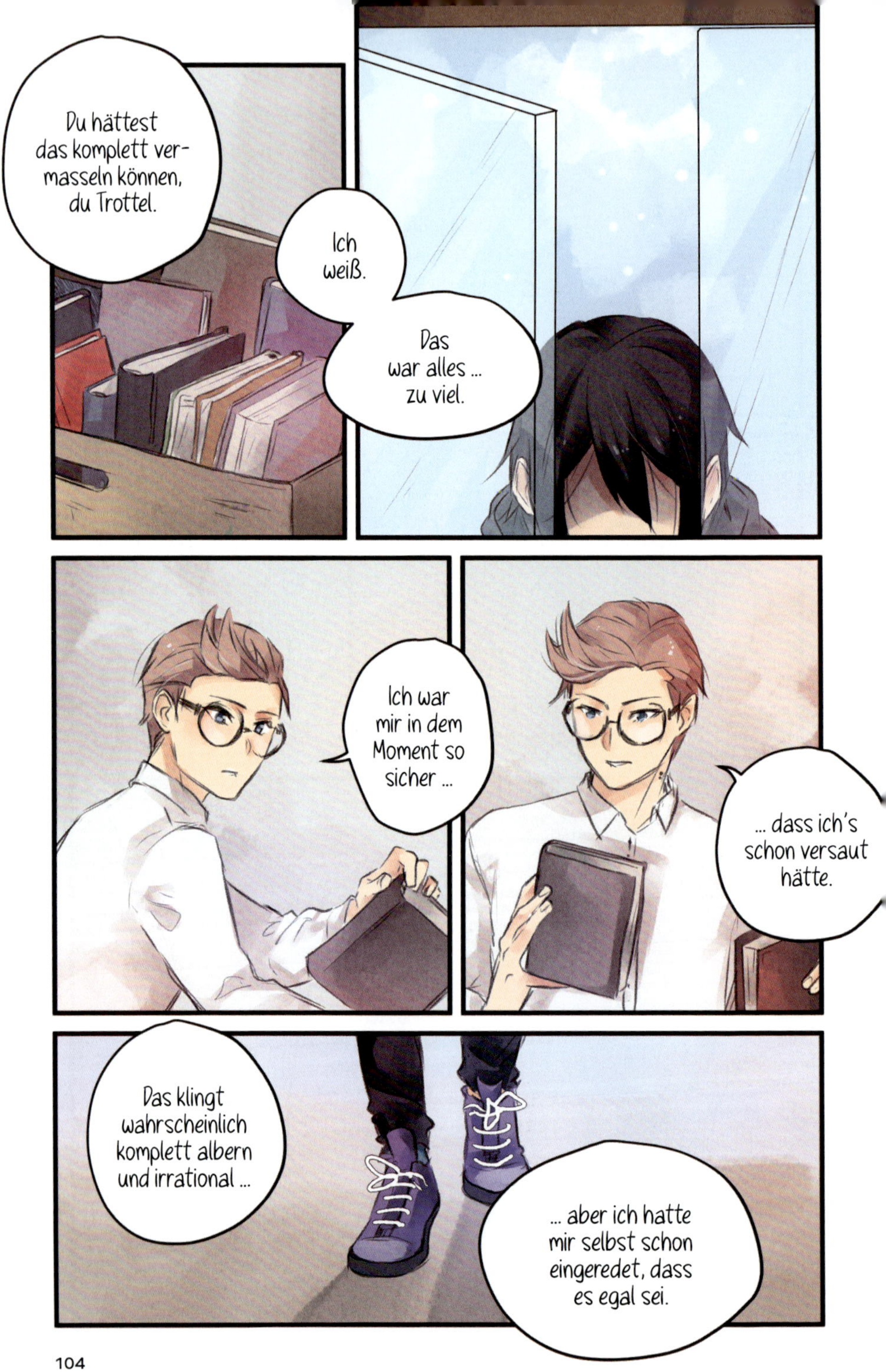
Du hättest das komplett vermasseln können, du Trottel.
Ich weiß.
Das war alles … zu viel.
Ich war mir in dem Moment so sicher …
… dass ich's schon versaut hätte.
Das klingt wahrscheinlich komplett albern und irrational …
… aber ich hatte mir selbst schon eingeredet, dass es egal sei.

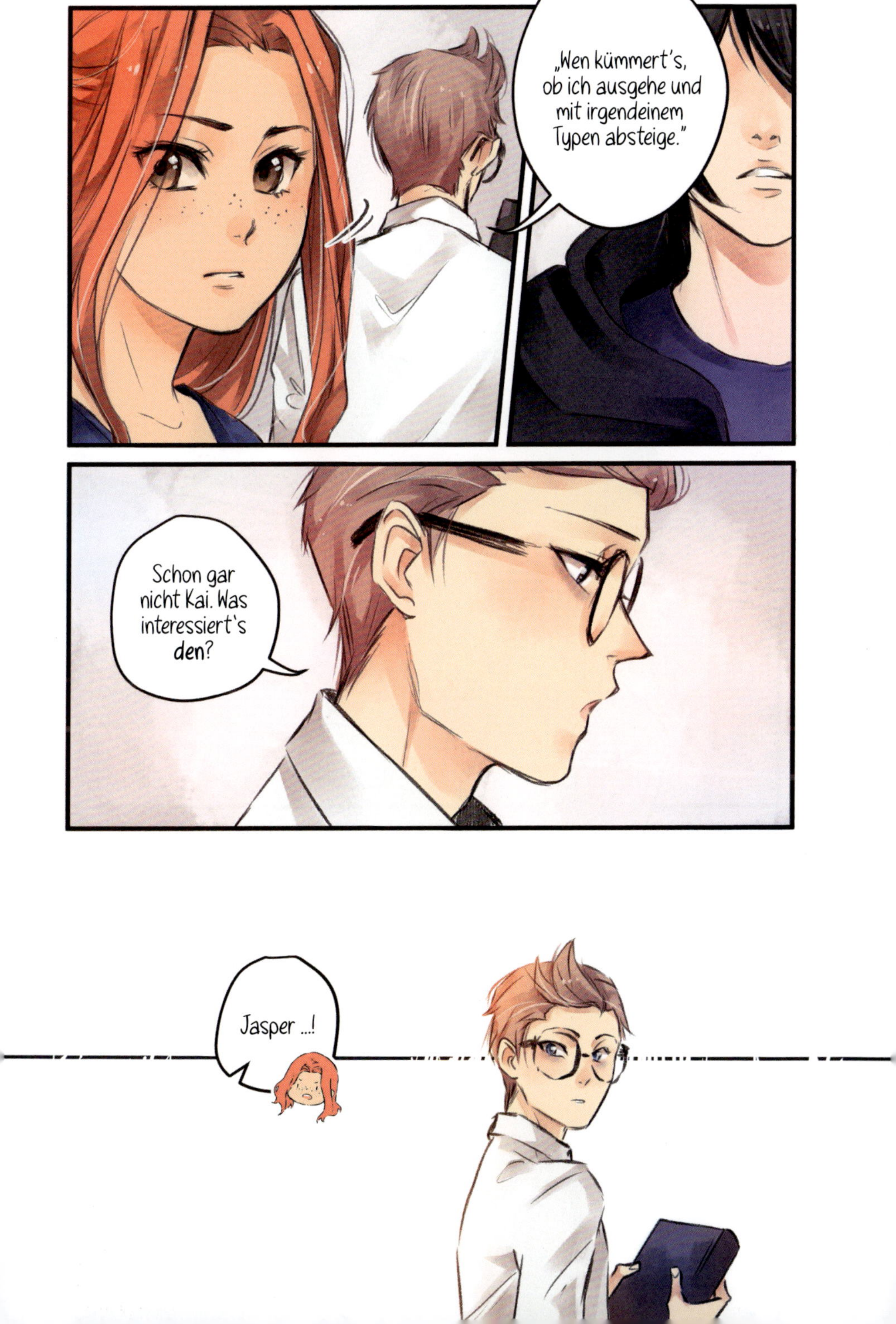
„Wen kümmert's, ob ich ausgehe und mit irgendeinem Typen absteige."
Schon gar nicht Kai. Was interessiert's **den**?
Jasper ...!

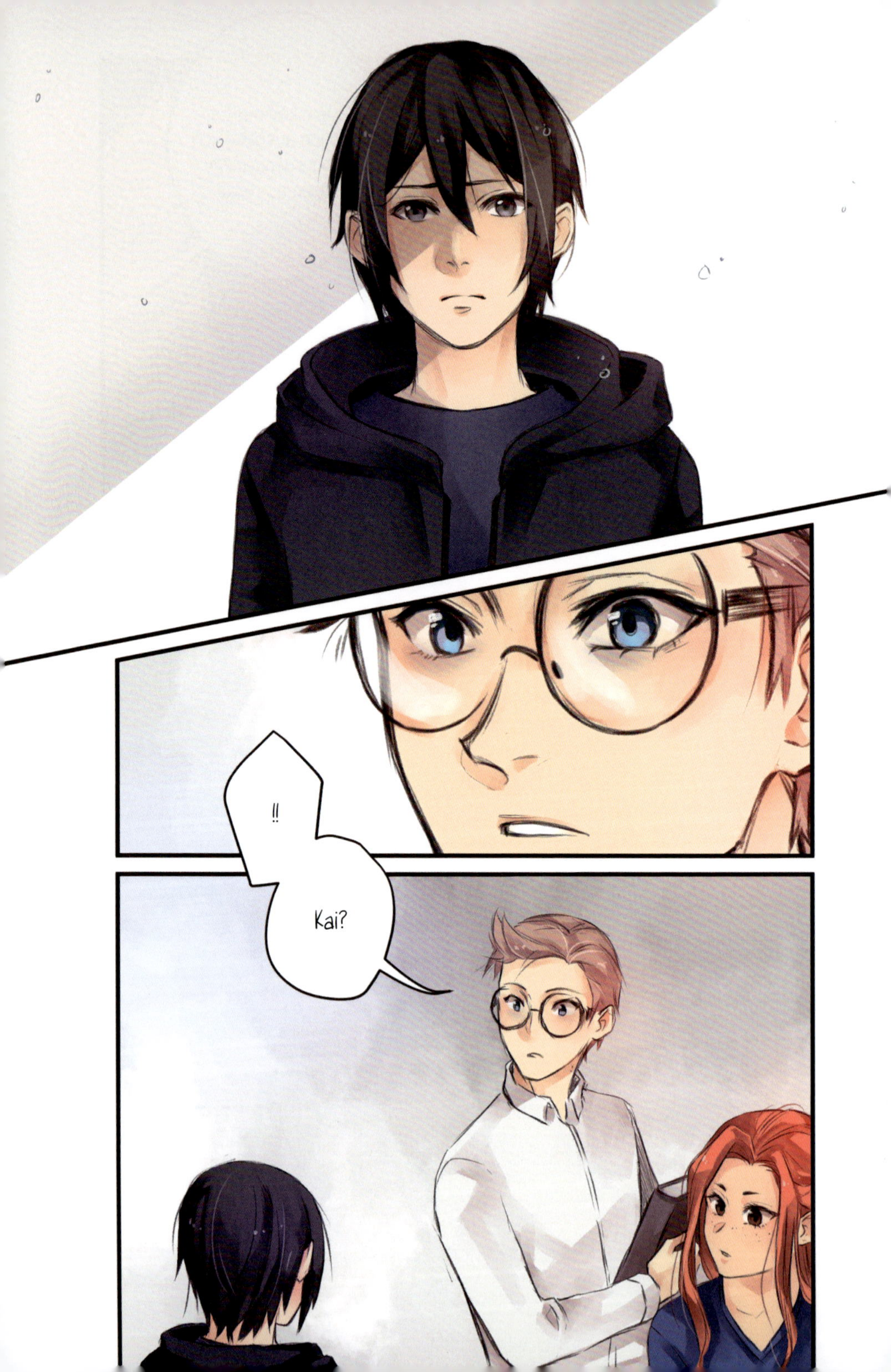
!!
Kai?

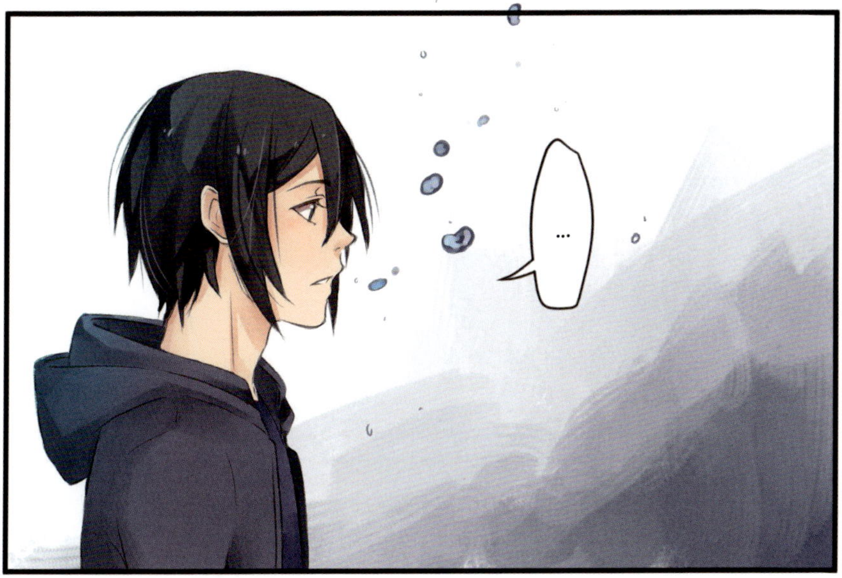
...

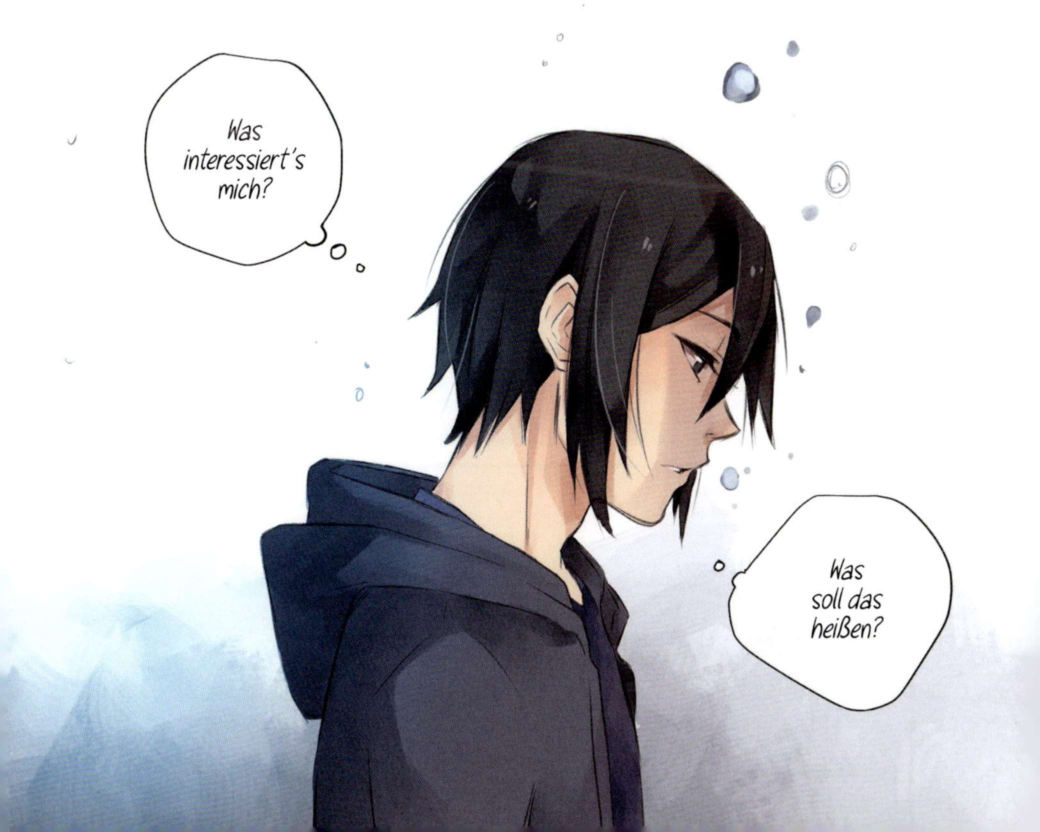
Was interessiert's mich?
Was soll das heißen?

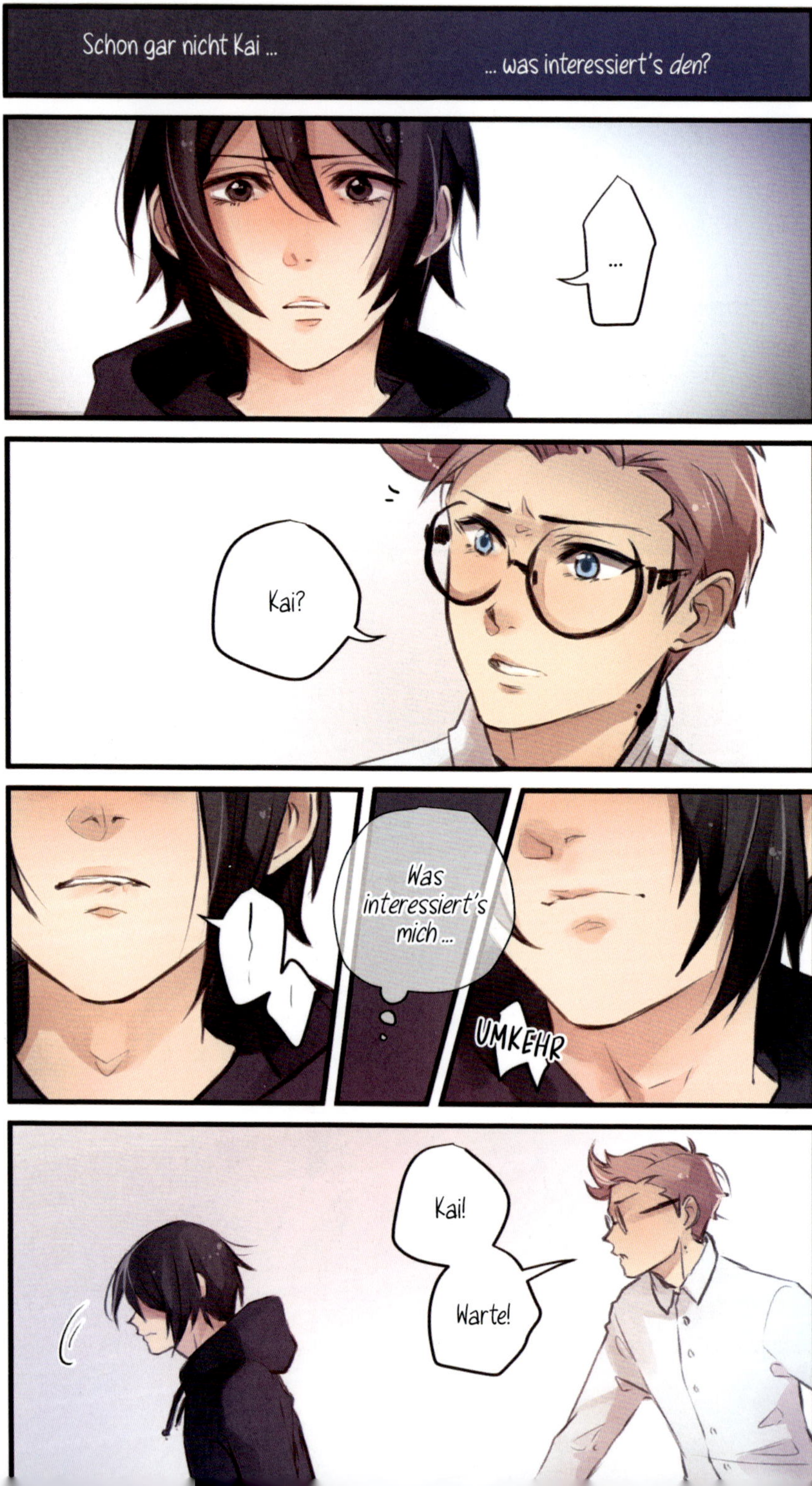
Schon gar nicht Kai ...
... was interessiert's *den*?
...
Kai?
Was interessiert's mich ...
UMKEHR
Kai!
Warte!

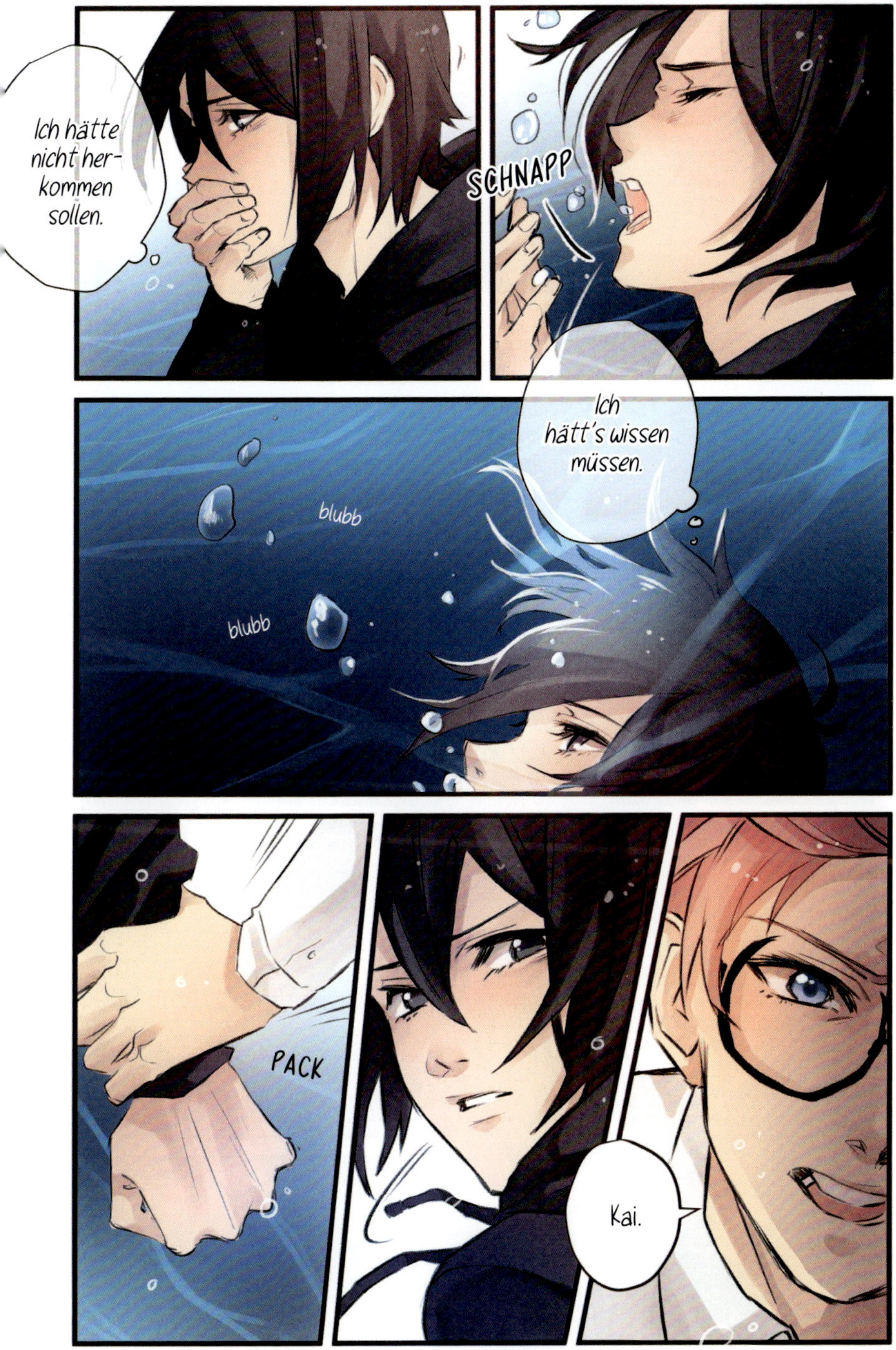
Ich hätte nicht her-kommen sollen.
SCHNAPP
Ich hätt's wissen müssen.
blubb
blubb
PACK
Kai.

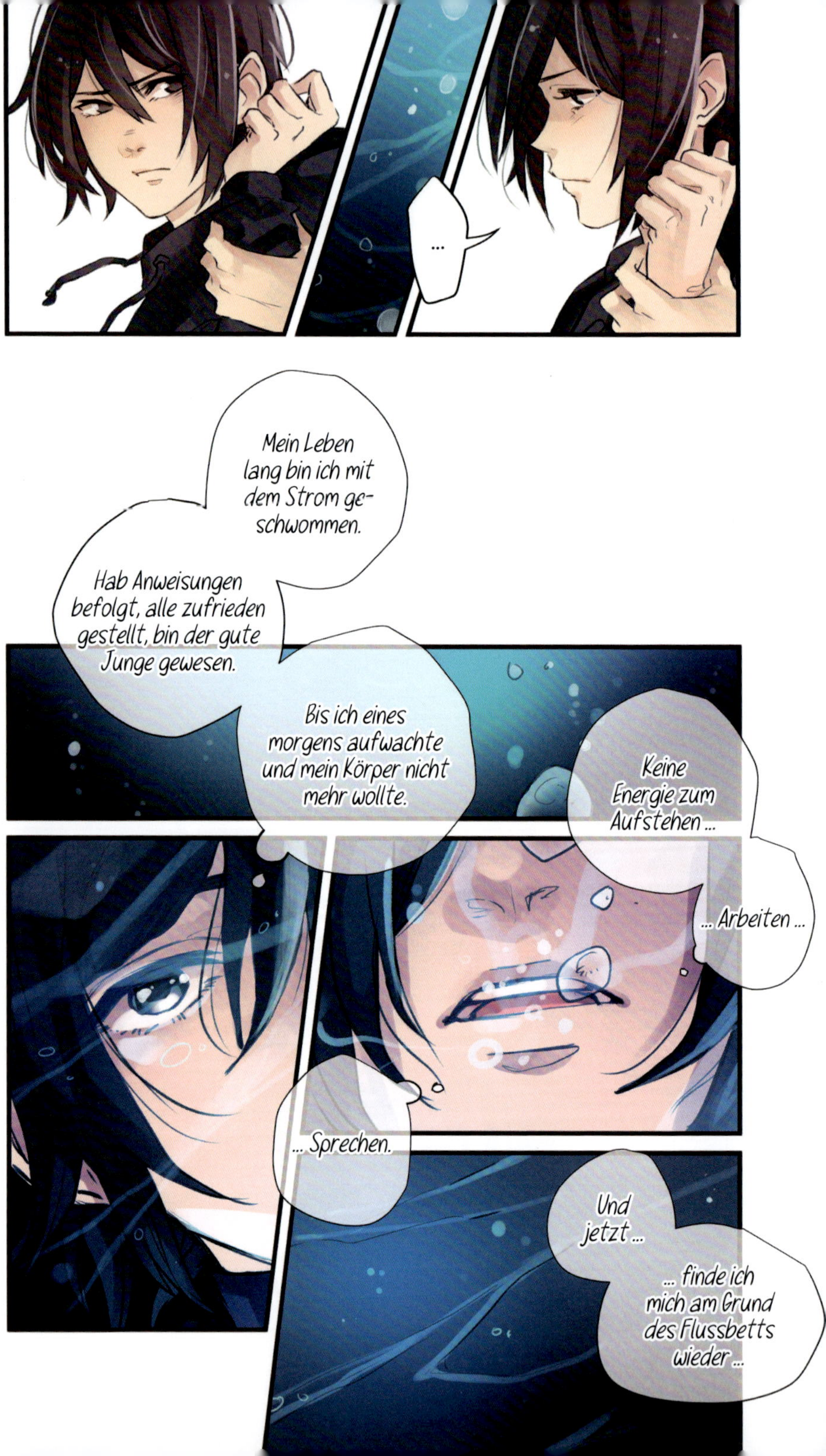
...
Mein Leben lang bin ich mit dem Strom geschwommen.
Hab Anweisungen befolgt, alle zufrieden gestellt, bin der gute Junge gewesen.
Bis ich eines morgens aufwachte und mein Körper nicht mehr wollte.
Keine Energie zum Aufstehen ...
... Arbeiten ...
... Sprechen.
Und jetzt ...
... finde ich mich am Grund des Flussbetts wieder ...

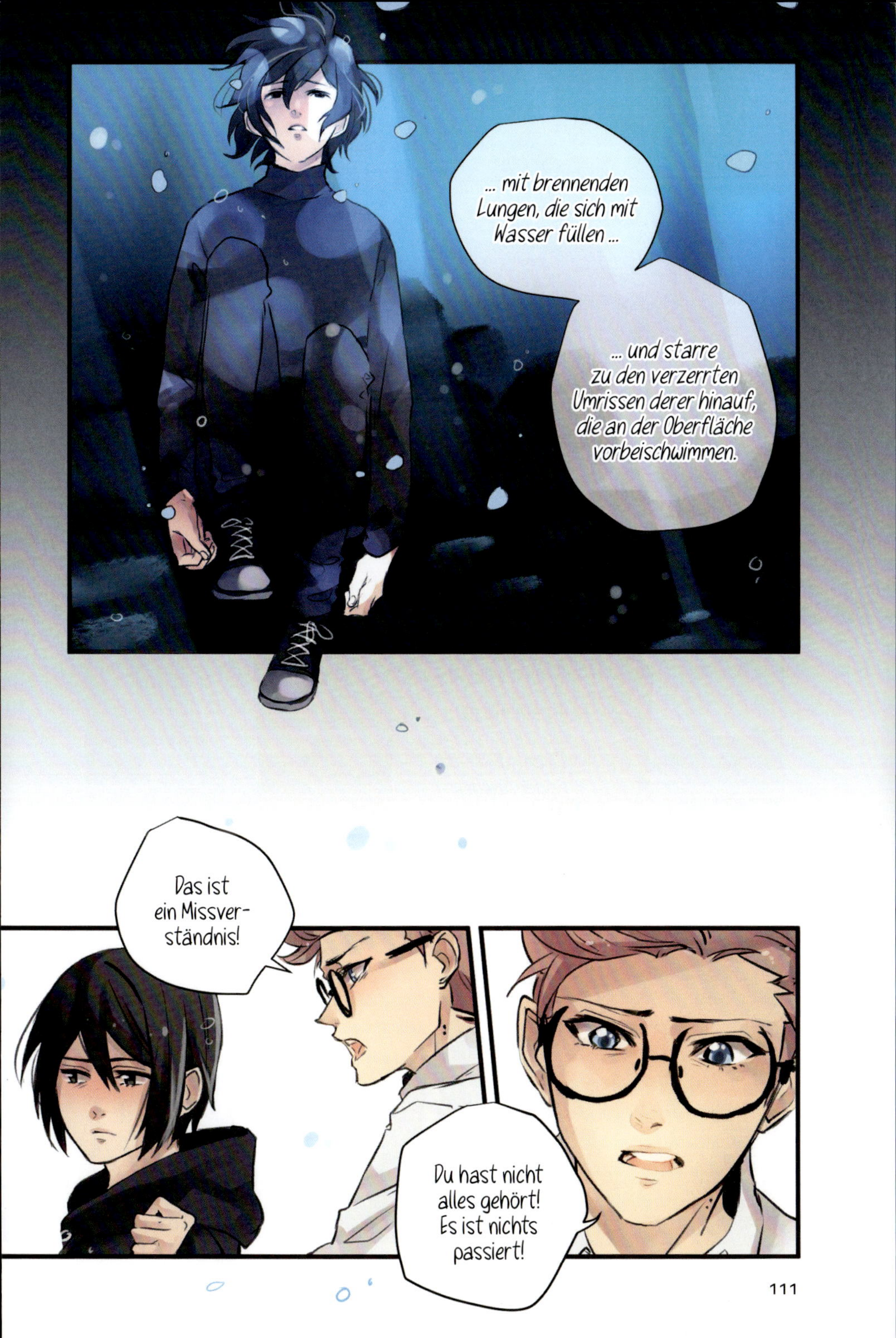
... mit brennenden Lungen, die sich mit Wasser füllen ...
... und starre zu den verzerrten Umrissen derer hinauf, die an der Oberfläche vorbeischwimmen.
Das ist ein Missverständnis!
Du hast nicht alles gehört! Es ist nichts passiert!

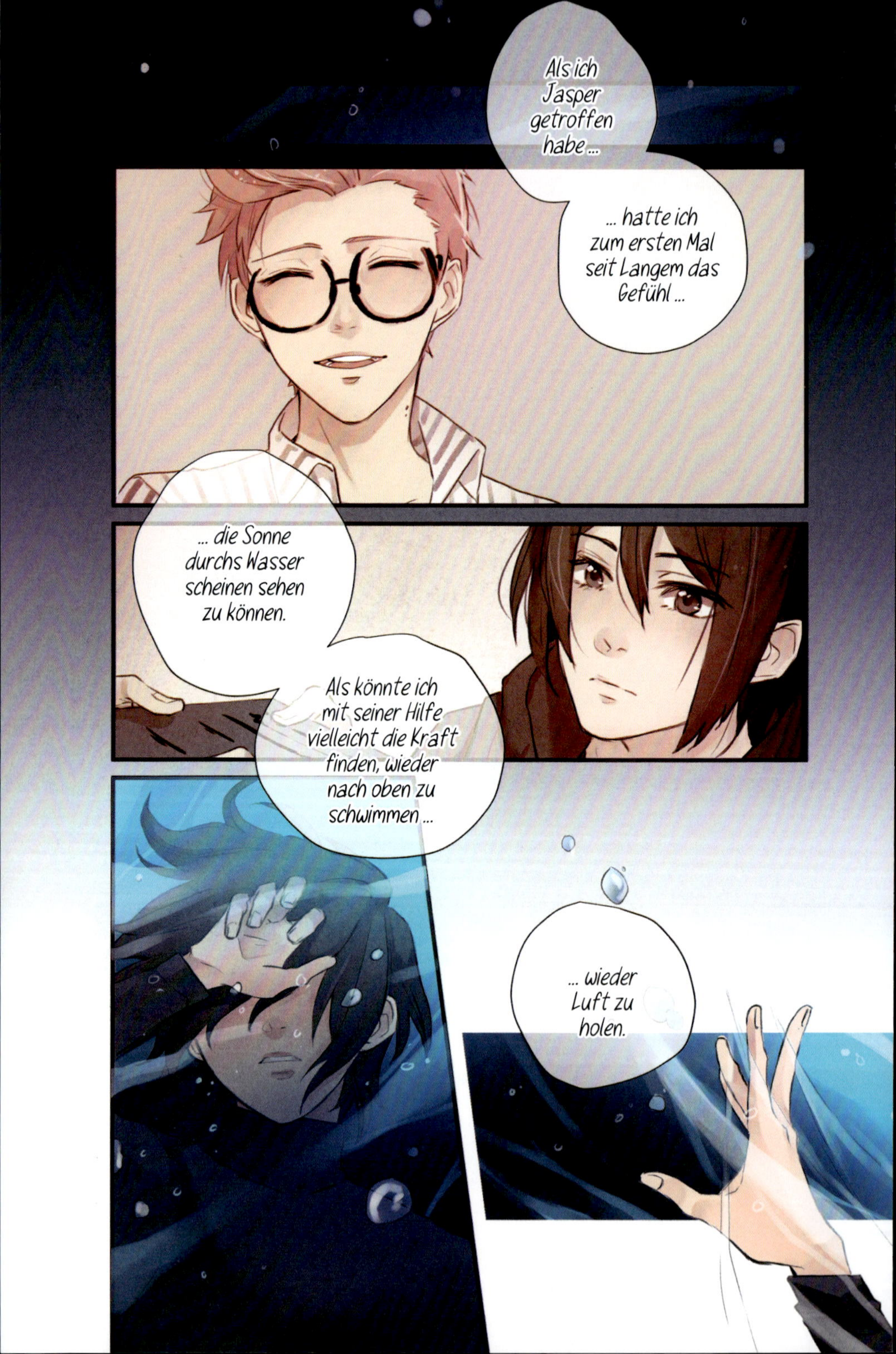
Als ich Jasper getroffen habe ...
... hatte ich zum ersten Mal seit Langem das Gefühl ...
... die Sonne durchs Wasser scheinen sehen zu können.
Als könnte ich mit seiner Hilfe vielleicht die Kraft finden, wieder nach oben zu schwimmen ...
... wieder Luft zu holen.

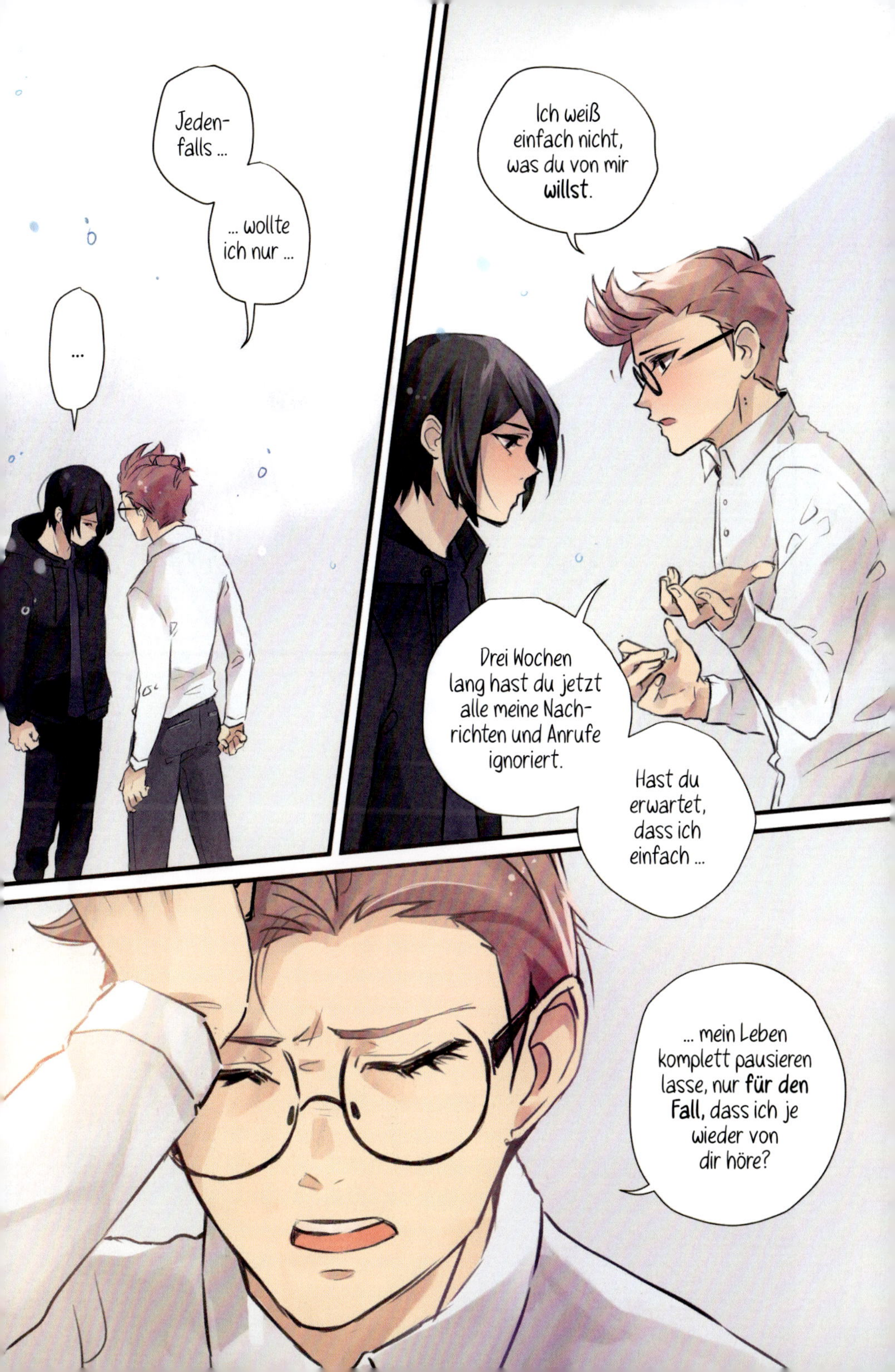
Jeden-
falls ...
... wollte
ich nur ...
...
Ich weiß
einfach nicht,
was du von mir
willst.
Drei Wochen
lang hast du jetzt
alle meine Nach-
richten und Anrufe
ignoriert.
Hast du
erwartet,
dass ich
einfach ...
... mein Leben
komplett pausieren
lasse, nur **für den
Fall**, dass ich je
wieder von
dir höre?

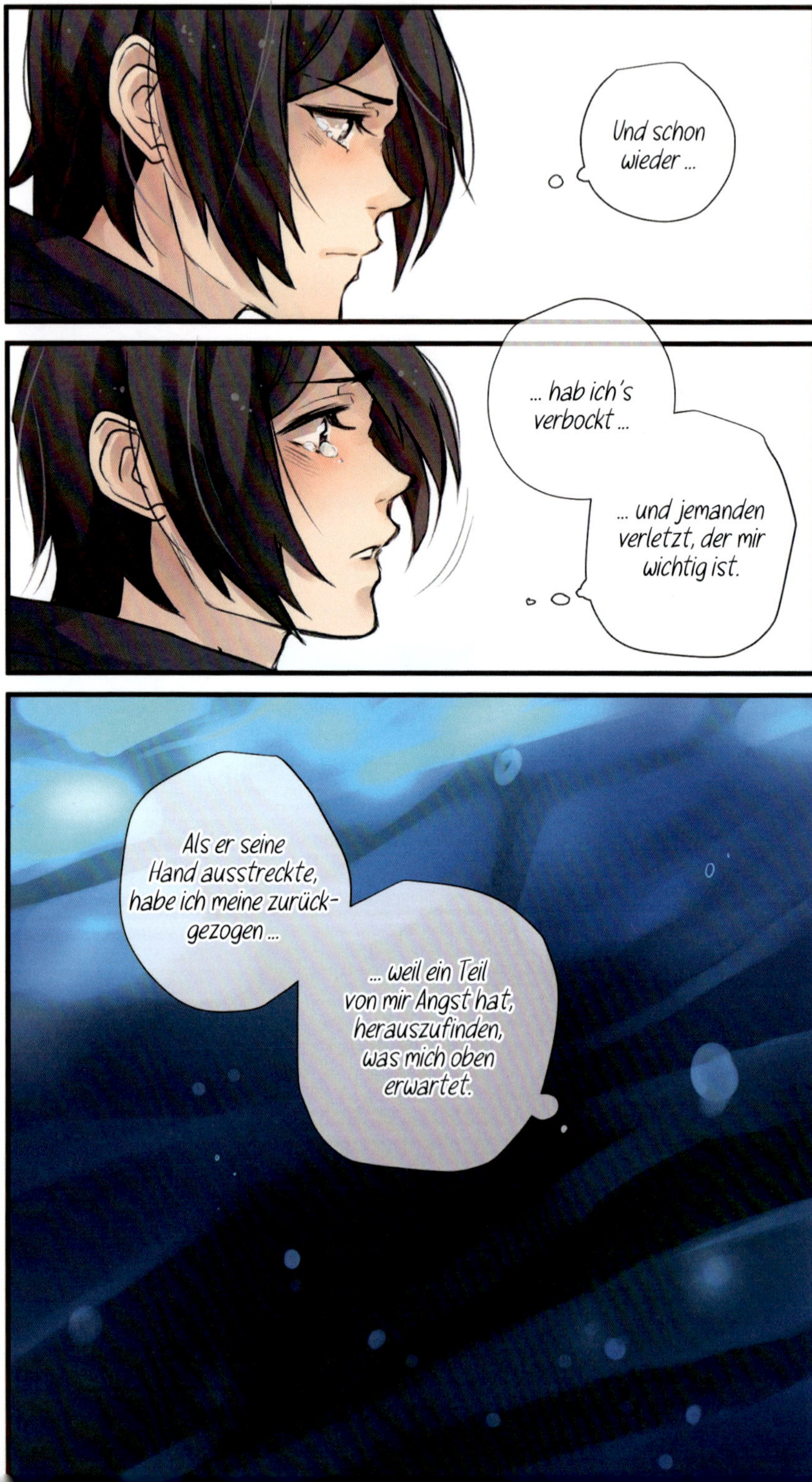
Und schon wieder ...
... hab ich's verbockt ...
... und jemanden verletzt, der mir wichtig ist.
Als er seine Hand ausstreckte, habe ich meine zurück-gezogen ...
... weil ein Teil von mir Angst hat, herauszufinden, was mich oben erwartet.

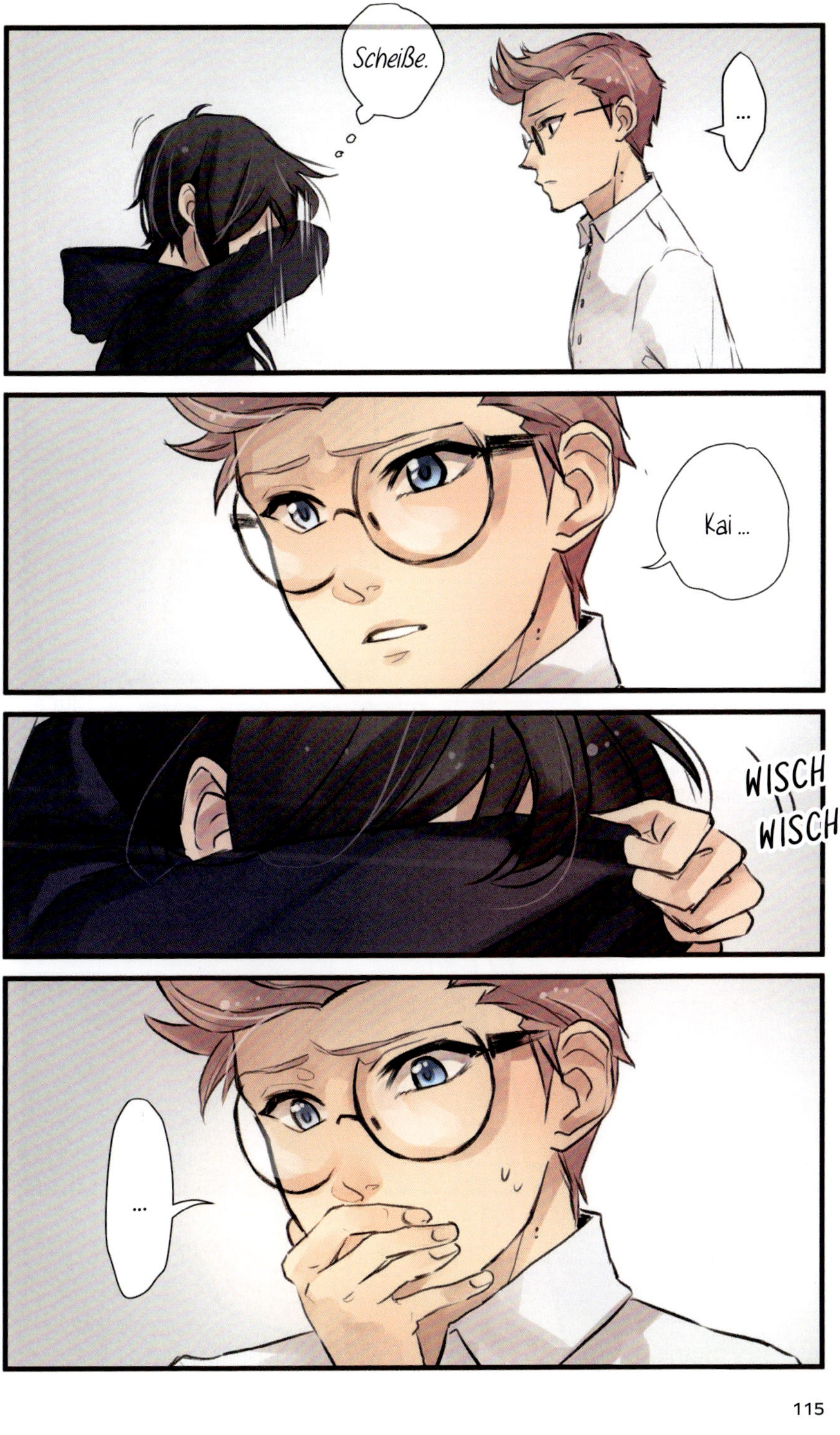
Scheiße.
...
Kai ...
WISCH
WISCH
...

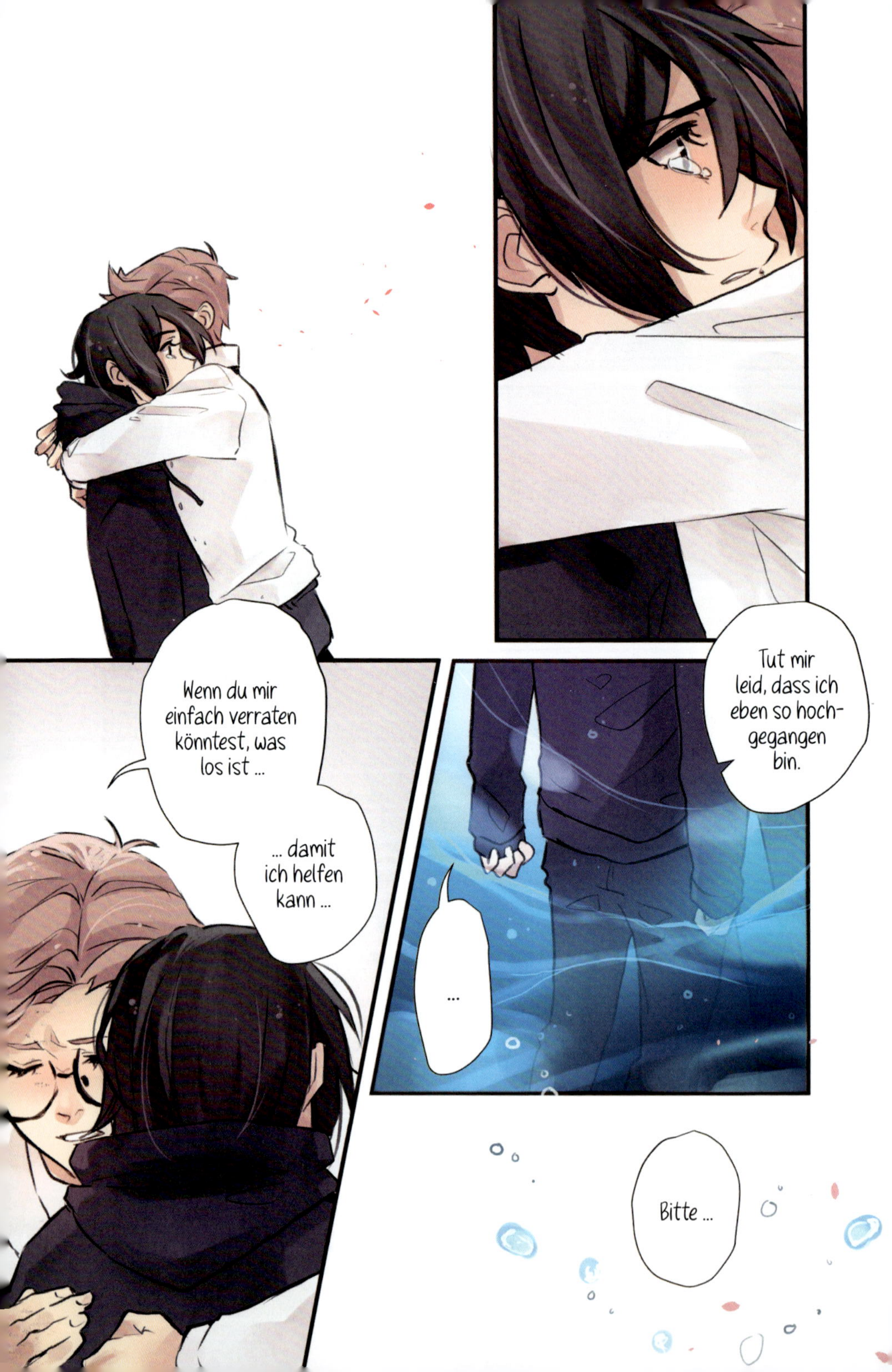
Tut mir leid, dass ich eben so hochgegangen bin.
Wenn du mir einfach verraten könntest, was los ist ...
... damit ich helfen kann ...
...
Bitte ...

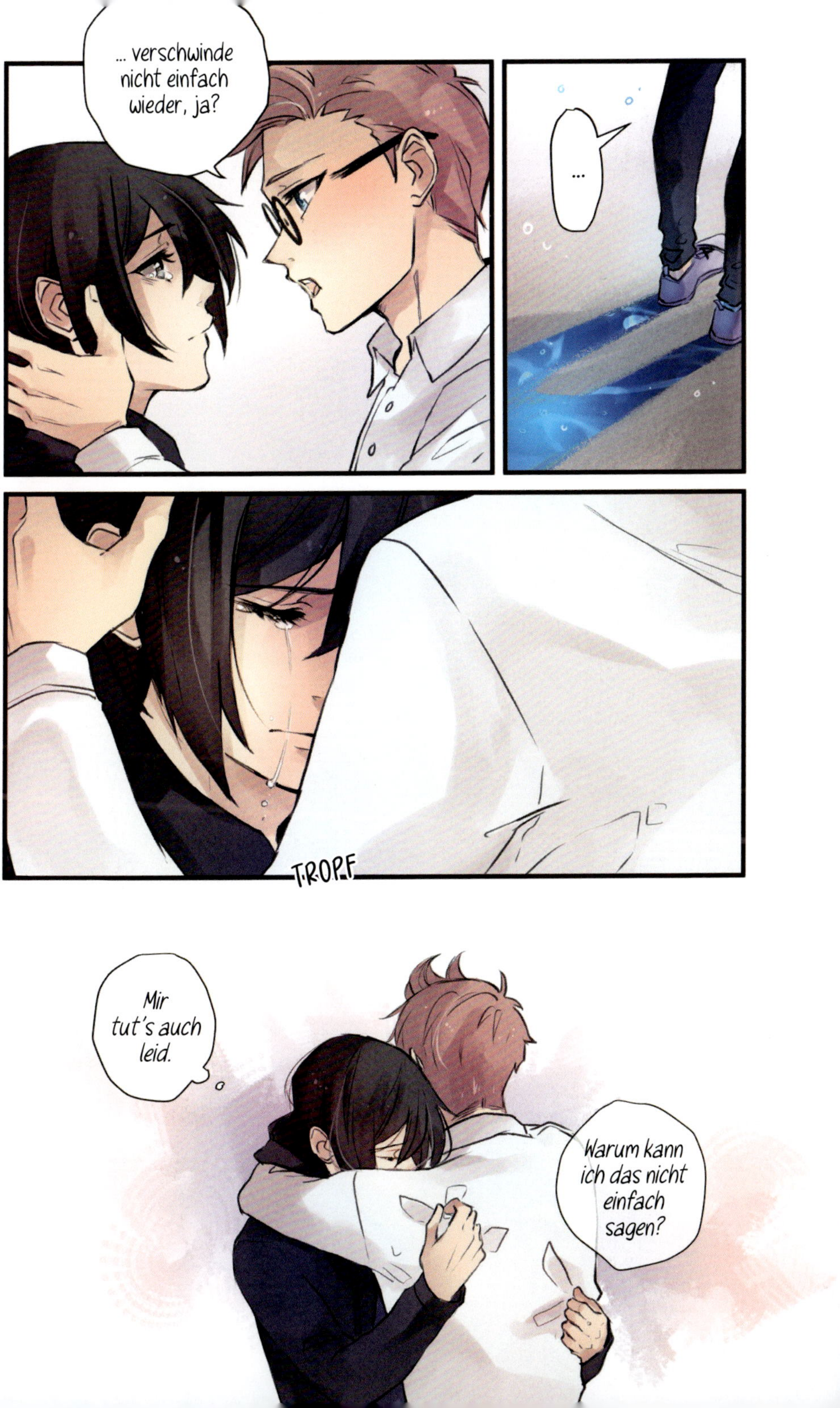
... verschwinde nicht einfach wieder, ja?
...
T.R.O.P.F
Mir tut's auch leid.
Warum kann ich das nicht einfach sagen?

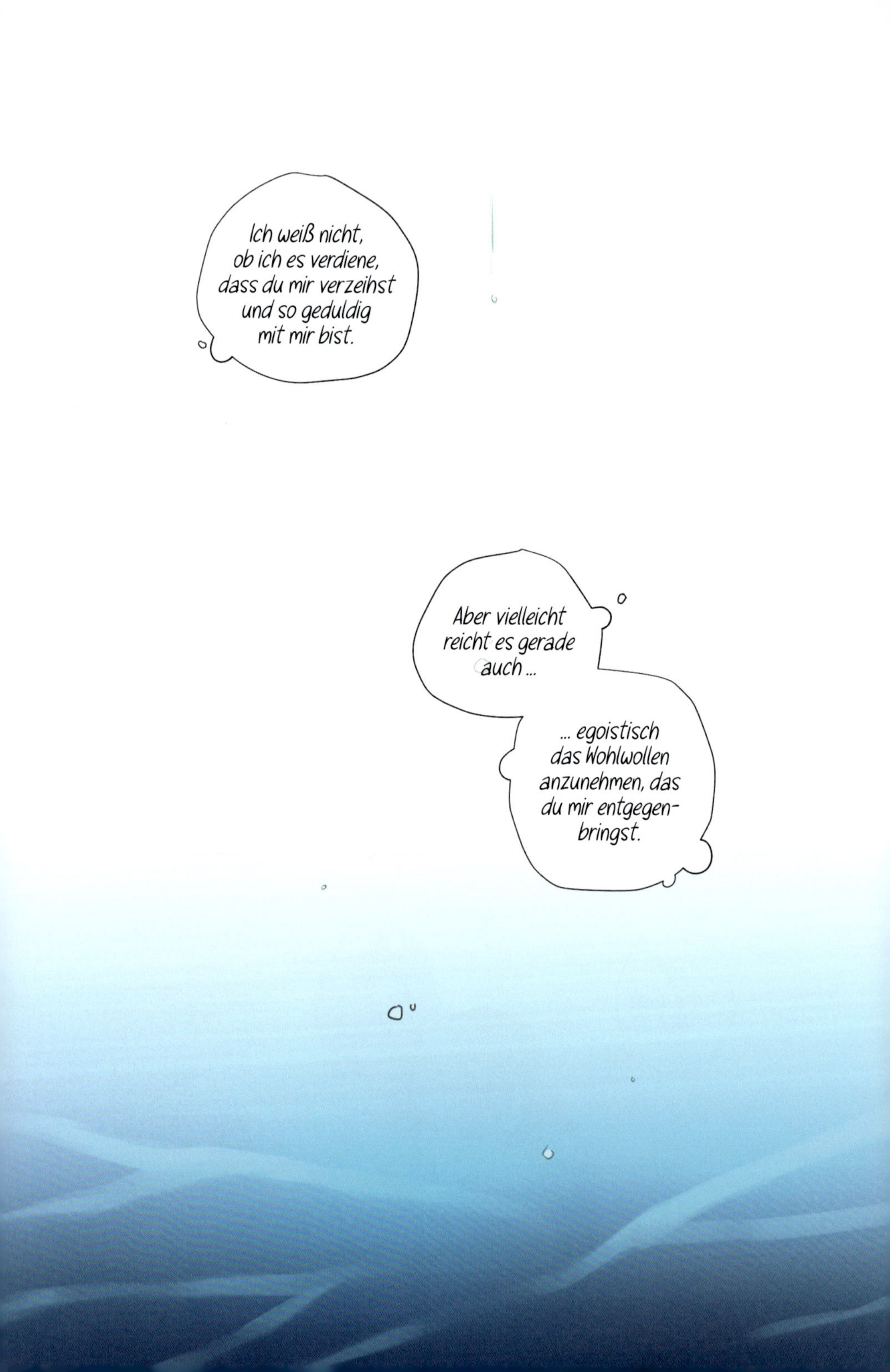
Ich weiß nicht, ob ich es verdiene, dass du mir verzeihst und so geduldig mit mir bist.
Aber vielleicht reicht es gerade auch ...
... egoistisch das Wohlwollen anzunehmen, das du mir entgegen-bringst.

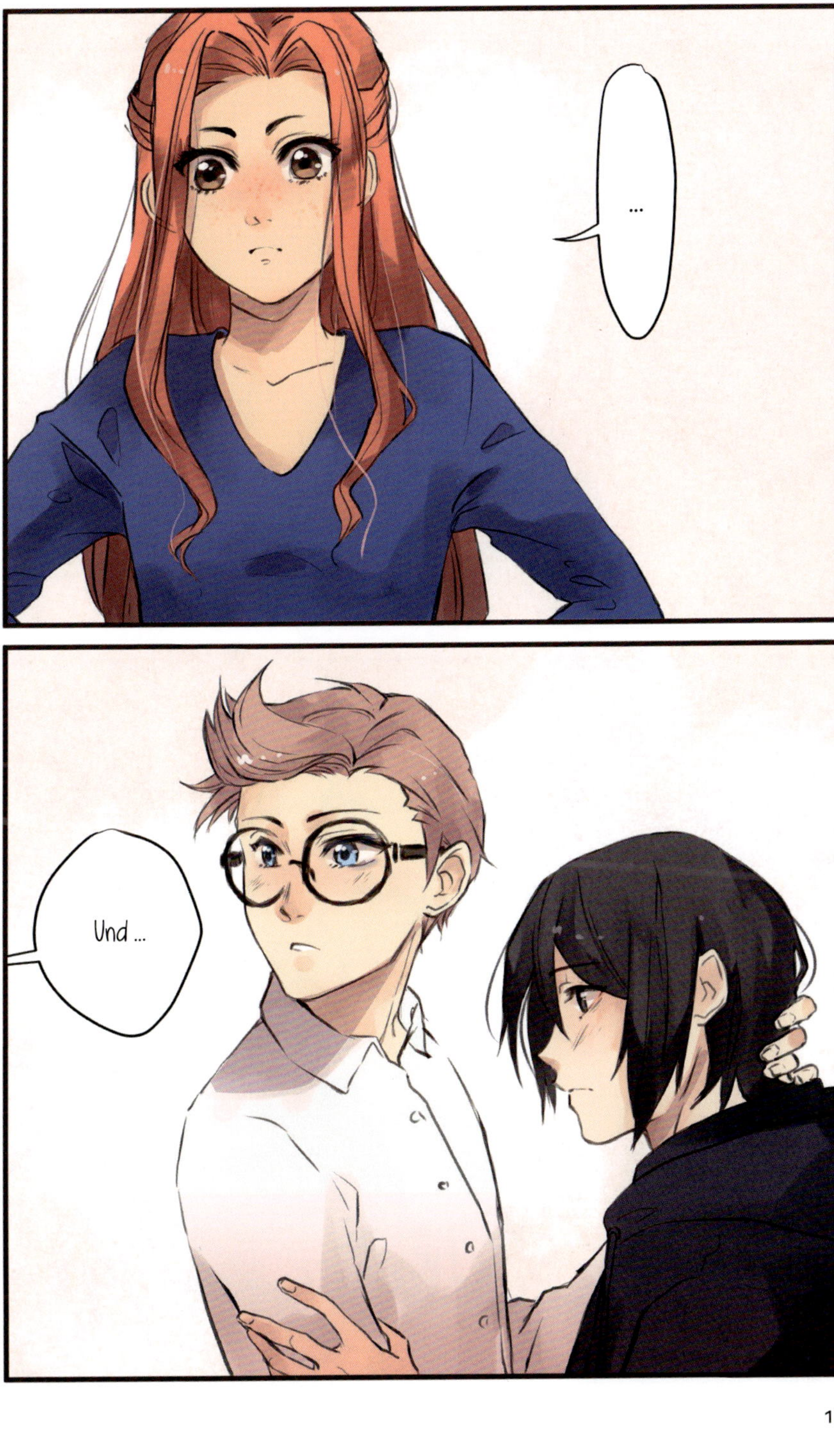
...
Und ...

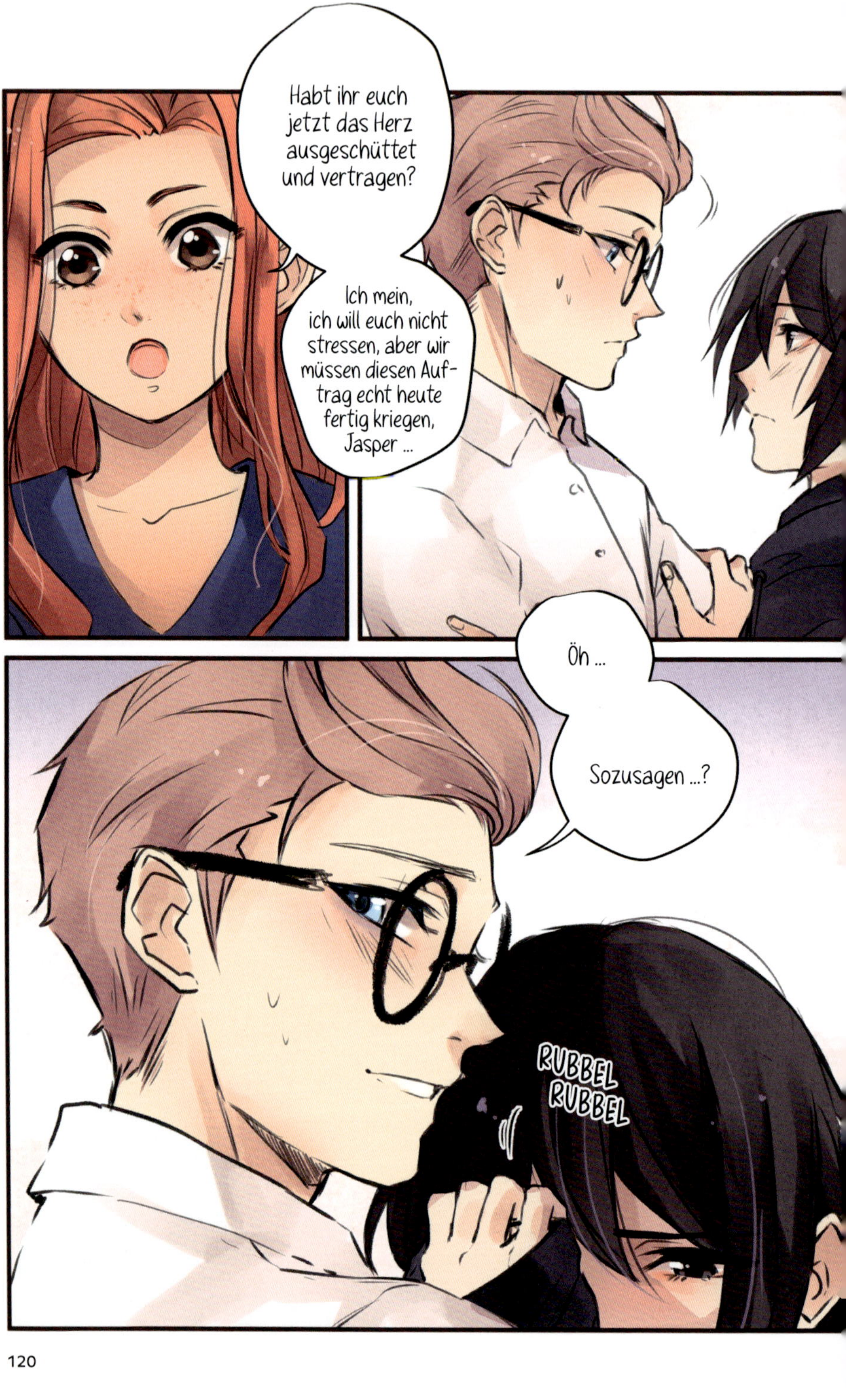
Habt ihr euch jetzt das Herz ausgeschüttet und vertragen?
Ich mein, ich will euch nicht stressen, aber wir müssen diesen Auftrag echt heute fertig kriegen, Jasper ...
Öh ...
Sozusagen ...?
RUBBEL RUBBEL

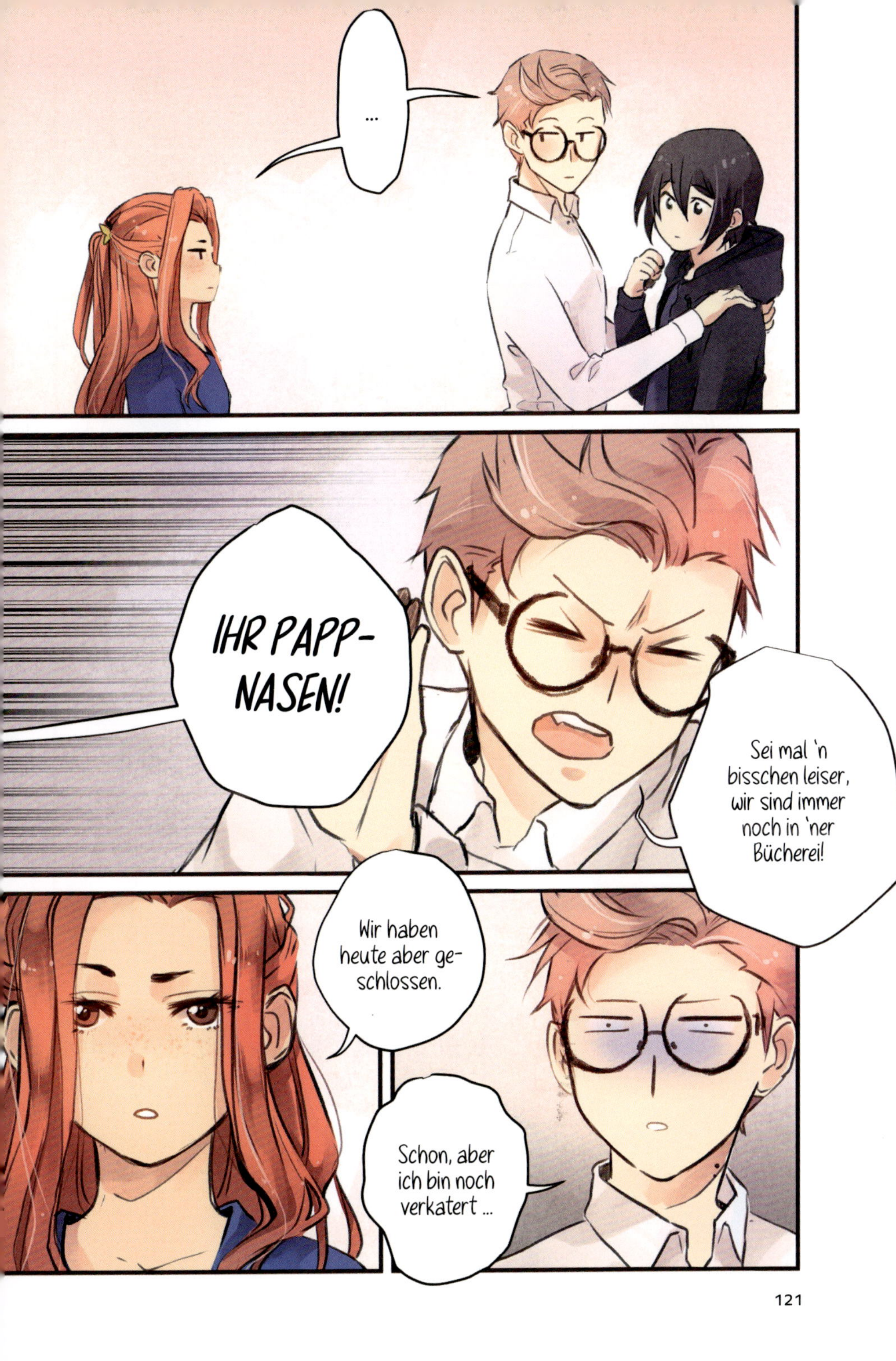
...
IHR PAPP-NASEN!
Sei mal 'n bisschen leiser, wir sind immer noch in 'ner Bücherei!
Wir haben heute aber geschlossen.
Schon, aber ich bin noch verkatert ...

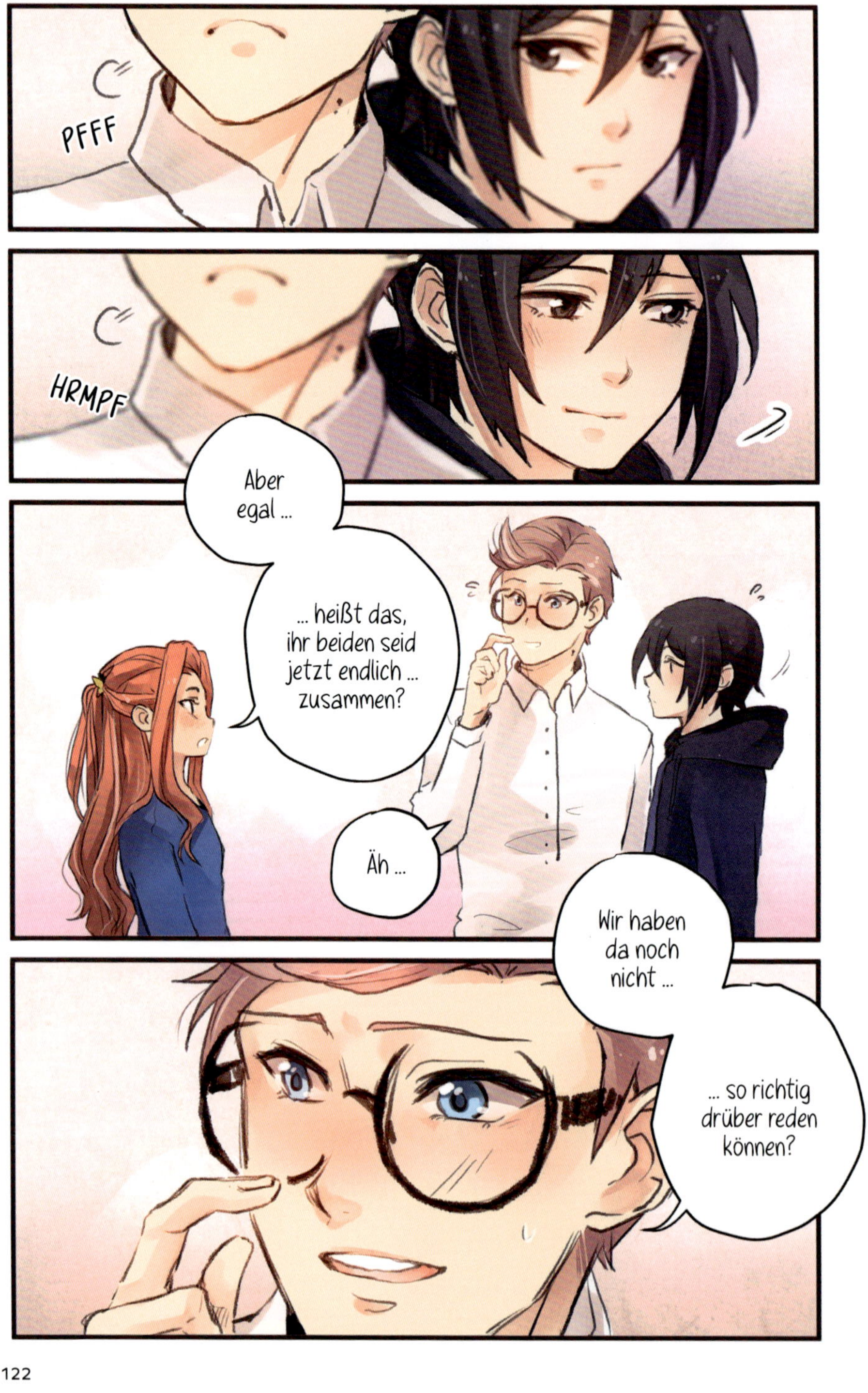
PFFF
HRMPF
Aber egal …
… heißt das, ihr beiden seid jetzt endlich … zusammen?
Äh …
Wir haben da noch nicht …
… so richtig drüber reden können?

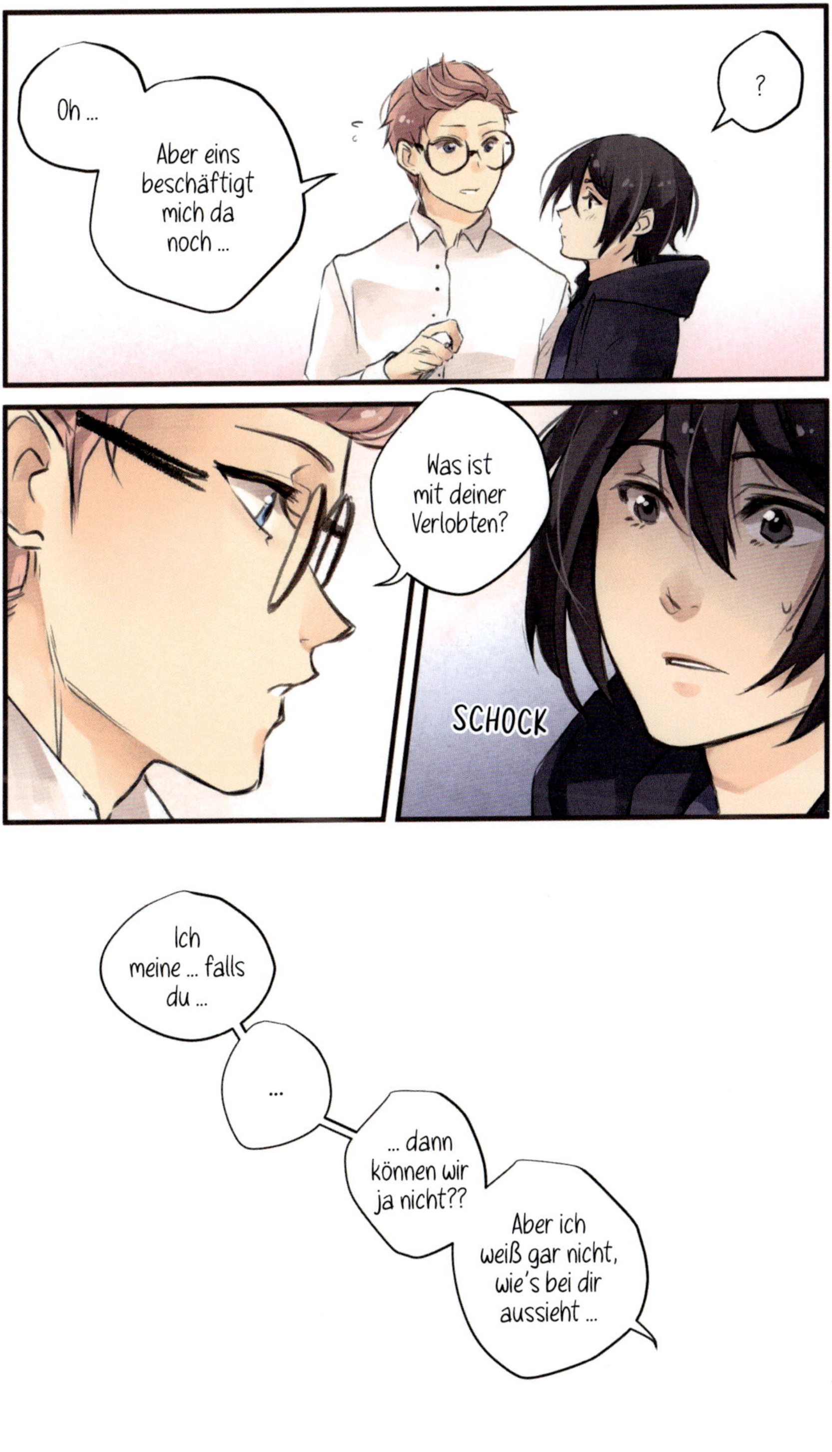
Oh ...
Aber eins beschäftigt mich da noch ...
?
Was ist mit deiner Verlobten?
SCHOCK
Ich meine ... falls du ...
...
... dann können wir ja nicht??
Aber ich weiß gar nicht, wie's bei dir aussieht ...

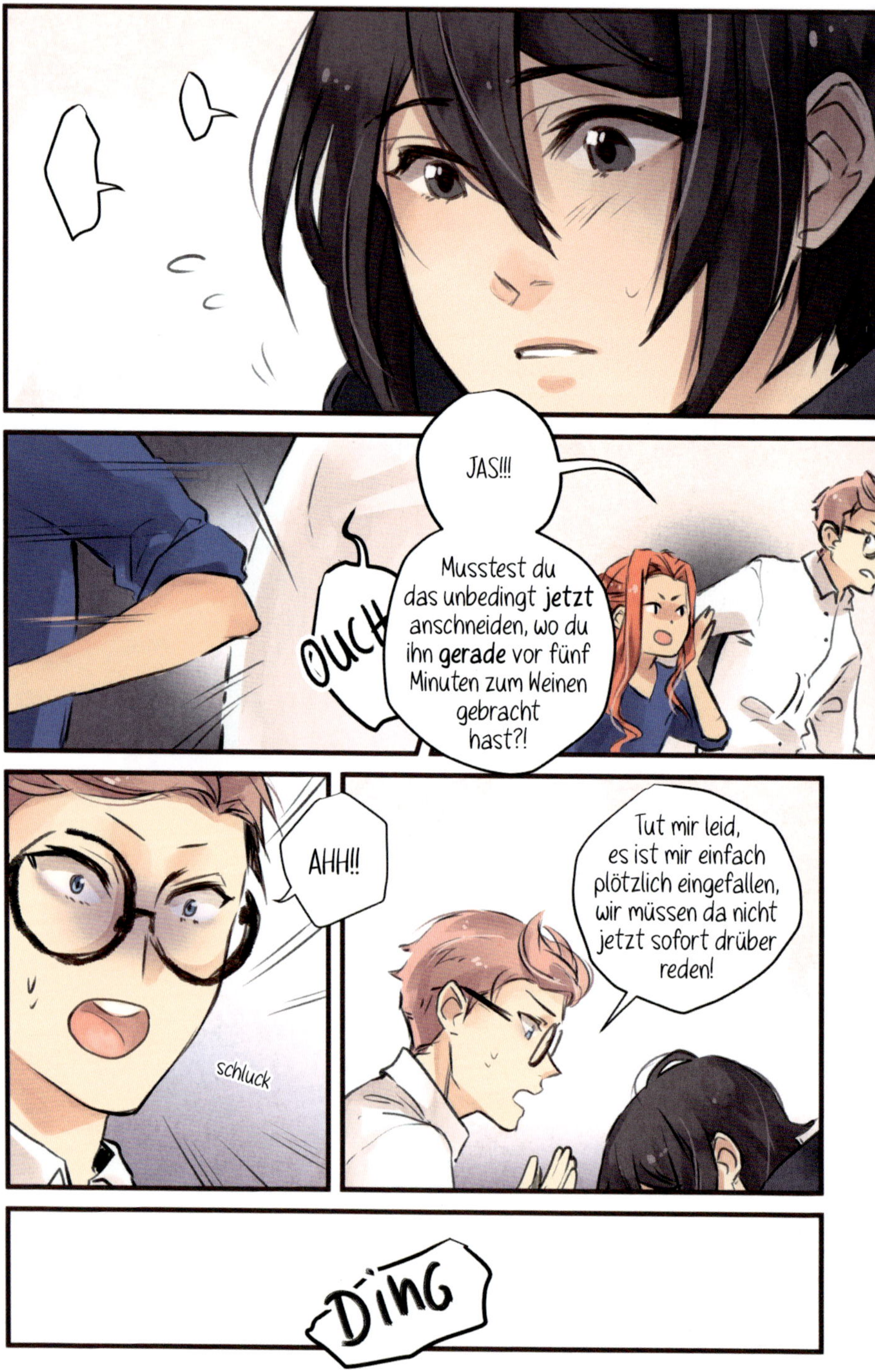
JAS!!!
Musstest du das unbedingt **jetzt** anschneiden, wo du ihn **gerade** vor fünf Minuten zum Weinen gebracht hast?!
OUCH
AHH!!
schluck
Tut mir leid, es ist mir einfach plötzlich eingefallen, wir müssen da nicht jetzt sofort drüber reden!
DING

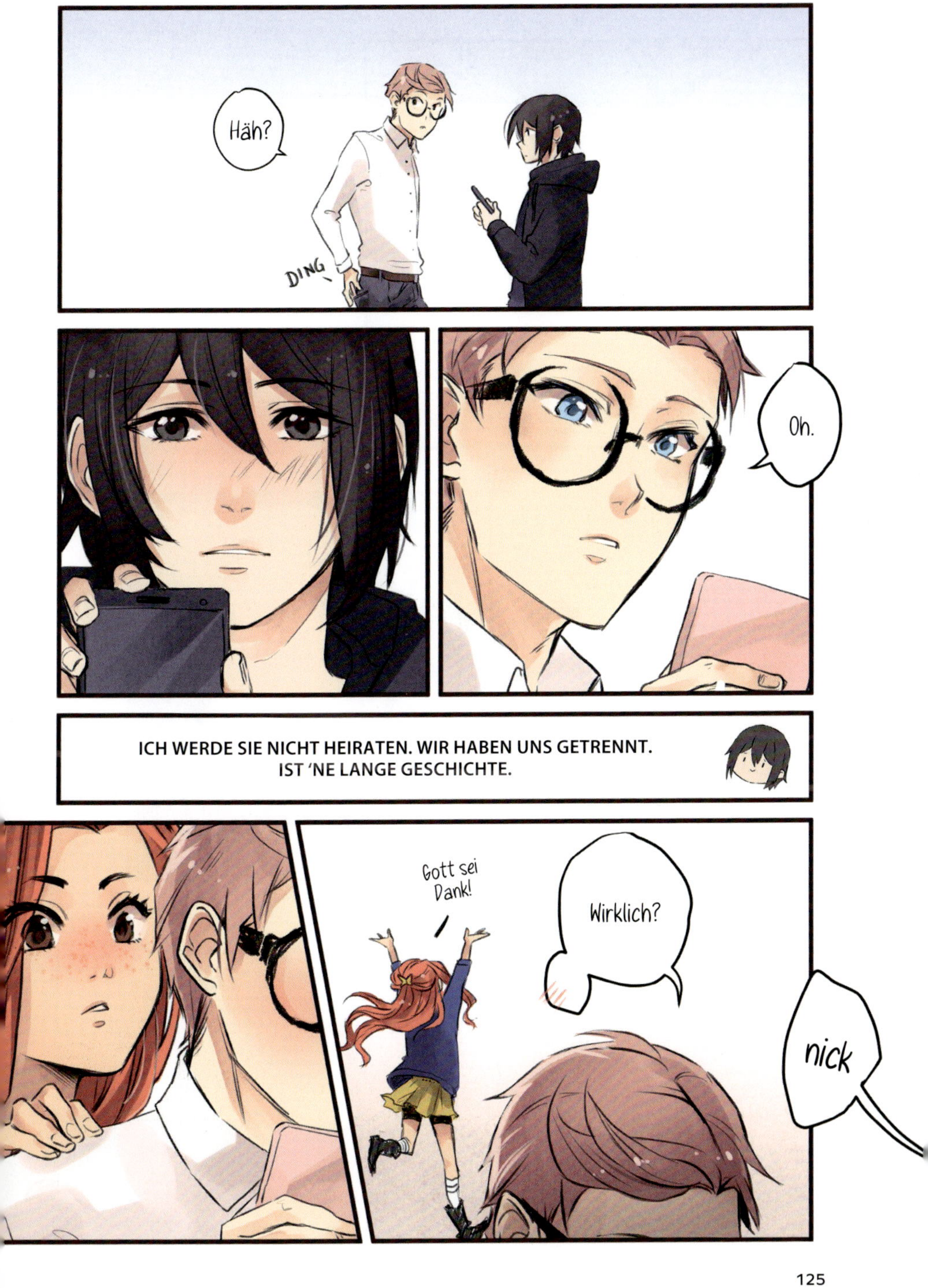
Häh?
DING
Oh.
ICH WERDE SIE NICHT HEIRATEN. WIR HABEN UNS GETRENNT.
IST 'NE LANGE GESCHICHTE.
Gott sei Dank!
Wirklich?
nick

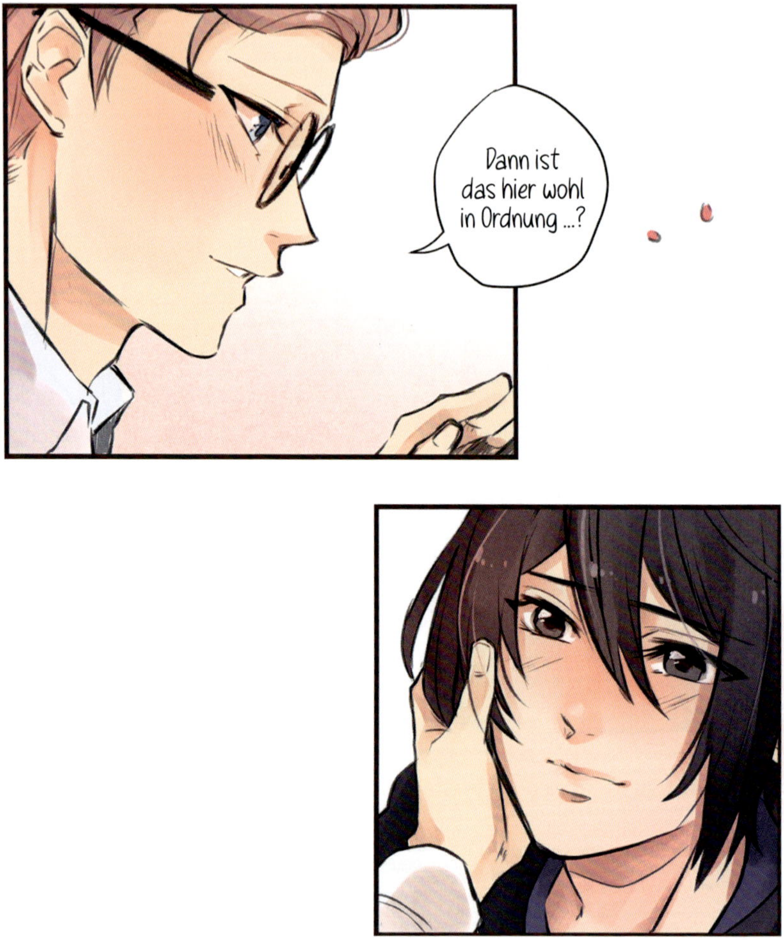
Dann ist das hier wohl in Ordnung ...?

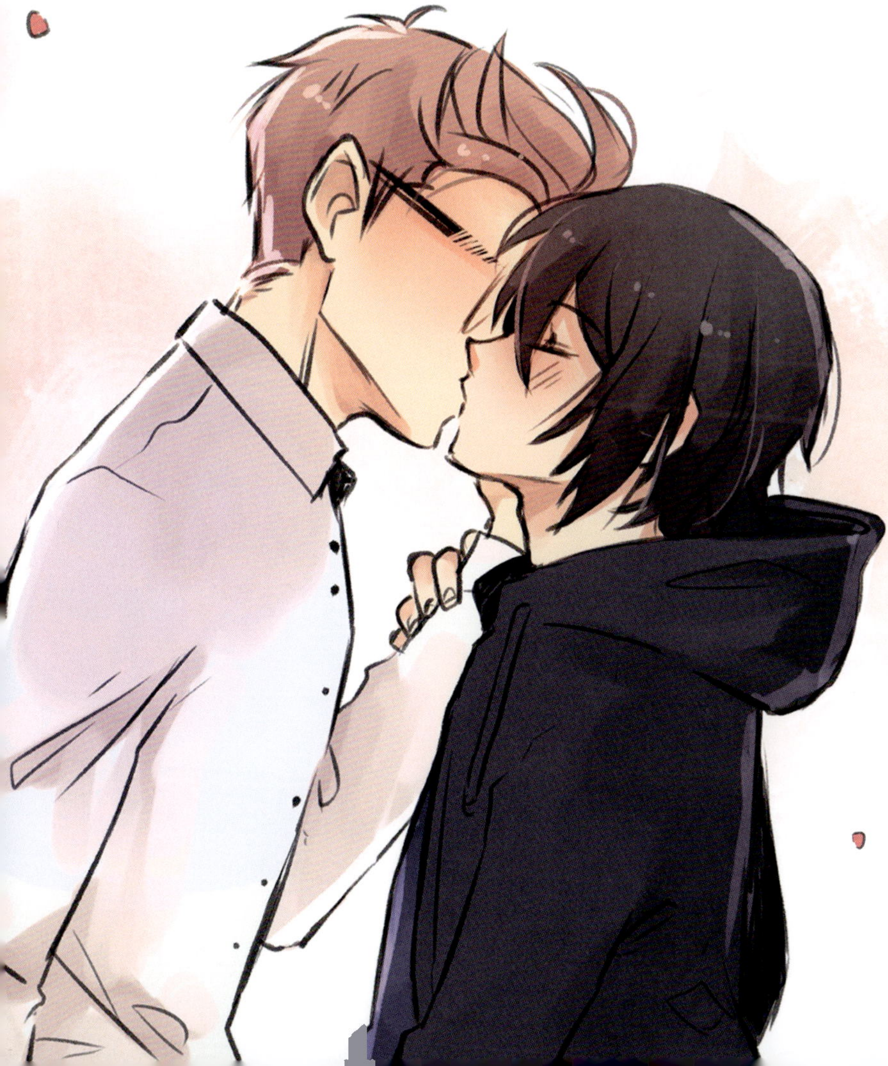

#MUTED

KAPITEL #04

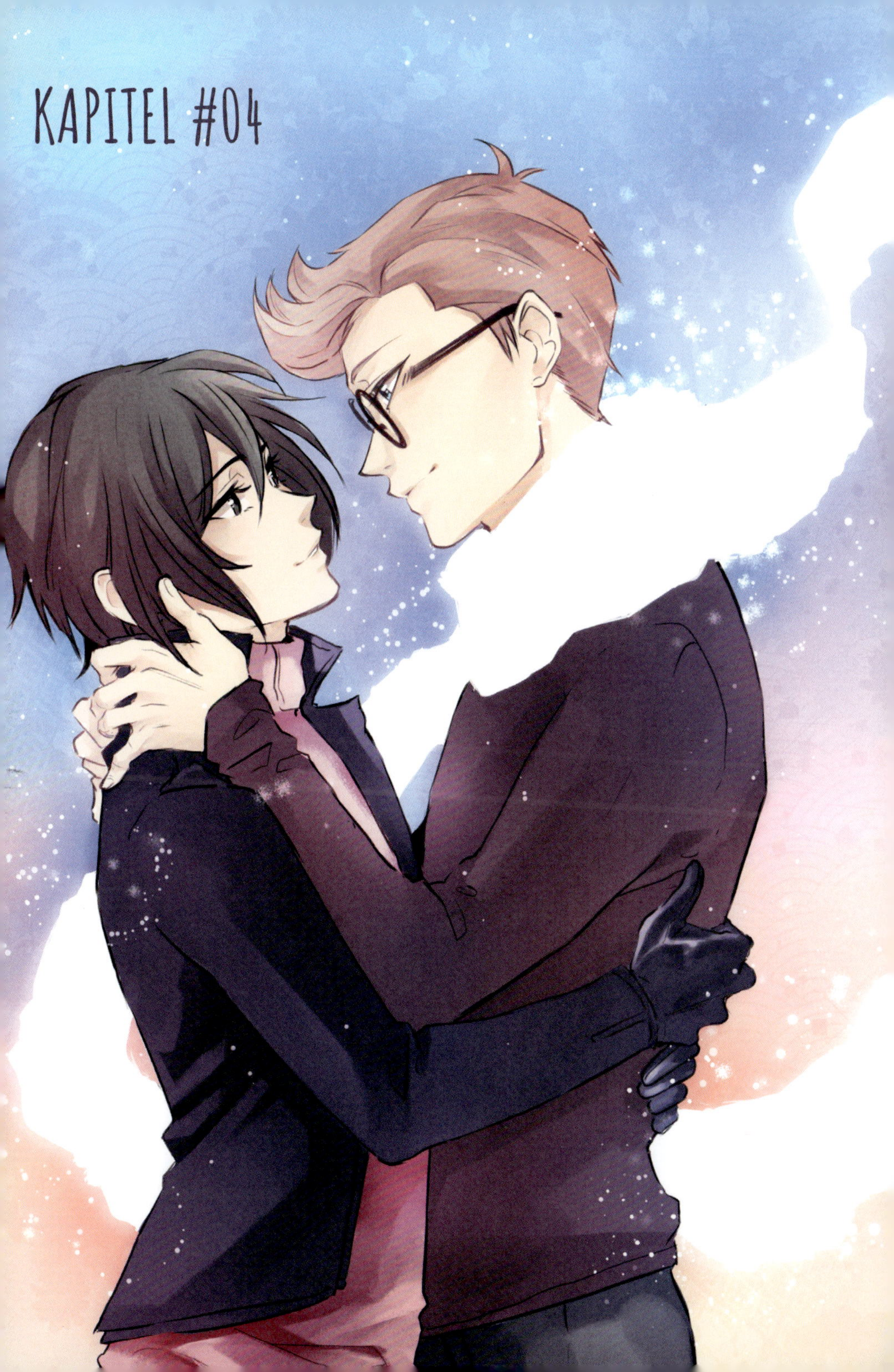

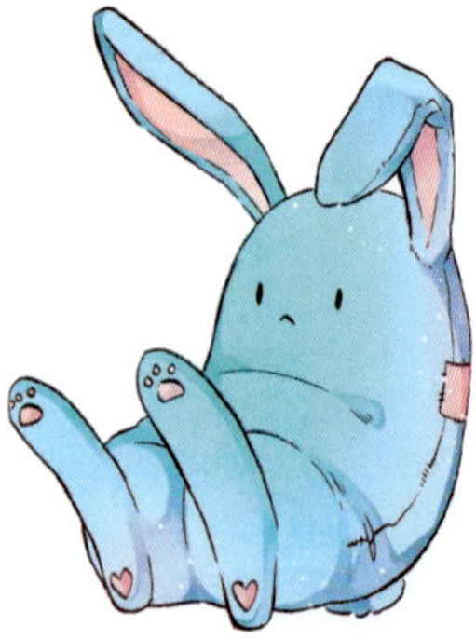

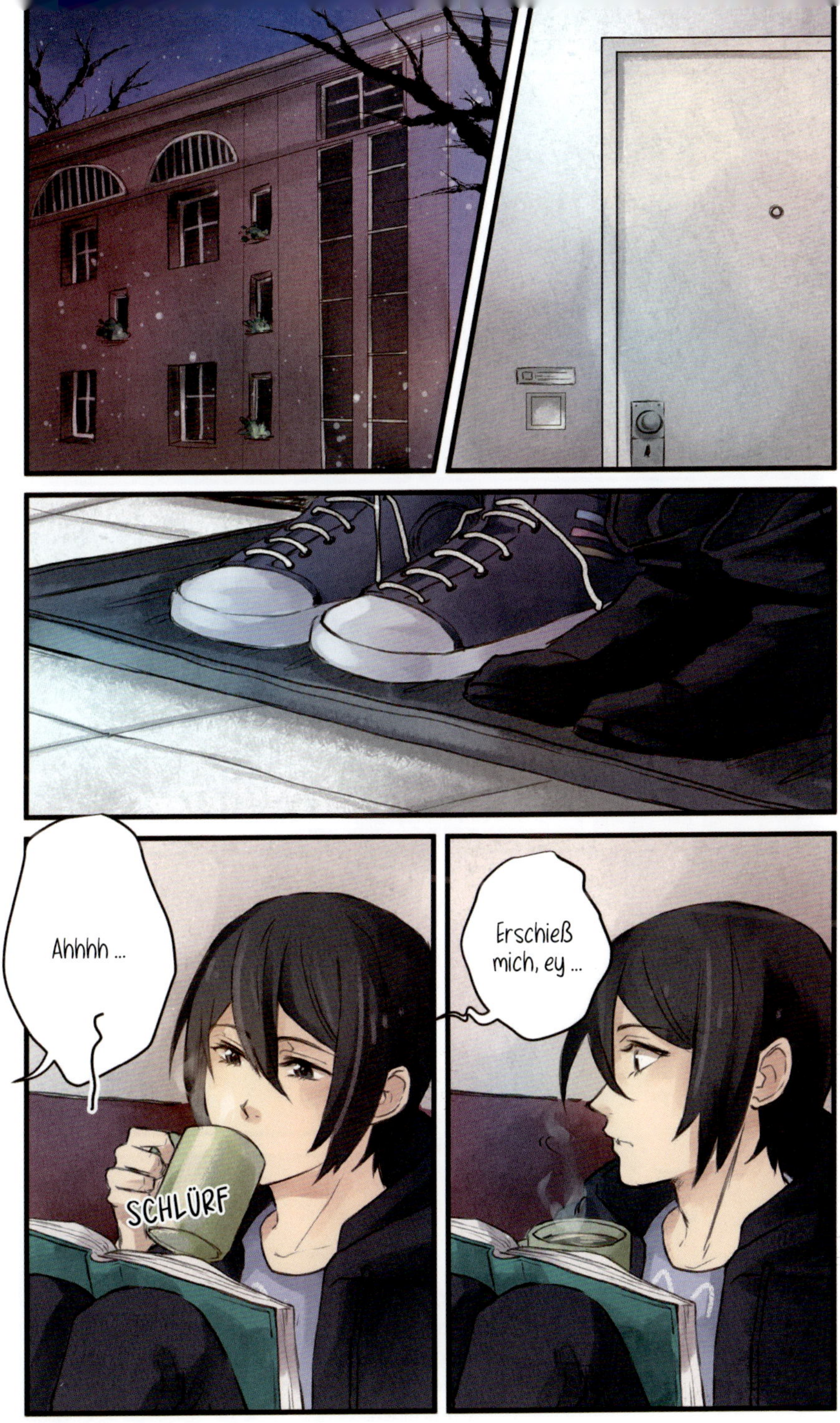
Ahhhh ...
SCHLÜRF
Erschieß mich, ey ...

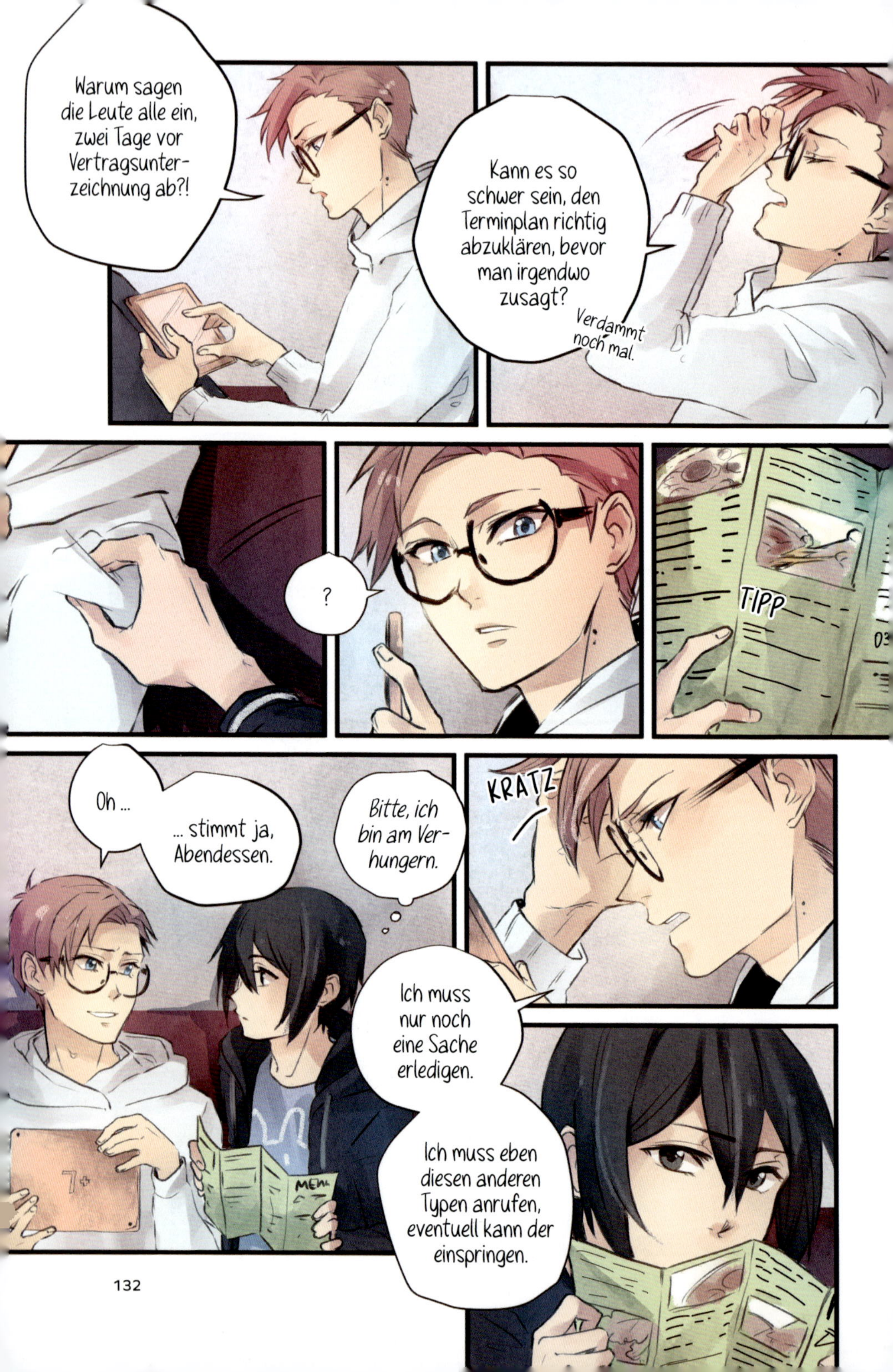

Warum sagen die Leute alle ein, zwei Tage vor Vertragsunter-zeichnung ab?!
Kann es so schwer sein, den Terminplan richtig abzuklären, bevor man irgendwo zusagt?
Verdammt noch mal.
?
TIPP
Oh ...
... stimmt ja, Abendessen.
Bitte, ich bin am Ver-hungern.
KRATZ
Ich muss nur noch eine Sache erledigen.
Ich muss eben diesen anderen Typen anrufen, eventuell kann der einspringen.

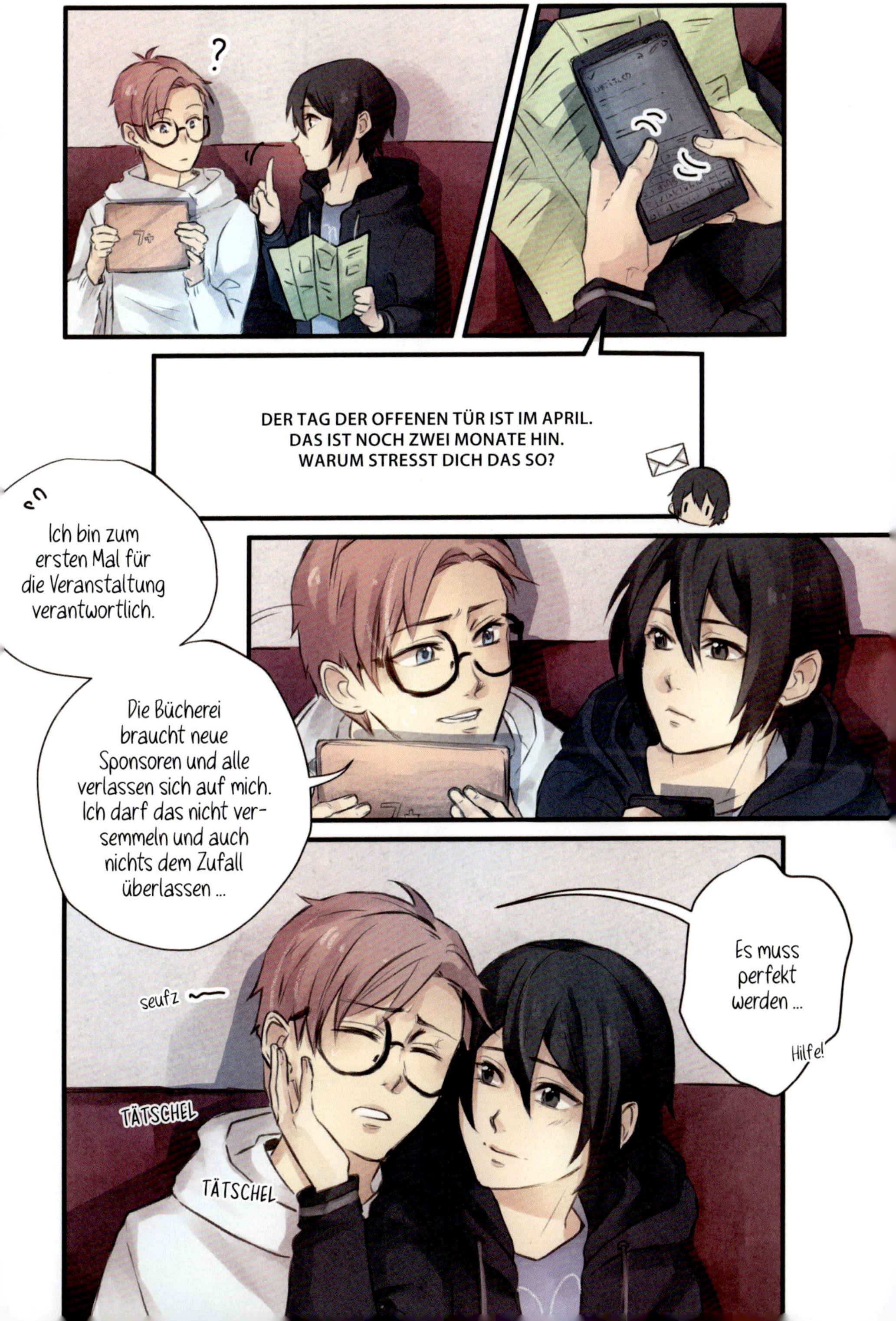
?
DER TAG DER OFFENEN TÜR IST IM APRIL.
DAS IST NOCH ZWEI MONATE HIN.
WARUM STRESST DICH DAS SO?
Ich bin zum ersten Mal für die Veranstaltung verantwortlich.
Die Bücherei braucht neue Sponsoren und alle verlassen sich auf mich. Ich darf das nicht ver- semmeln und auch nichts dem Zufall überlassen ...
Es muss perfekt werden ...
Hilfe!
seufz
TÄTSCHEL
TÄTSCHEL

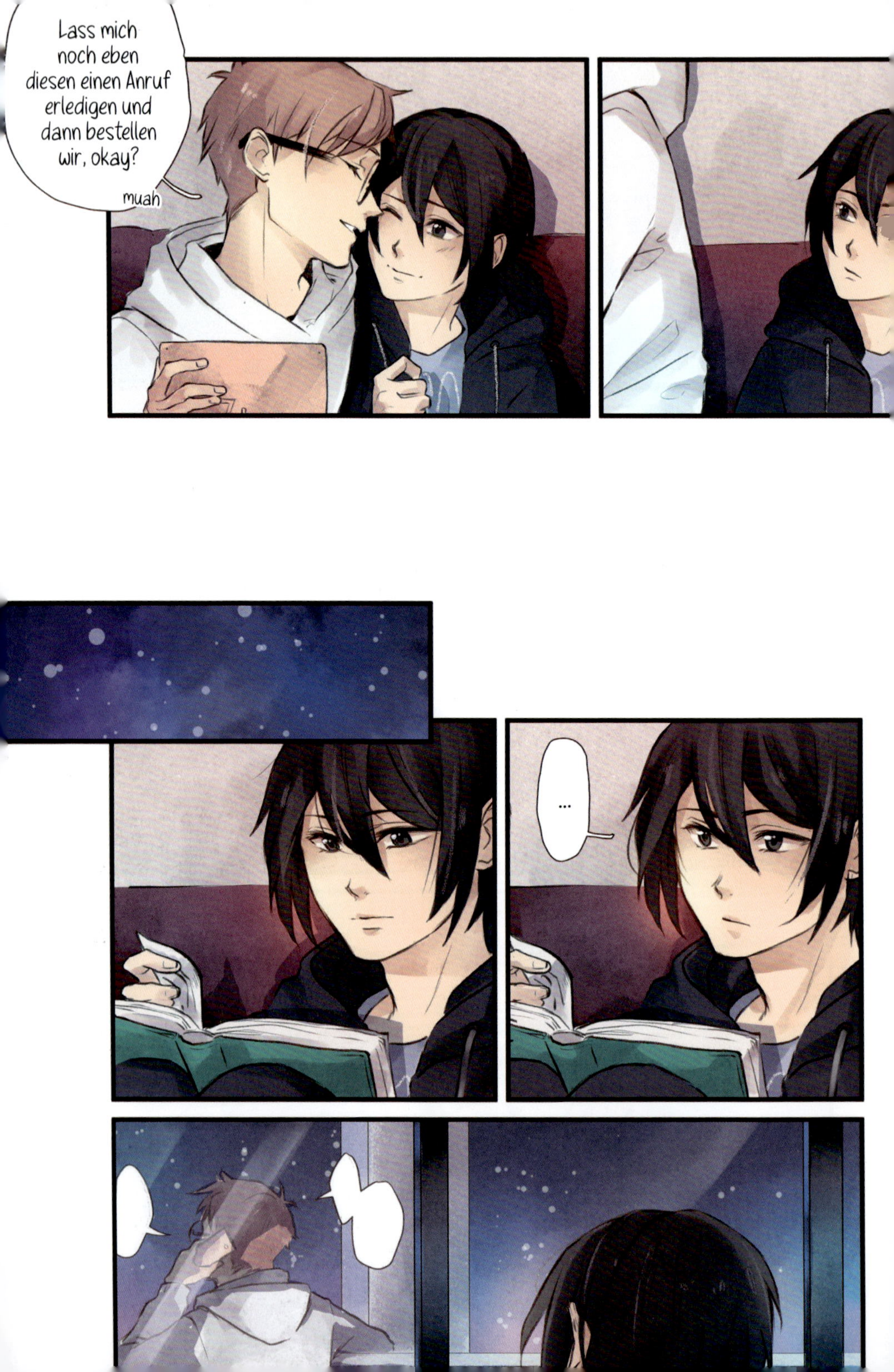
Lass mich noch eben diesen einen Anruf erledigen und dann bestellen wir, okay?
muah
...

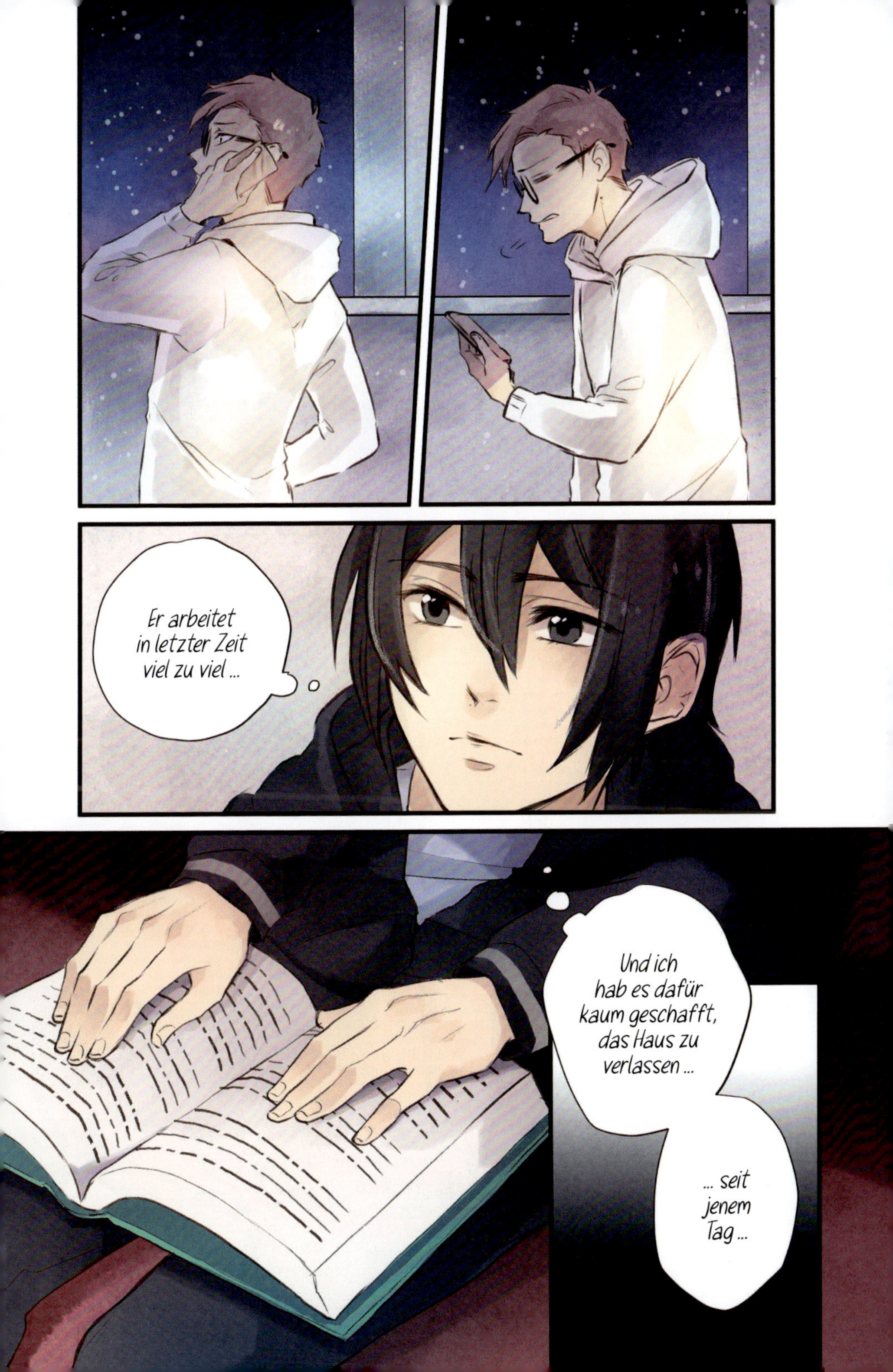
Er arbeitet in letzter Zeit viel zu viel ...
Und ich hab es dafür kaum geschafft, das Haus zu verlassen ...
... seit jenem Tag ...

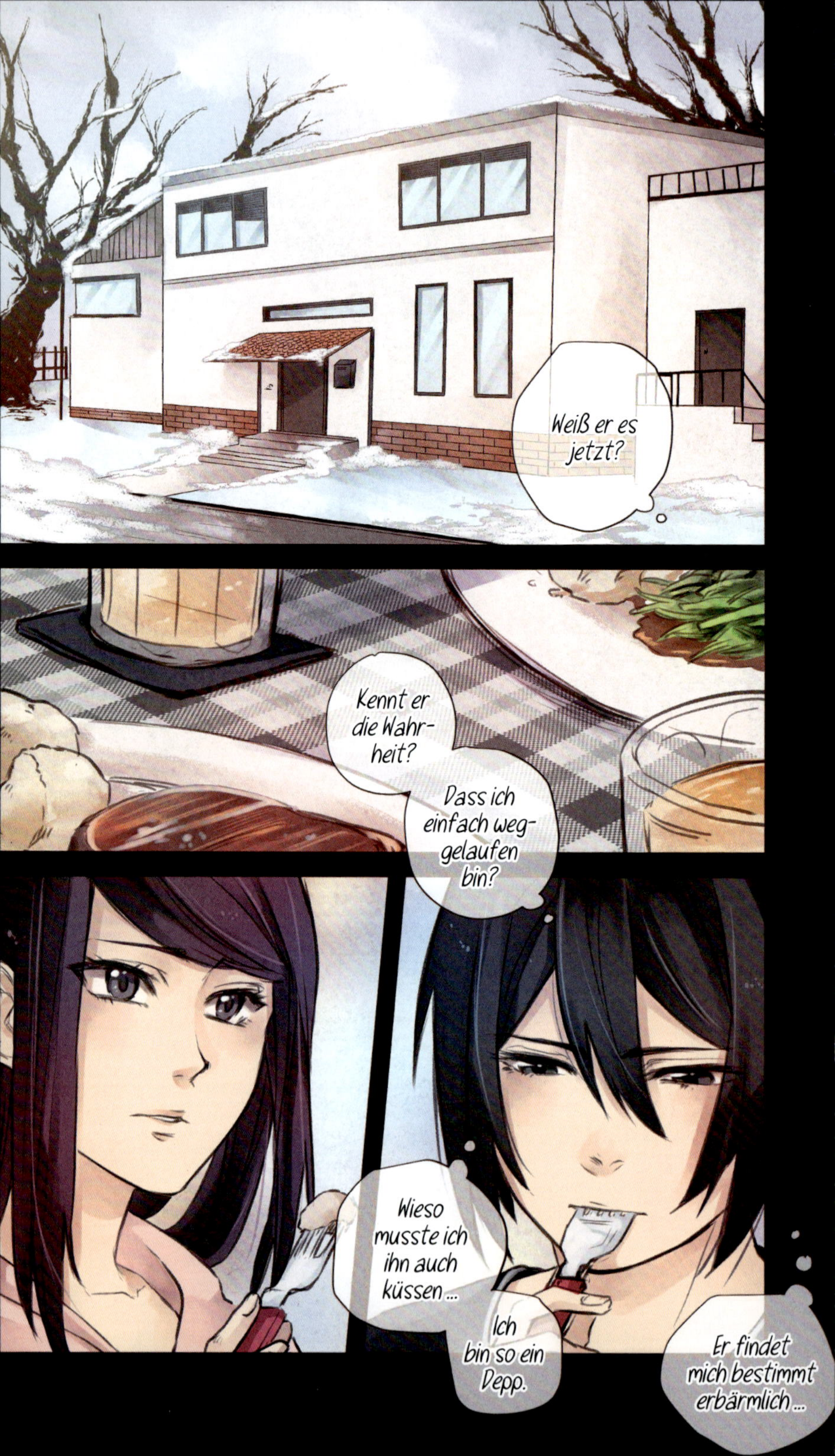
Weiß er es jetzt?
Kennt er die Wahrheit?
Dass ich einfach weggelaufen bin?
Wieso musste ich ihn auch küssen ...
Ich bin so ein Depp.
Er findet mich bestimmt erbärmlich ...

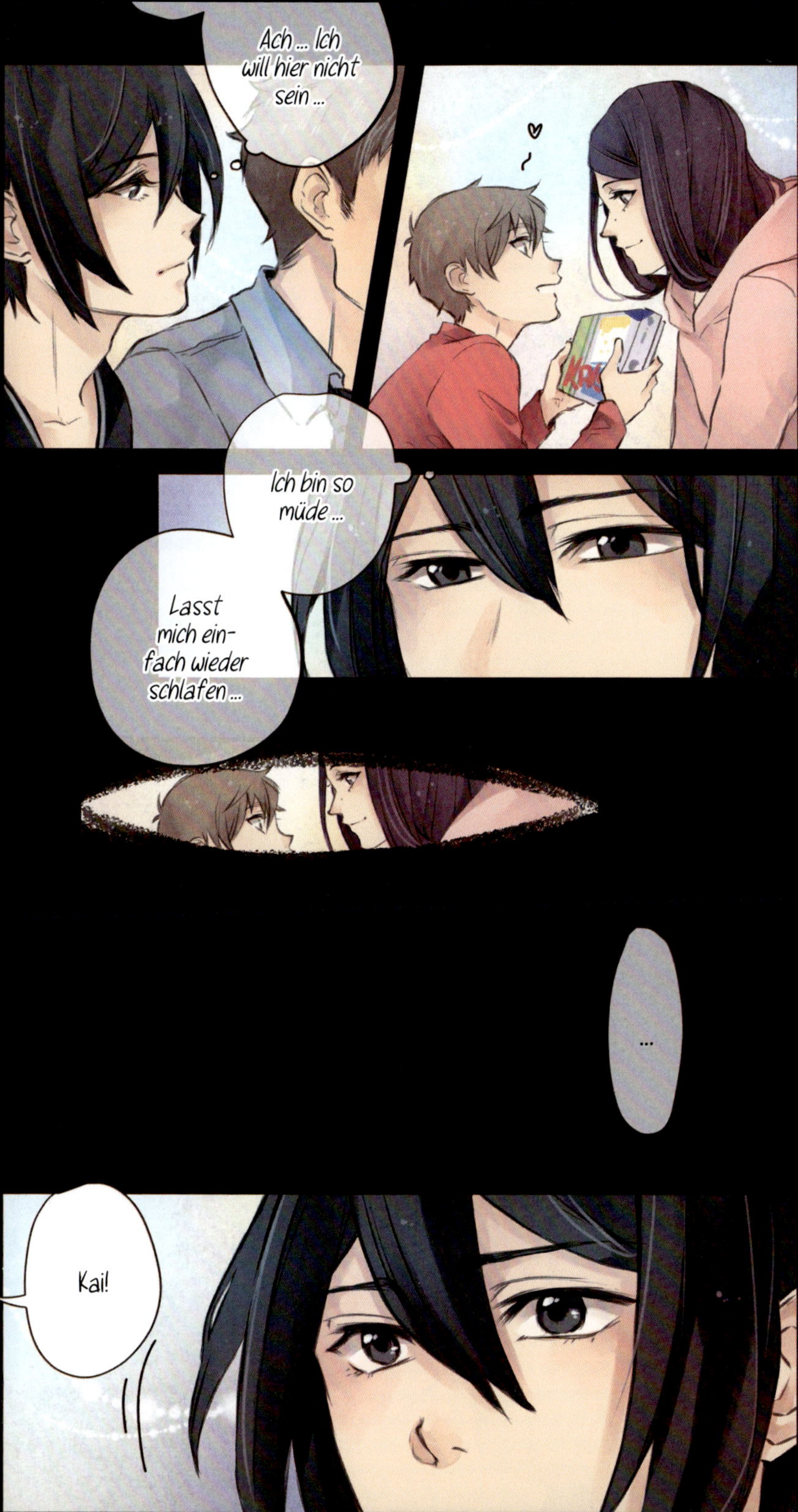
Ach ... Ich will hier nicht sein ...
Ich bin so müde ...
Lasst mich ein-fach wieder schlafen ...
...
Kai!

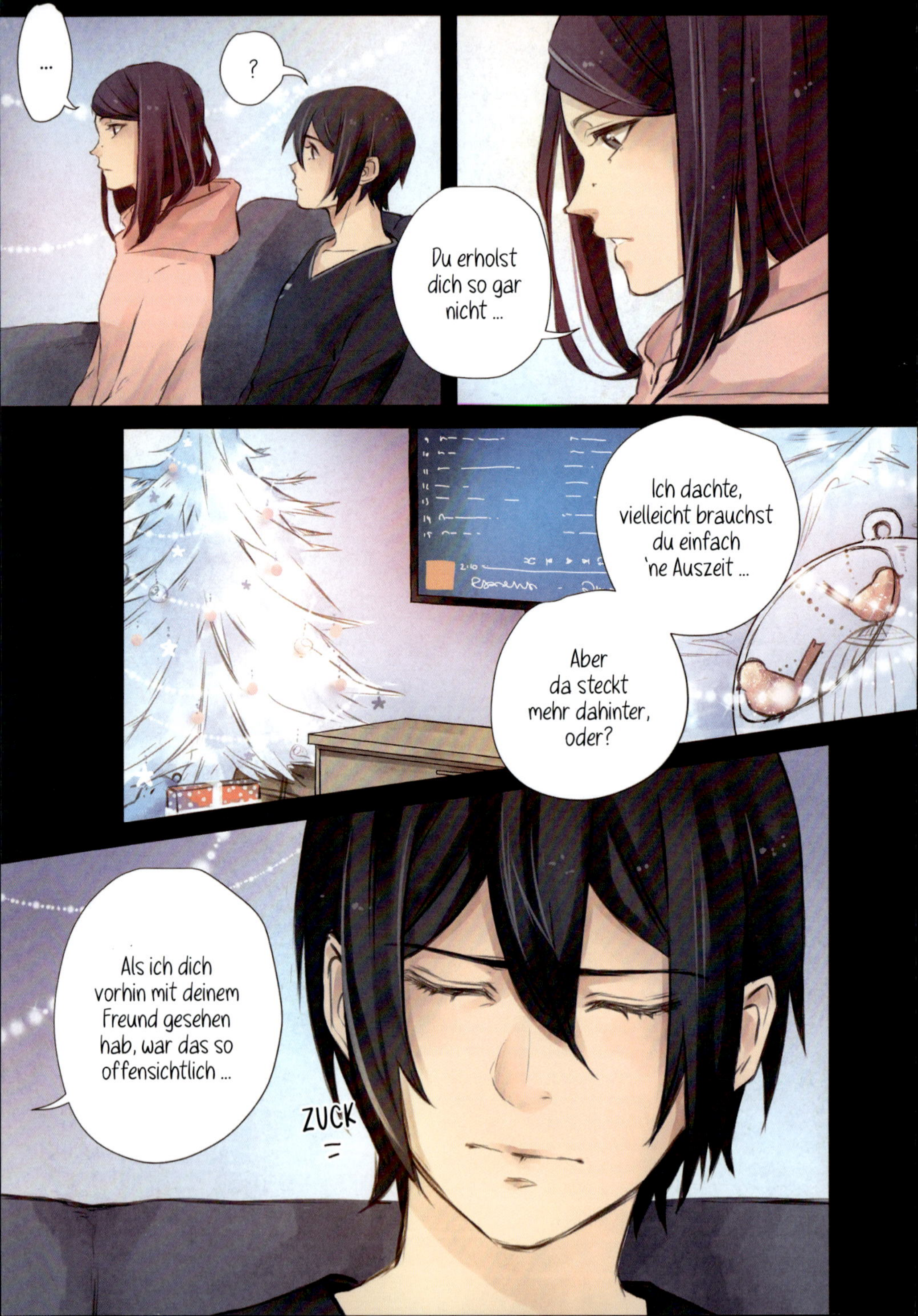
...
?
Du erholst dich so gar nicht ...
Ich dachte, vielleicht brauchst du einfach 'ne Auszeit ...
Aber da steckt mehr dahinter, oder?
Als ich dich vorhin mit deinem Freund gesehen hab, war das so offensichtlich ...
ZUCK

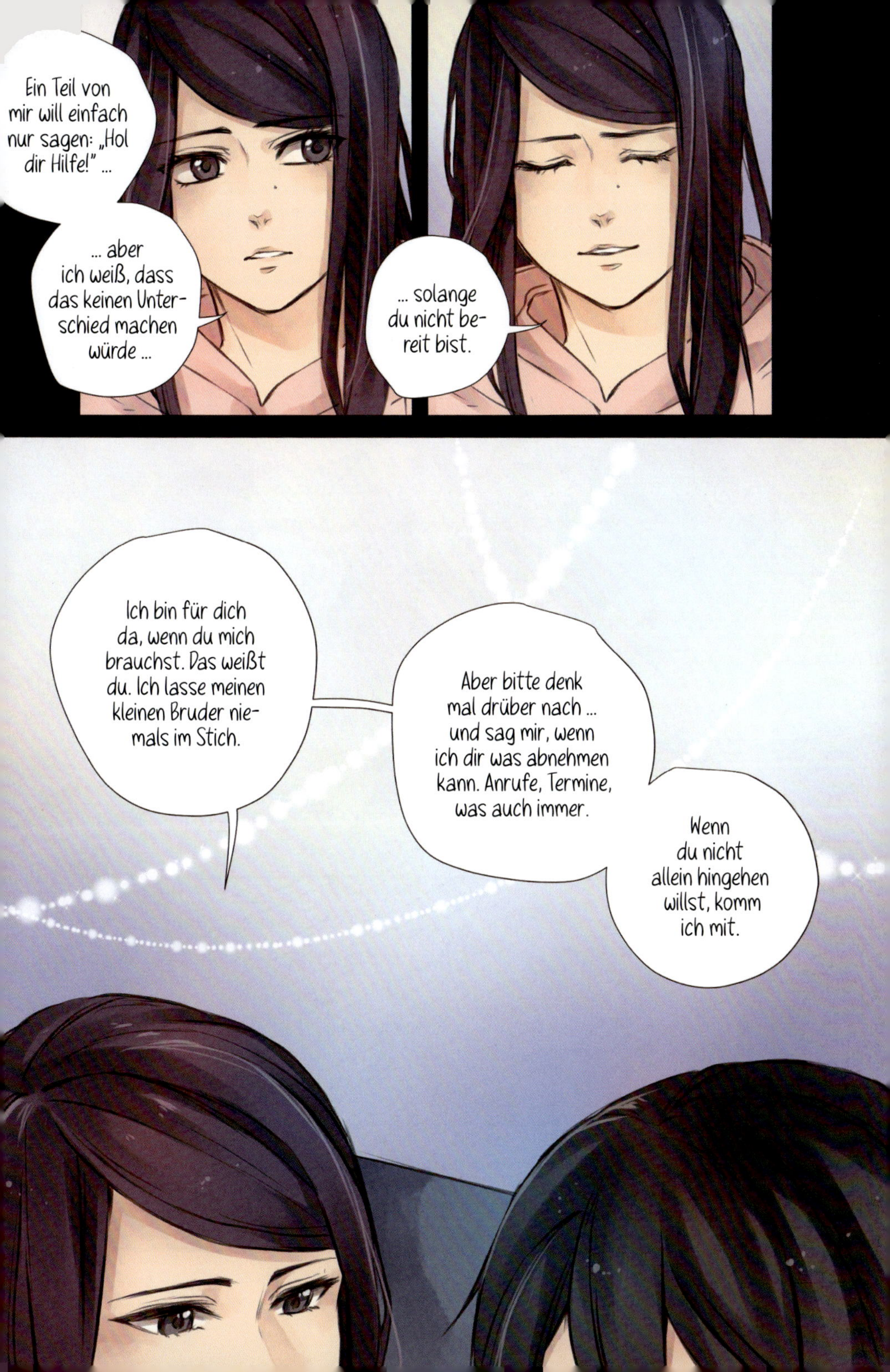

Ein Teil von mir will einfach nur sagen: „Hol dir Hilfe!" ...
... aber ich weiß, dass das keinen Unterschied machen würde ...
... solange du nicht bereit bist.
Ich bin für dich da, wenn du mich brauchst. Das weißt du. Ich lasse meinen kleinen Bruder niemals im Stich.
Aber bitte denk mal drüber nach ... und sag mir, wenn ich dir was abnehmen kann. Anrufe, Termine, was auch immer.
Wenn du nicht allein hingehen willst, komm ich mit.

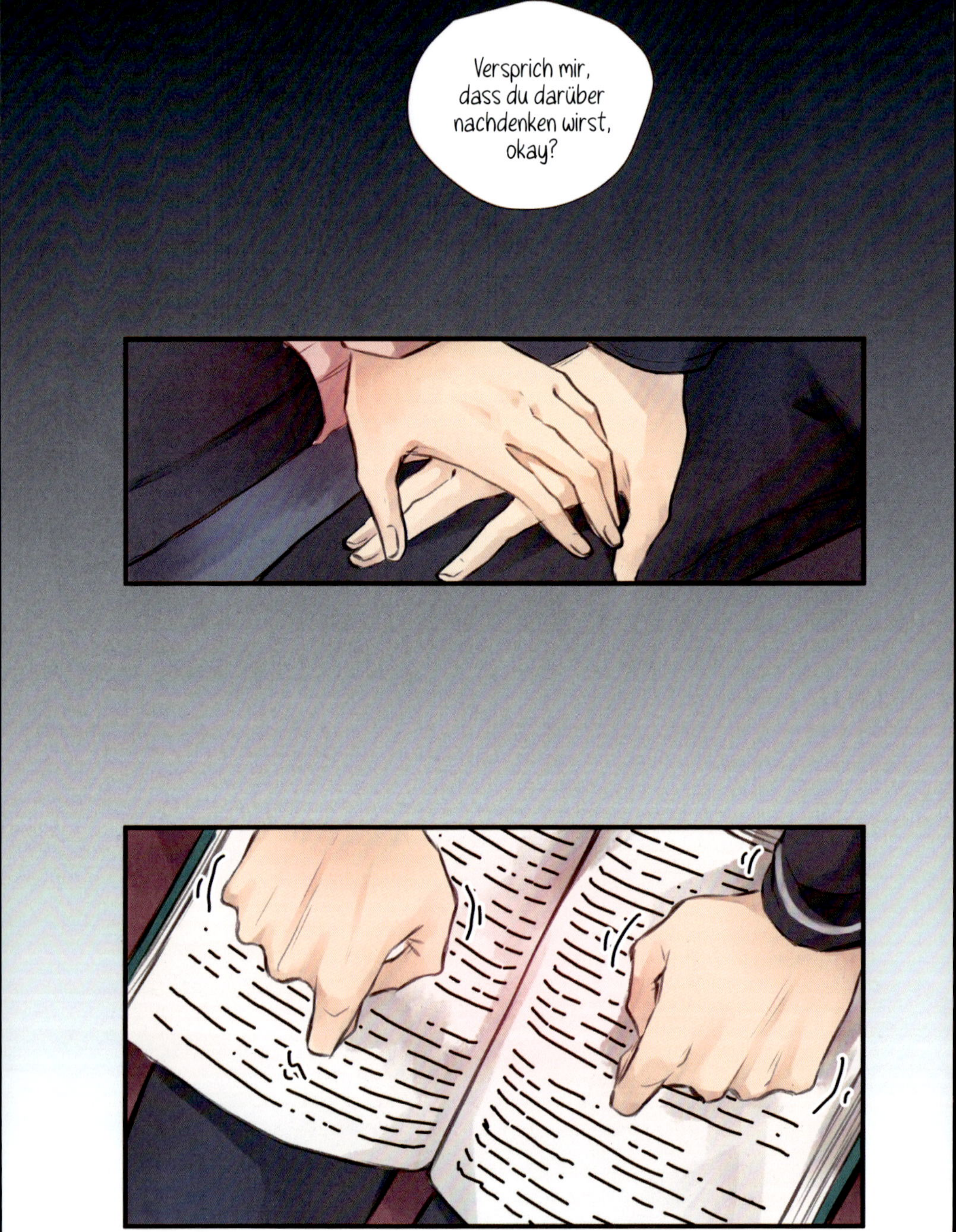
Versprich mir,
dass du darüber
nachdenken wirst,
okay?

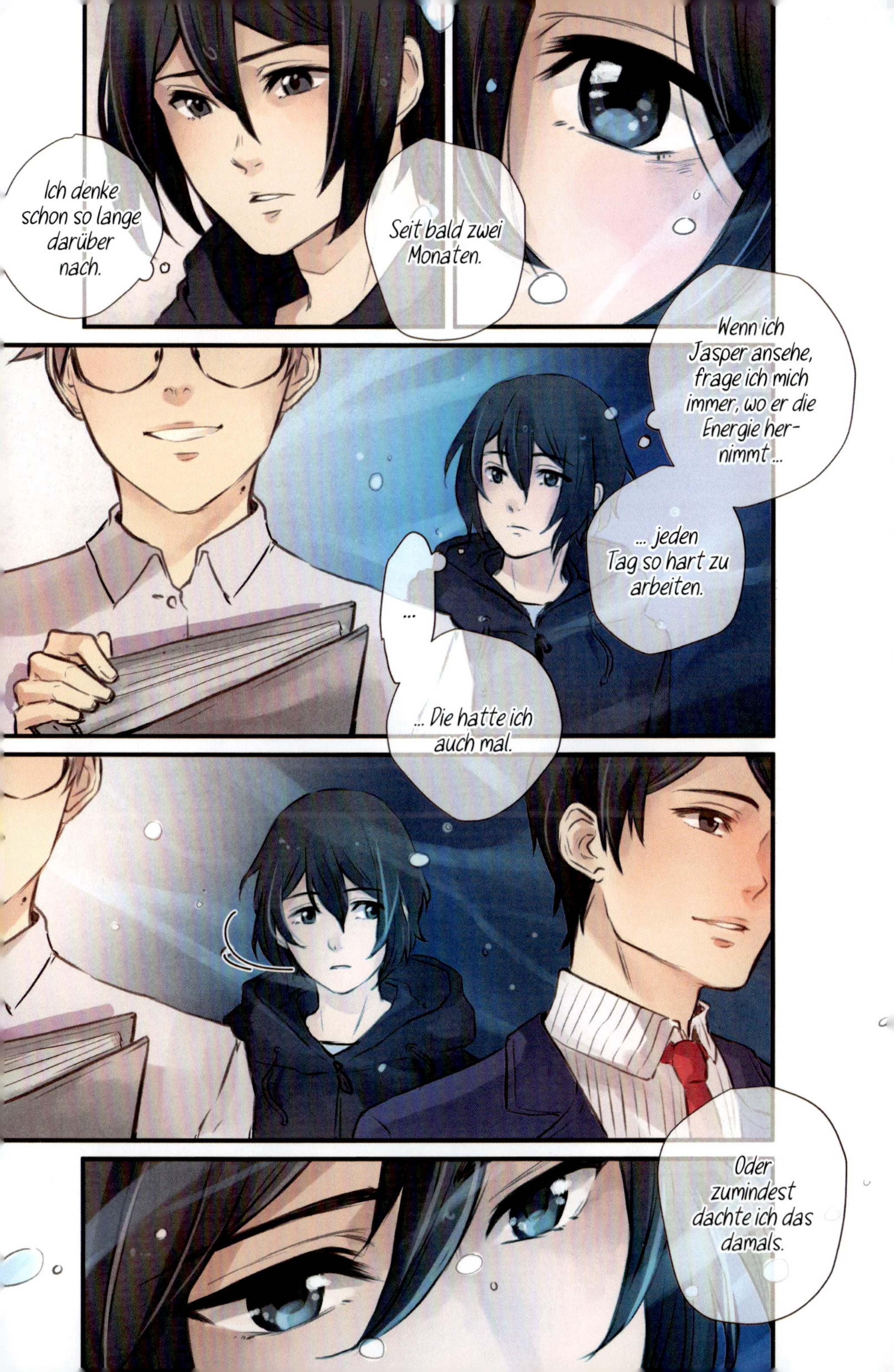
Ich denke schon so lange darüber nach.
Seit bald zwei Monaten.
Wenn ich Jasper ansehe, frage ich mich immer, wo er die Energie hernimmt ...
... jeden Tag so hart zu arbeiten.
...
... Die hatte ich auch mal.
Oder zumindest dachte ich das damals.

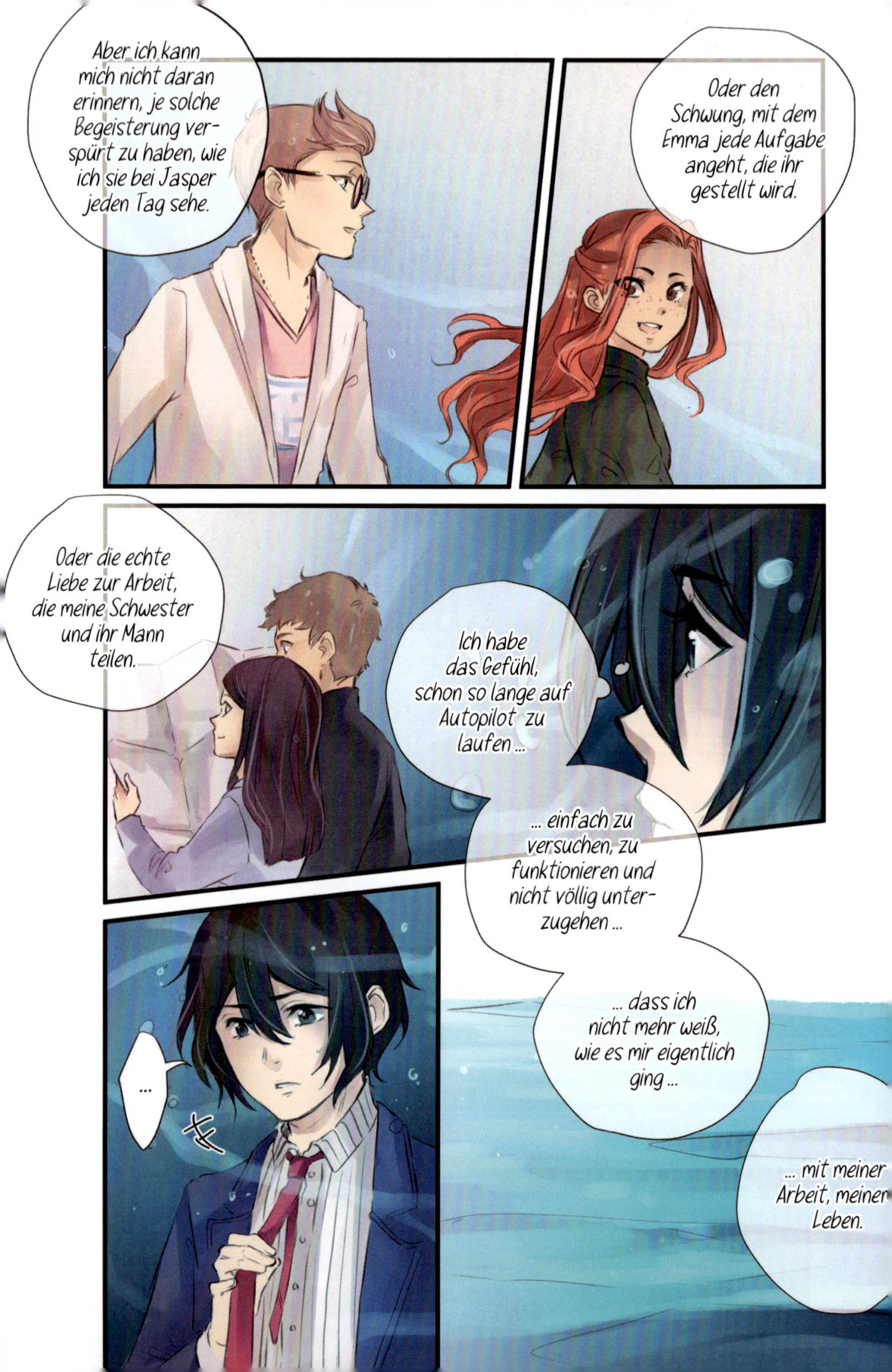

Aber ich kann mich nicht daran erinnern, je solche Begeisterung verspürt zu haben, wie ich sie bei Jasper jeden Tag sehe.
Oder den Schwung, mit dem Emma jede Aufgabe angeht, die ihr gestellt wird.
Oder die echte Liebe zur Arbeit, die meine Schwester und ihr Mann teilen.
Ich habe das Gefühl, schon so lange auf Autopilot zu laufen ...
... einfach zu versuchen, zu funktionieren und nicht völlig unter-zugehen ...
... dass ich nicht mehr weiß, wie es mir eigentlich ging ...
...
... mit meiner Arbeit, meinem Leben.

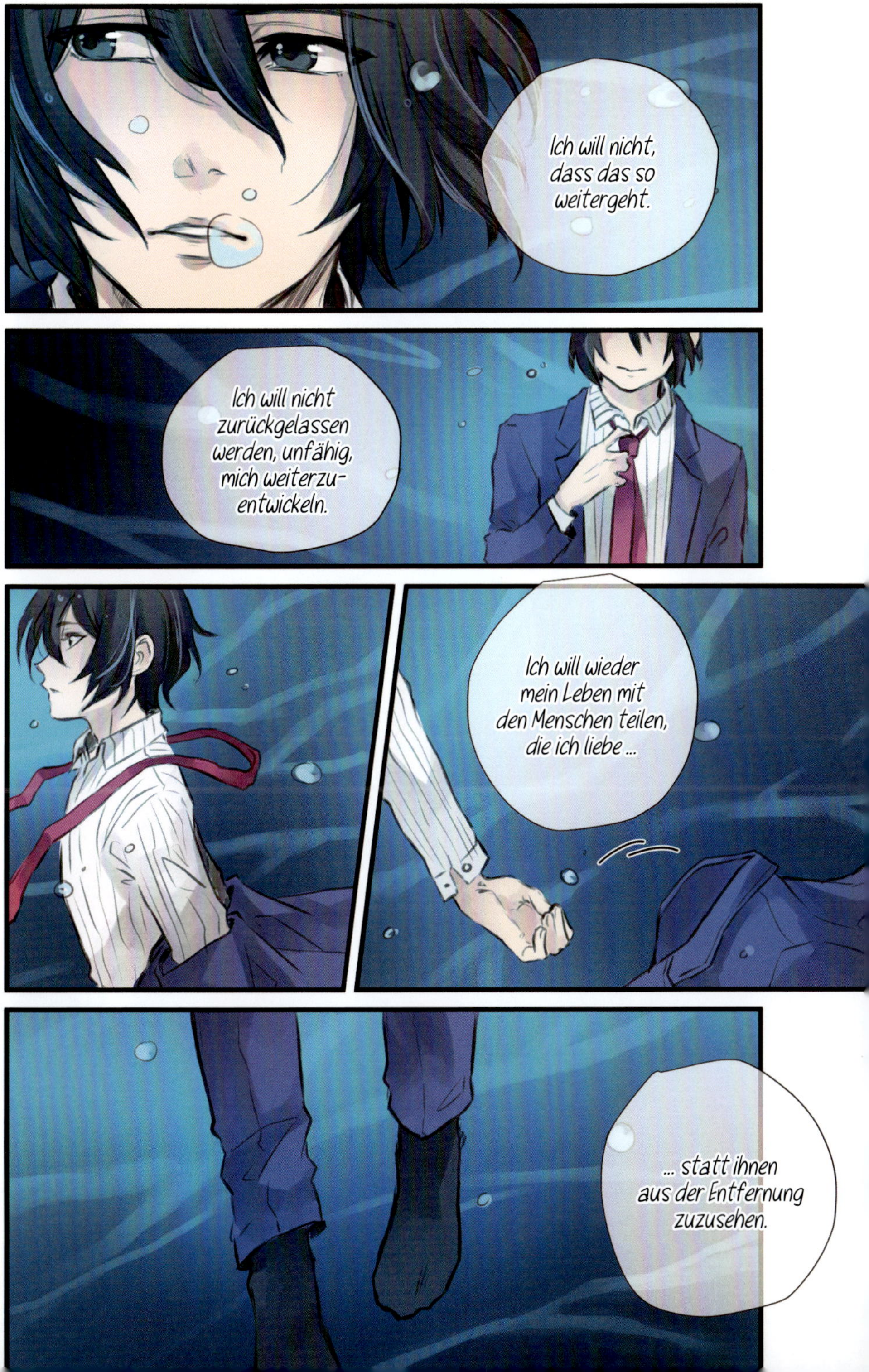

Ich will nicht, dass das so weitergeht.
Ich will nicht zurückgelassen werden, unfähig, mich weiterzu-entwickeln.
Ich will wieder mein Leben mit den Menschen teilen, die ich liebe ...
... statt ihnen aus der Entfernung zuzusehen.

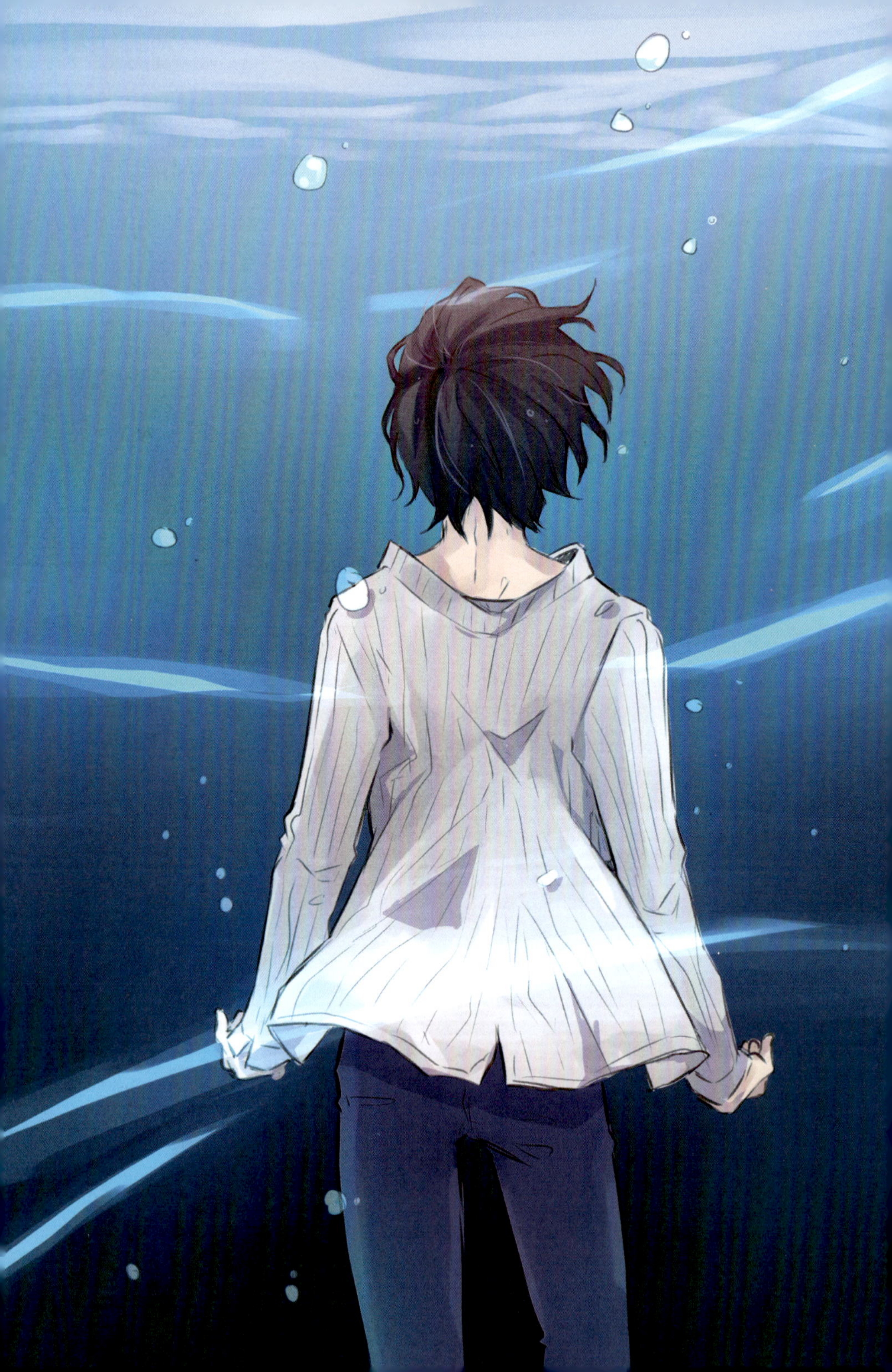

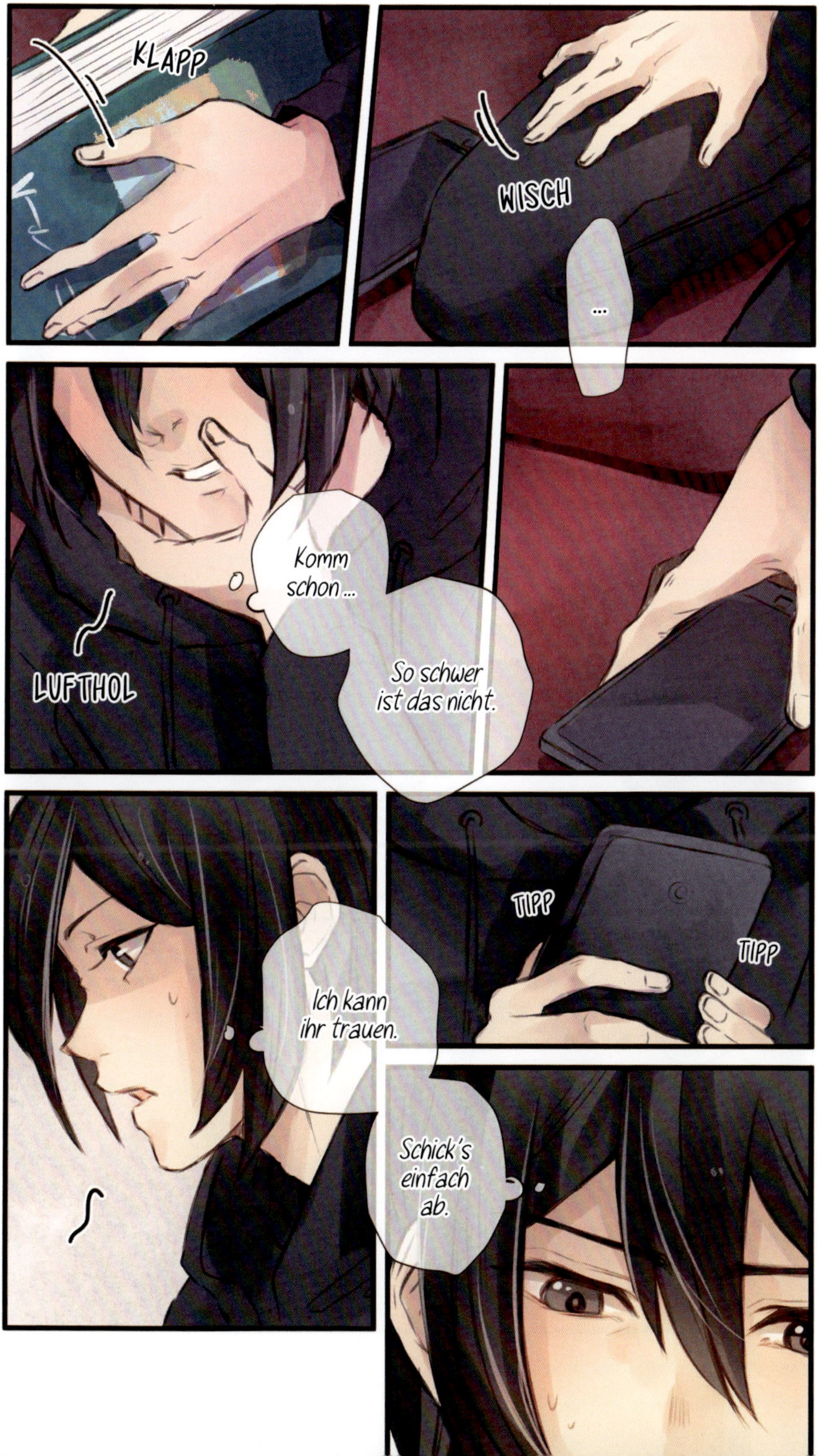
KLAPP
WISCH
...
LUFTHOL
Komm schon ...
So schwer ist das nicht.
TIPP
TIPP
Ich kann ihr trauen.
Schick's einfach ab.

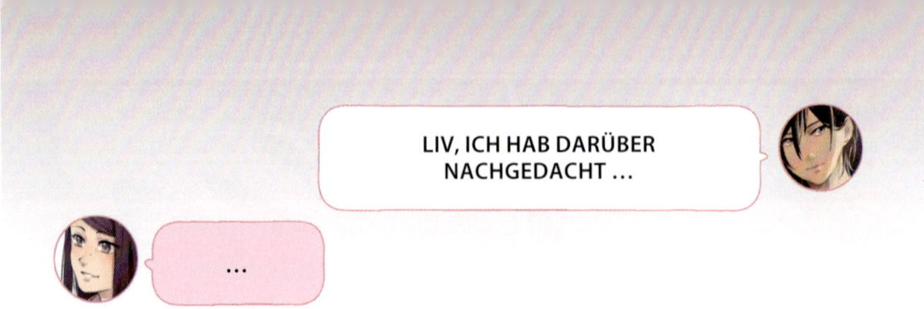
LIV, ICH HAB DARÜBER NACHGEDACHT …
…

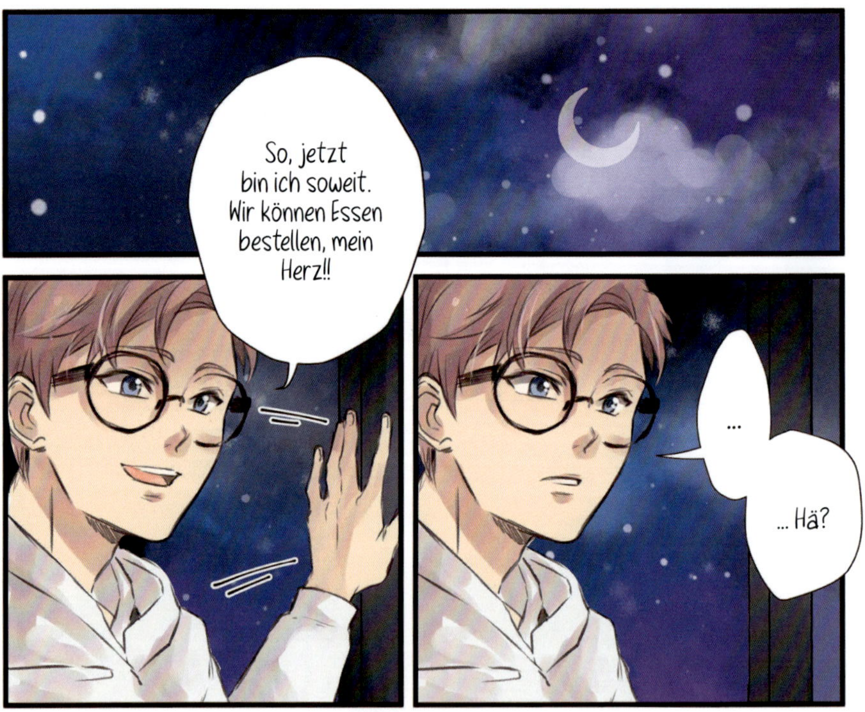
So, jetzt bin ich soweit. Wir können Essen bestellen, mein Herz!!
…
… Hä?

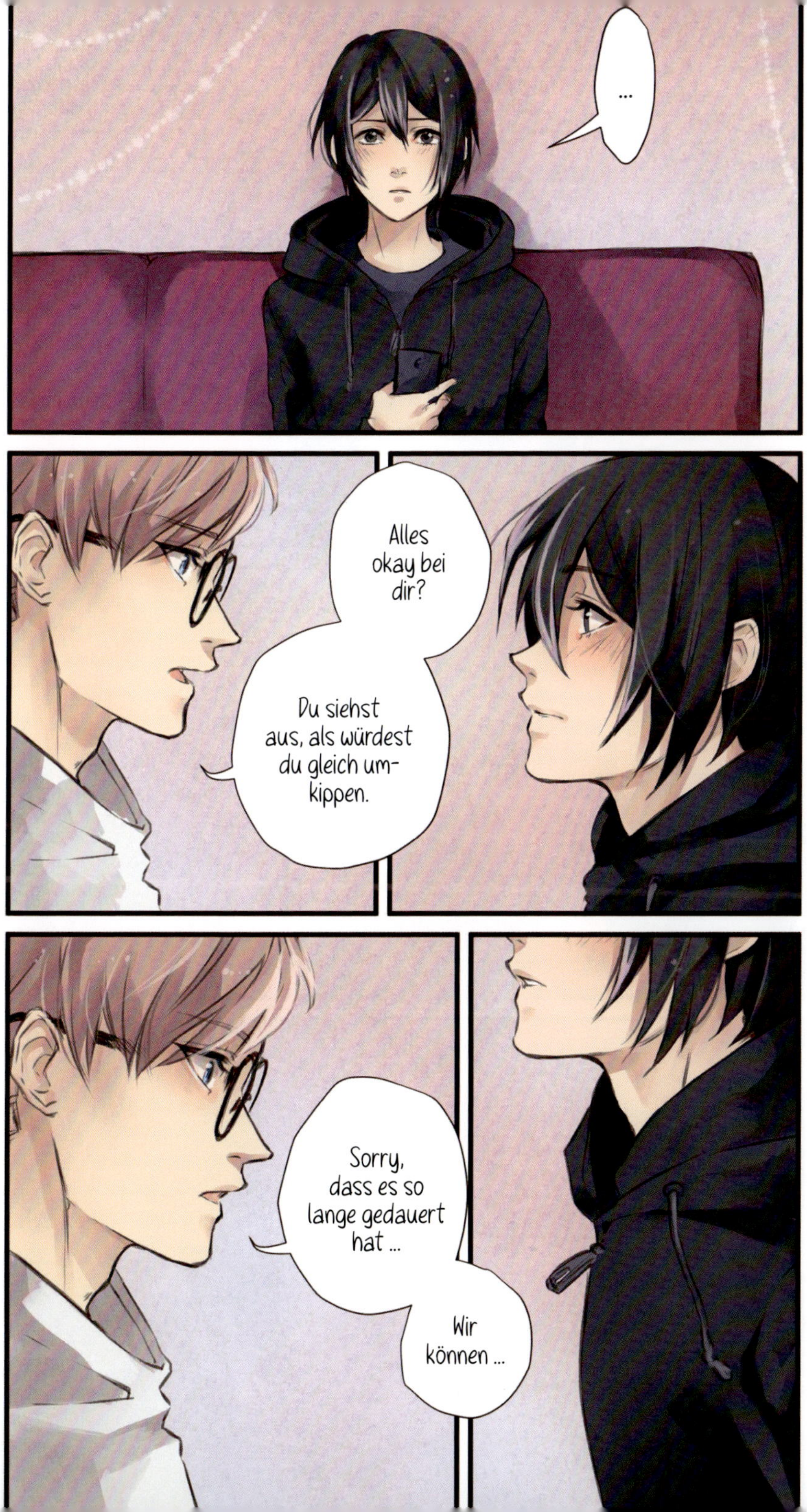
…
Alles okay bei dir?
Du siehst aus, als würdest du gleich umkippen.
Sorry, dass es so lange gedauert hat …
Wir können …

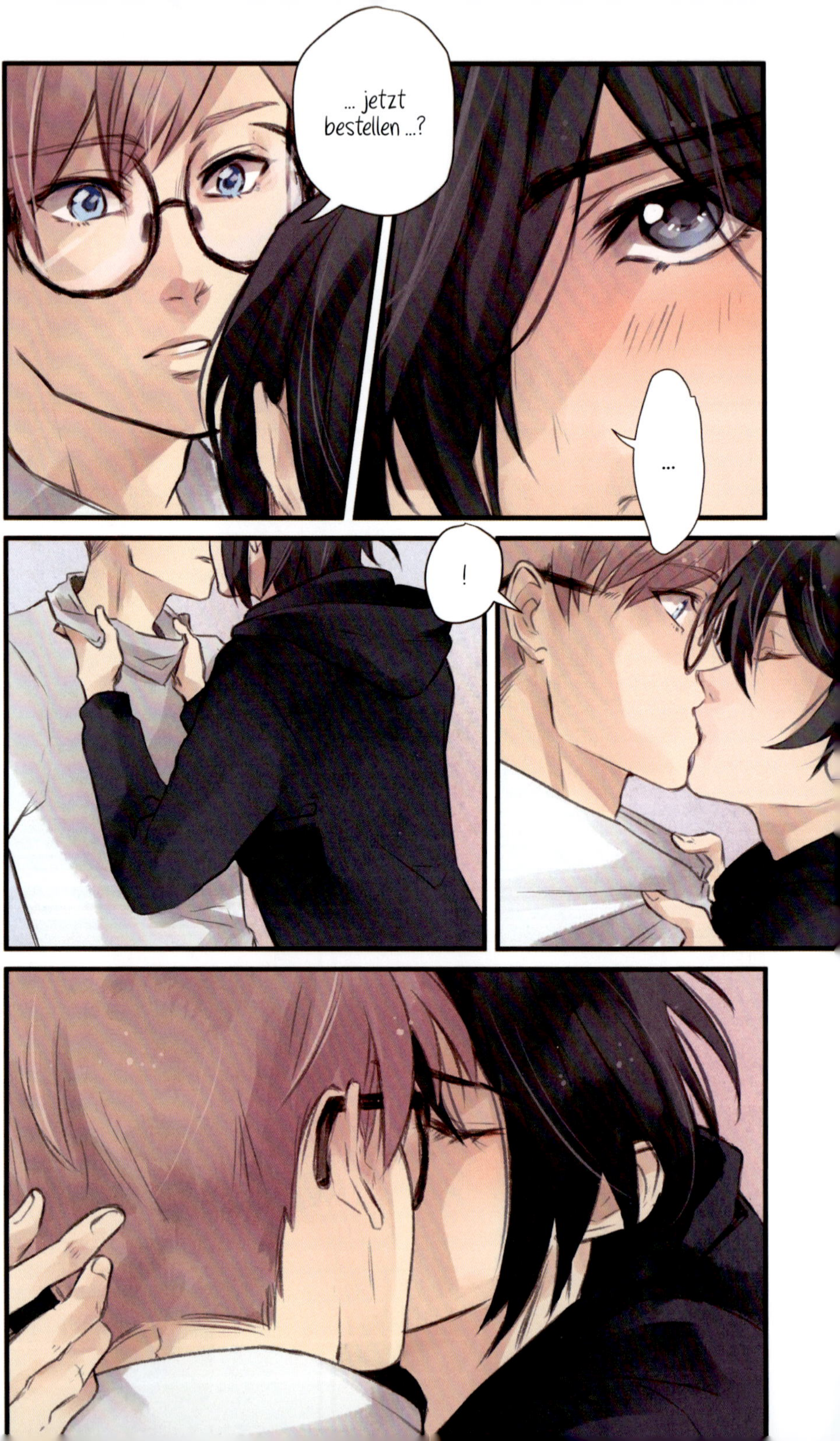

... jetzt bestellen ...?
...
!

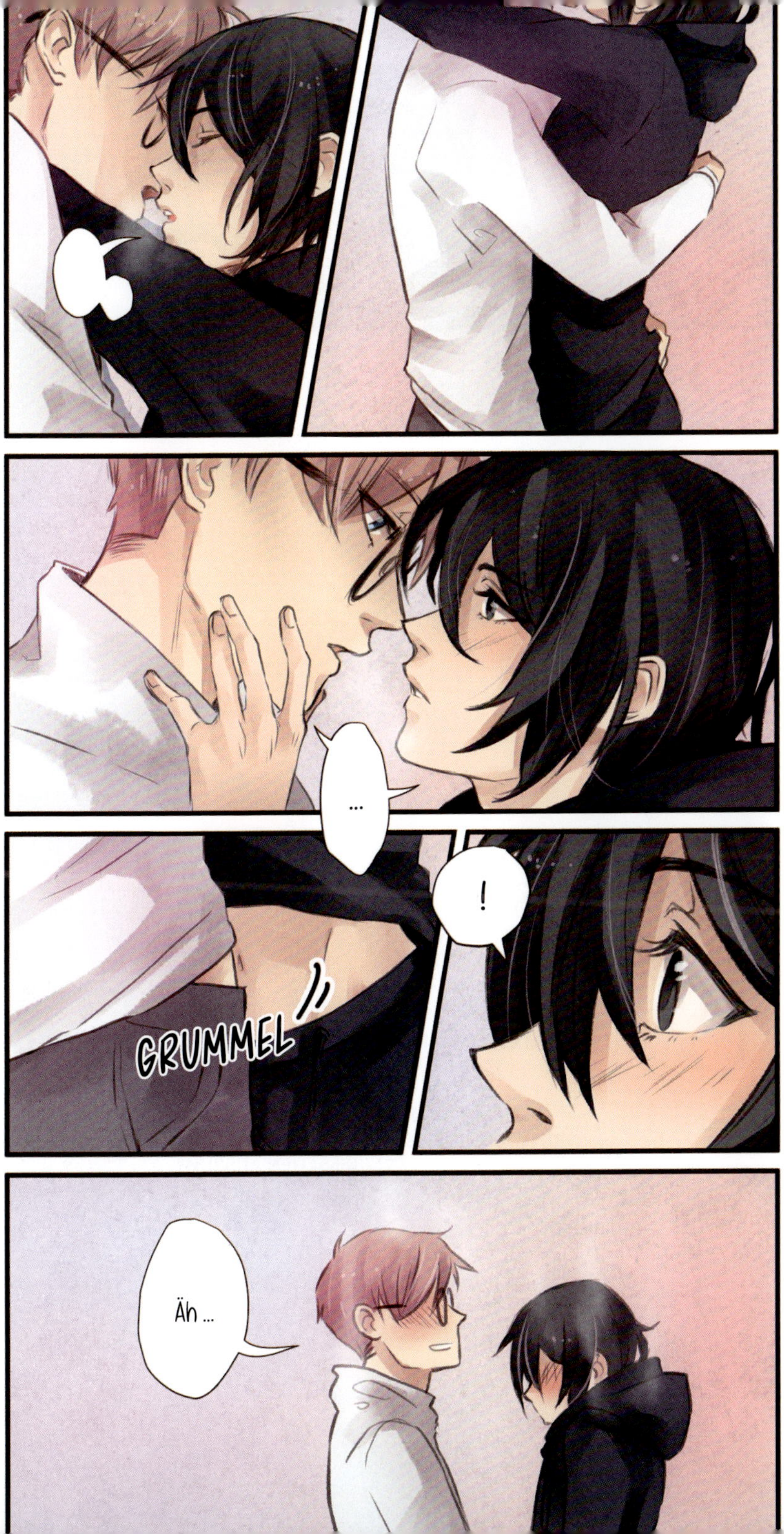
…
!
GRUMMEL
Äh …

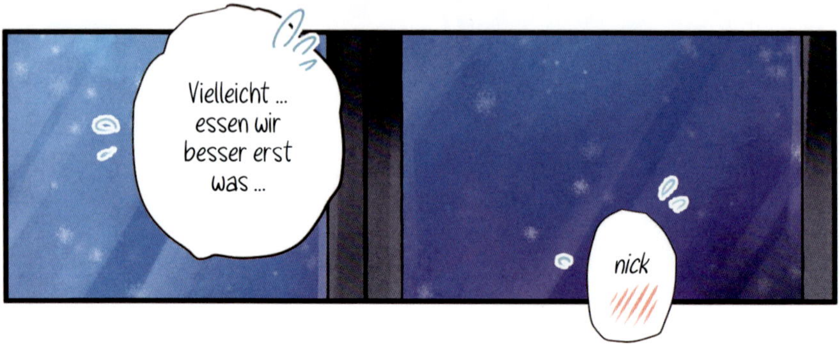
Vielleicht … essen wir besser erst was …
nick

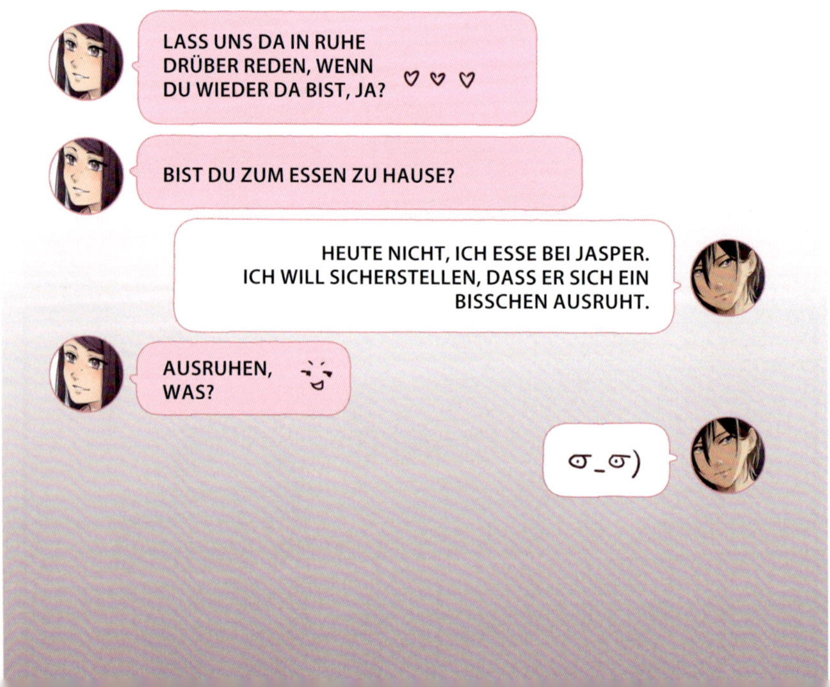
LASS UNS DA IN RUHE DRÜBER REDEN, WENN DU WIEDER DA BIST, JA? ♡ ♡ ♡
BIST DU ZUM ESSEN ZU HAUSE?
HEUTE NICHT, ICH ESSE BEI JASPER. ICH WILL SICHERSTELLEN, DASS ER SICH EIN BISSCHEN AUSRUHT.
AUSRUHEN, WAS?
σ_σ)

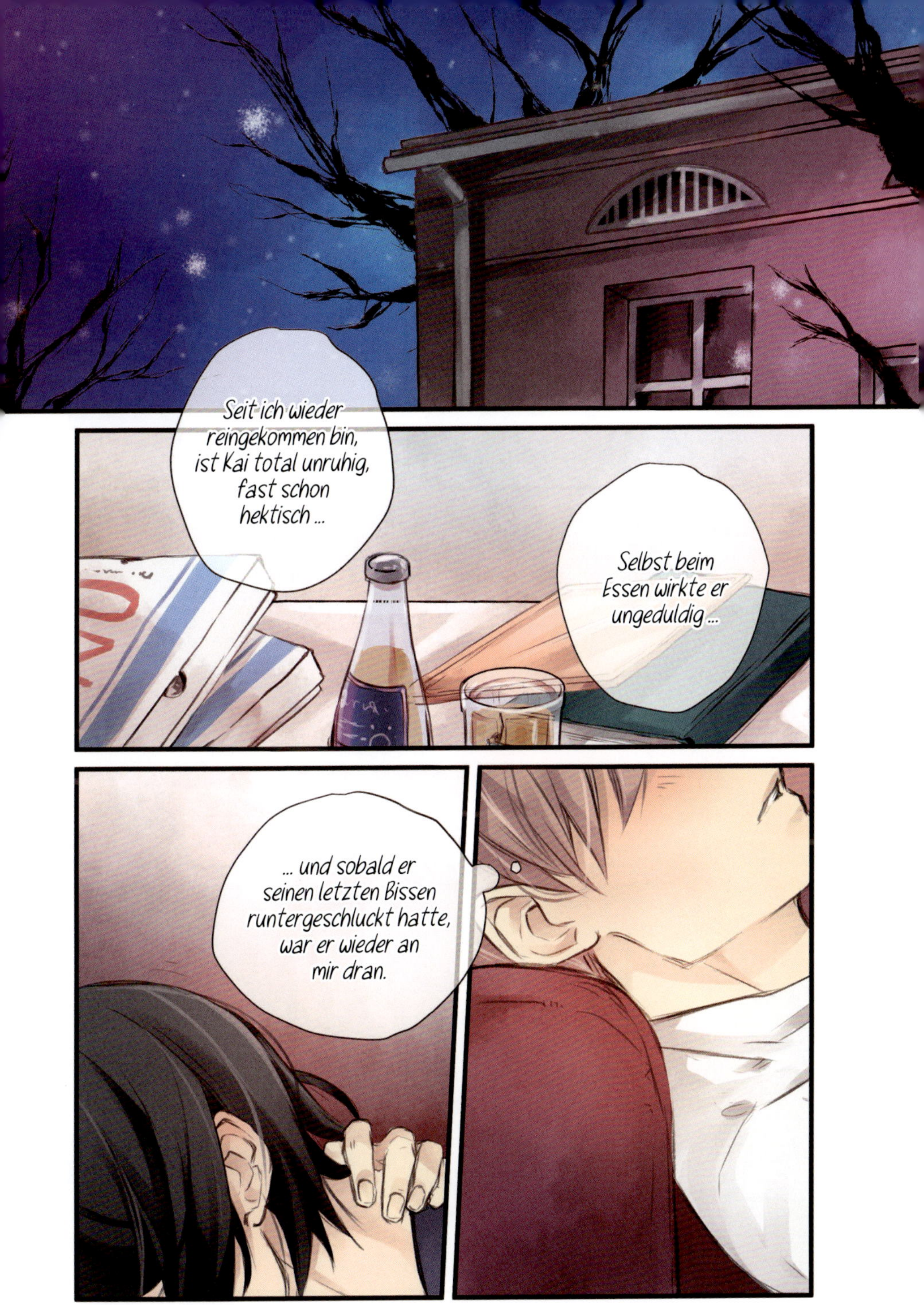
Seit ich wieder reingekommen bin, ist Kai total unruhig, fast schon hektisch ...
Selbst beim Essen wirkte er ungeduldig ...
... und sobald er seinen letzten Bissen runtergeschluckt hatte, war er wieder an mir dran.

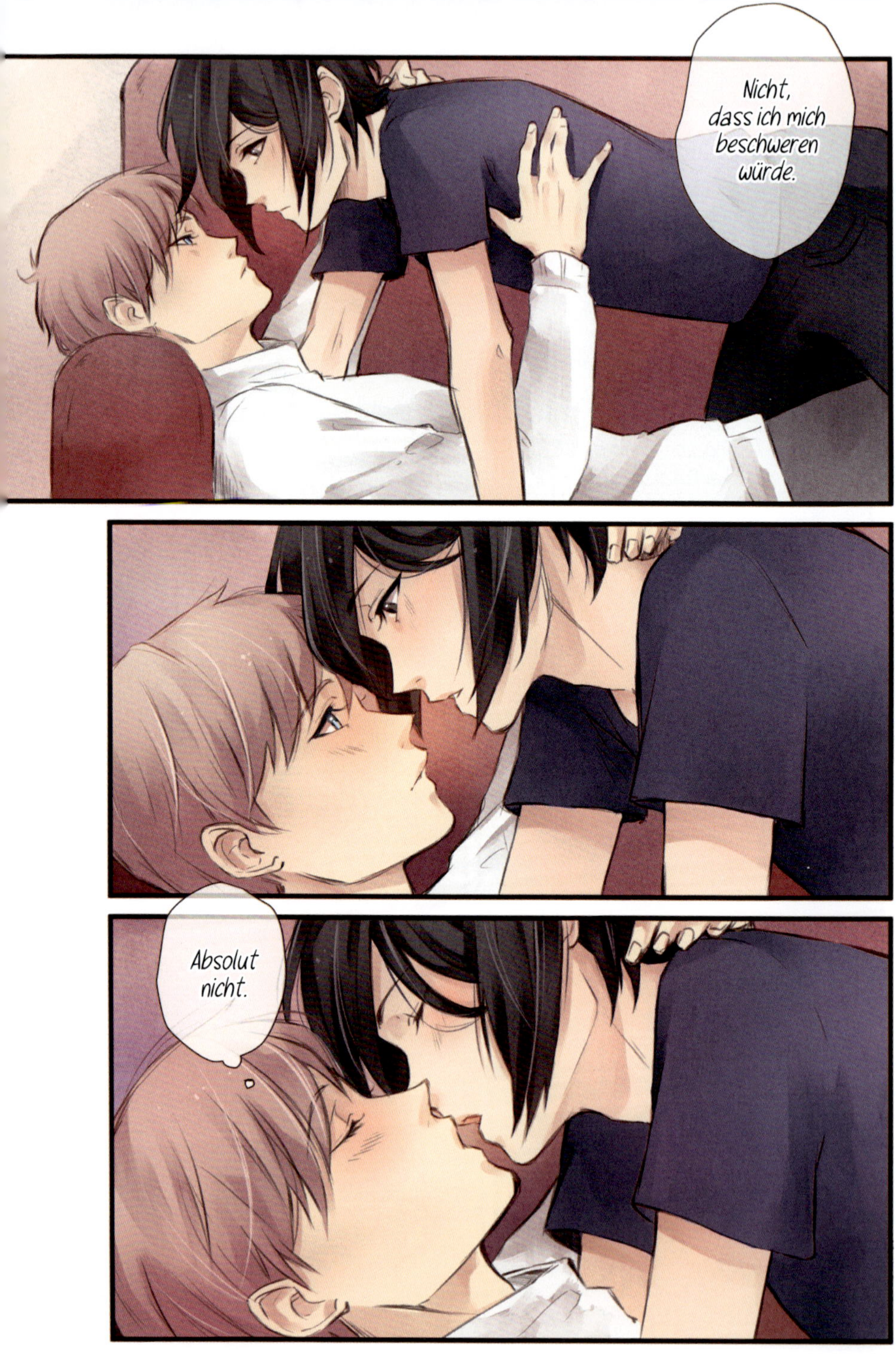
Nicht, dass ich mich beschweren würde.
Absolut nicht.

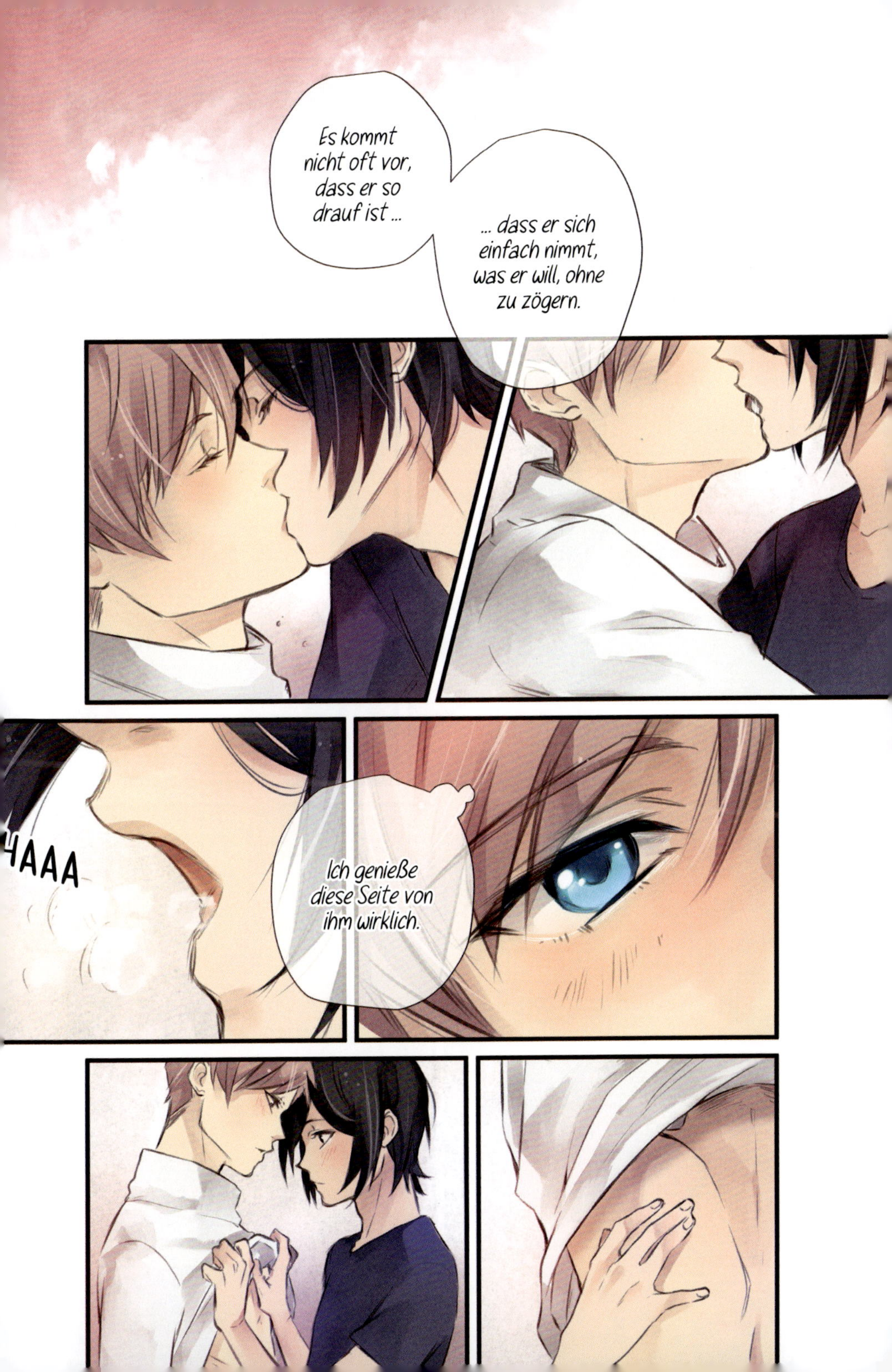
Es kommt nicht oft vor, dass er so drauf ist ...
... dass er sich einfach nimmt, was er will, ohne zu zögern.
HAAA
Ich genieße diese Seite von ihm wirklich.

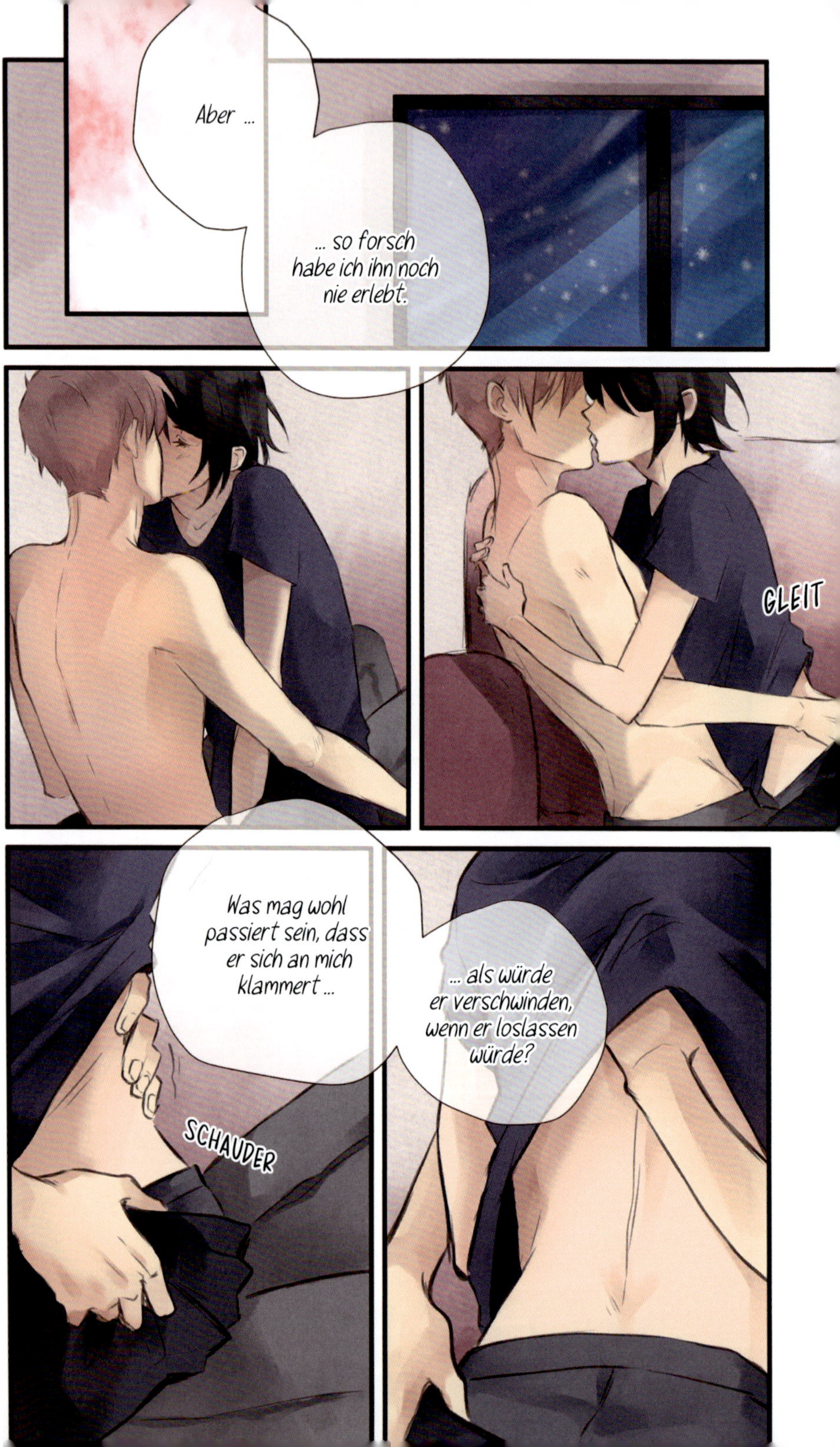
Aber ...
... so forsch habe ich ihn noch nie erlebt.
GLEIT
Was mag wohl passiert sein, dass er sich an mich klammert ...
... als würde er verschwinden, wenn er loslassen würde?
SCHAUDER

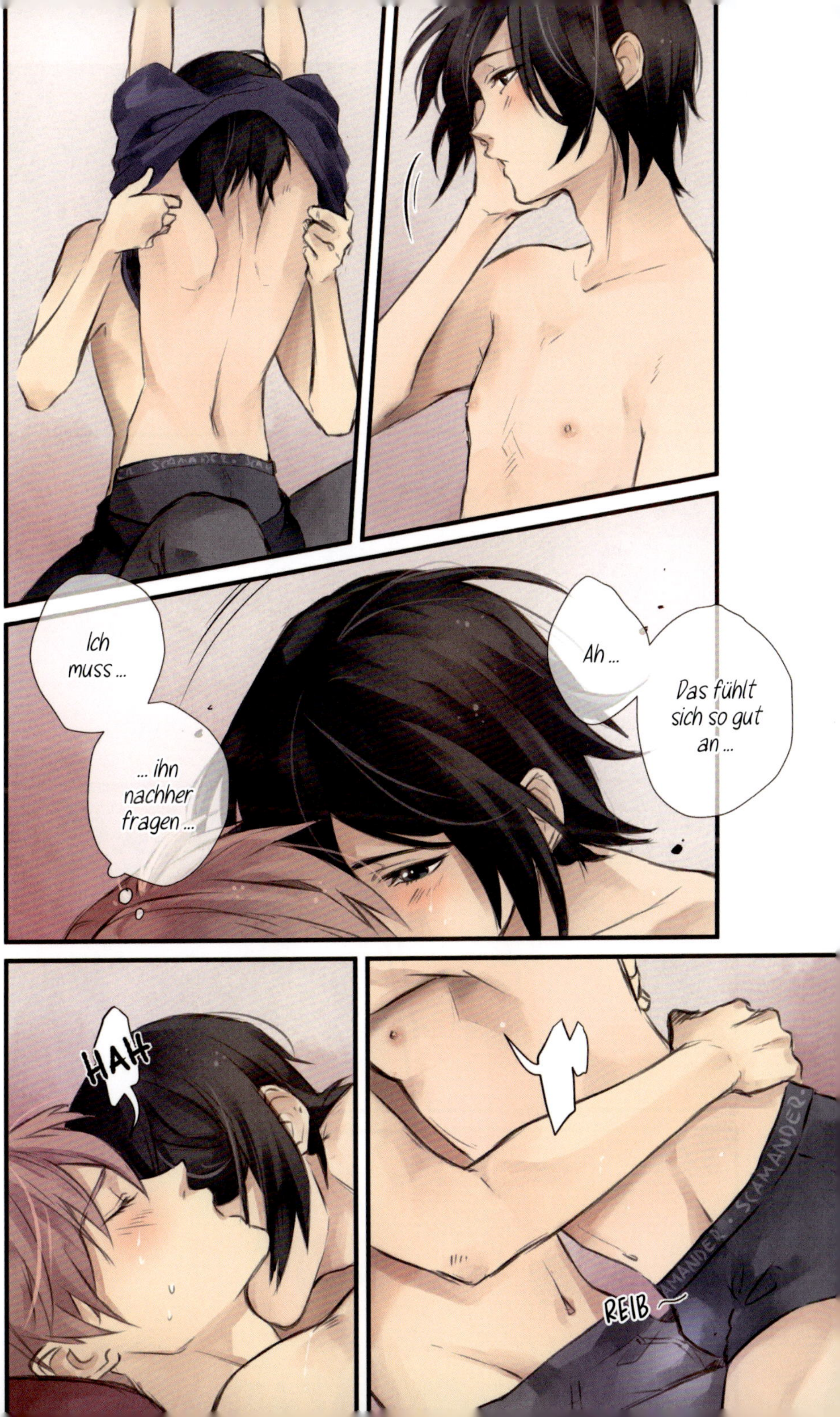
Ich muss ...
... ihn nachher fragen ...
Ah ...
Das fühlt sich so gut an ...
HAH
REIB ~

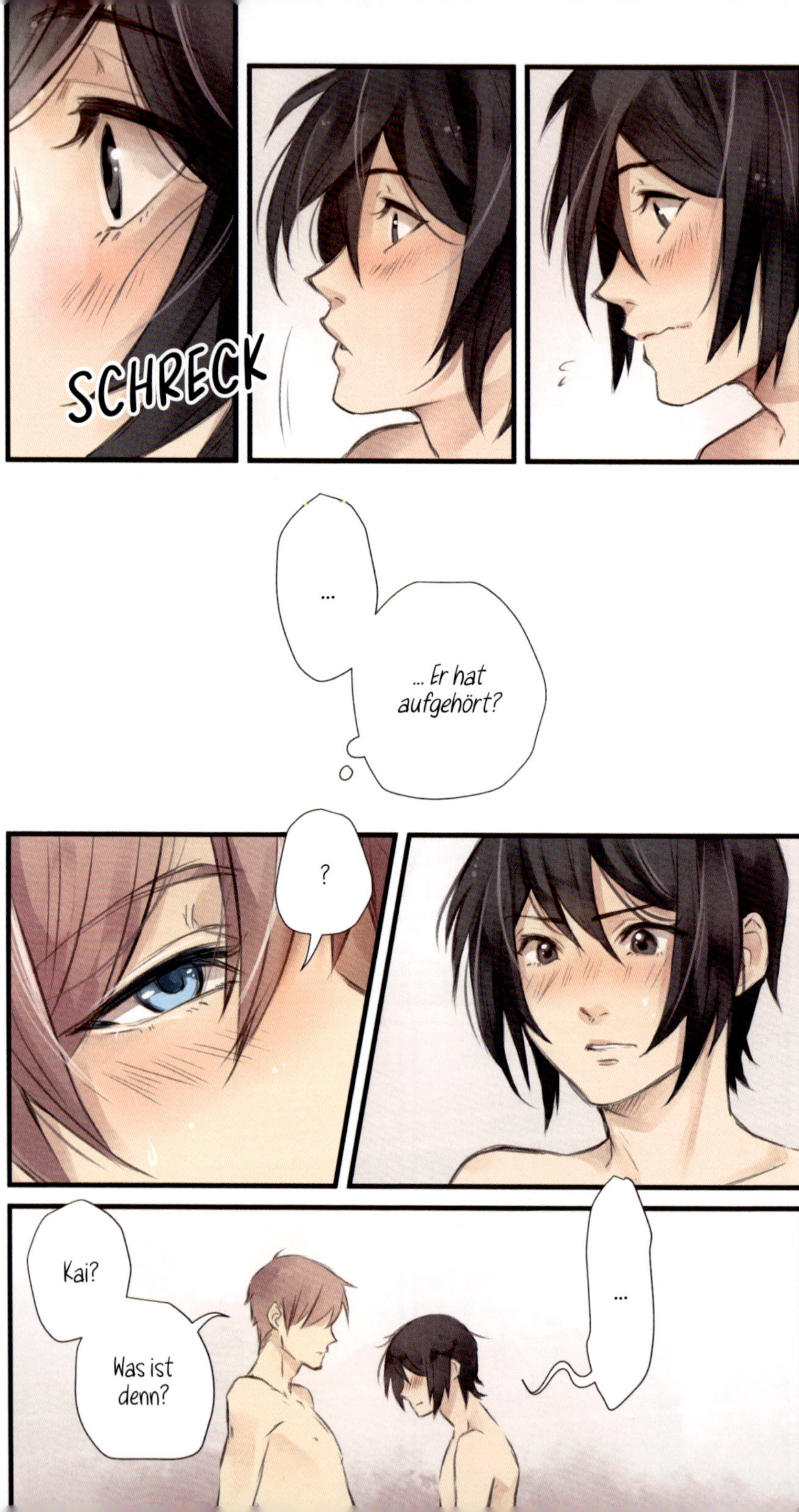
SCHRECK
...
... Er hat aufgehört?
?
Kai?
Was ist denn?
...

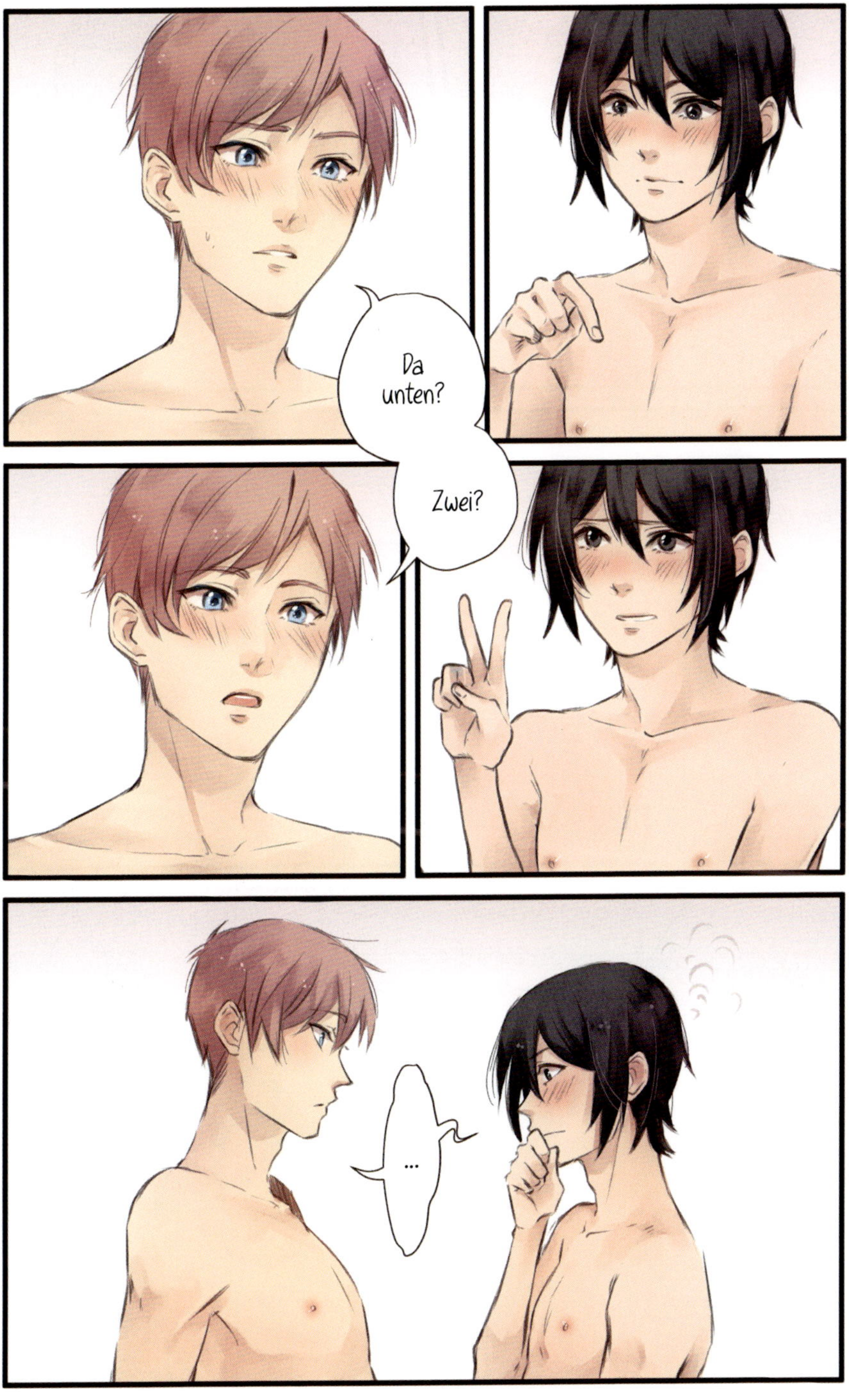
Da unten?
Zwei?
...

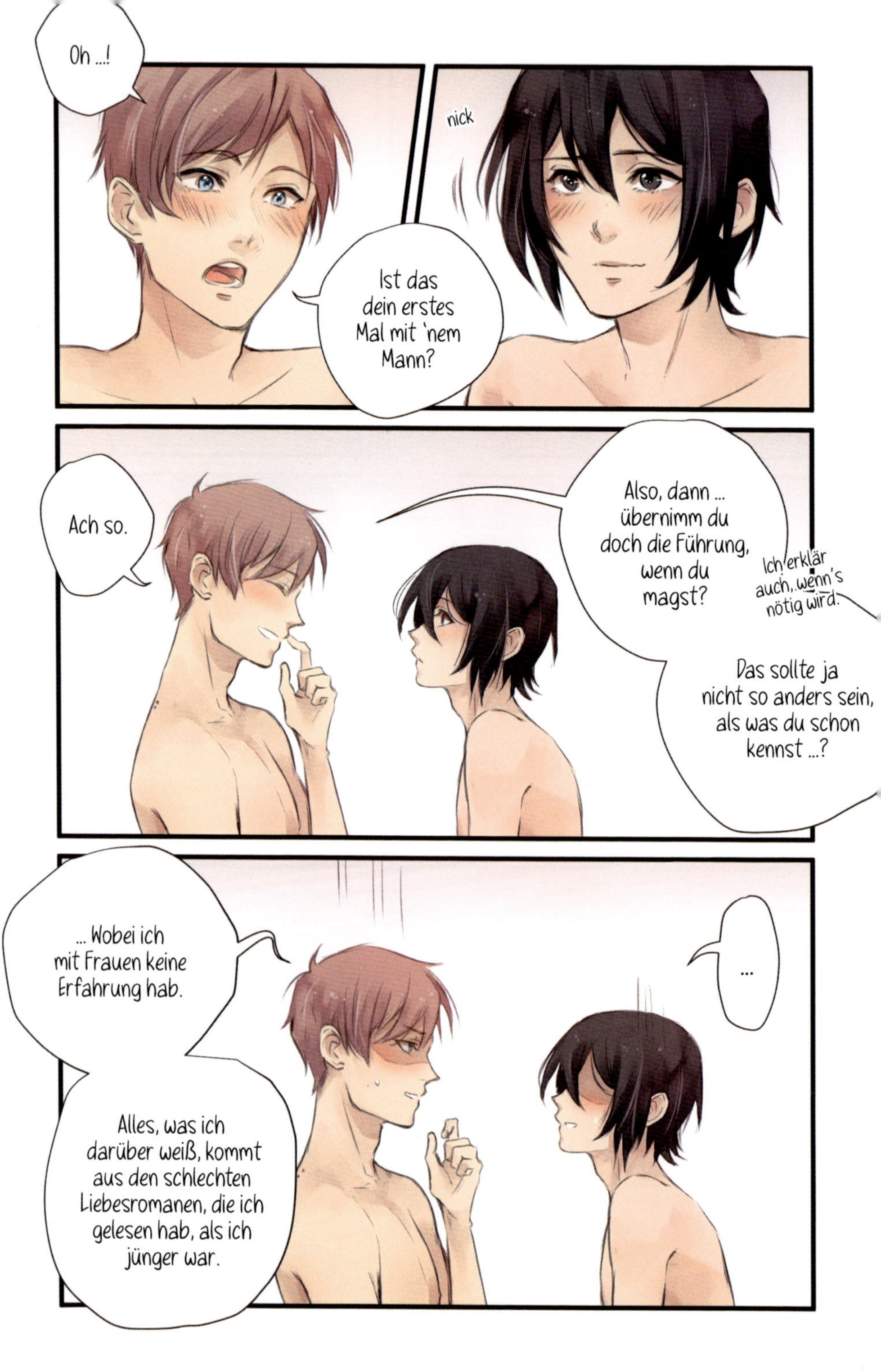
Oh ...!
nick
Ist das dein erstes Mal mit 'nem Mann?
Ach so.
Also, dann ... übernimm du doch die Führung, wenn du magst?
Ich erklär auch, wenn's nötig wird.
Das sollte ja nicht so anders sein, als was du schon kennst ...?
... Wobei ich mit Frauen keine Erfahrung hab.
Alles, was ich darüber weiß, kommt aus den schlechten Liebesromanen, die ich gelesen hab, als ich jünger war.
...

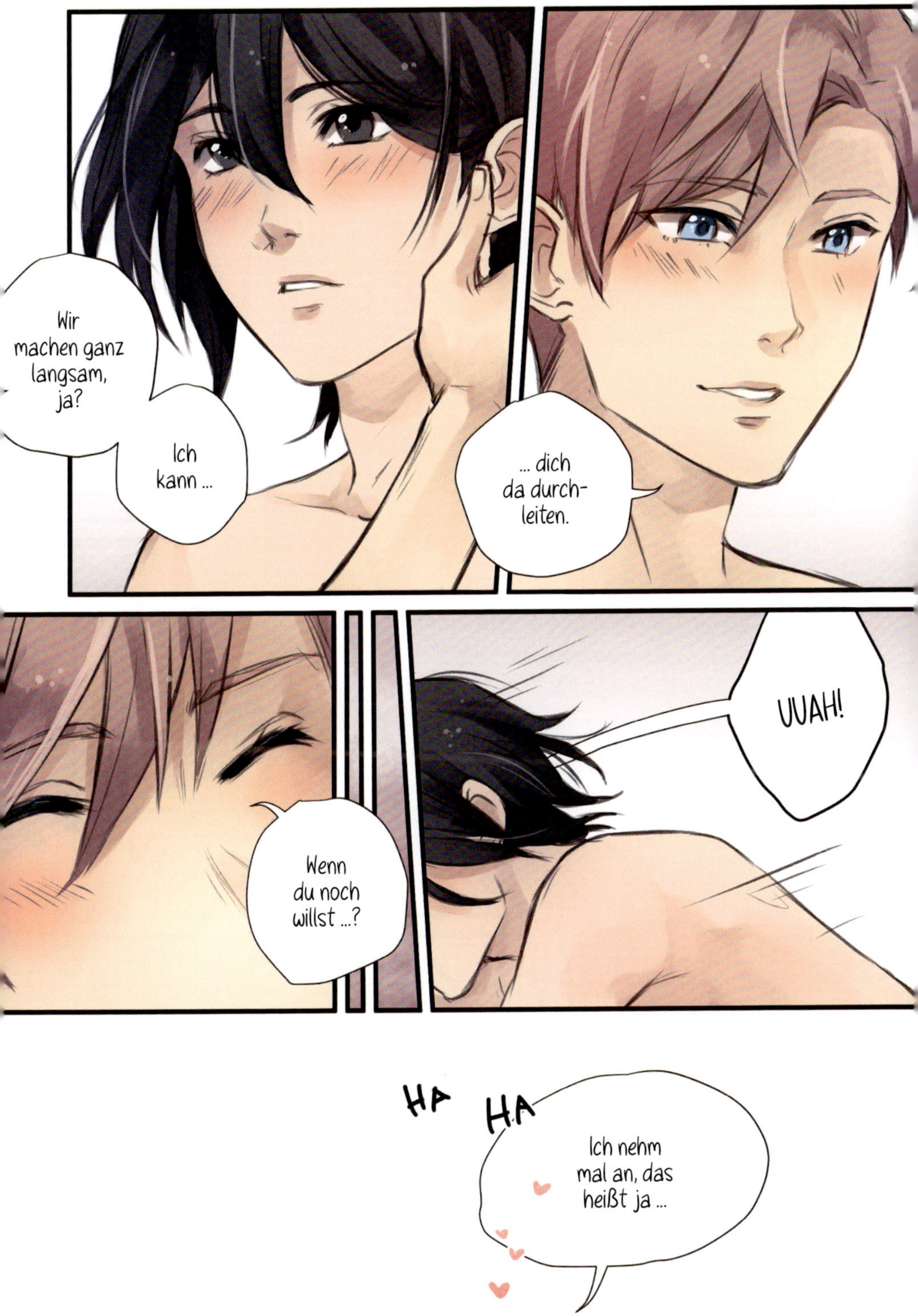
Wir machen ganz langsam, ja?
Ich kann ...
... dich da durch-leiten.
Wenn du noch willst ...?
UUAH!
HA HA
Ich nehm mal an, das heißt ja ...

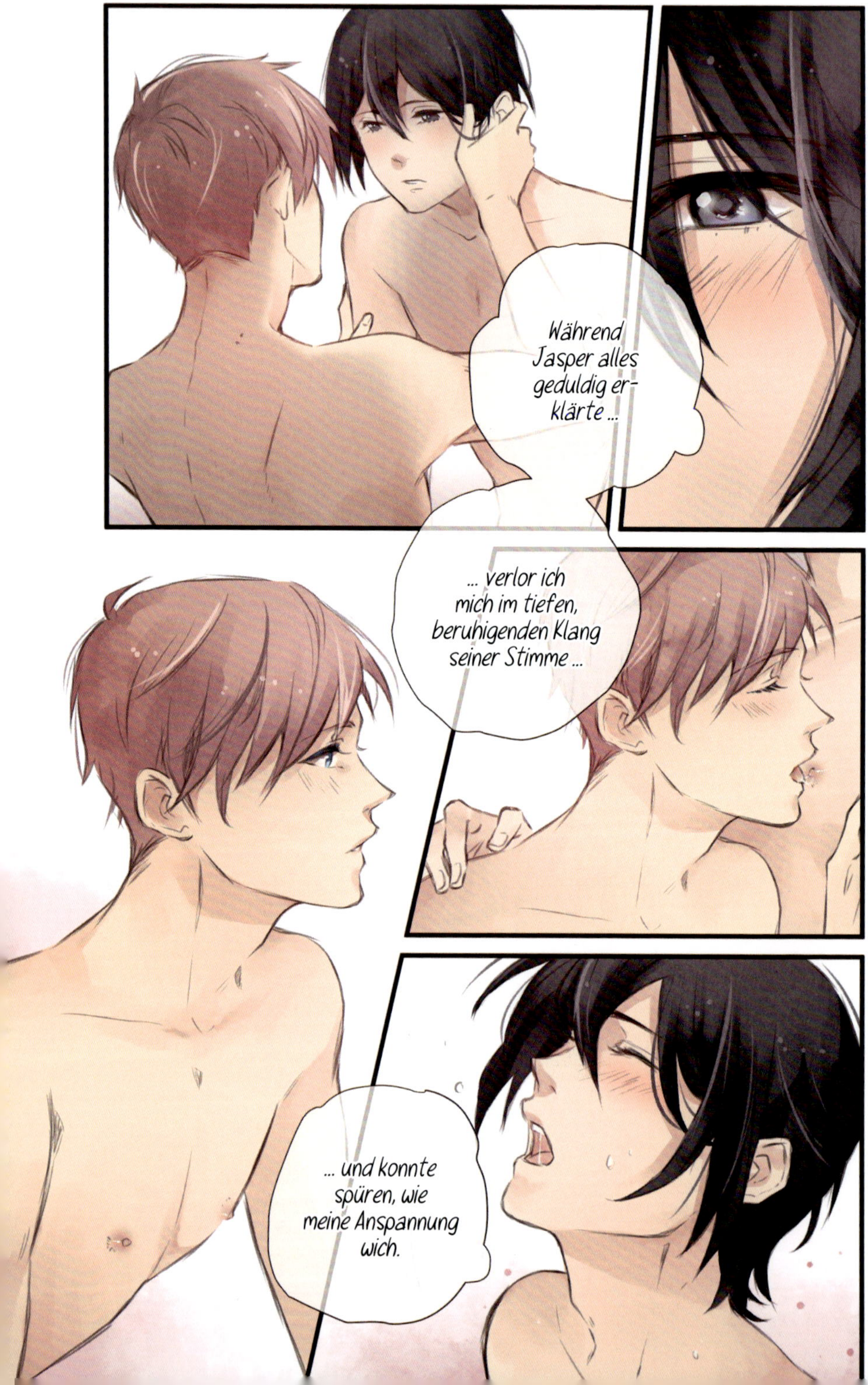
Während Jasper alles geduldig erklärte ...
... verlor ich mich im tiefen, beruhigenden Klang seiner Stimme ...
... und konnte spüren, wie meine Anspannung wich.

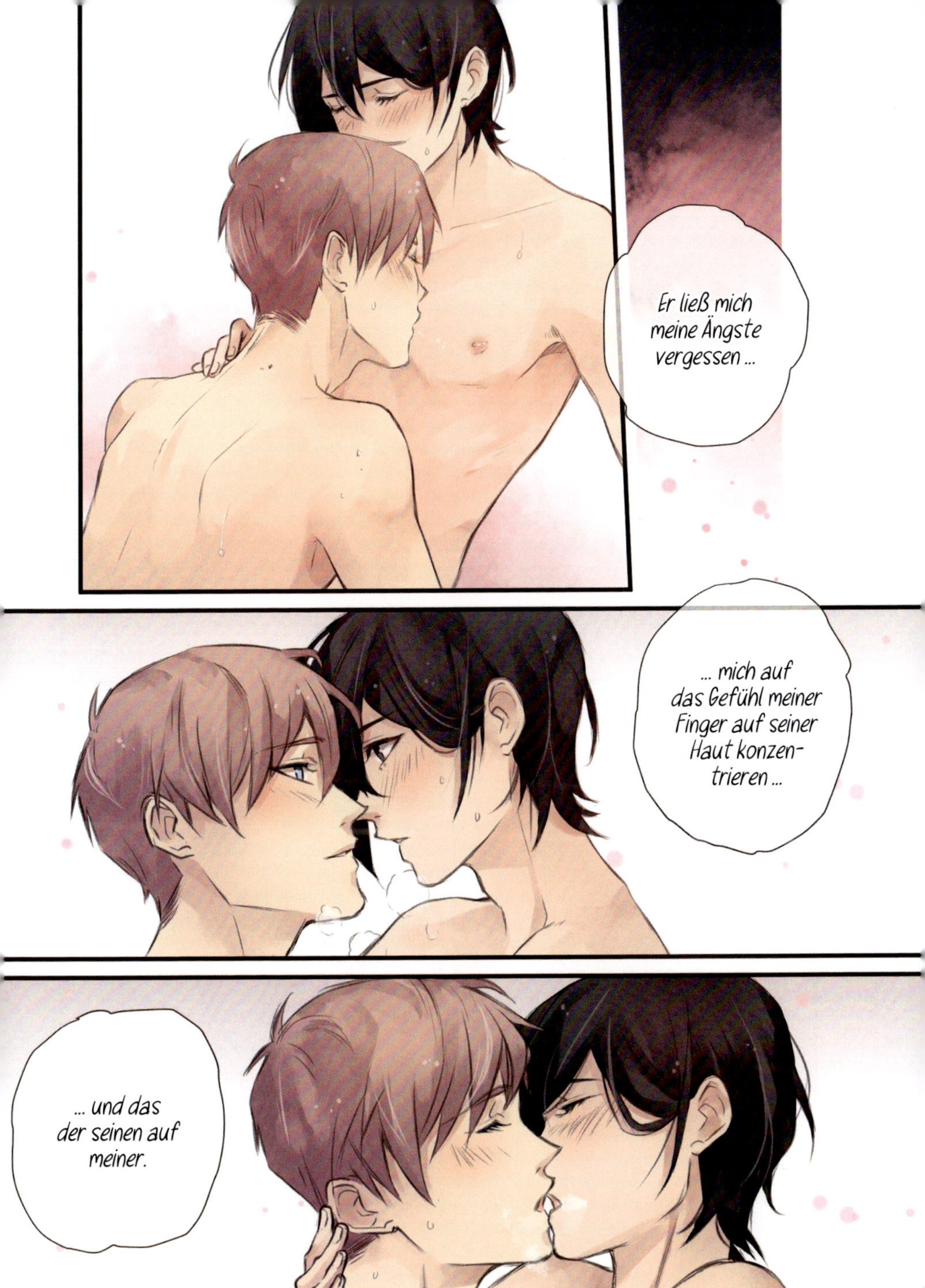
Er ließ mich meine Ängste vergessen …
… mich auf das Gefühl meiner Finger auf seiner Haut konzen-trieren …
… und das der seinen auf meiner.

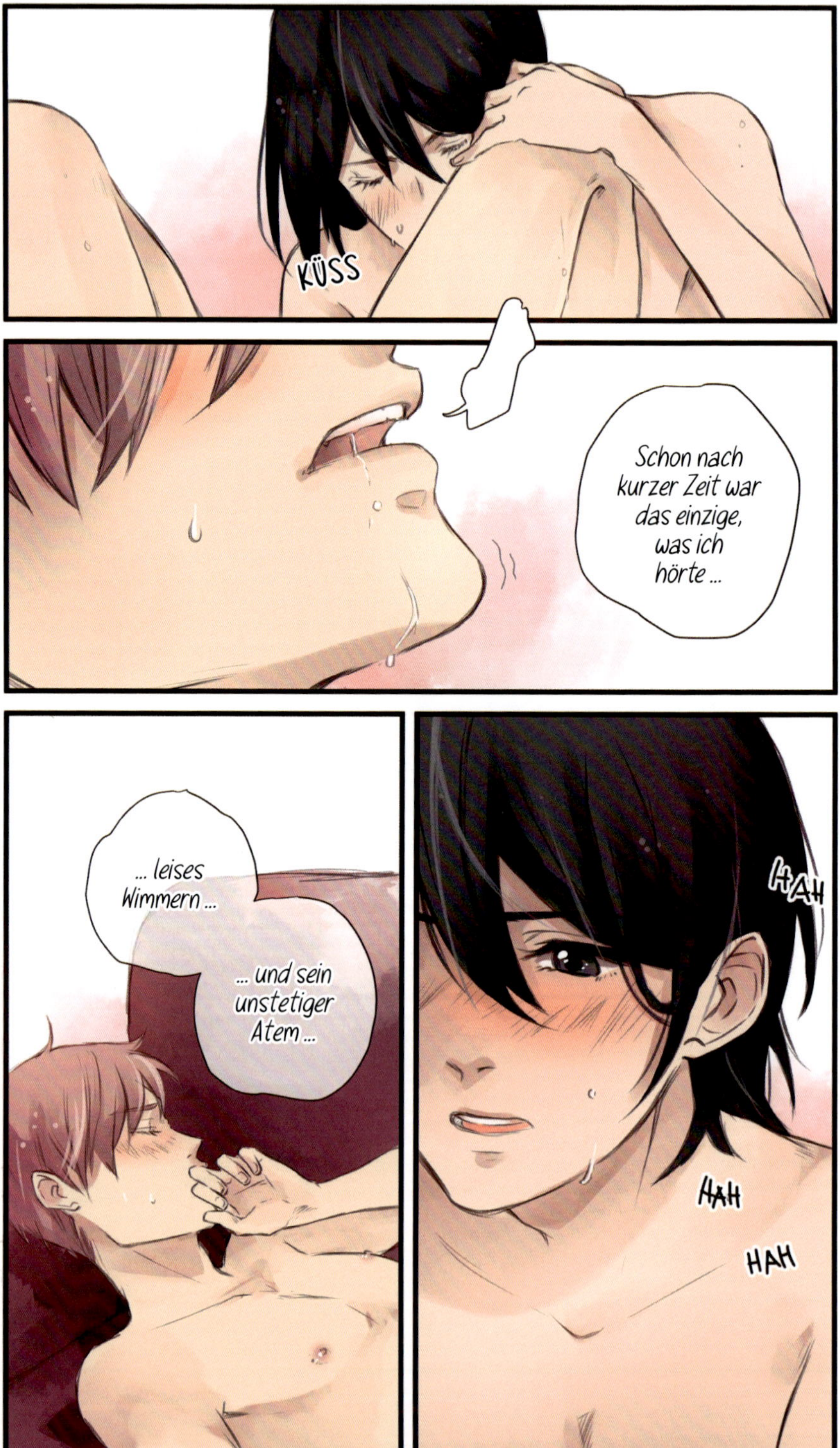
KÜSS
Schon nach kurzer Zeit war das einzige, was ich hörte ...
... leises Wimmern ...
... und sein unstetiger Atem ...
HAH
HAH
HAH

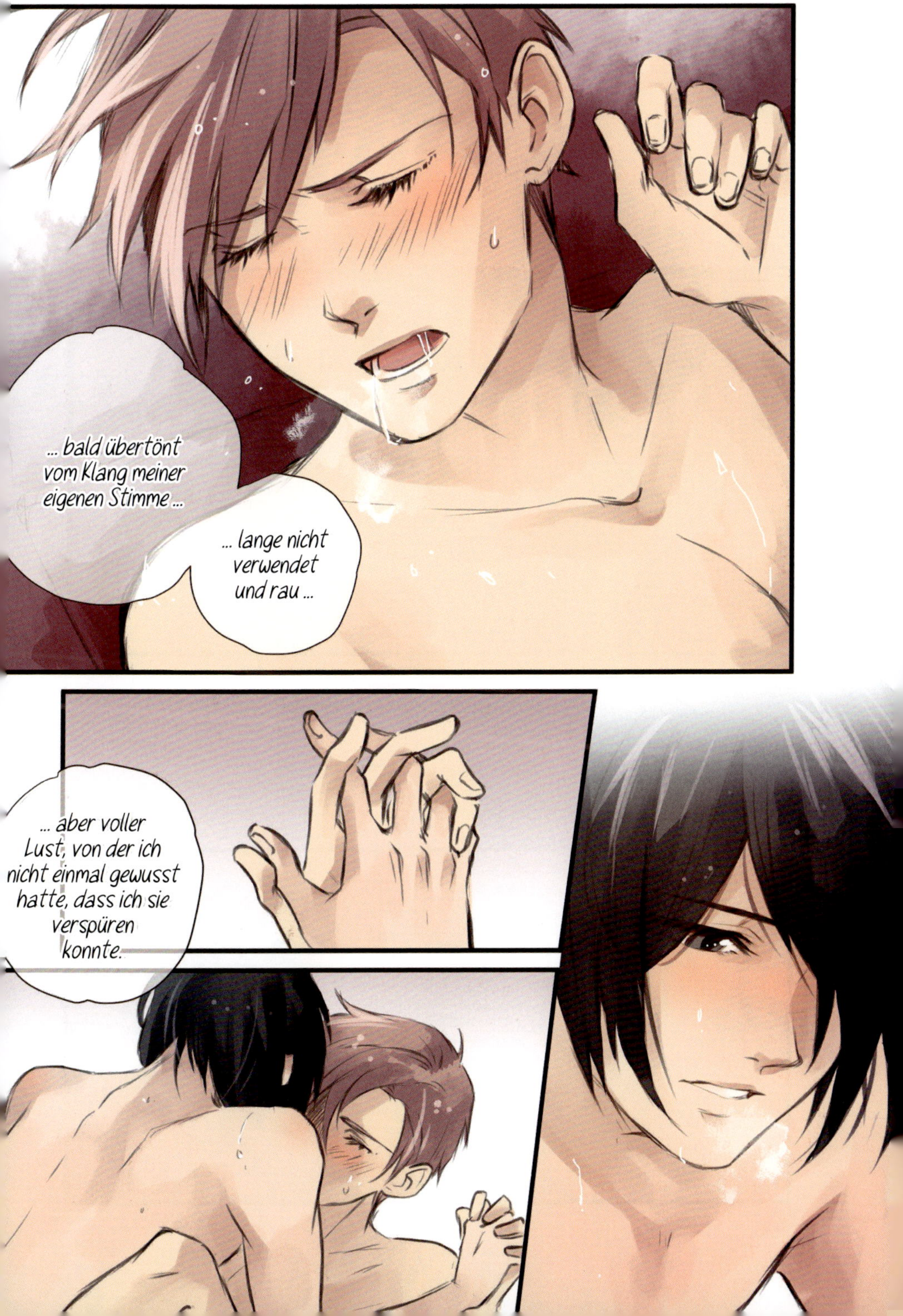

... bald übertönt vom Klang meiner eigenen Stimme ...
... lange nicht verwendet und rau ...
... aber voller Lust, von der ich nicht einmal gewusst hatte, dass ich sie verspüren konnte.

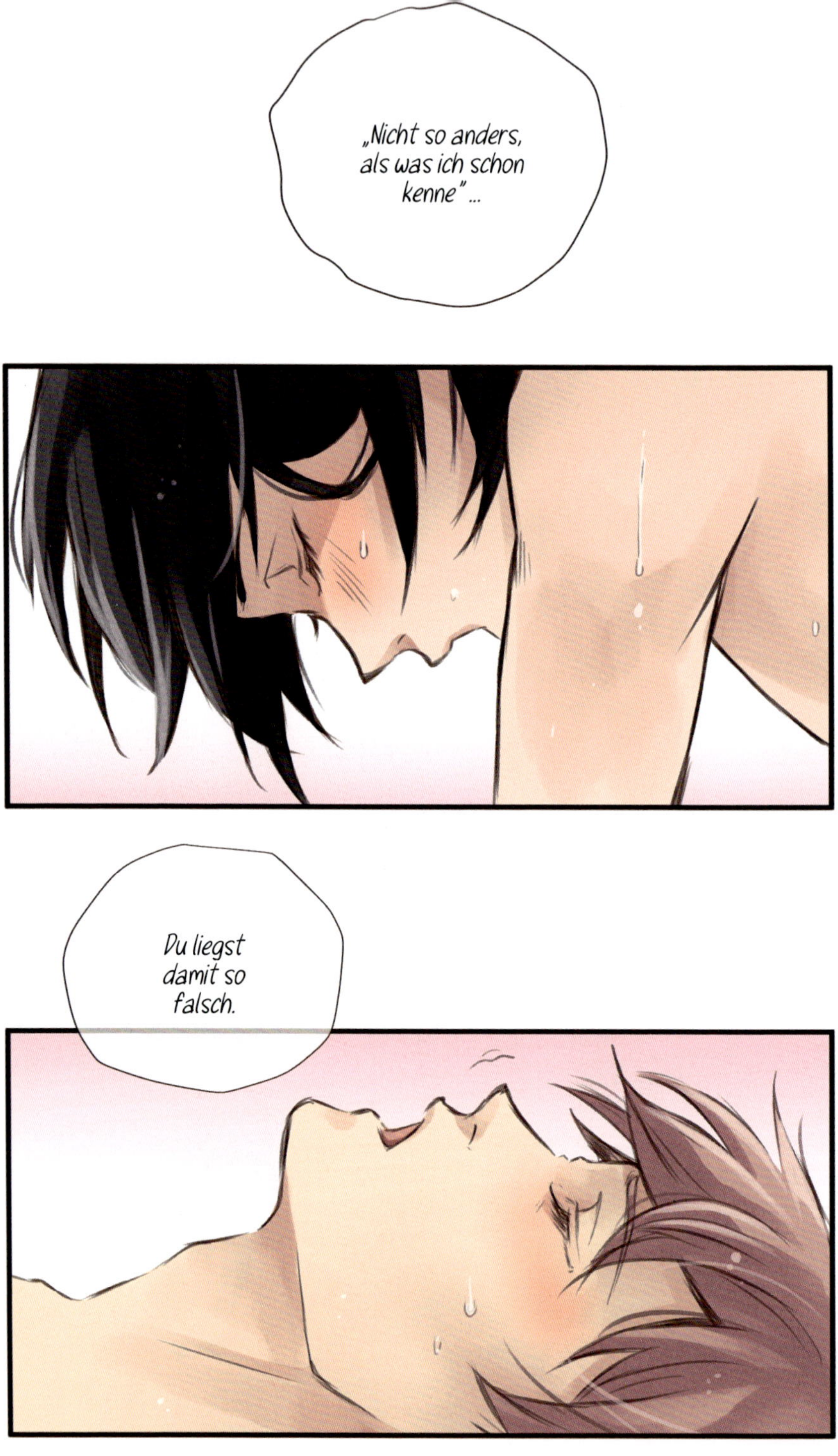
„Nicht so anders, als was ich schon kenne" ...
Du liegst damit so falsch.

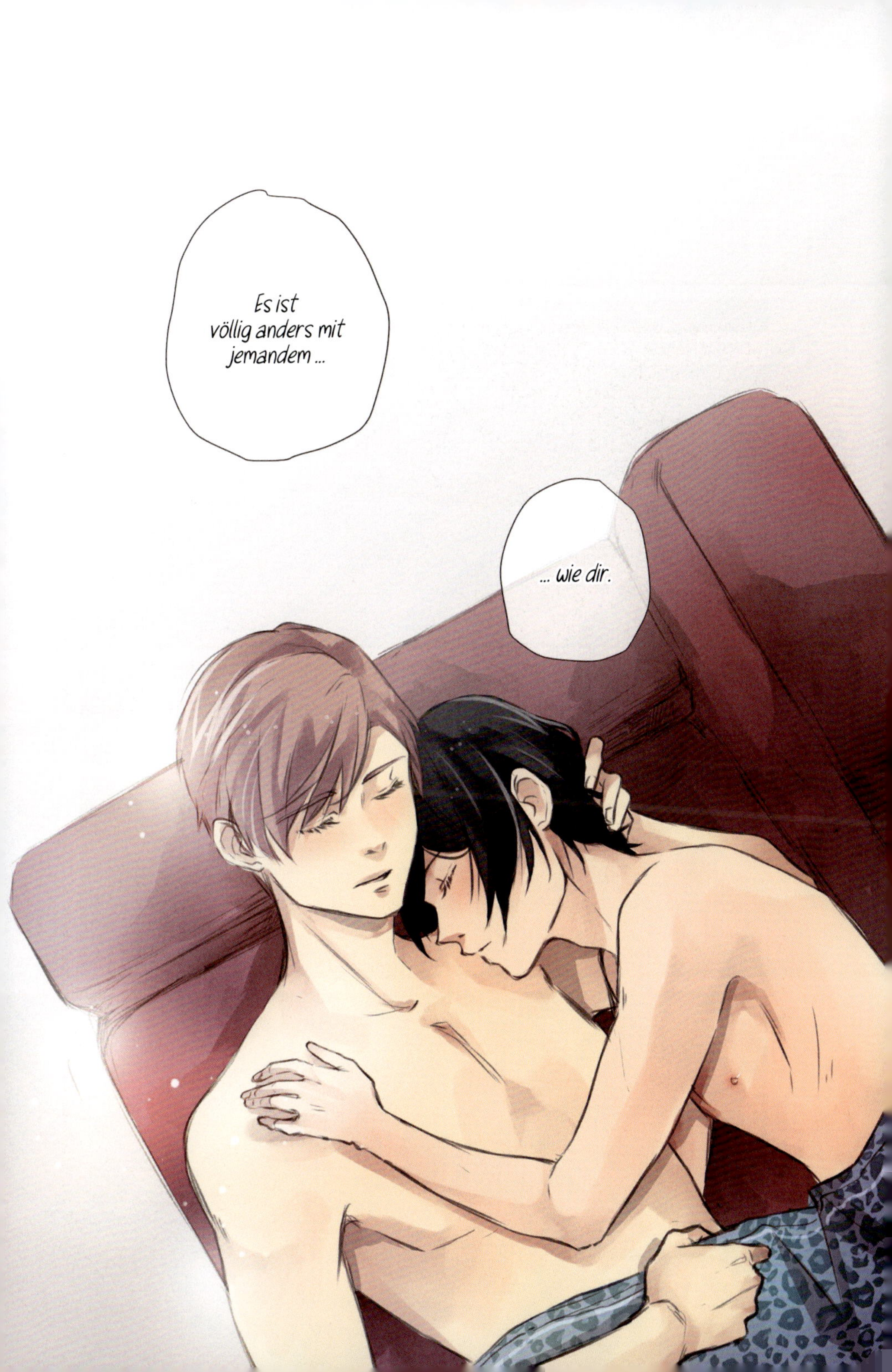
Es ist völlig anders mit jemandem ...
... wie dir.

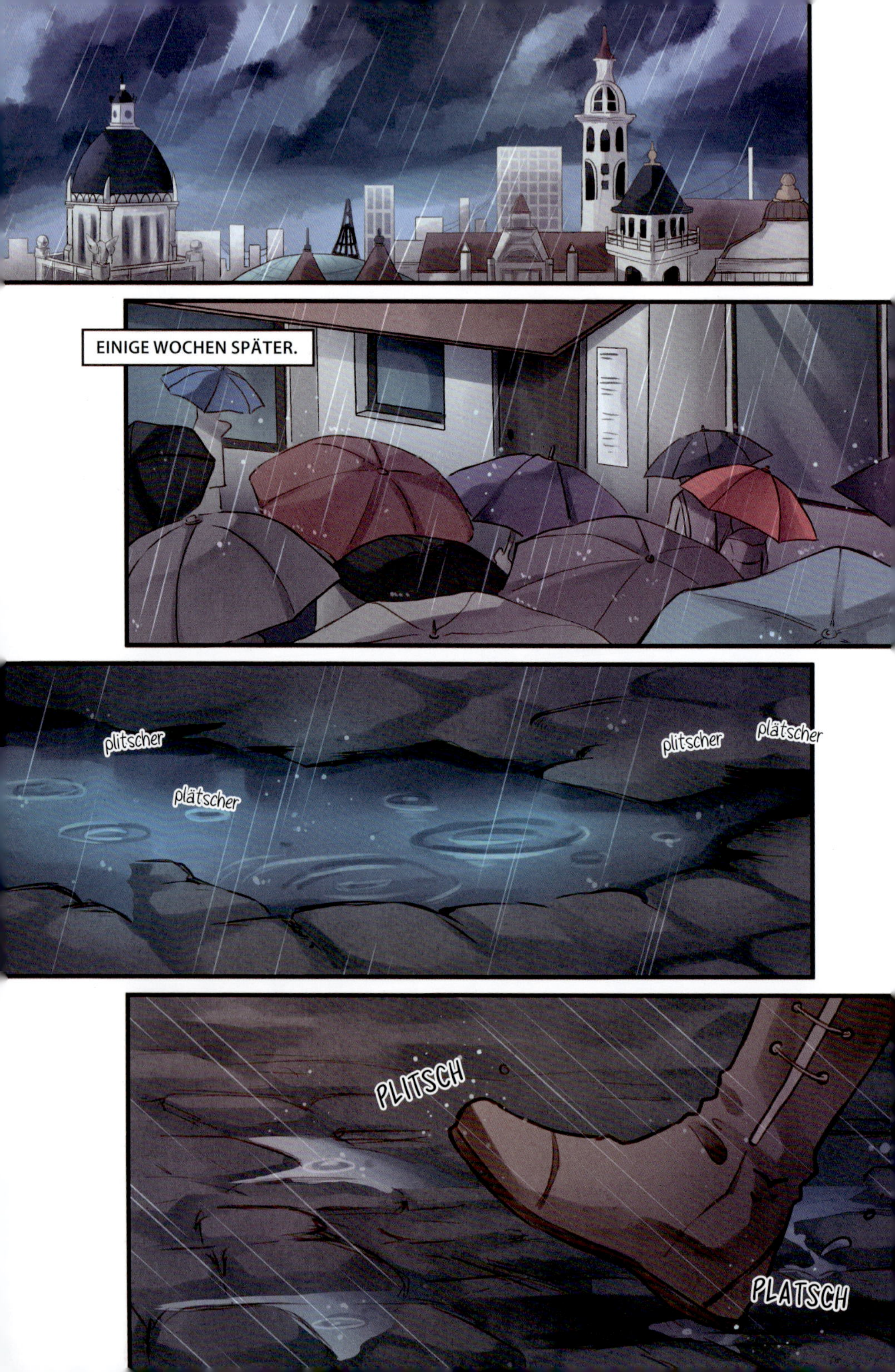
EINIGE WOCHEN SPÄTER.
plitscher
plätscher
plitscher
plätscher
PLITSCH
PLATSCH

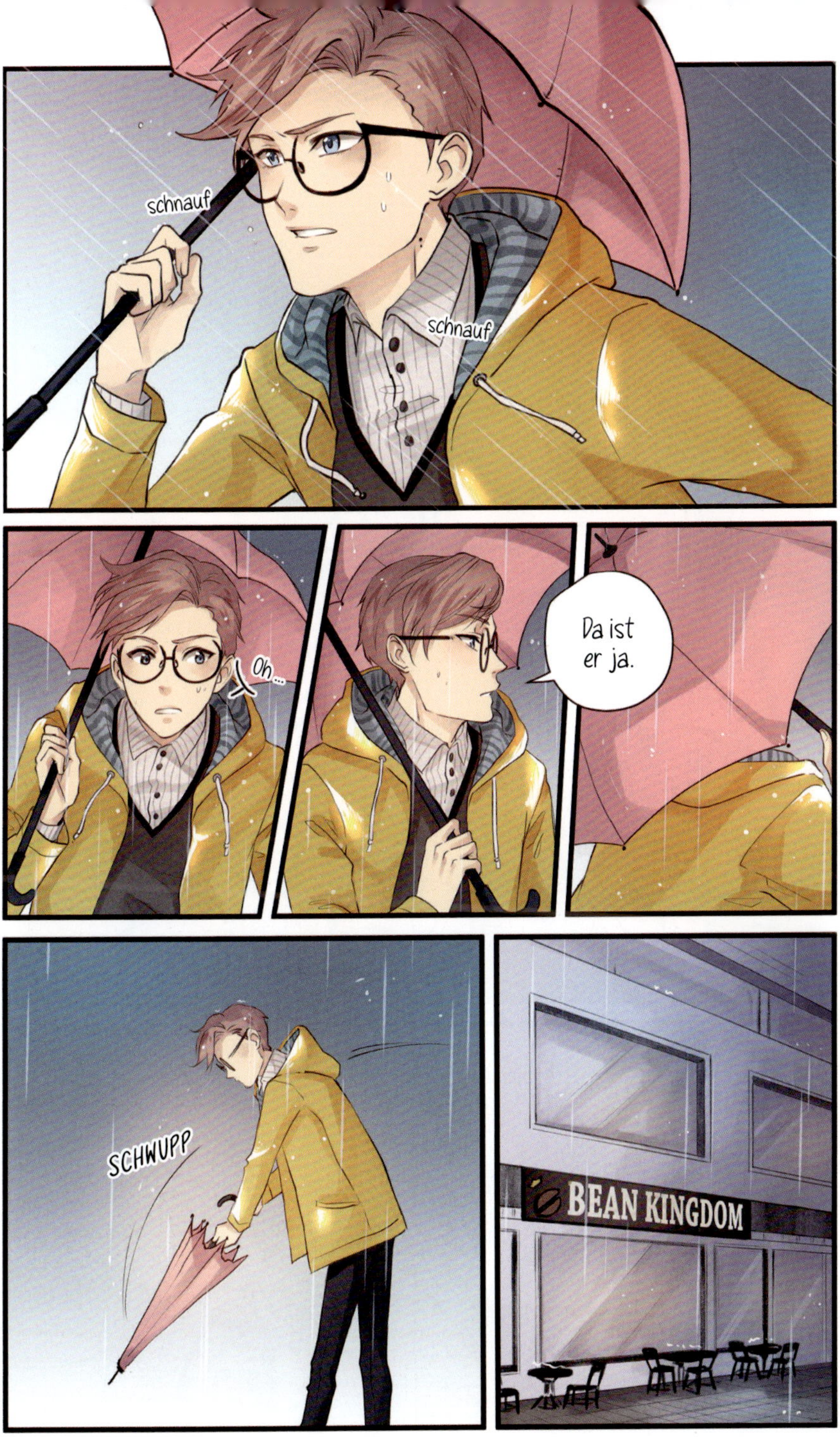
schnauf
schnauf
Oh...
Da ist er ja.
SCHWUPP
BEAN KINGDOM

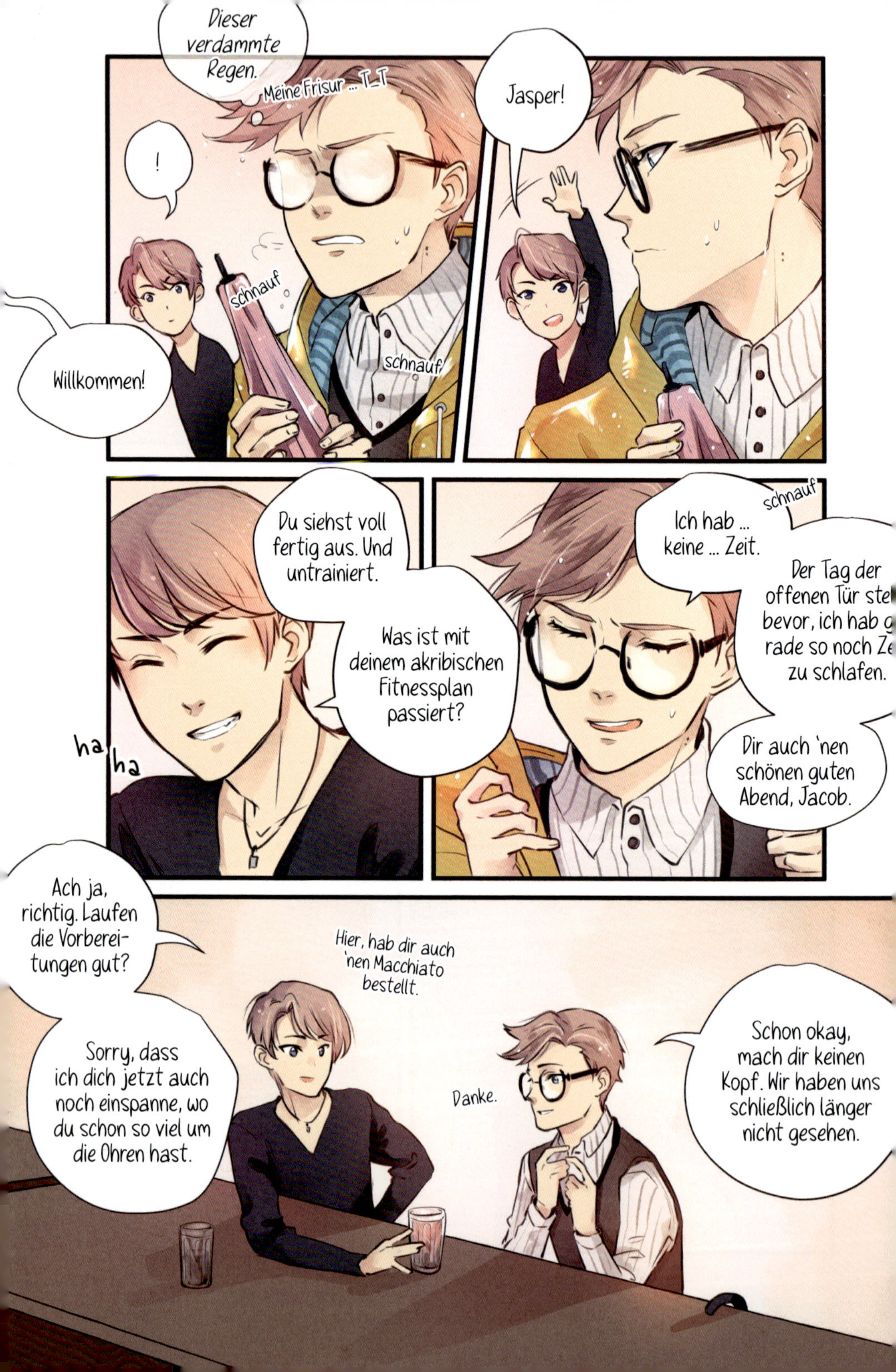
Dieser verdammte Regen.
Meine Frisur ... T_T
!
schnauf
schnauf
Willkommen!
Jasper!
Du siehst voll fertig aus. Und untrainiert.
Was ist mit deinem akribischen Fitnessplan passiert?
ha ha
Ich hab ... keine ... Zeit.
schnauf
Der Tag der offenen Tür ste
bevor, ich hab g
rade so noch Ze
zu schlafen.
Dir auch 'nen schönen guten Abend, Jacob.
Ach ja, richtig. Laufen die Vorbereitungen gut?
Sorry, dass ich dich jetzt auch noch einspanne, wo du schon so viel um die Ohren hast.
Hier, hab dir auch 'nen Macchiato bestellt.
Danke.
Schon okay, mach dir keinen Kopf. Wir haben uns schließlich länger nicht gesehen.

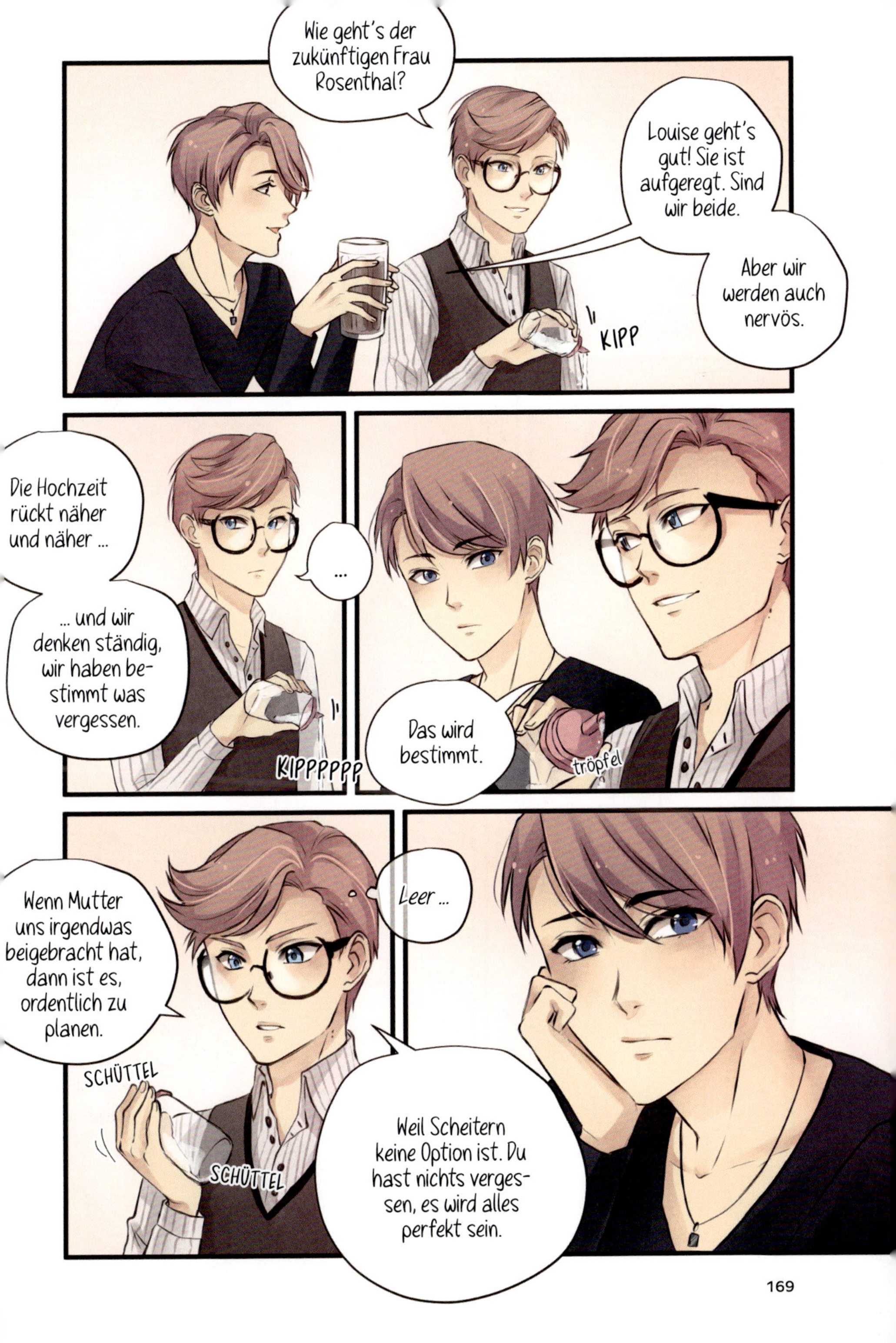
Wie geht's der zukünftigen Frau Rosenthal?
Louise geht's gut! Sie ist aufgeregt. Sind wir beide.
Aber wir werden auch nervös.
KIPP
Die Hochzeit rückt näher und näher ...
... und wir denken ständig, wir haben bestimmt was vergessen.
...
KIPPPPPP
Das wird bestimmt.
tröpfel
Wenn Mutter uns irgendwas beigebracht hat, dann ist es, ordentlich zu planen.
Leer ...
SCHÜTTEL
SCHÜTTEL
Weil Scheitern keine Option ist. Du hast nichts vergessen, es wird alles perfekt sein.

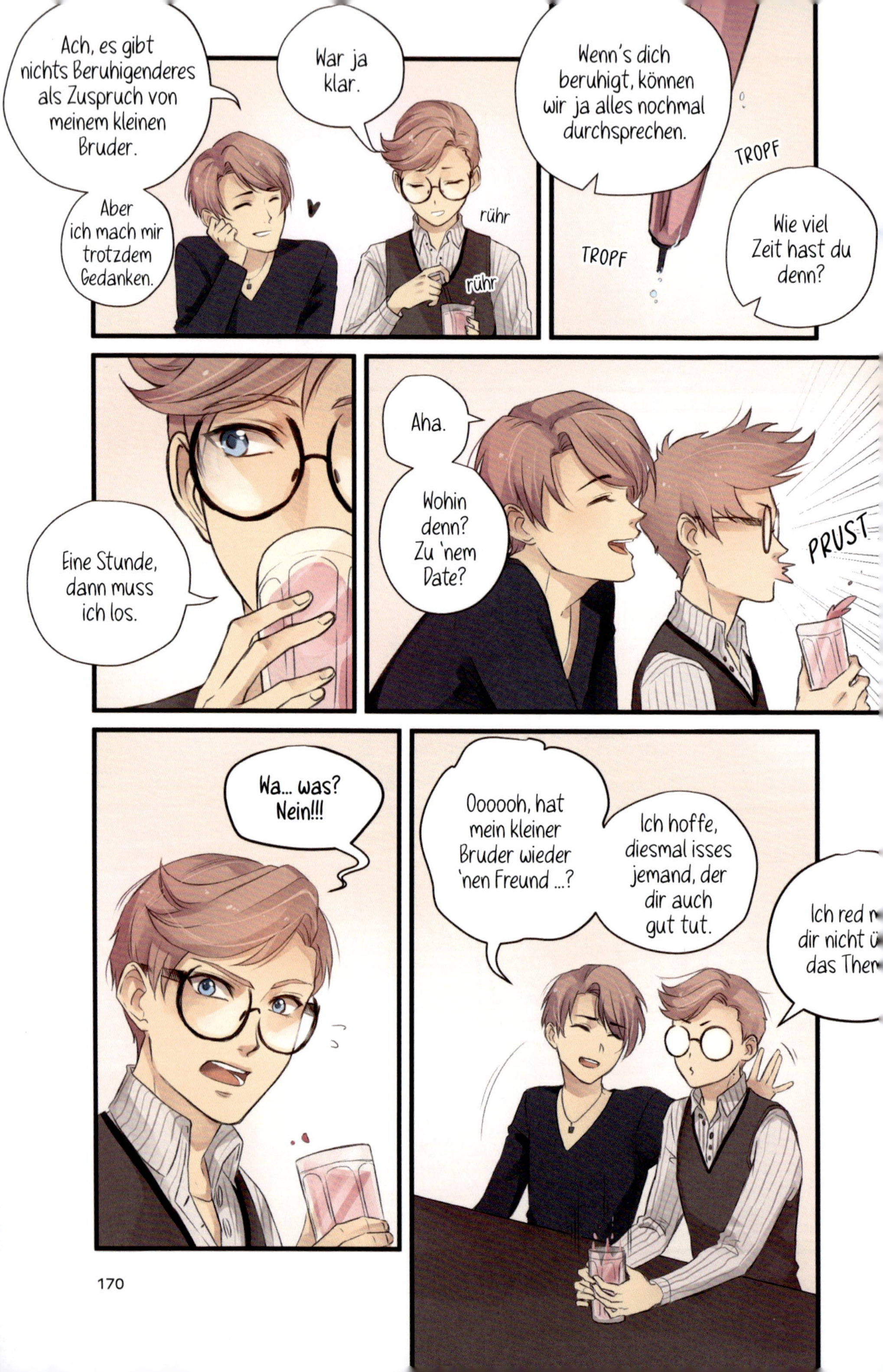
Ach, es gibt nichts Beruhigenderes als Zuspruch von meinem kleinen Bruder.
Aber ich mach mir trotzdem Gedanken.
War ja klar.
rühr
rühr
Wenn's dich beruhigt, können wir ja alles nochmal durchsprechen.
TROPF
TROPF
Wie viel Zeit hast du denn?
Eine Stunde, dann muss ich los.
Aha.
Wohin denn? Zu 'nem Date?
PRUST
Wa... was? Nein!!!
Oooooh, hat mein kleiner Bruder wieder 'nen Freund ...?
Ich hoffe, diesmal isses jemand, der dir auch gut tut.

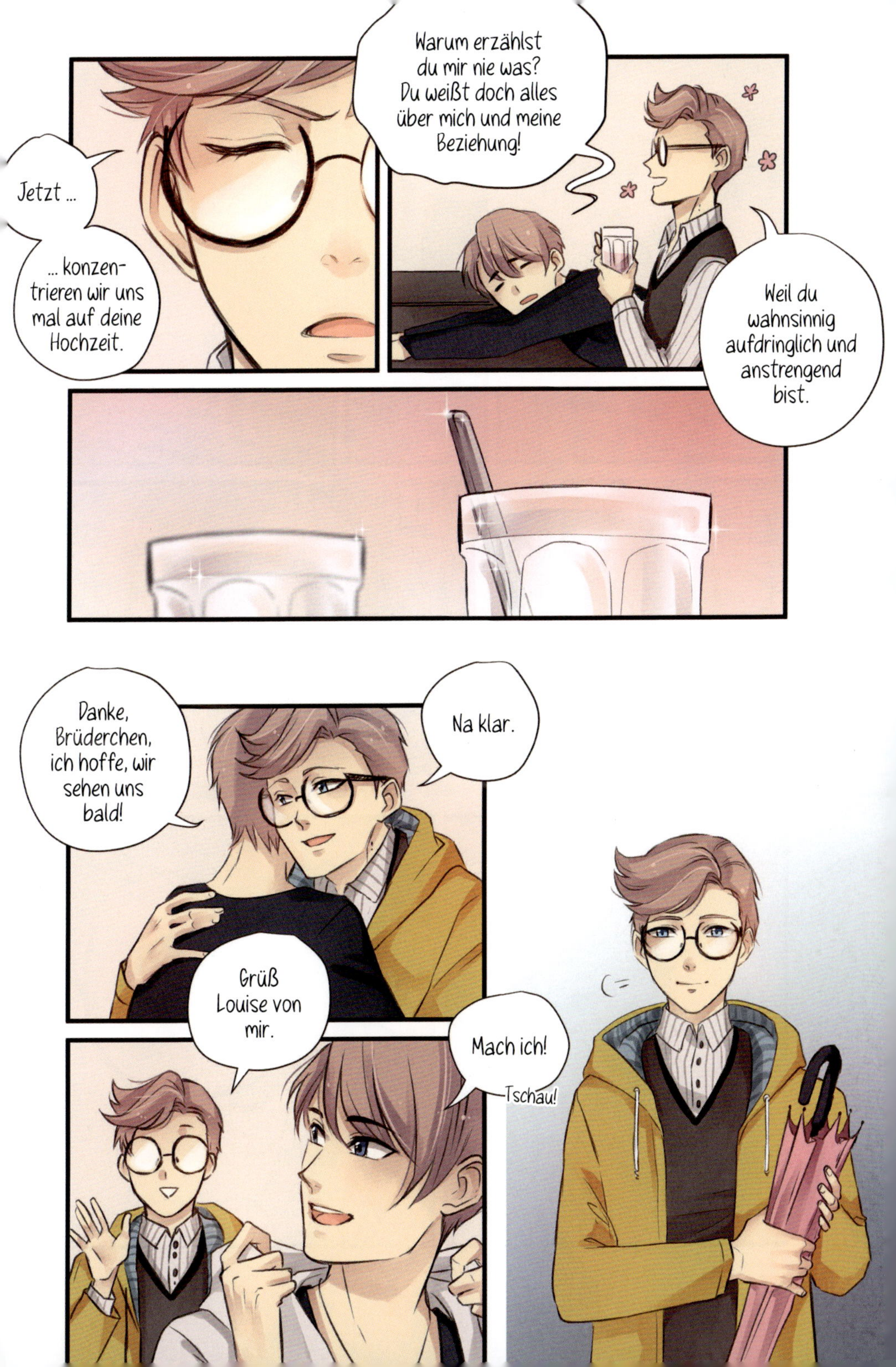
Warum erzählst du mir nie was? Du weißt doch alles über mich und meine Beziehung!
Weil du wahnsinnig aufdringlich und anstrengend bist.
Jetzt ...
... konzentrieren wir uns mal auf deine Hochzeit.
Danke, Brüderchen, ich hoffe, wir sehen uns bald!
Na klar.
Grüß Louise von mir.
Mach ich!
Tschau!

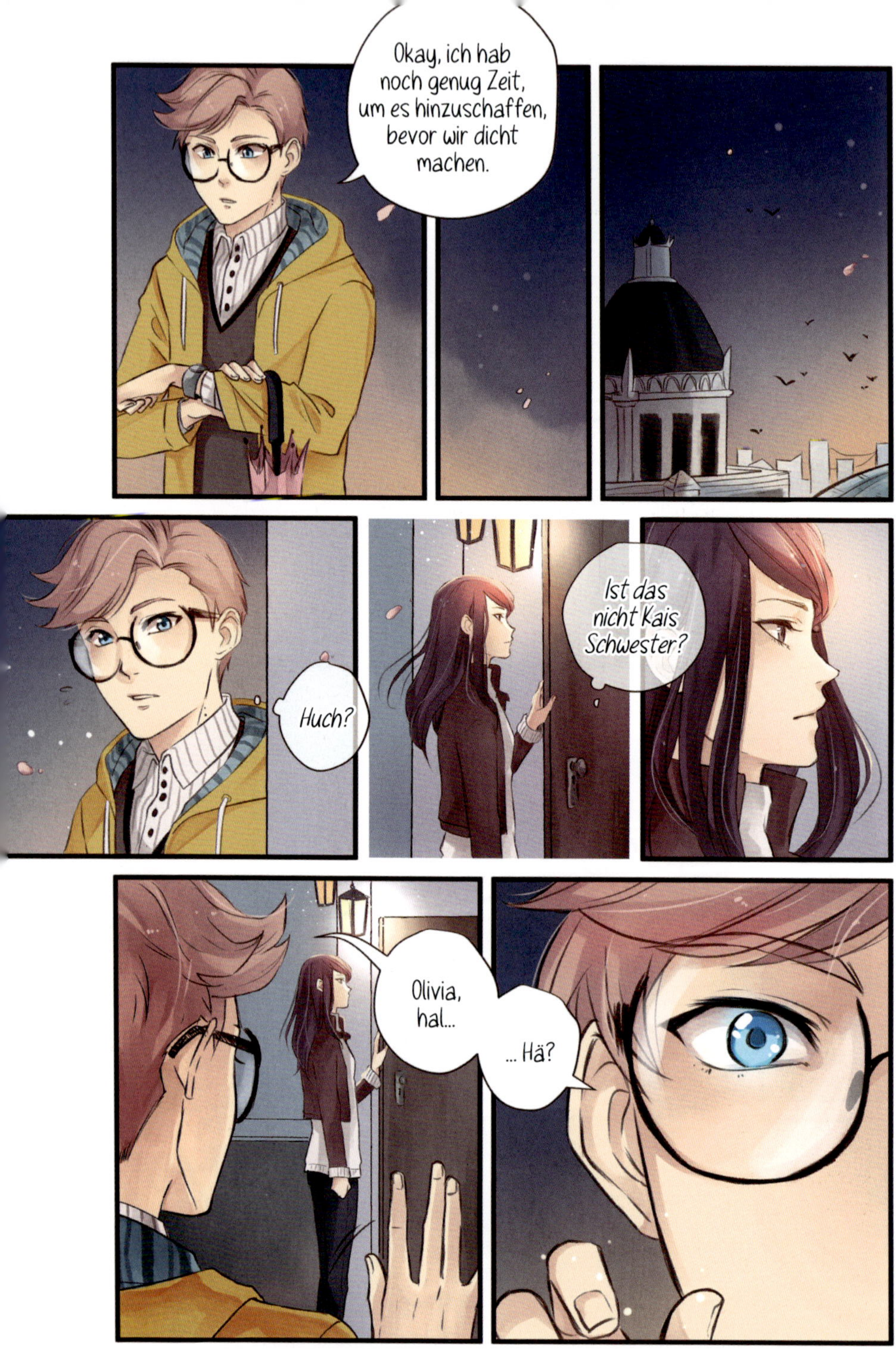
Okay, ich hab noch genug Zeit, um es hinzuschaffen, bevor wir dicht machen.
Huch?
Ist das nicht Kais Schwester?
Olivia, hal…
… Hä?

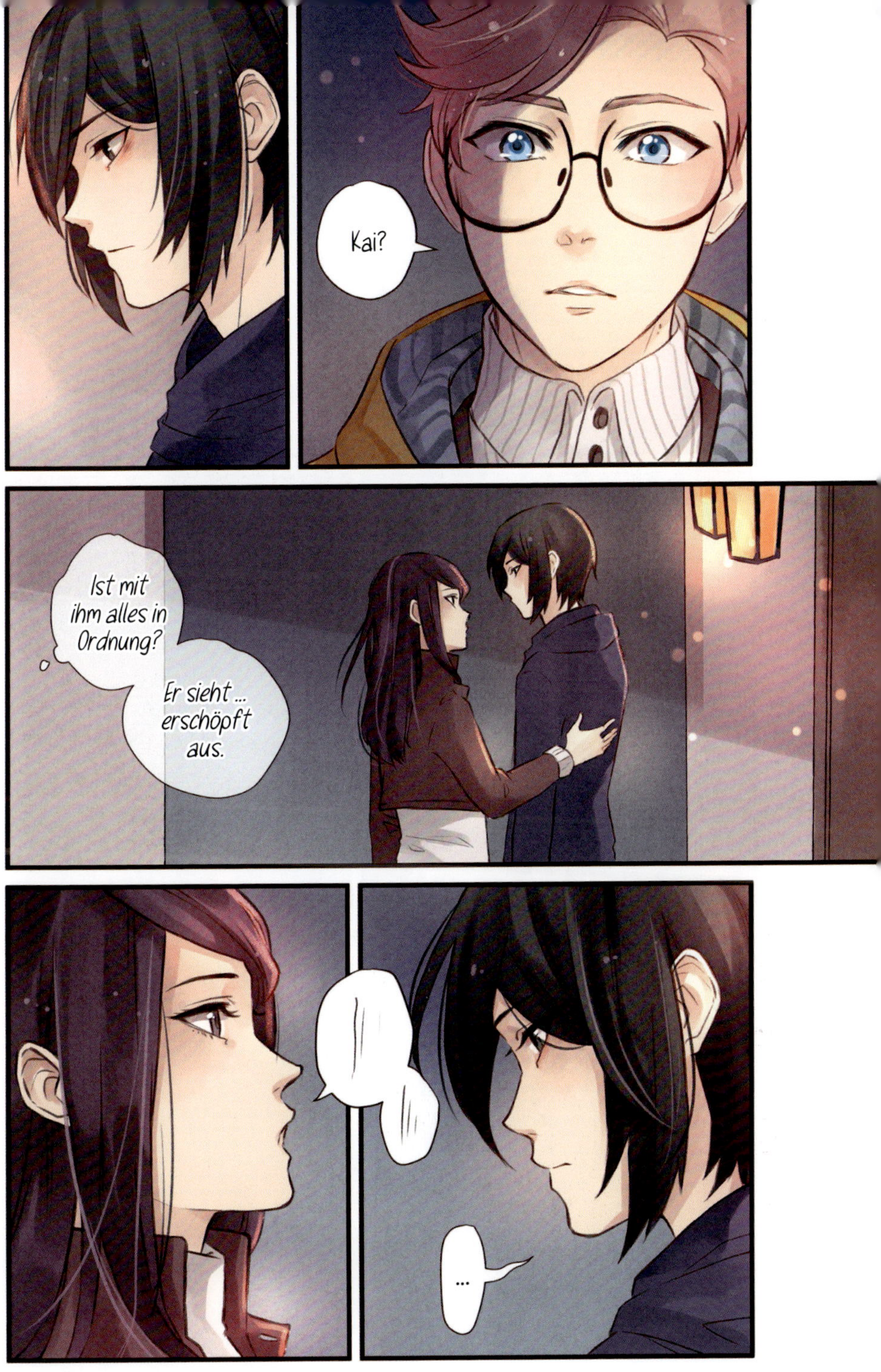
Kai?
Ist mit ihm alles in Ordnung?
Er sieht ... erschöpft aus.
...

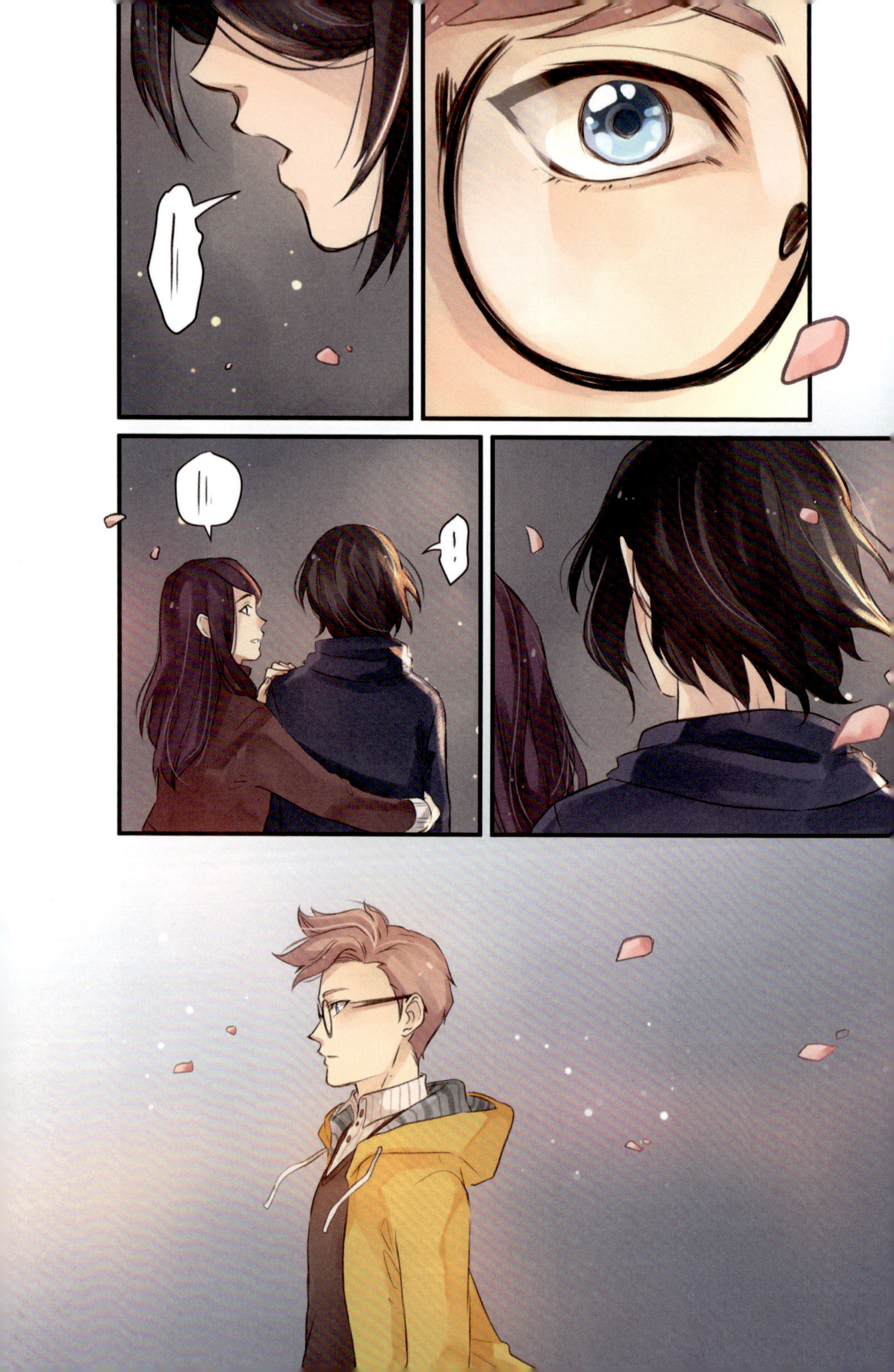

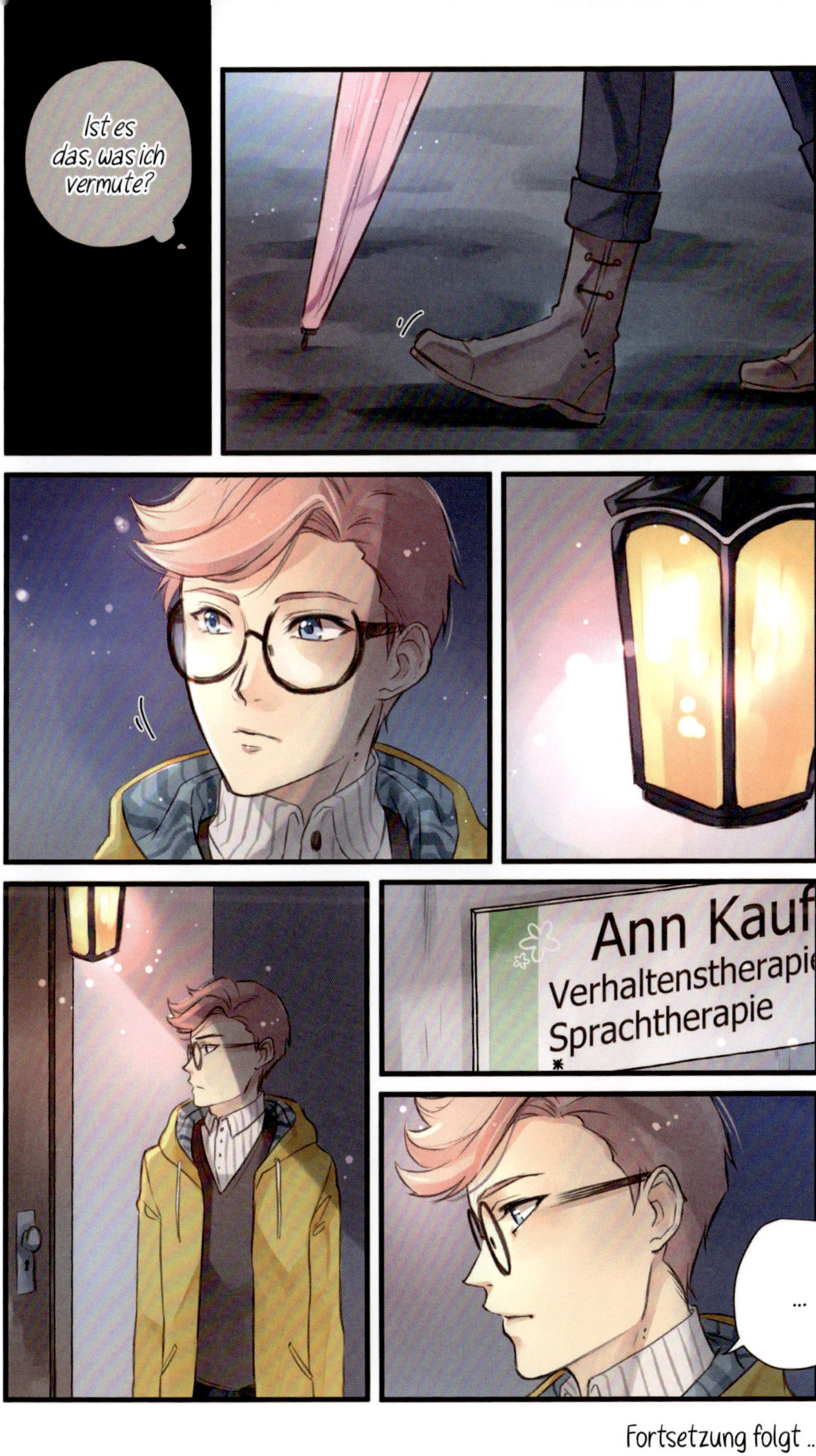

Fortsetzung folgt ...

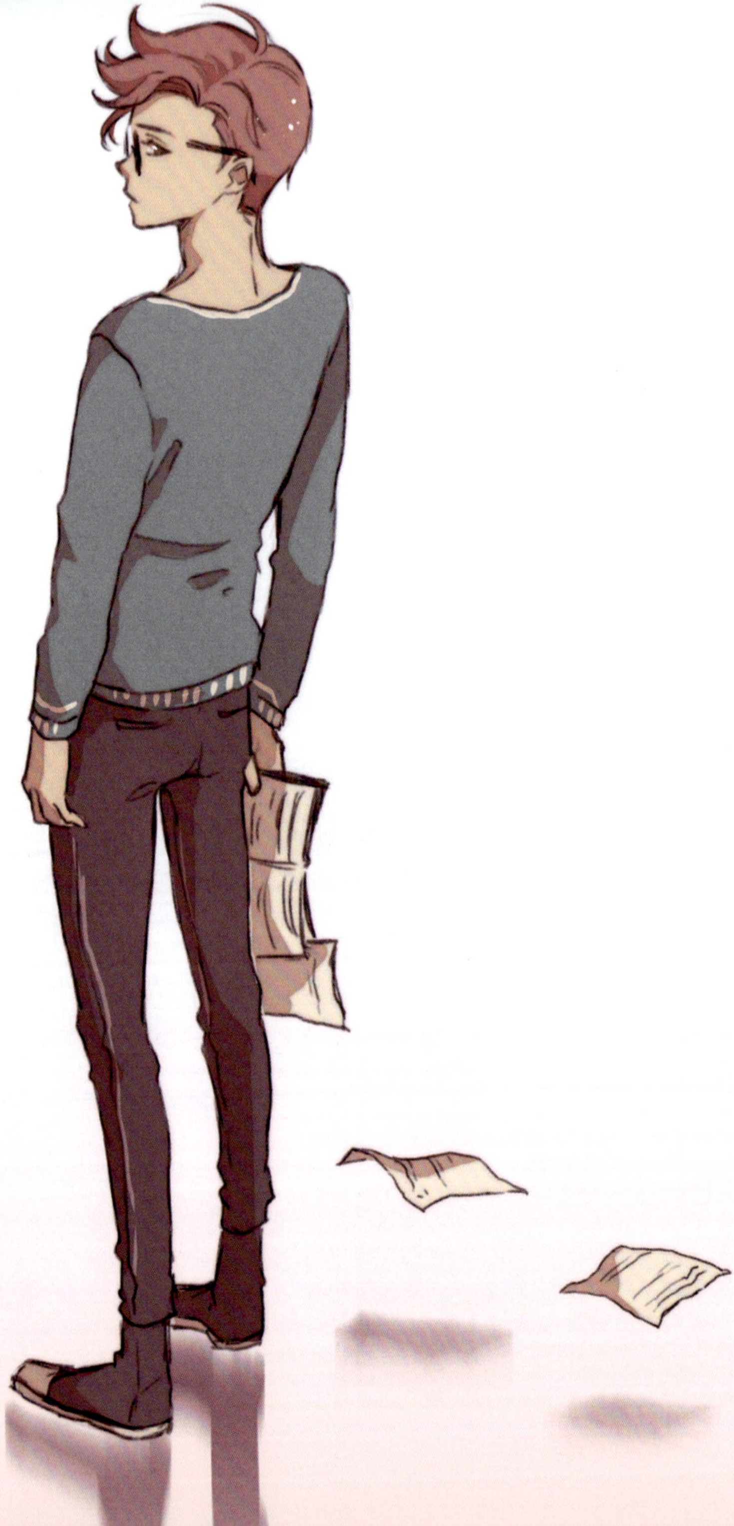

Nachwort

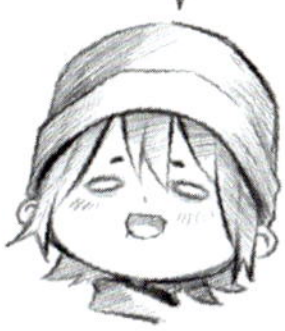

Hey hey, hier ist Kan!

#MUTED war mein erstes ernsthaftes Comicprojekt, ursprünglich geplant als ca. 70 Seiten langer Oneshot, bevor Kai und Jasper sich verselbstständigt haben und plötzlich waren 5 Jahre rum und weit mehr als 70 Seiten gezeichnet?! Wild, wie so was manchmal einfach passiert.

Die Geschichte der beiden ist mir sehr ans Herz gewachsen und ich bin sehr dankbar und glücklich, dass ich sie mit so vielen Leser*innen über die letzten Jahre teilen konnte.

Deshalb von ganzem Herzen VIELEN DANK, dass du #MUTED gelesen hast! Ich hoffe sehr, dass dir der erste Band gefallen hat und dass wir uns im nächsten Nachwort wieder sehen!

Bis dahin!

Kan

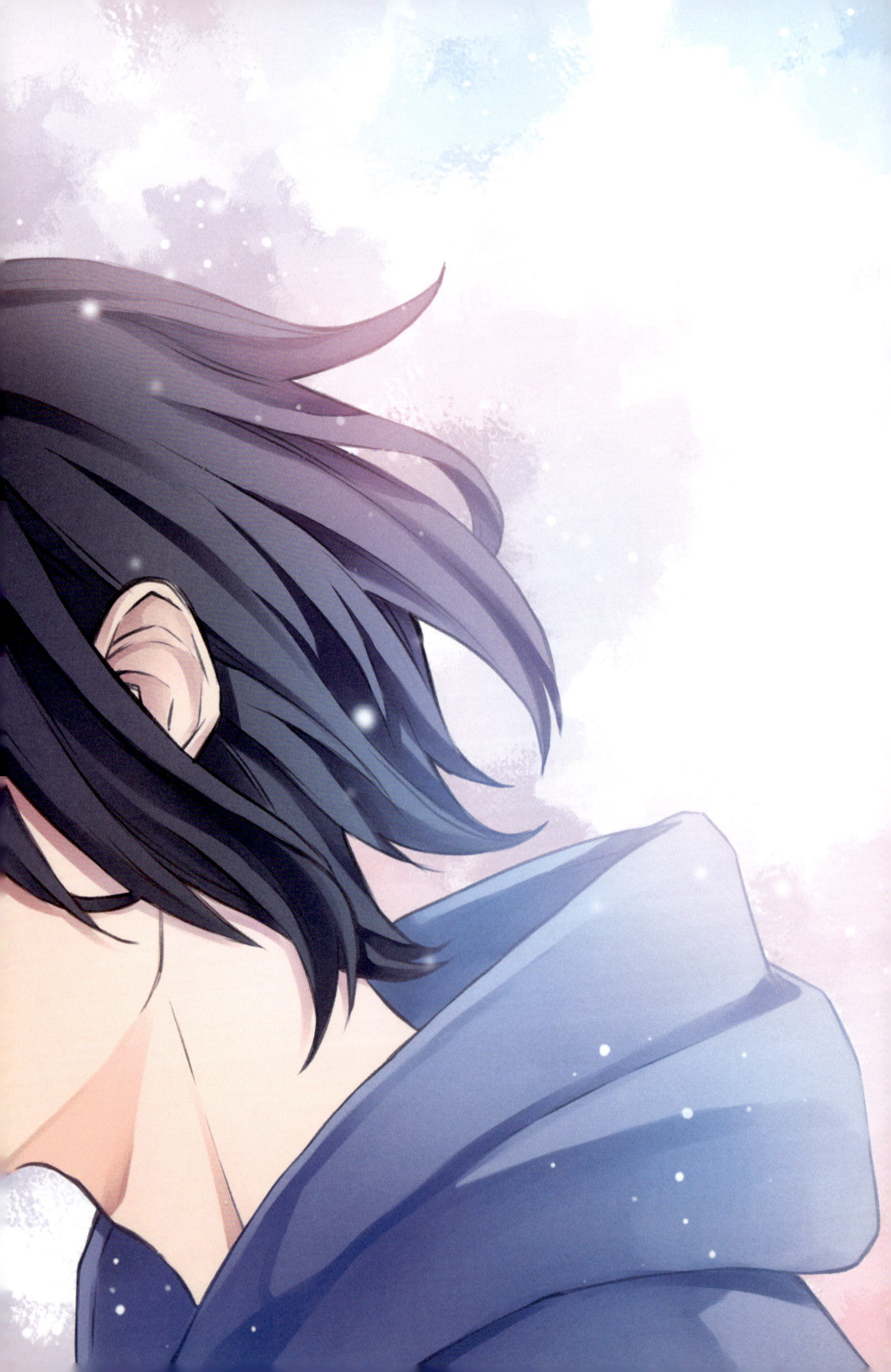

BONUS: FRÜHLING

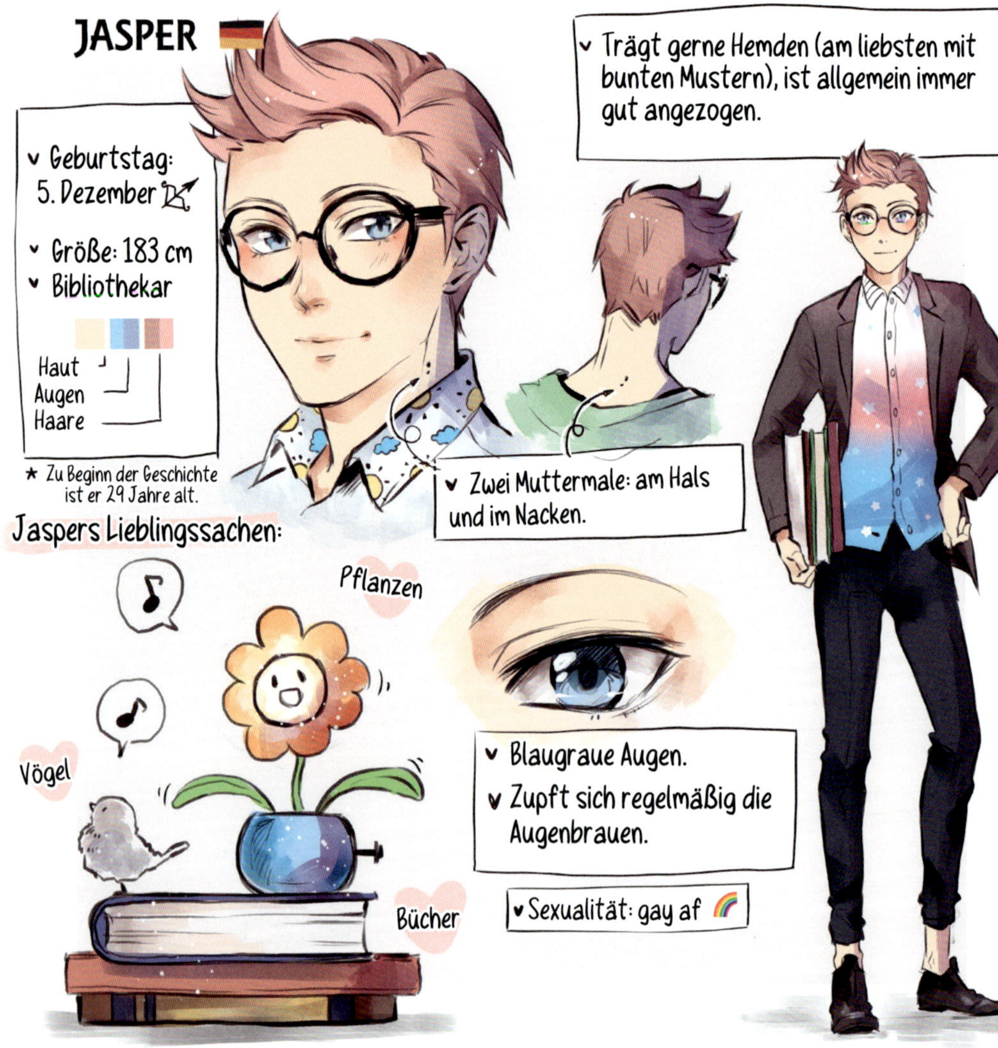
JASPER
Geburtstag: 5. Dezember
Größe: 183 cm
Bibliothekar
Haut
Augen
Haare
★ Zu Beginn der Geschichte ist er 29 Jahre alt.
Trägt gerne Hemden (am liebsten mit bunten Mustern), ist allgemein immer gut angezogen.
Zwei Muttermale: am Hals und im Nacken.
Jaspers Lieblingssachen:
Pflanzen
Vögel
Bücher
Blaugraue Augen.
Zupft sich regelmäßig die Augenbrauen.
Sexualität: gay af

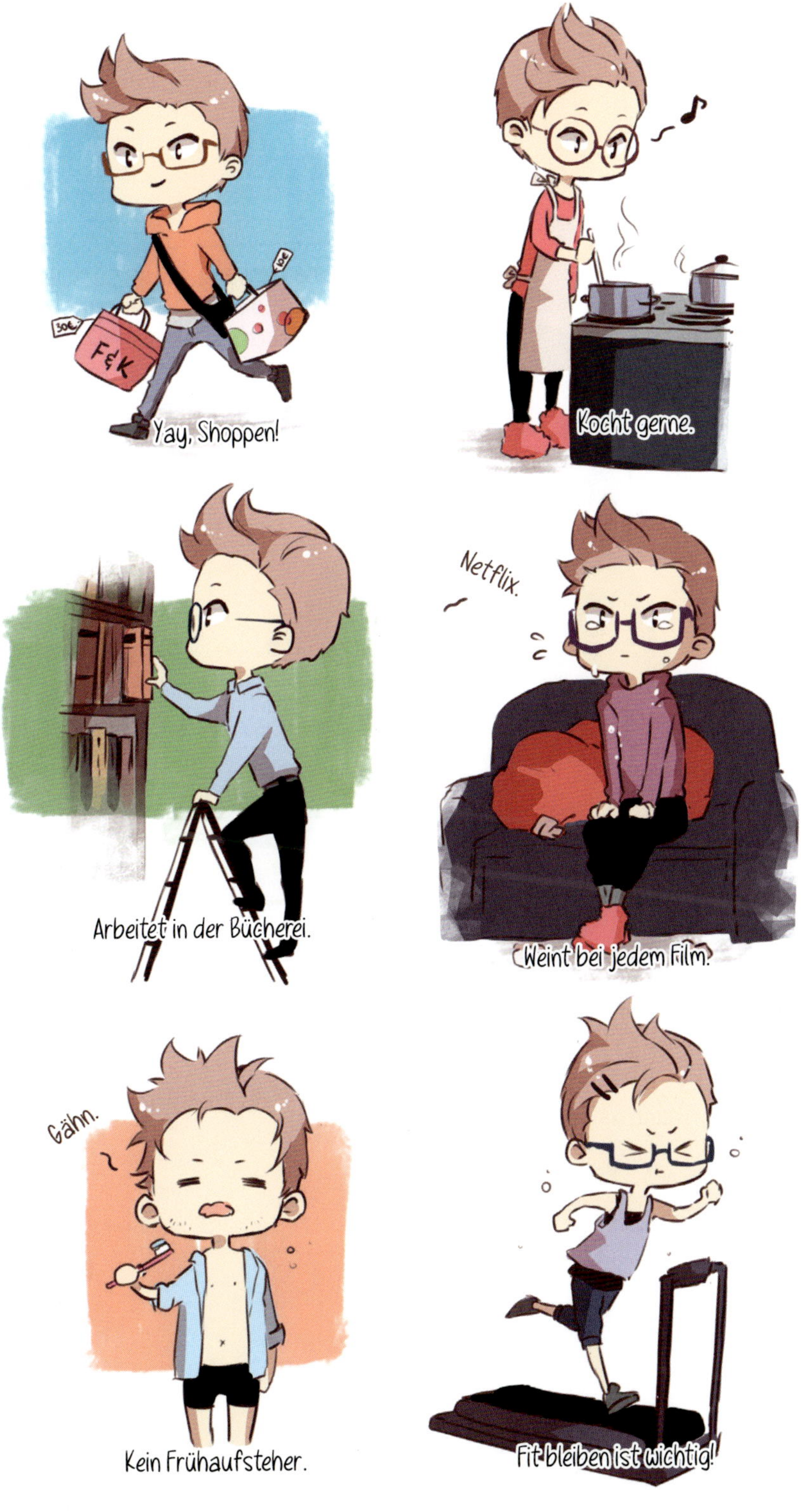
30€
F&K
Yay, Shoppen!
Kocht gerne.
Arbeitet in der Bücherei.
Netflix.
Weint bei jedem Film.
Gähn.
Kein Frühaufsteher.
Fit bleiben ist wichtig!

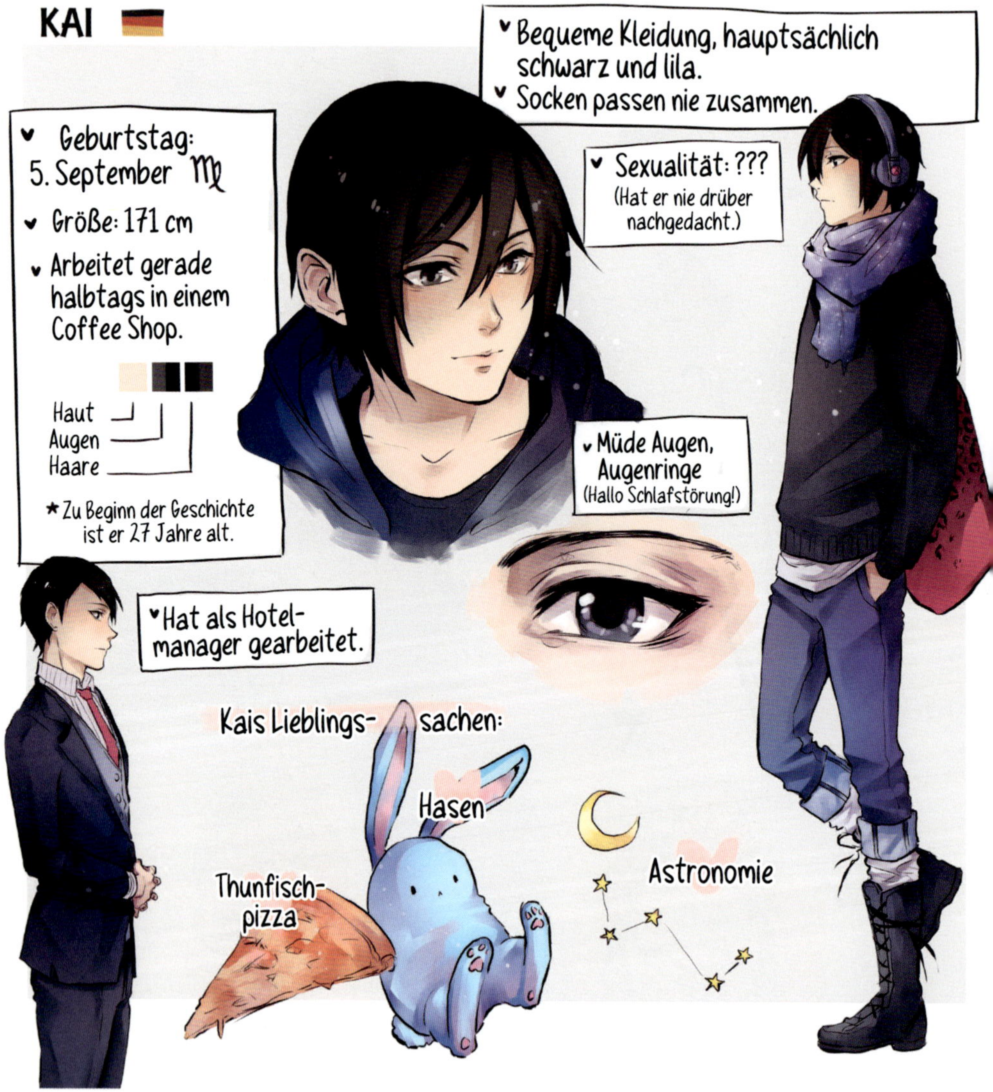
KAI
Bequeme Kleidung, hauptsächlich schwarz und lila.
Socken passen nie zusammen.
Geburtstag: 5. September ♍
Größe: 171 cm
Arbeitet gerade halbtags in einem Coffee Shop.
Haut
Augen
Haare
* Zu Beginn der Geschichte ist er 27 Jahre alt.
Sexualität: ???
(Hat er nie drüber nachgedacht.)
Müde Augen, Augenringe
(Hallo Schlafstörung!)
Hat als Hotelmanager gearbeitet.
Kais Lieblingssachen:
Hasen
Thunfischpizza
Astronomie

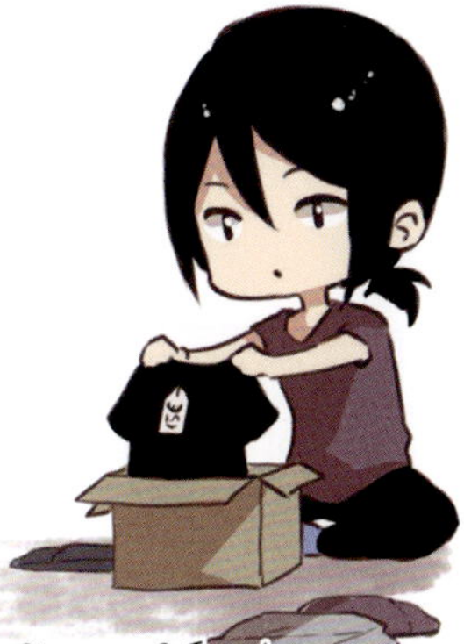

Shoppen? Ja, aber von zu Hause.

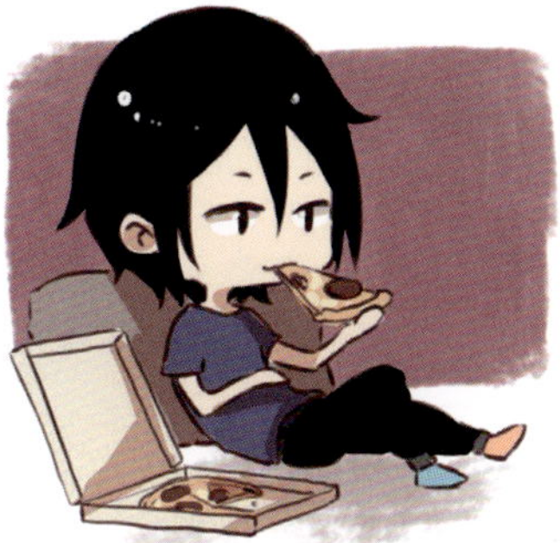

Junk Food!

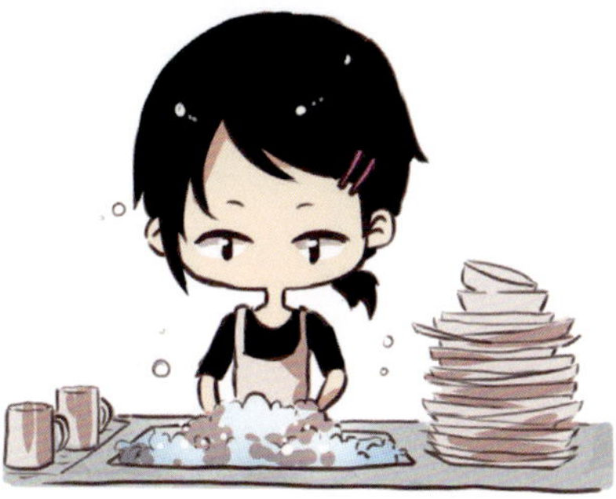

Arbeitet halbtags in einem Café, hauptsächlich in der Küche.

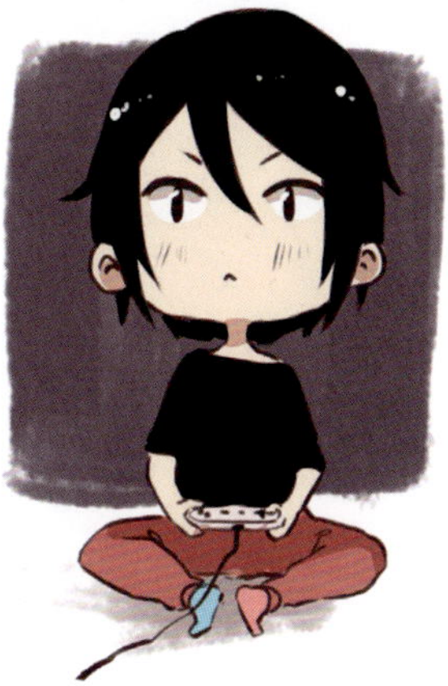

Videspiele!! ♥

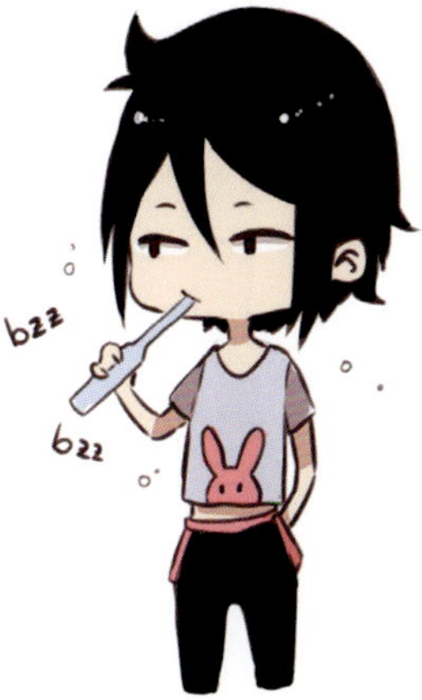

Frühaufsteher.

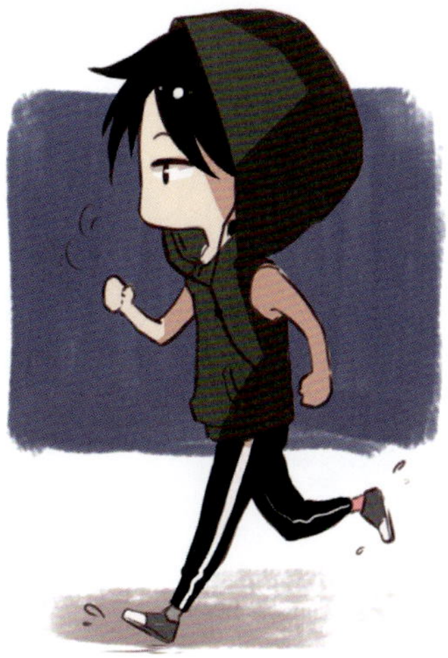

Geht joggen, wenn sein Kopf zu voll ist.

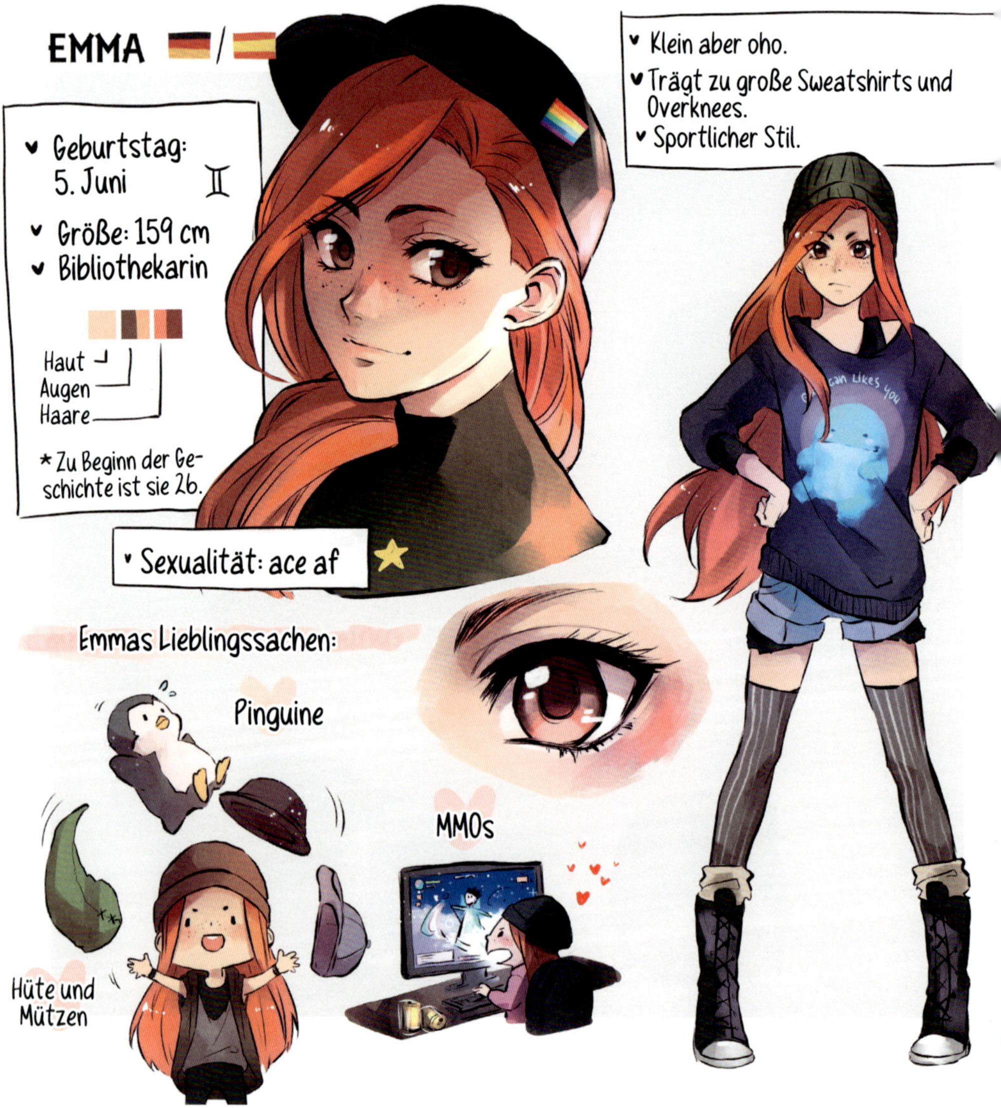
EMMA
Geburtstag: 5. Juni ♊
Größe: 159 cm
Bibliothekarin
Haut
Augen
Haare
* Zu Beginn der Geschichte ist sie 26.
Sexualität: ace af
Klein aber oho.
Trägt zu große Sweatshirts und Overknees.
Sportlicher Stil.
Emmas Lieblingssachen:
Pinguine
MMOs
Hüte und Mützen

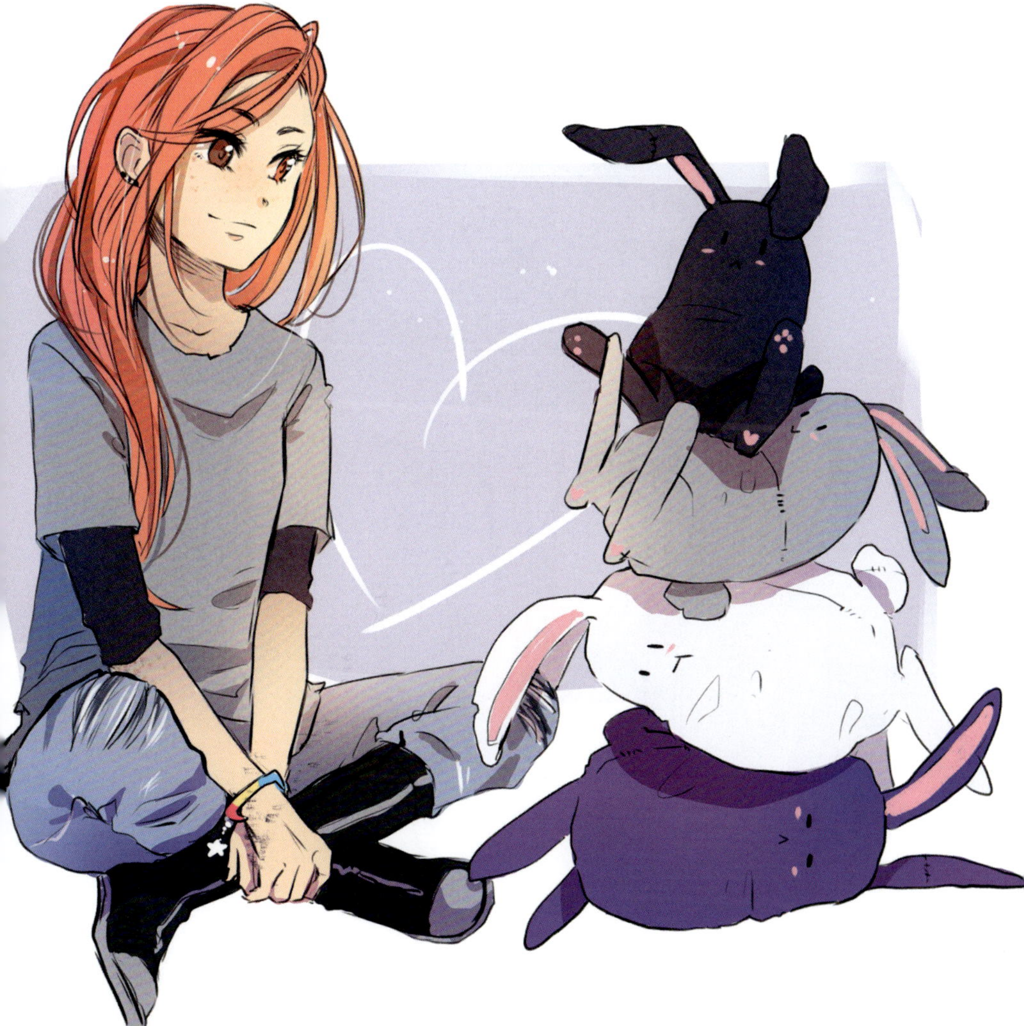

Erste Charakterentwürfe

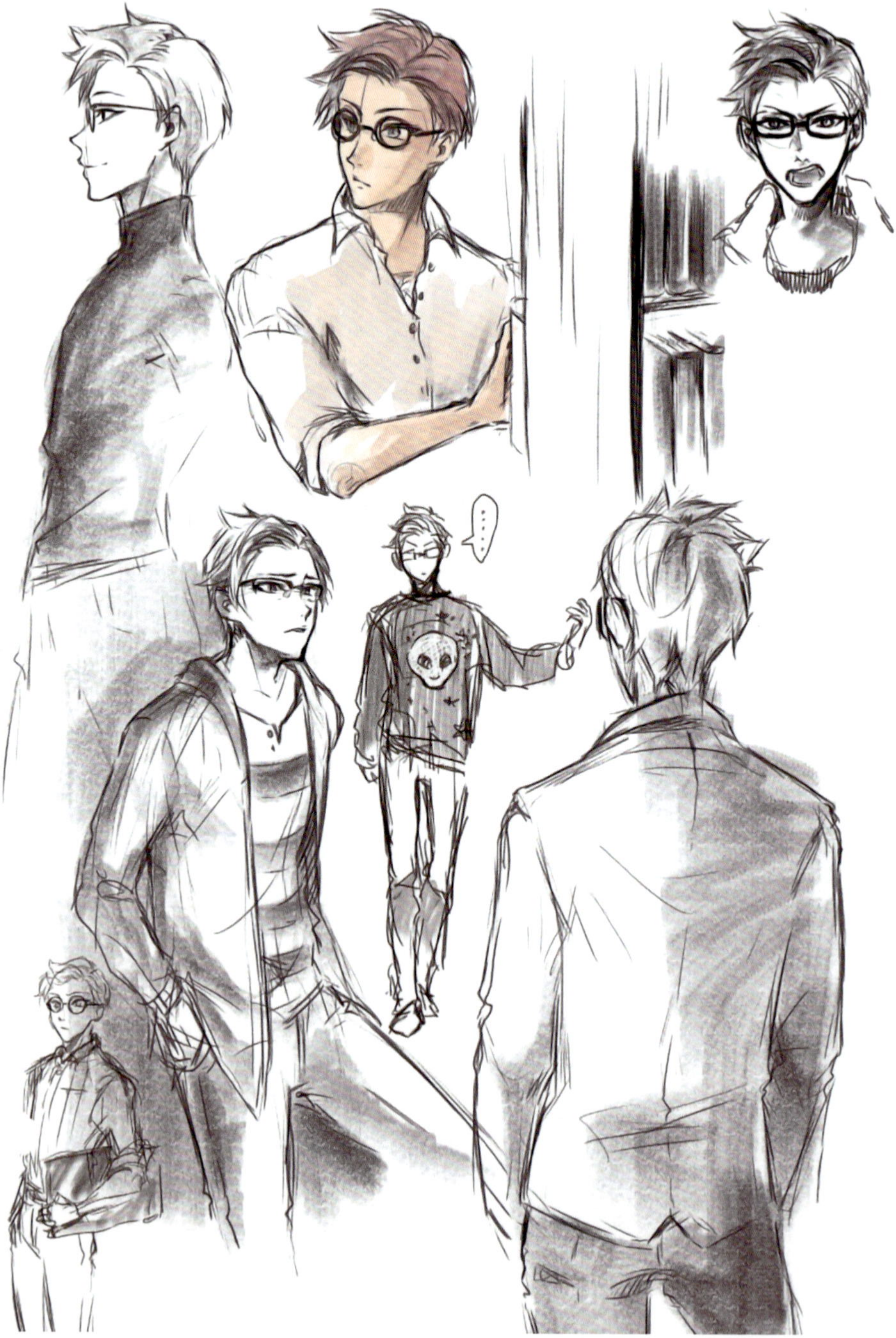

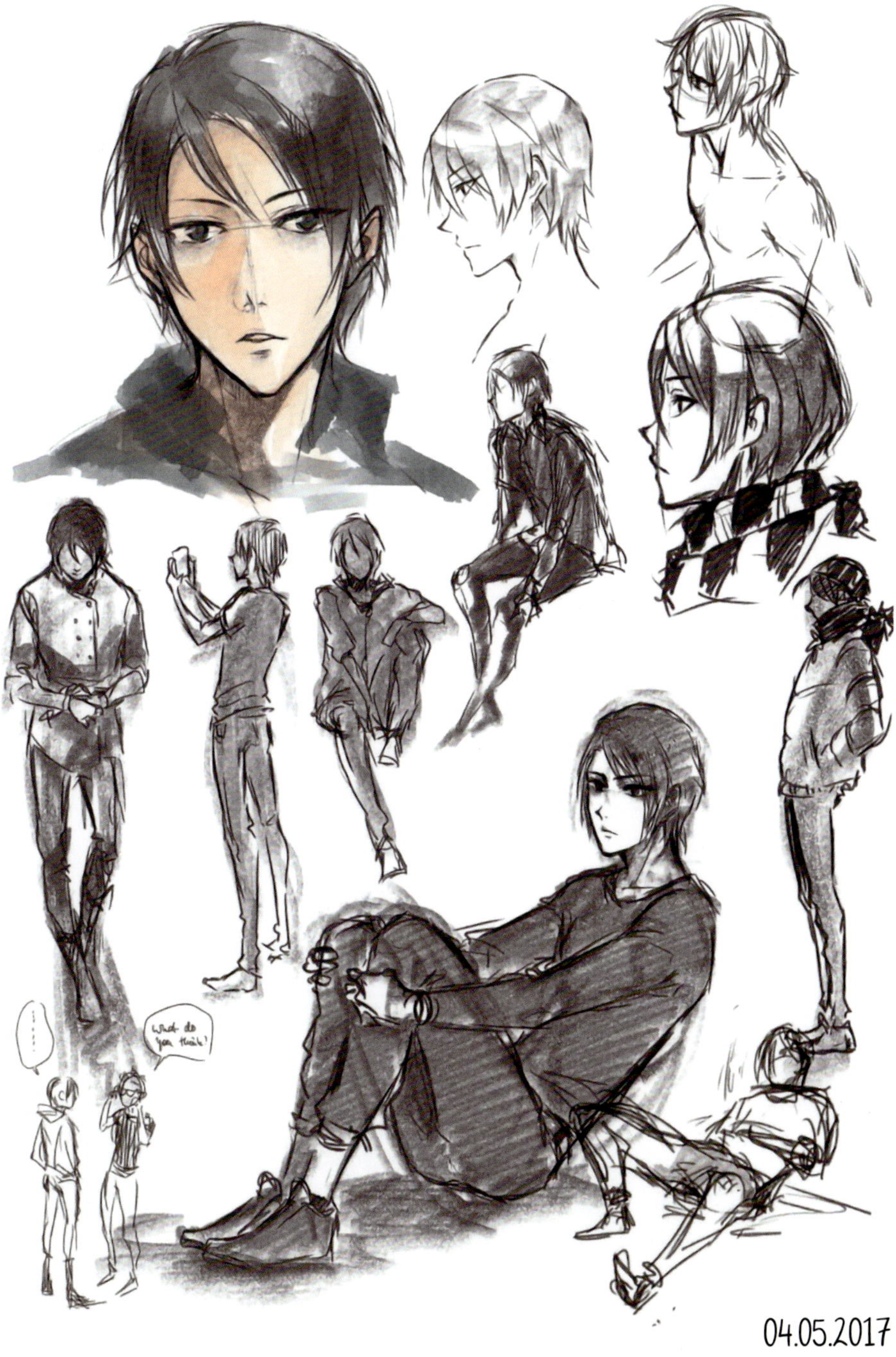

04.05.2017

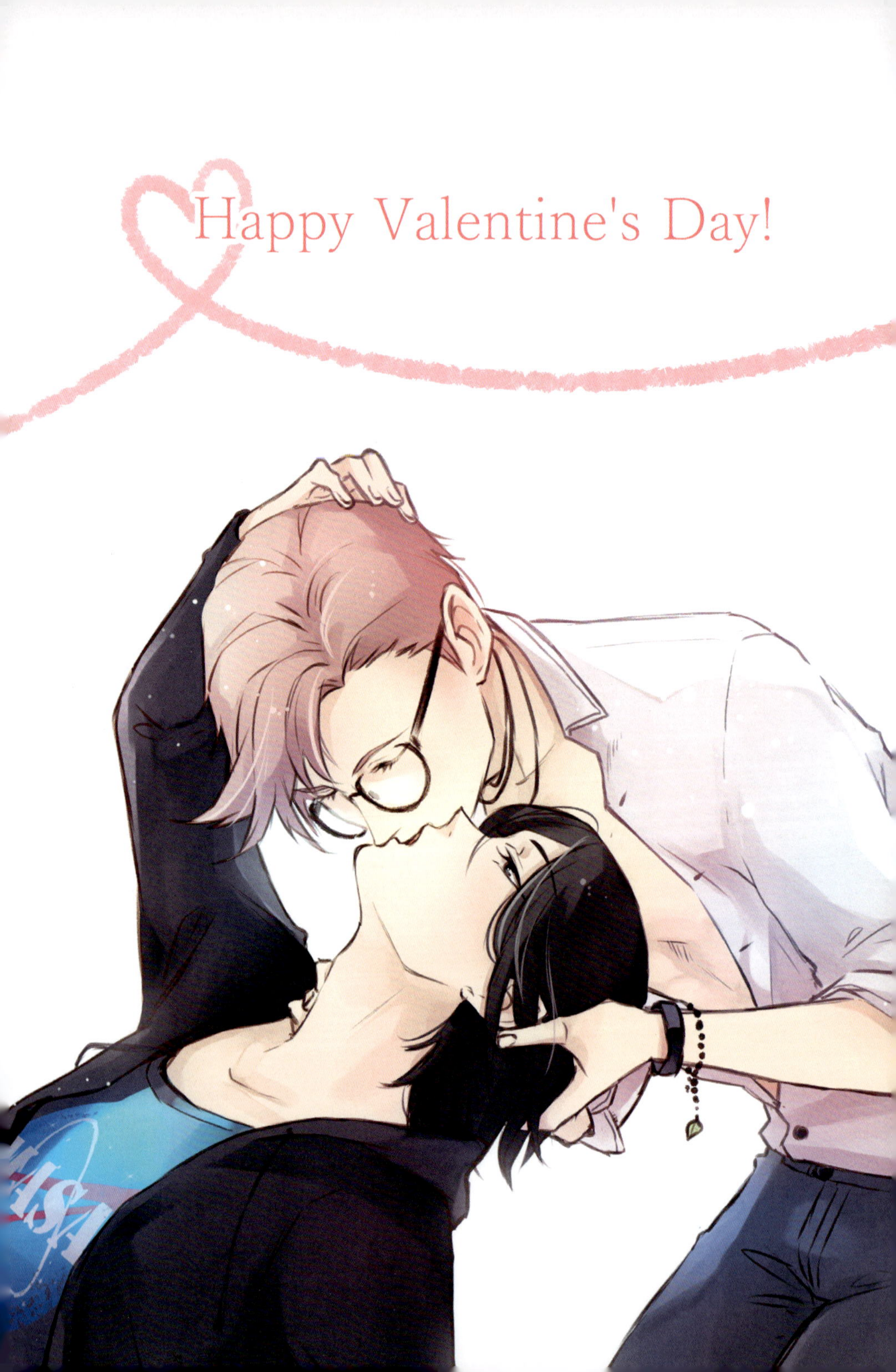
Happy Valentine's Day!

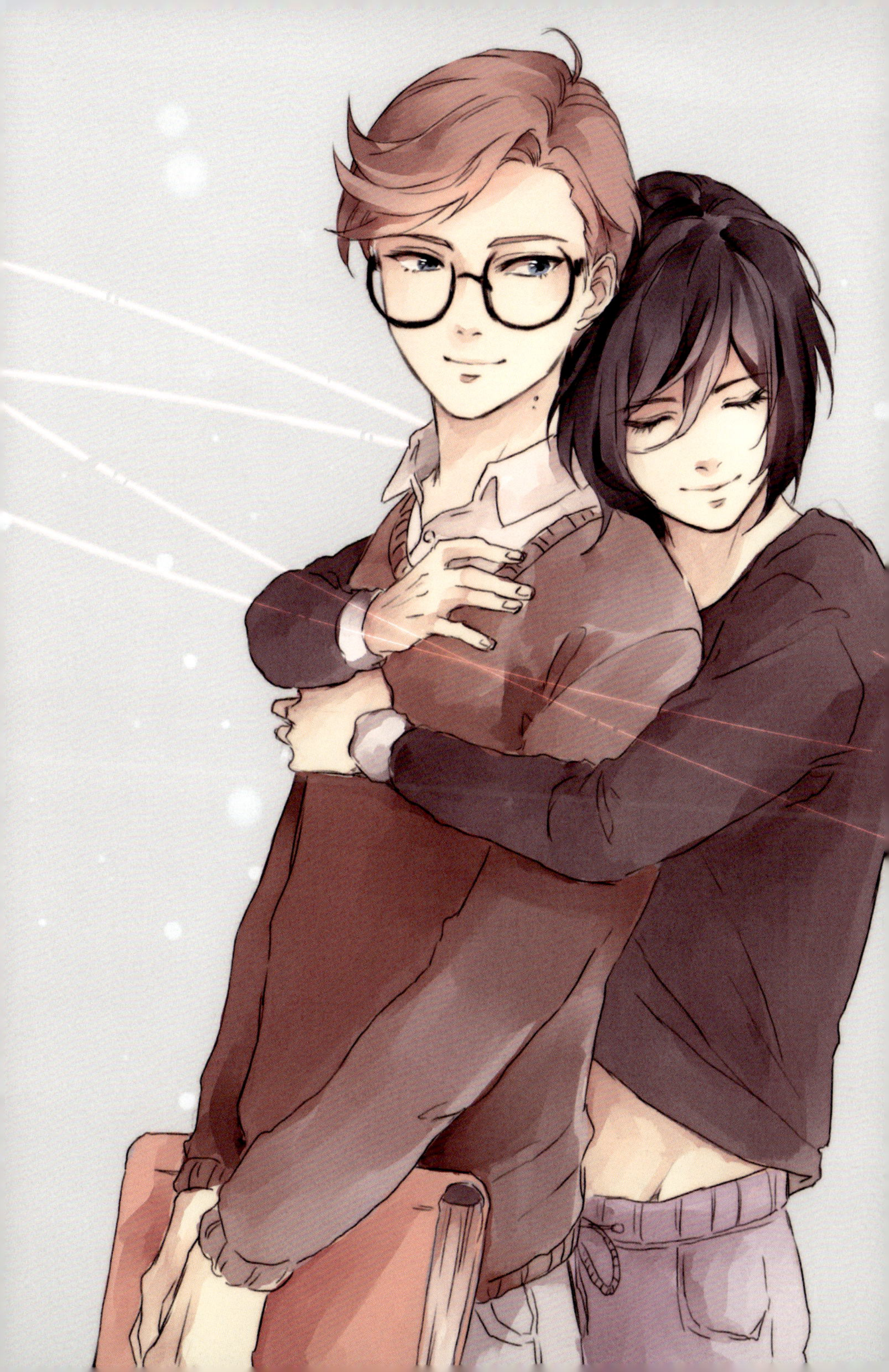

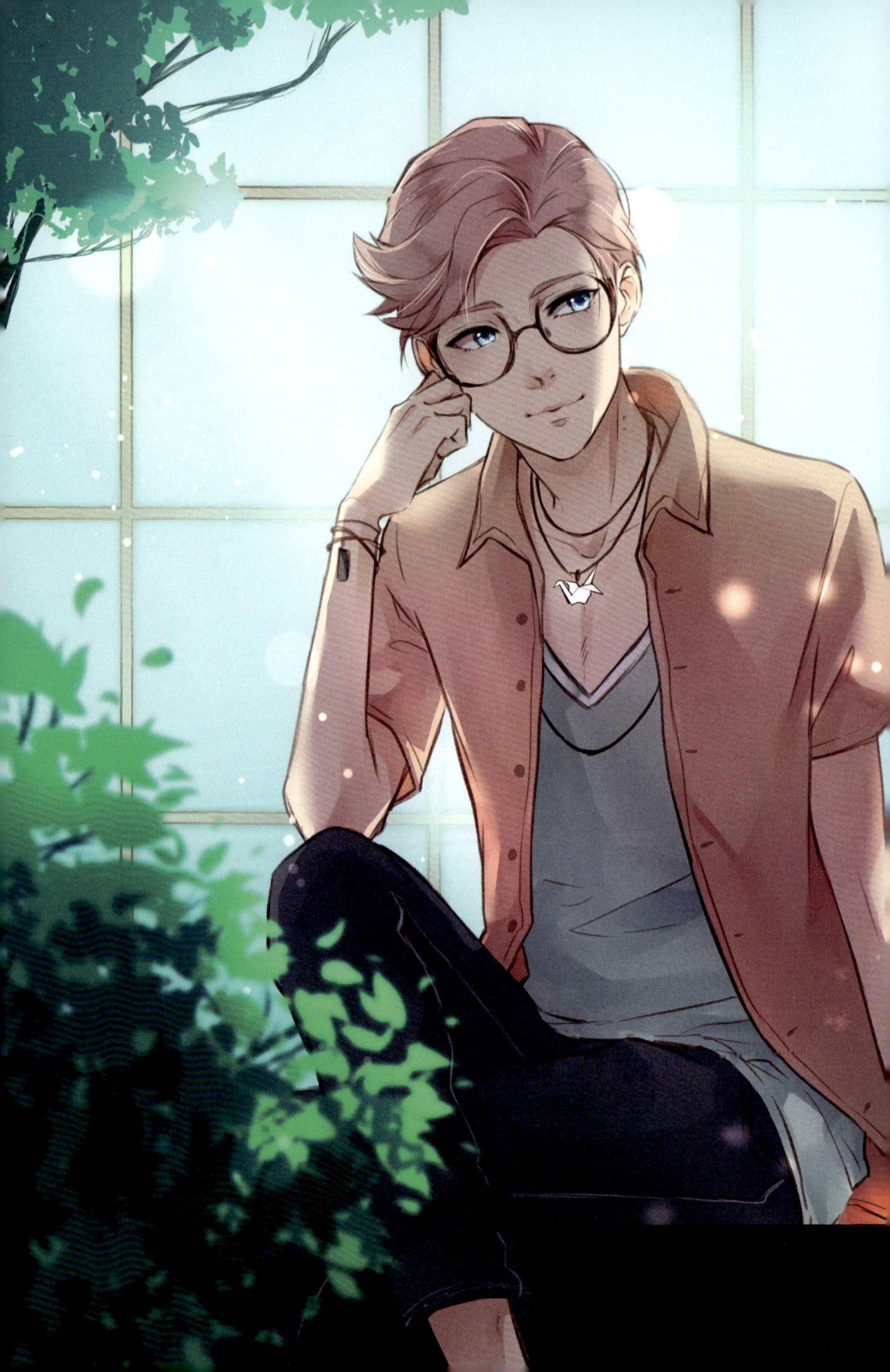

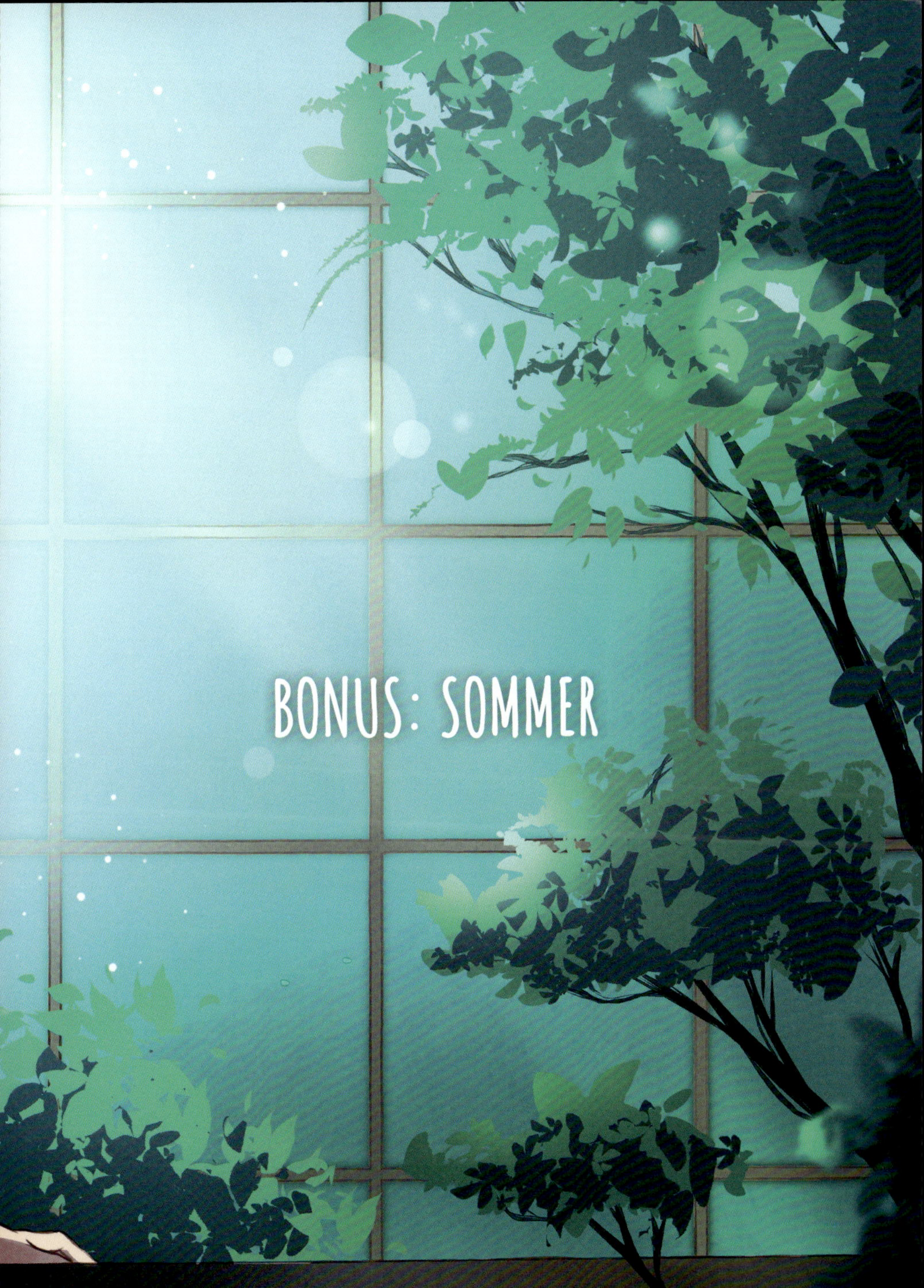
BONUS: SOMMER

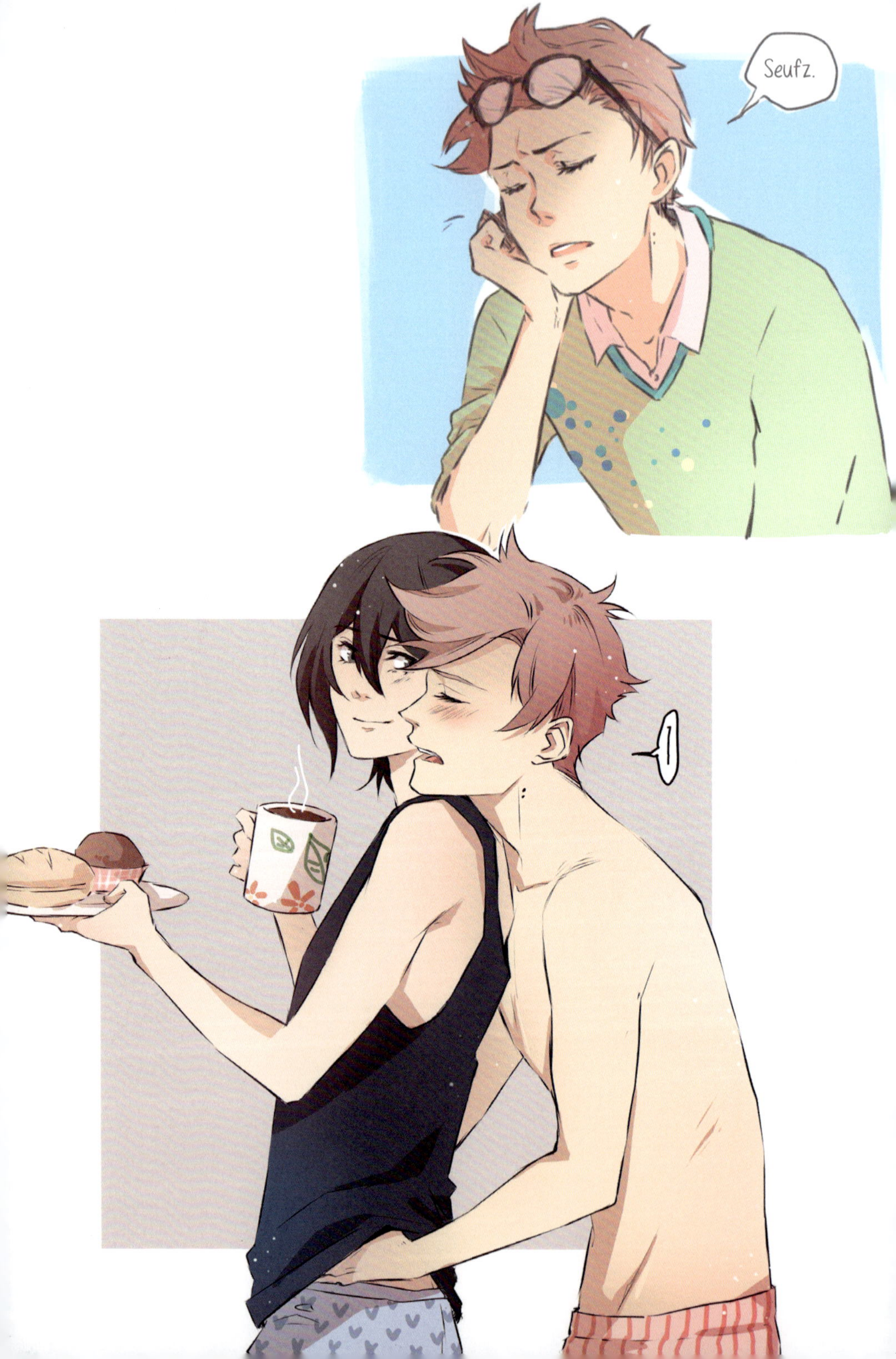
Seufz.
!

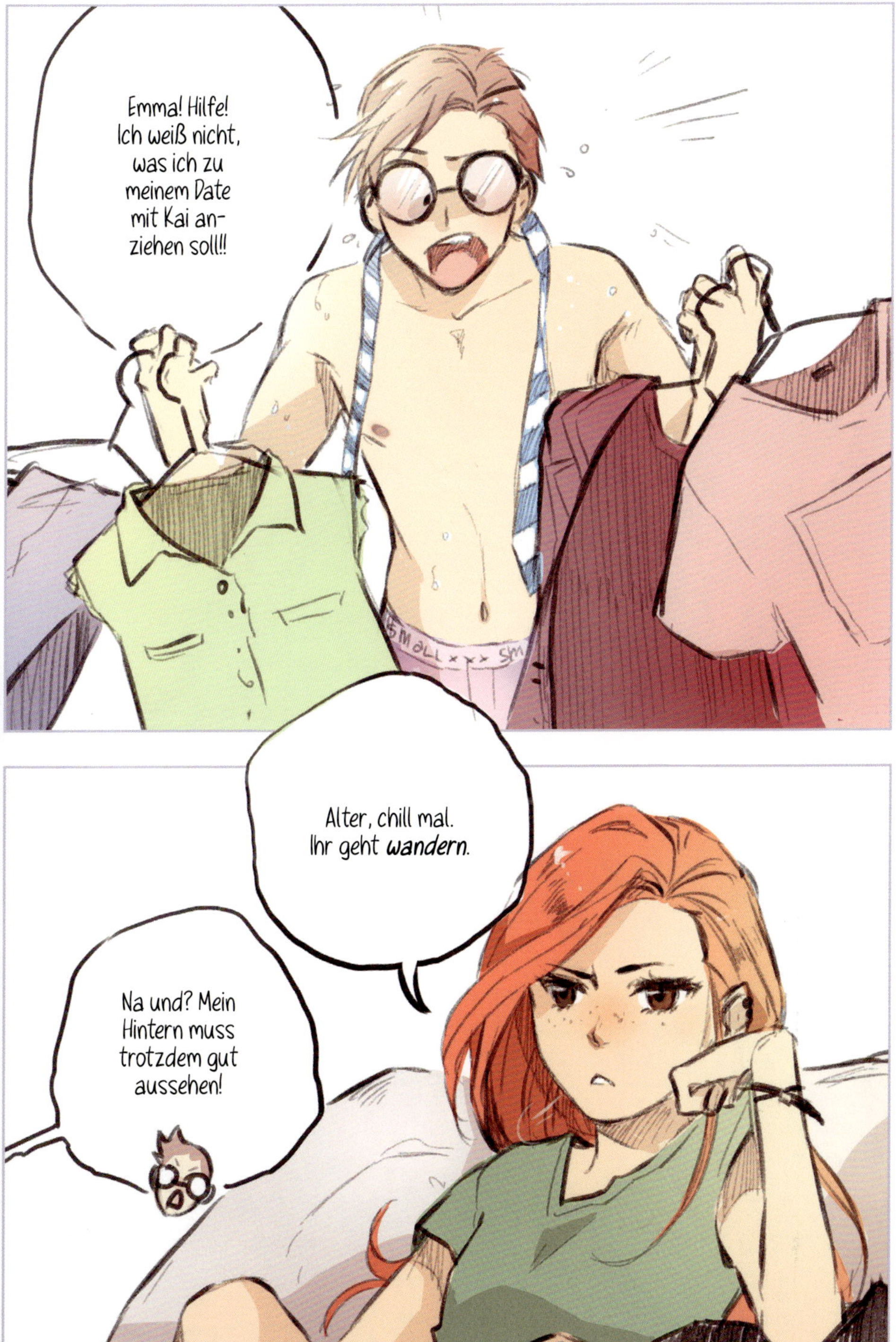
Emma! Hilfe! Ich weiß nicht, was ich zu meinem Date mit Kai anziehen soll!!
SMALL xxx SM
Alter, chill mal. Ihr geht *wandern*.
Na und? Mein Hintern muss trotzdem gut aussehen!

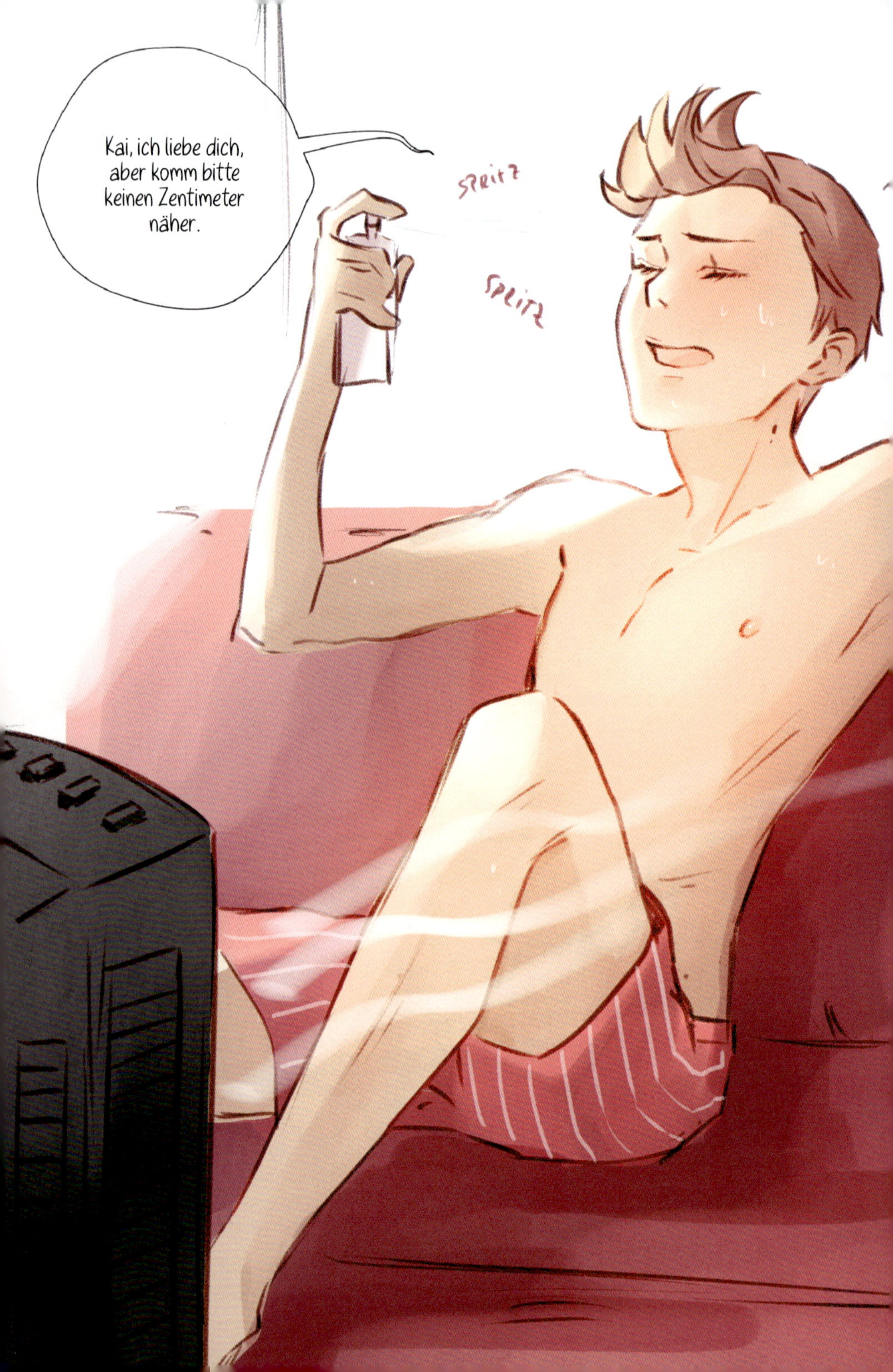
Kai, ich liebe dich, aber komm bitte keinen Zentimeter näher.
SPRITZ
SPRITZ

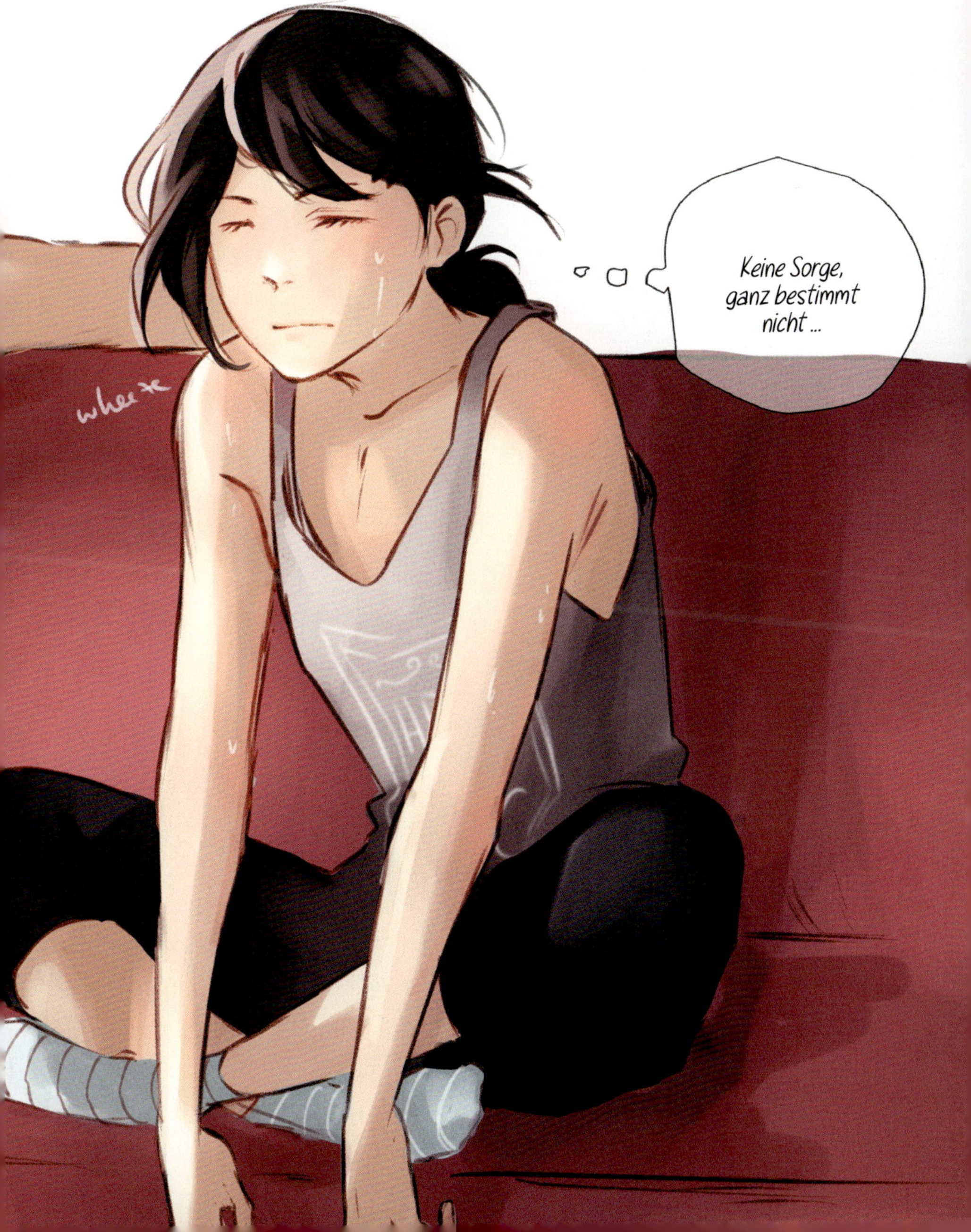
Keine Sorge, ganz bestimmt nicht ...

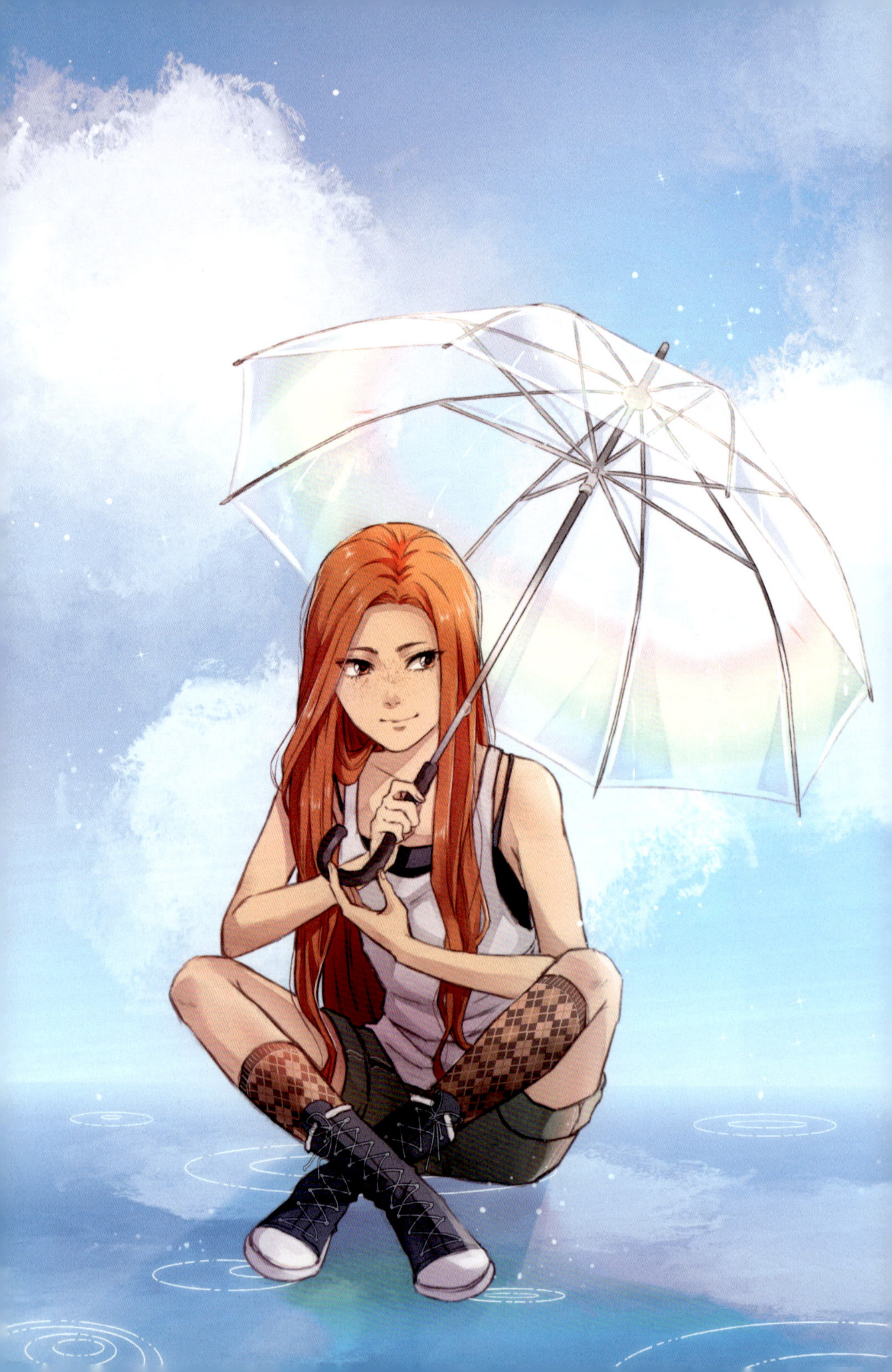

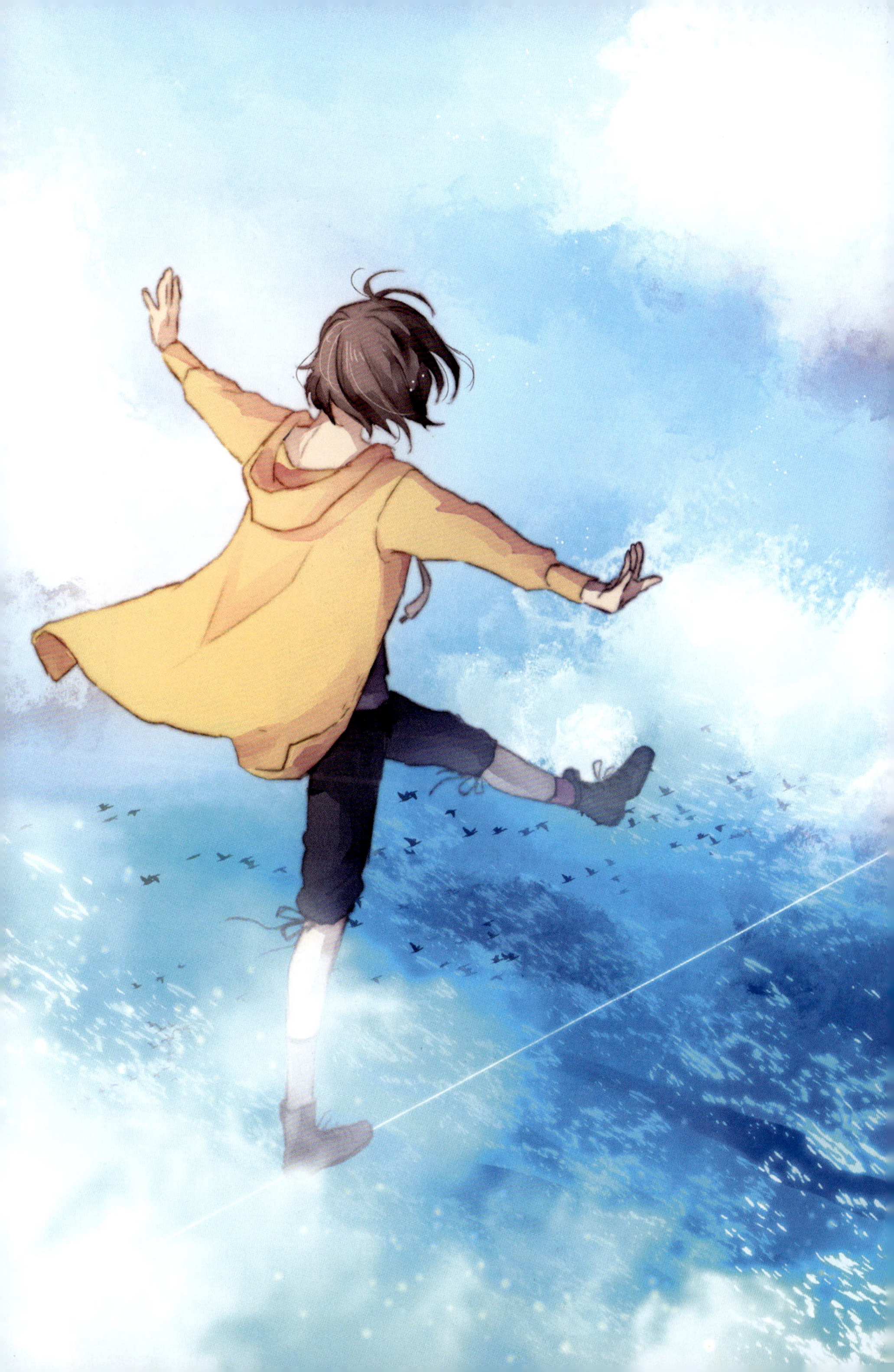

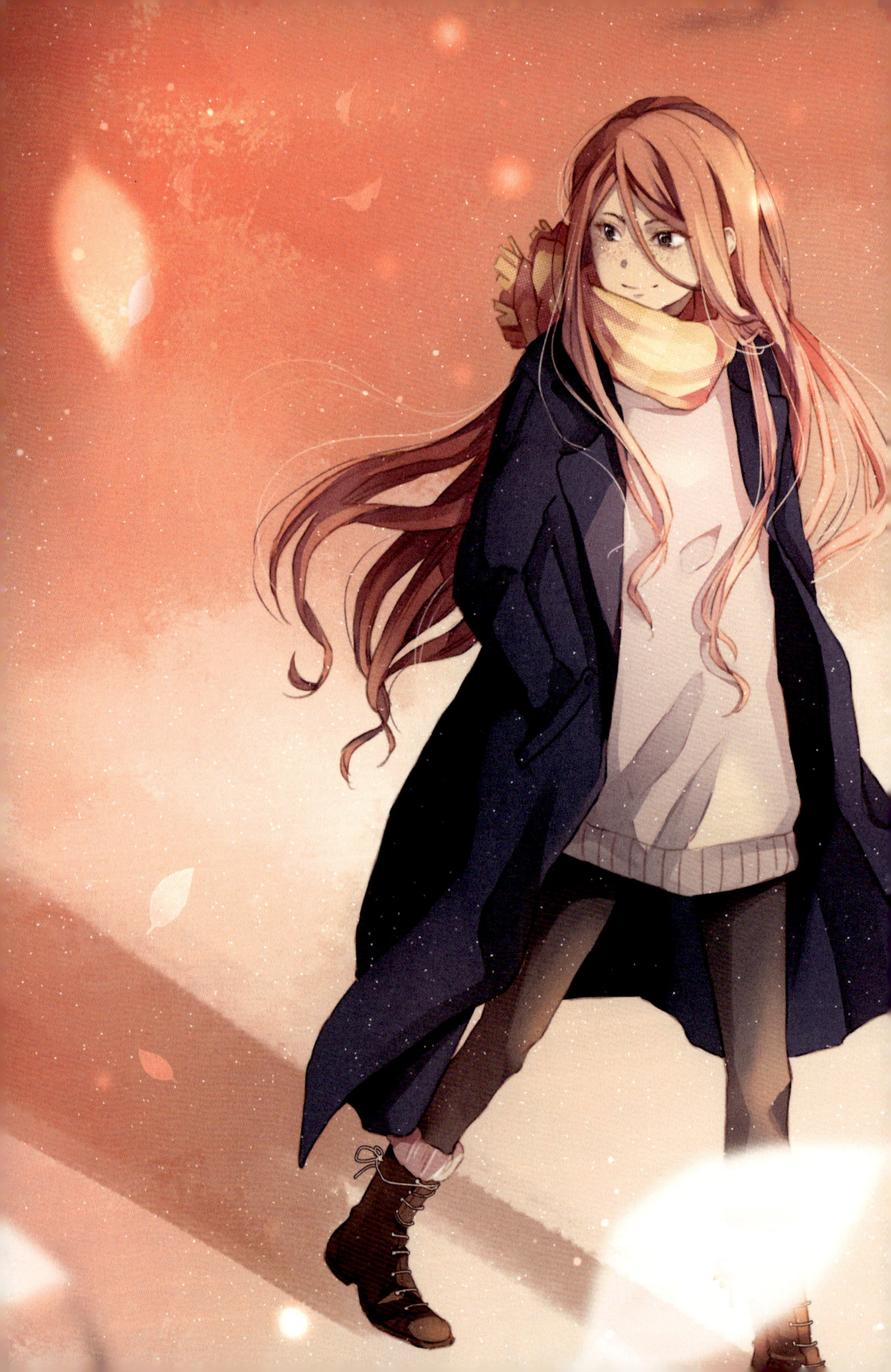

BONUS: HERBST

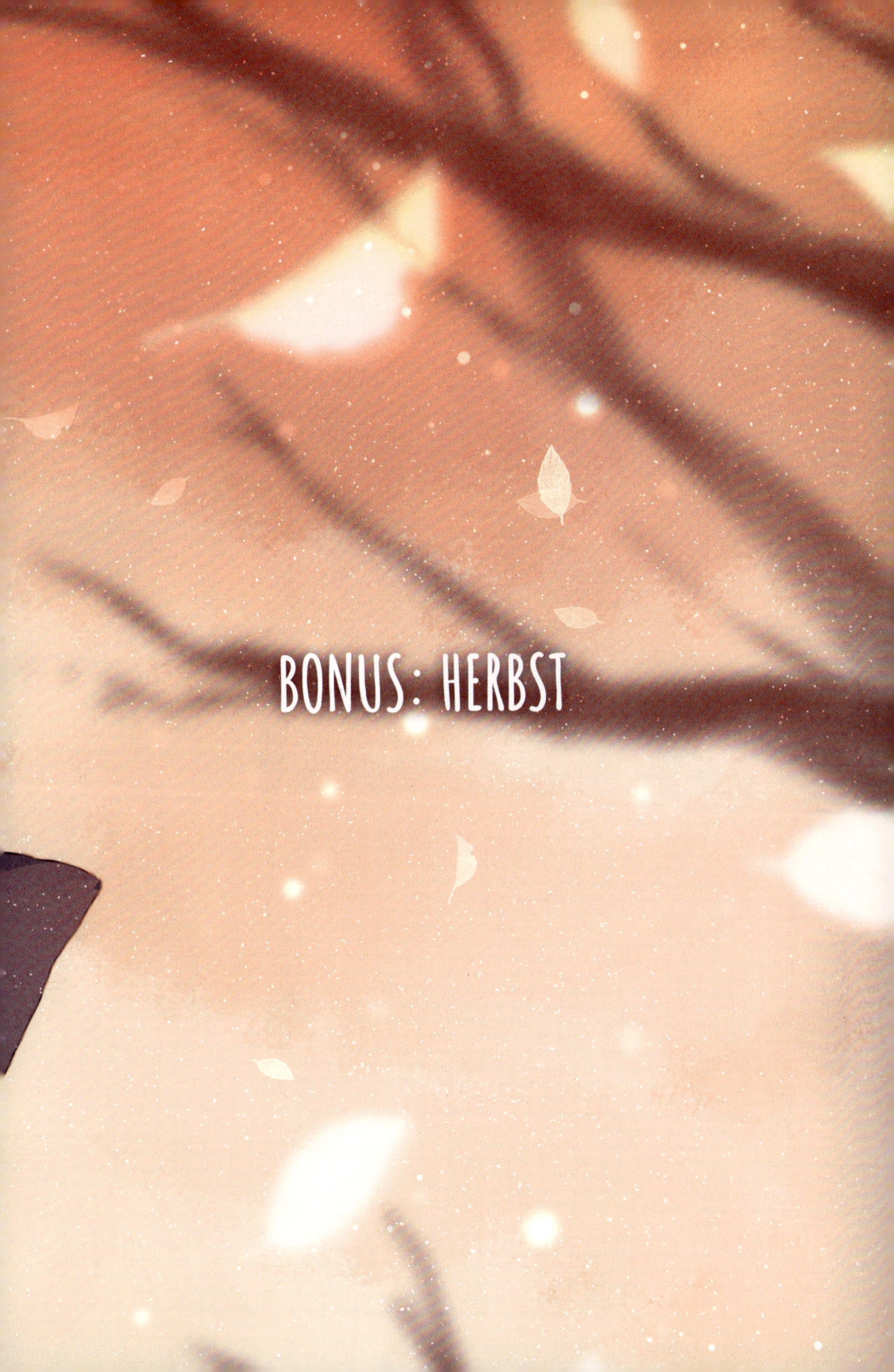

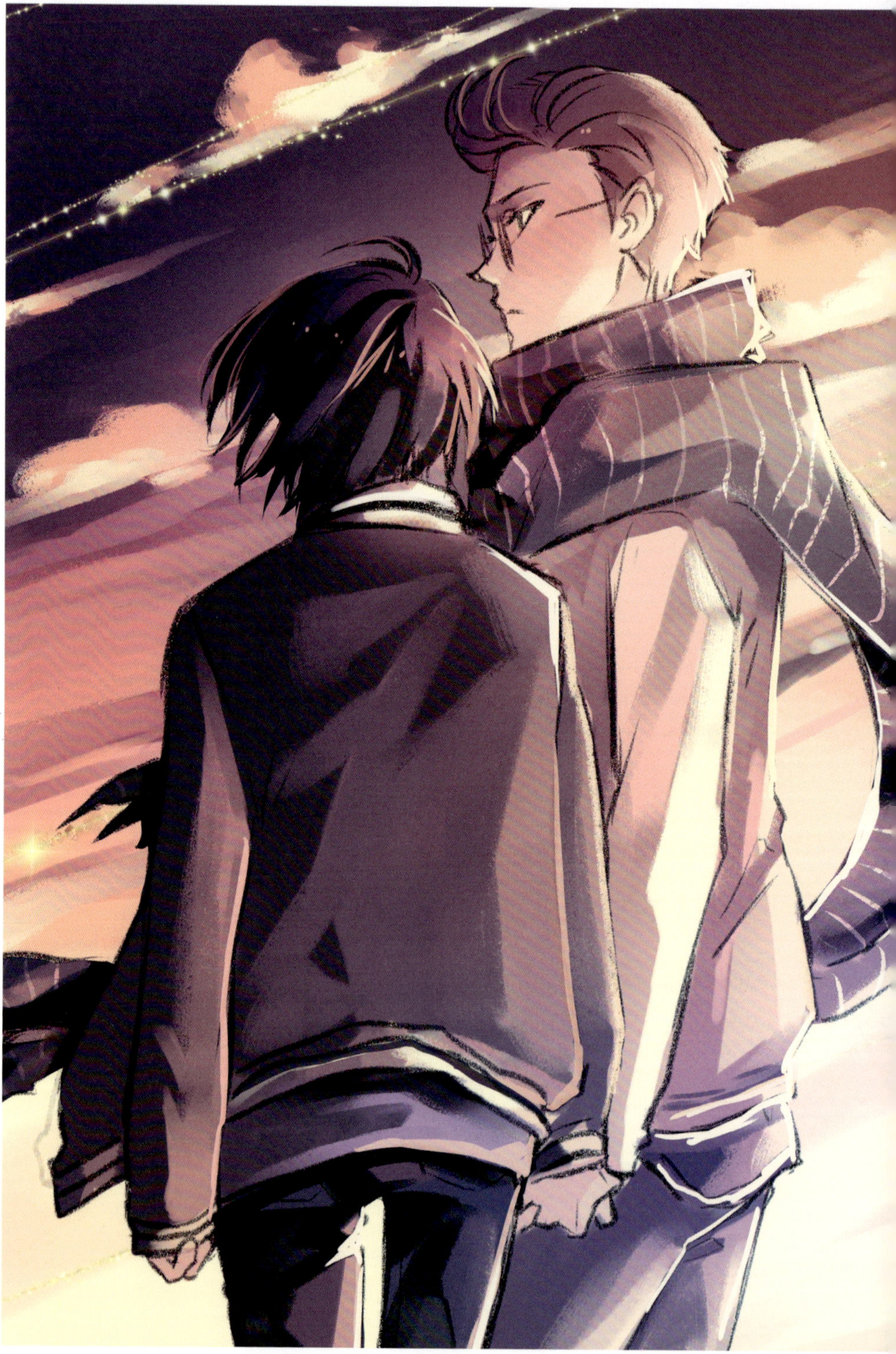

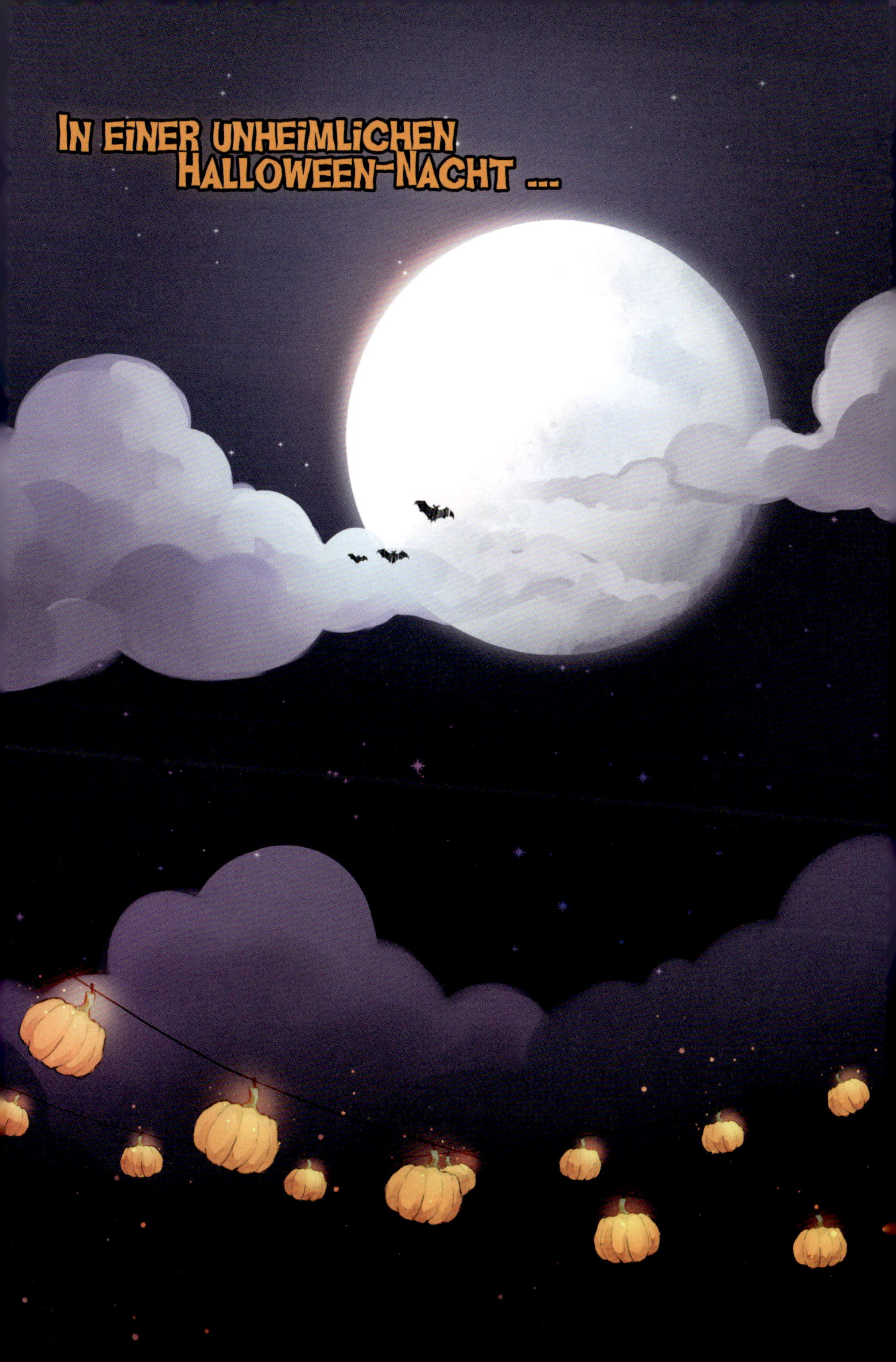
In einer unheimlichen
Halloween-Nacht ...

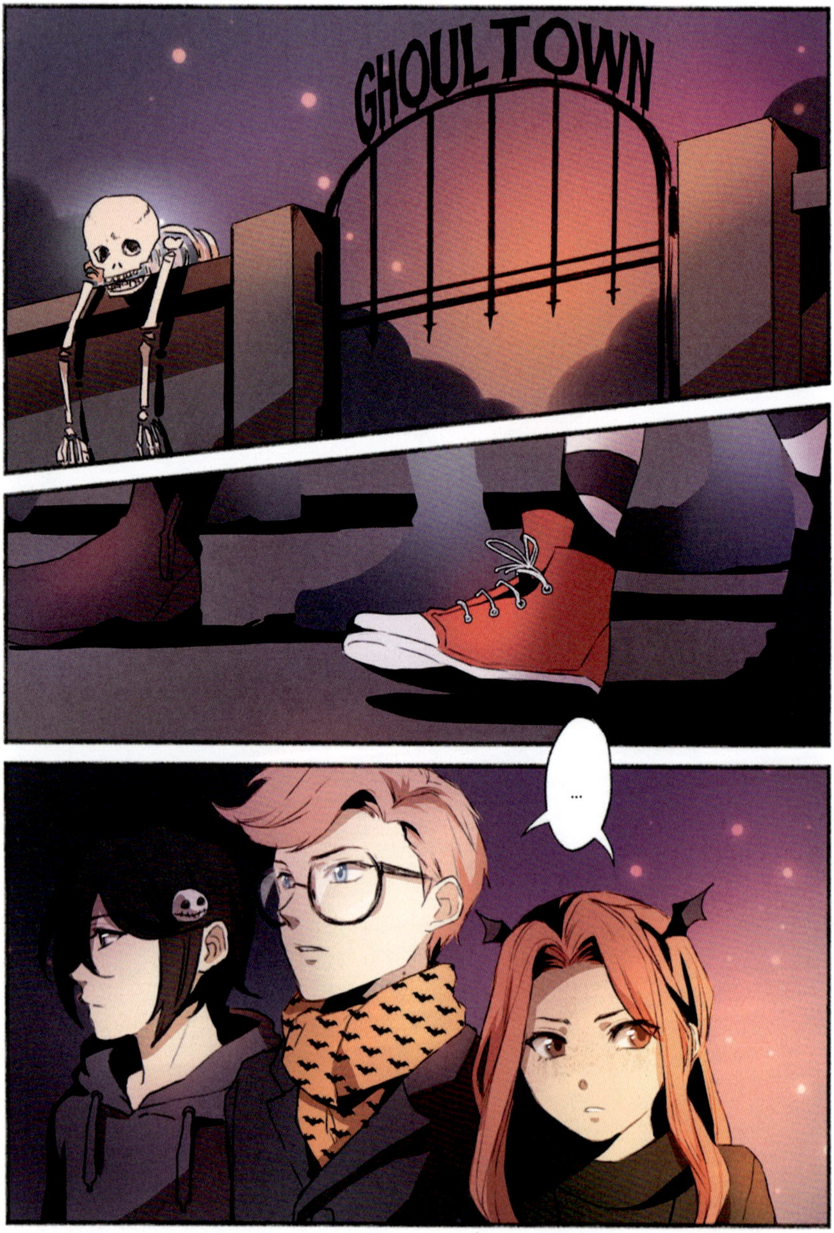
GHOUL TOWN
...

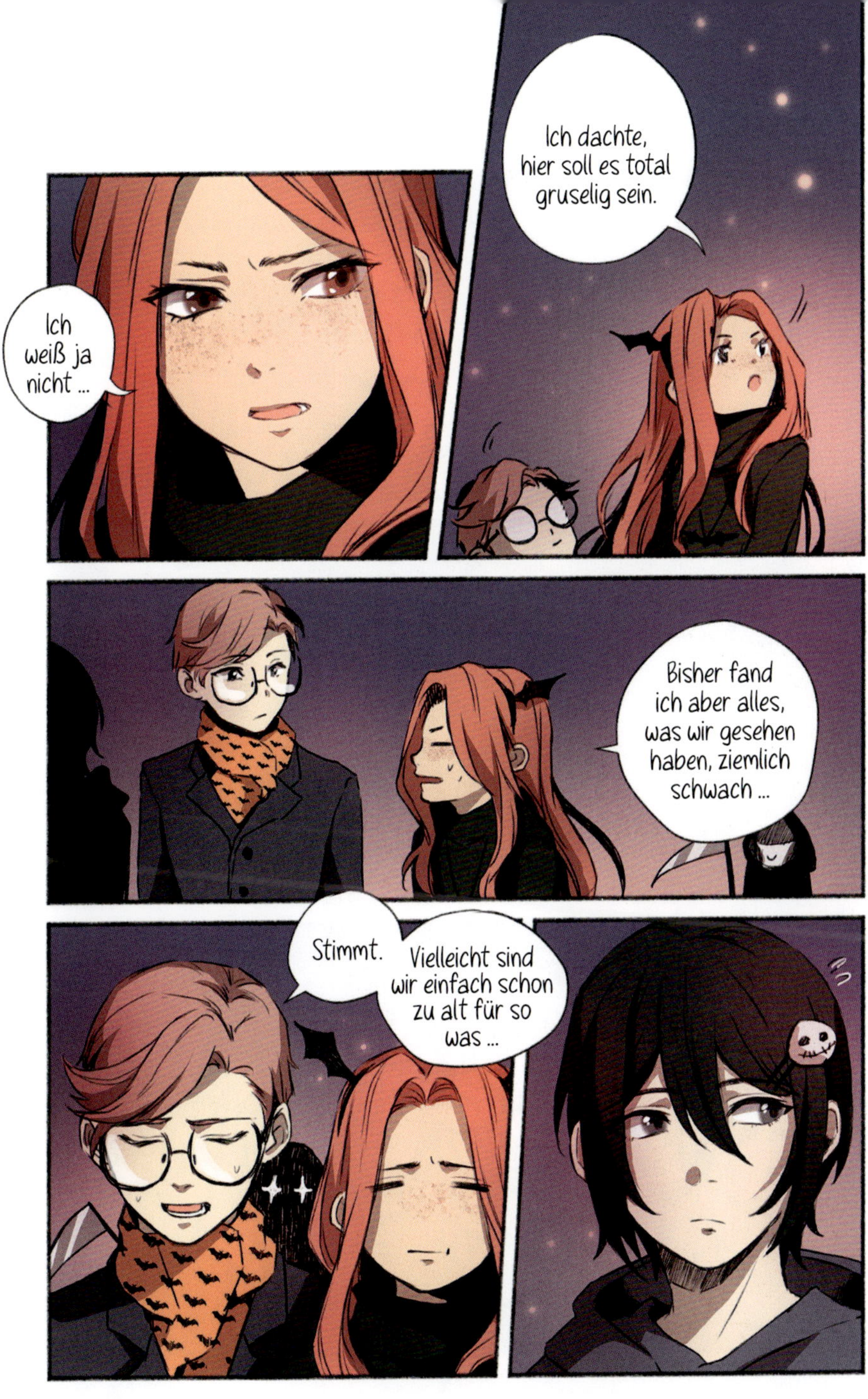
Ich dachte, hier soll es total gruselig sein.
Ich weiß ja nicht ...
Bisher fand ich aber alles, was wir gesehen haben, ziemlich schwach ...
Stimmt.
Vielleicht sind wir einfach schon zu alt für so was ...

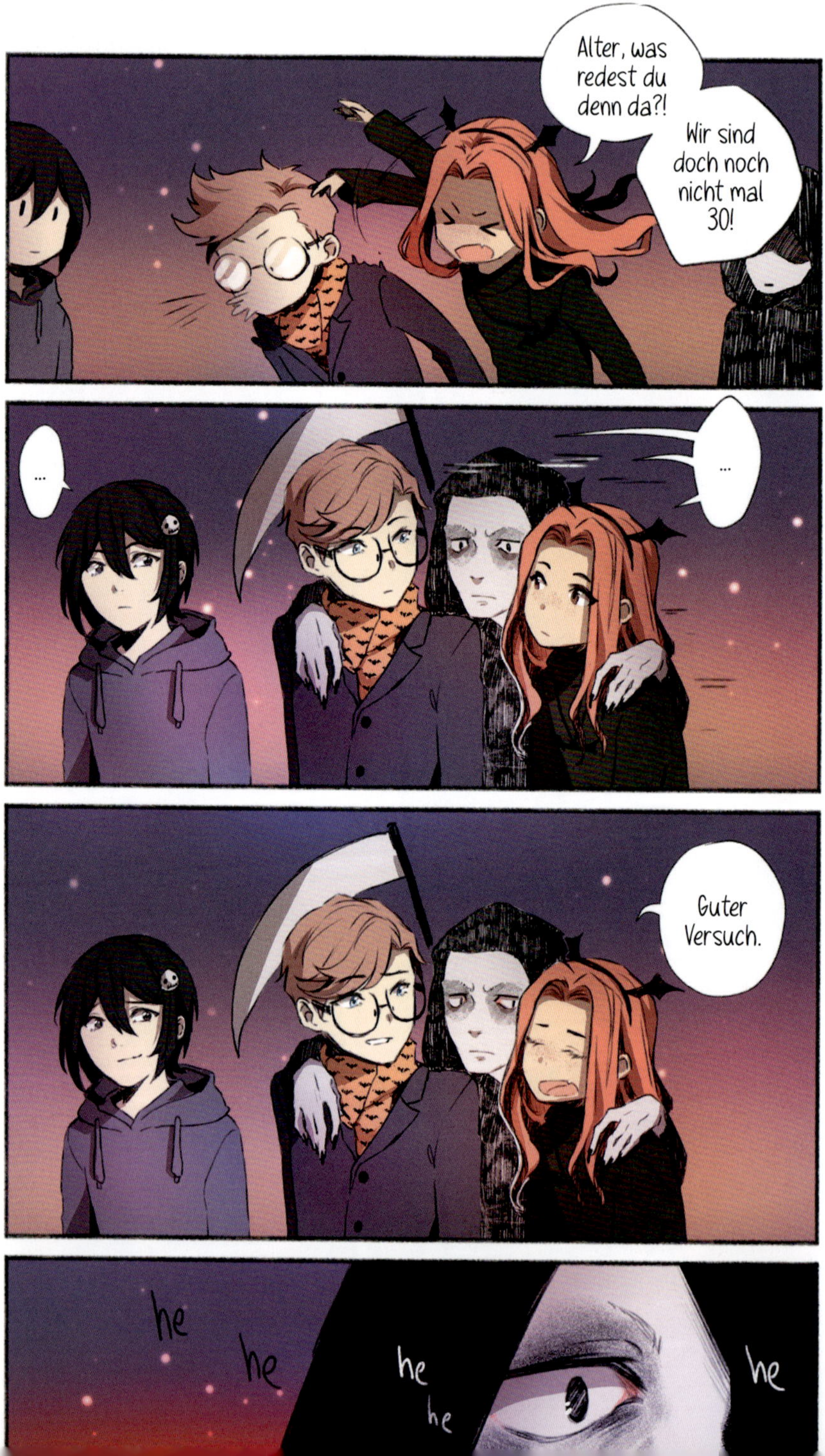
Alter, was redest du denn da?!
Wir sind doch noch nicht mal 30!
...
...
Guter Versuch.
he
he
he
he
he

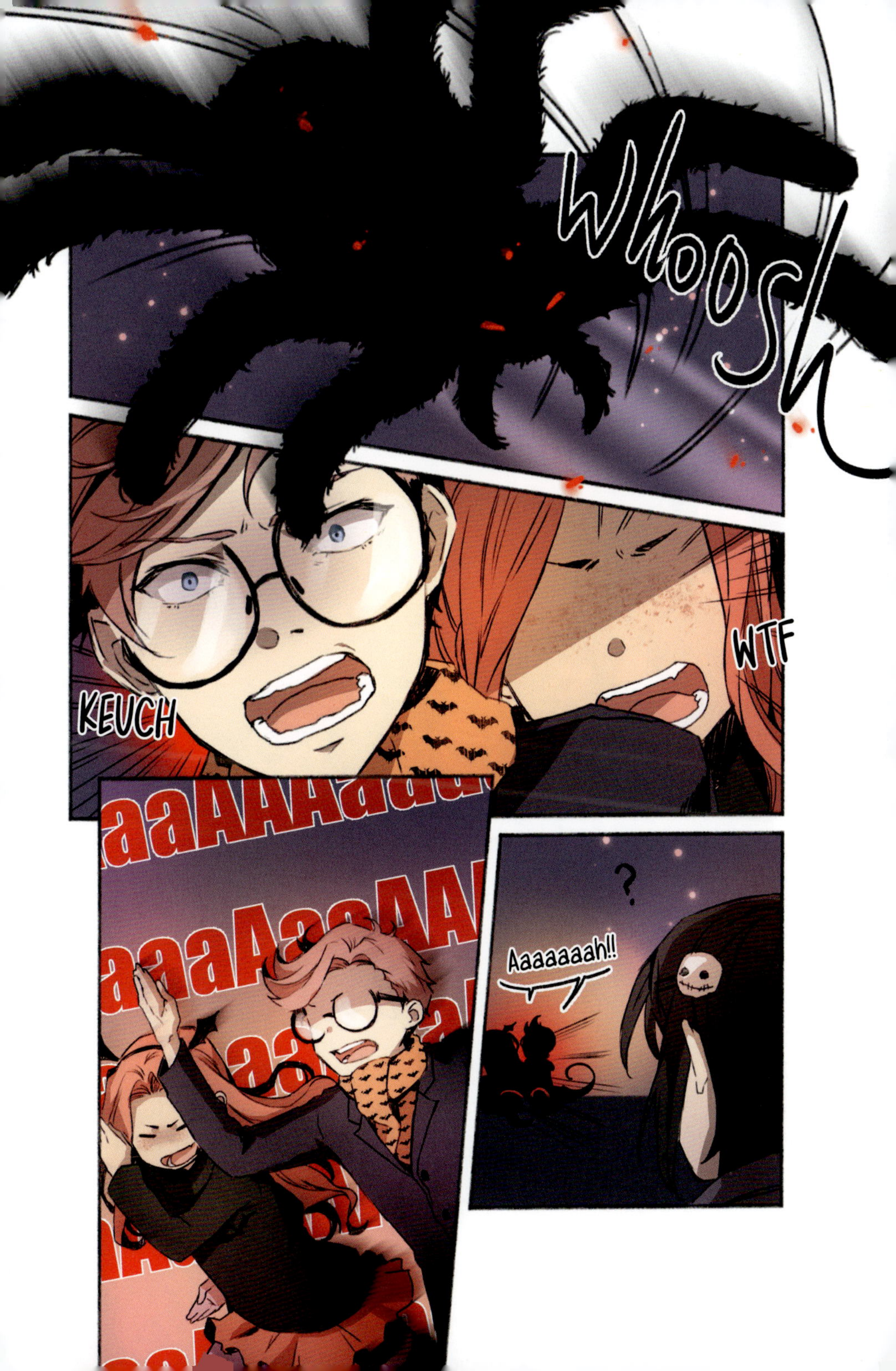
Whoosh
KEUCH
WTF
aaaAAAAaaa
aaaaAaaaAAA
?
Aaaaaaah!!

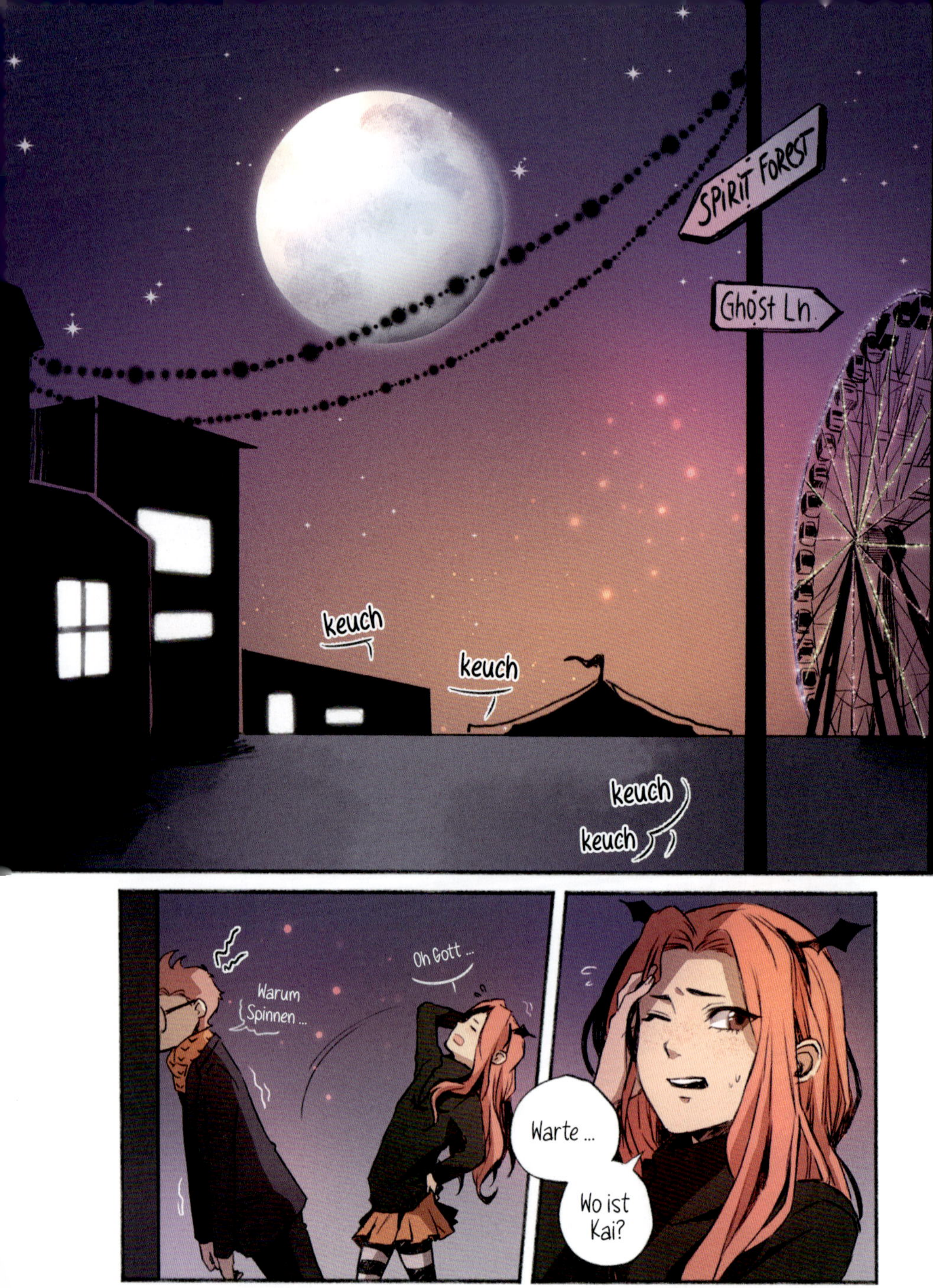
SPIRIT FOREST
Ghost Ln.
keuch
keuch
keuch
keuch
Warum Spinnen ...
Oh Gott ...
Warte ...
Wo ist Kai?

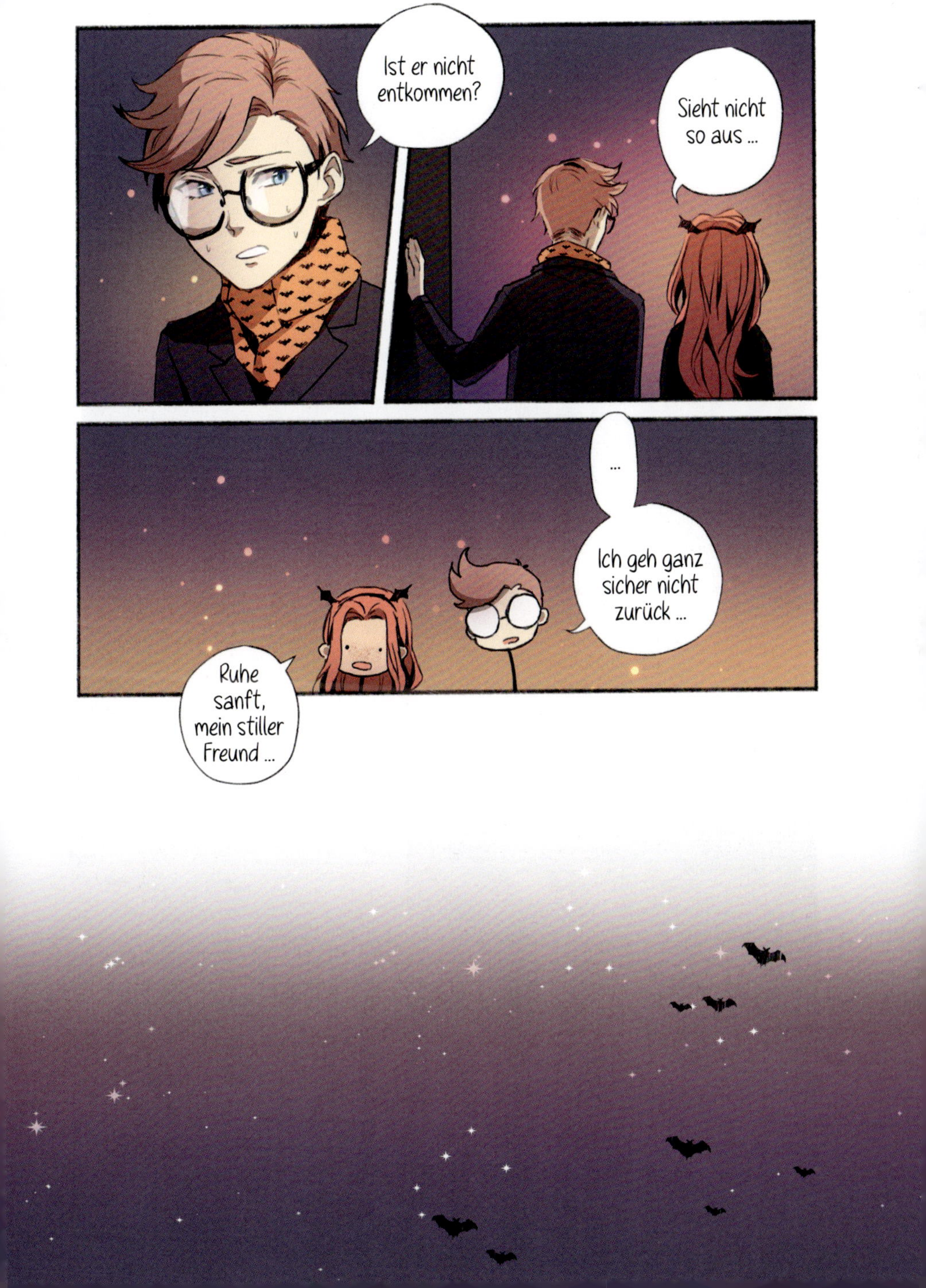
Ist er nicht entkommen?
Sieht nicht so aus ...
...
Ich geh ganz sicher nicht zurück ...
Ruhe sanft, mein stiller Freund ...

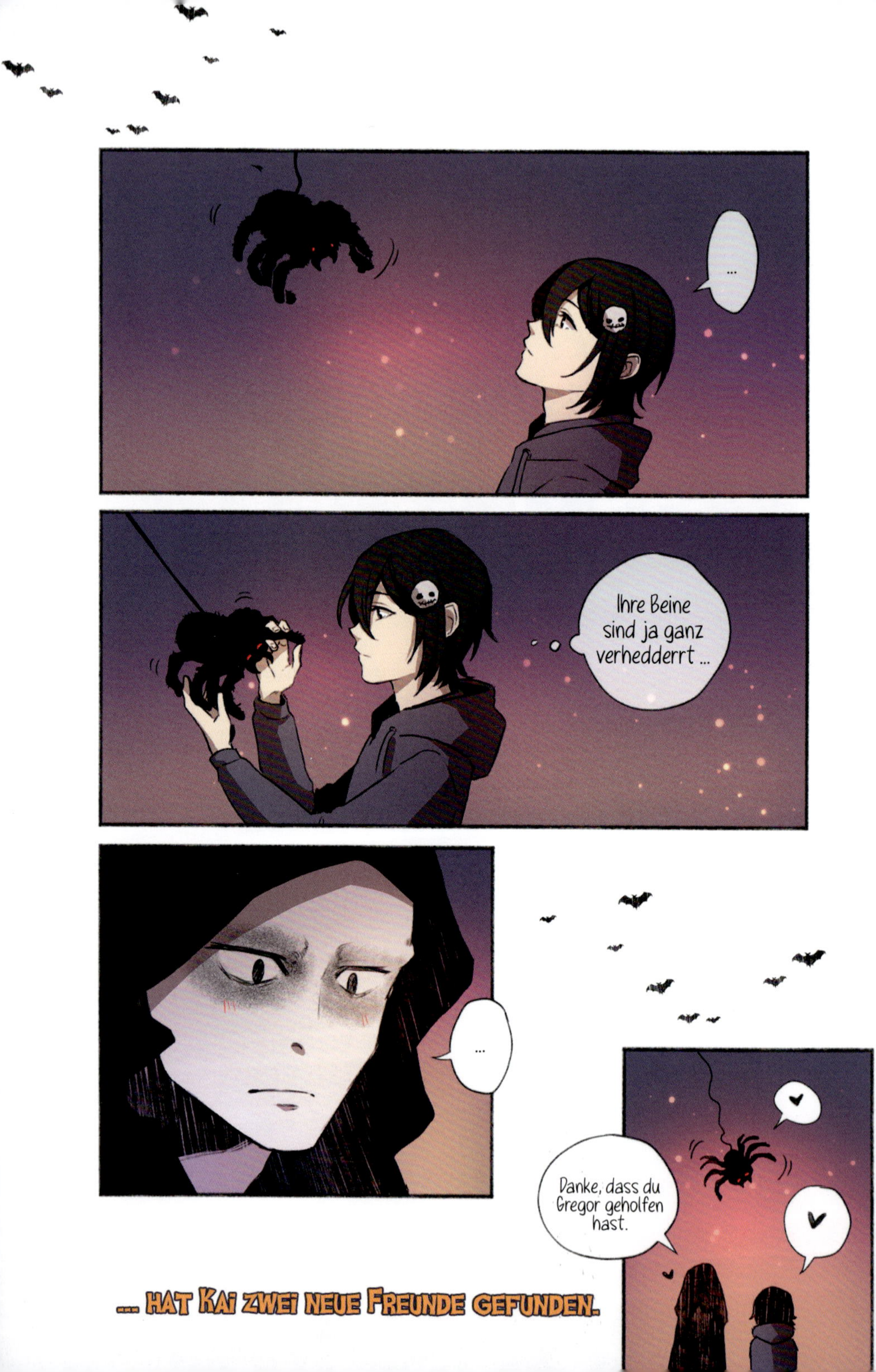
...
Ihre Beine sind ja ganz verhedderrt ...
...
Danke, dass du Gregor geholfen hast.
... HAT KAI ZWEI NEUE FREUNDE GEFUNDEN.

BONUS: WINTER

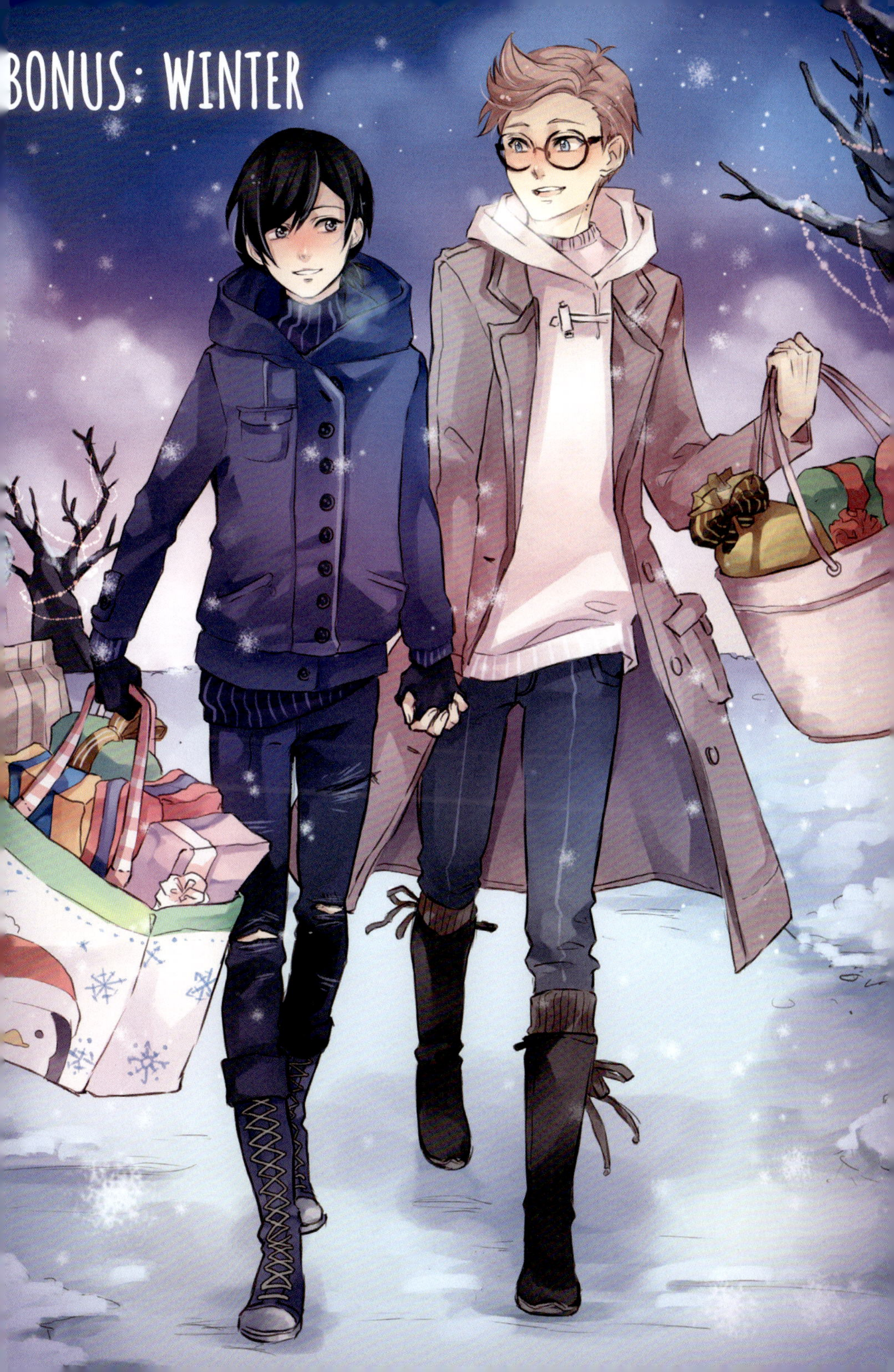

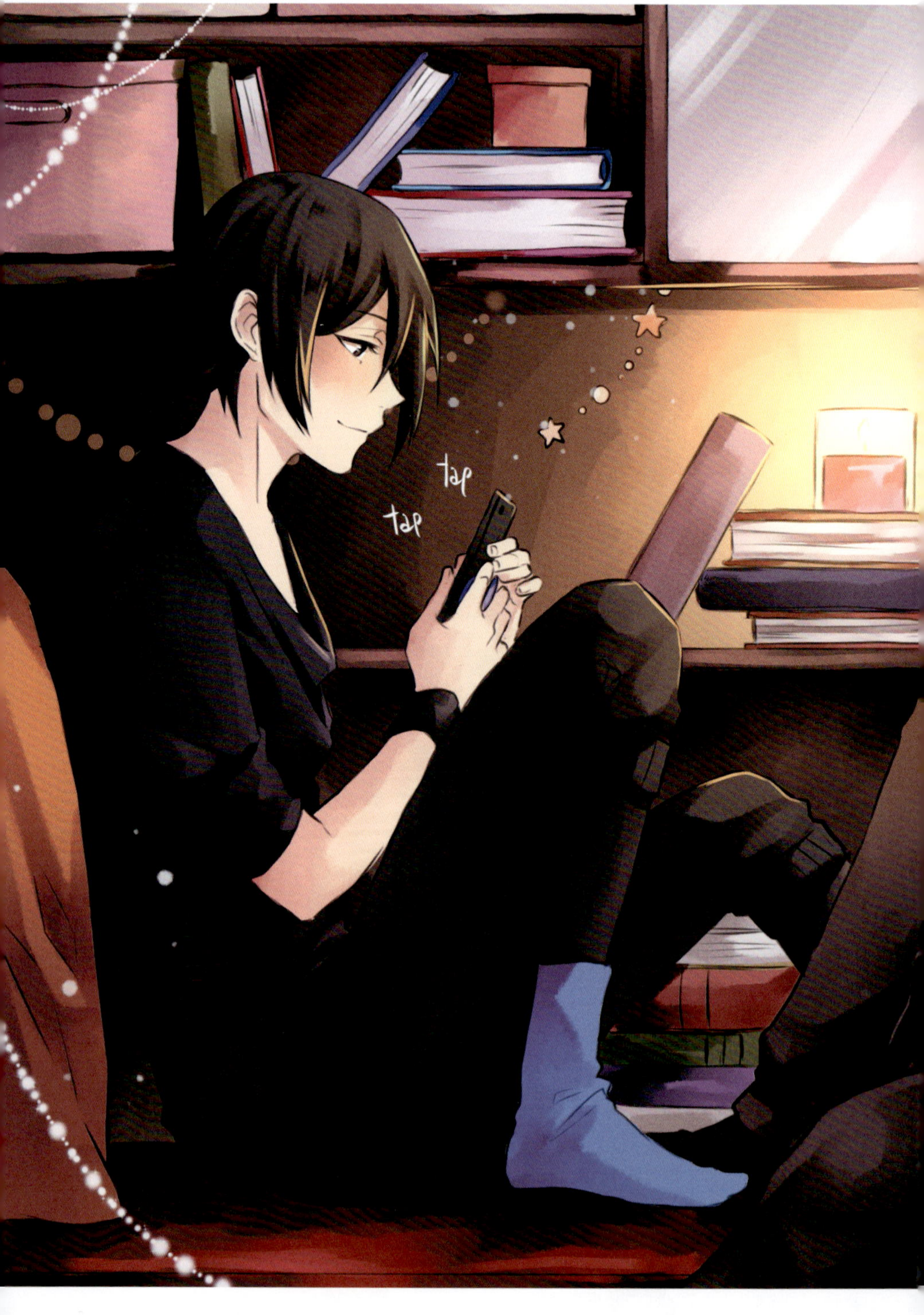
tap
tap

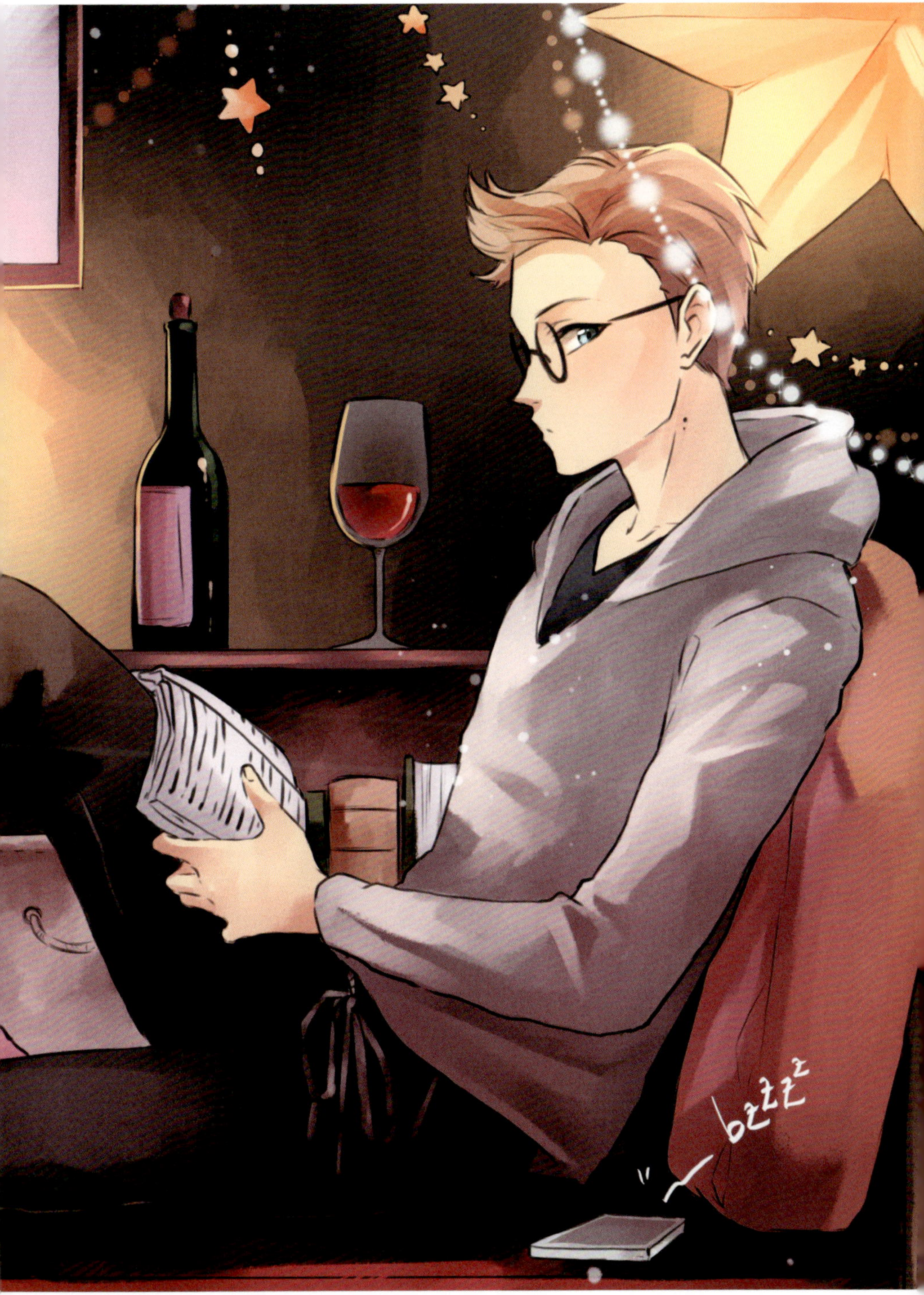
bzzzz

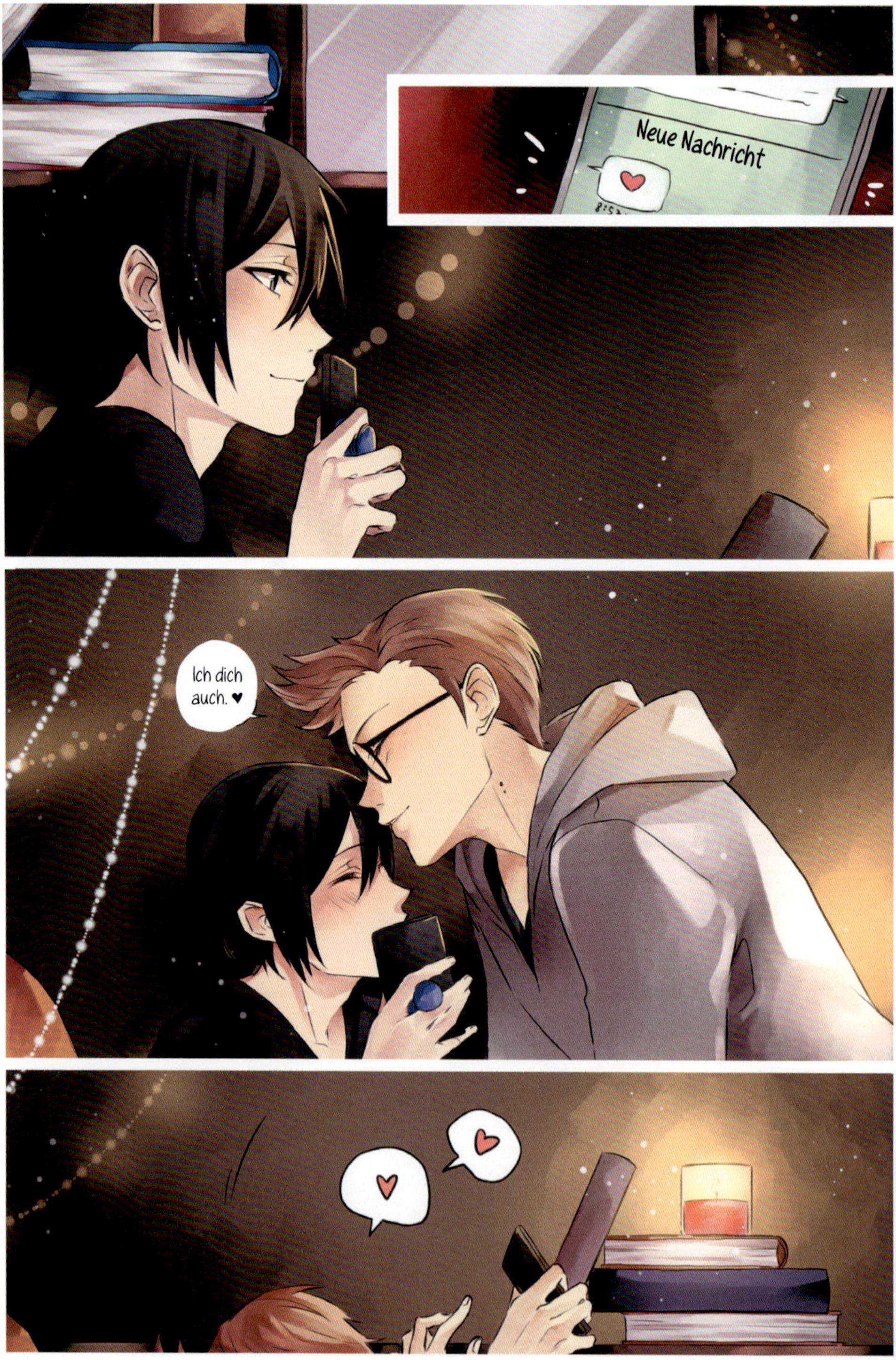

Ende.

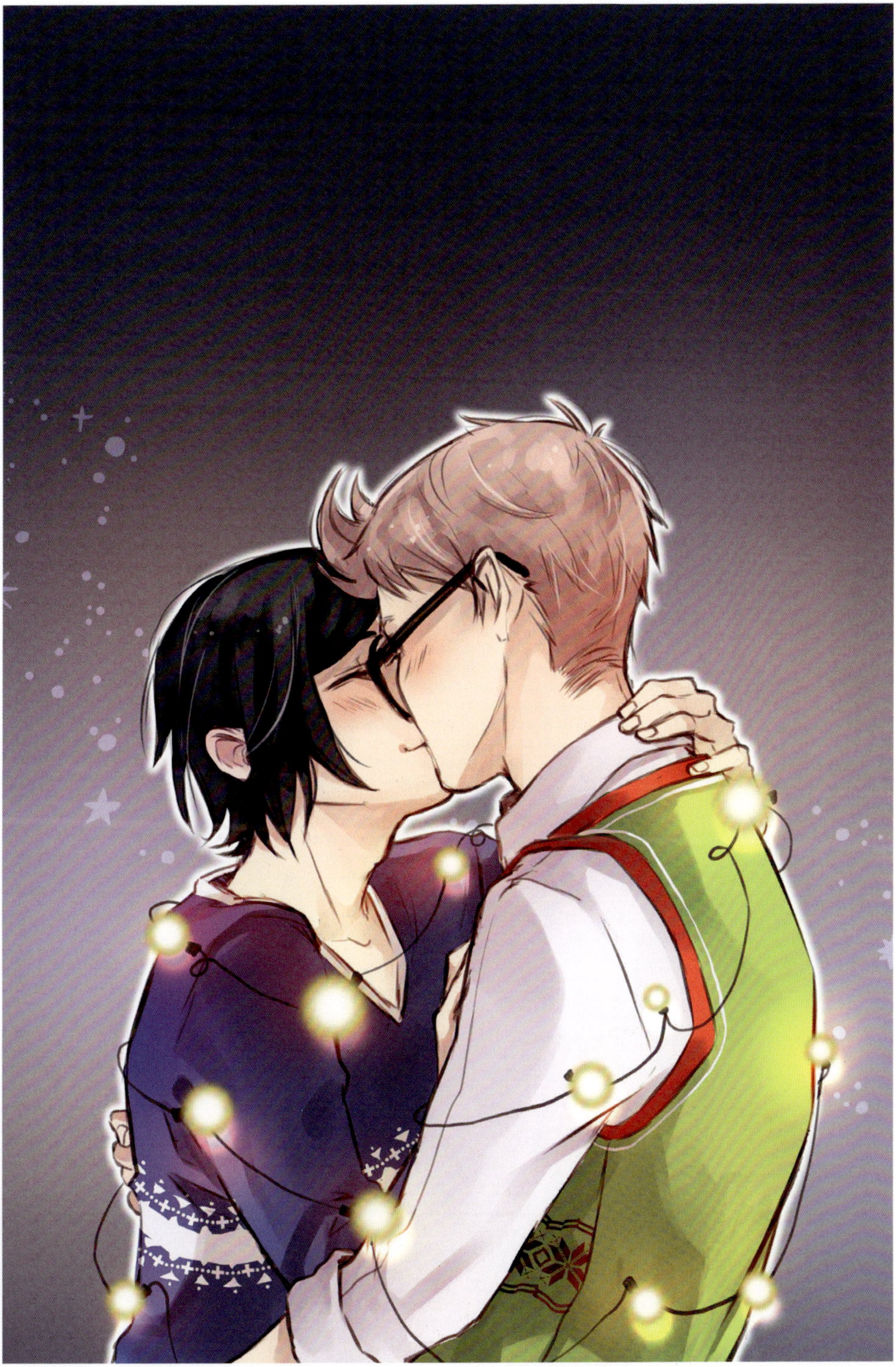

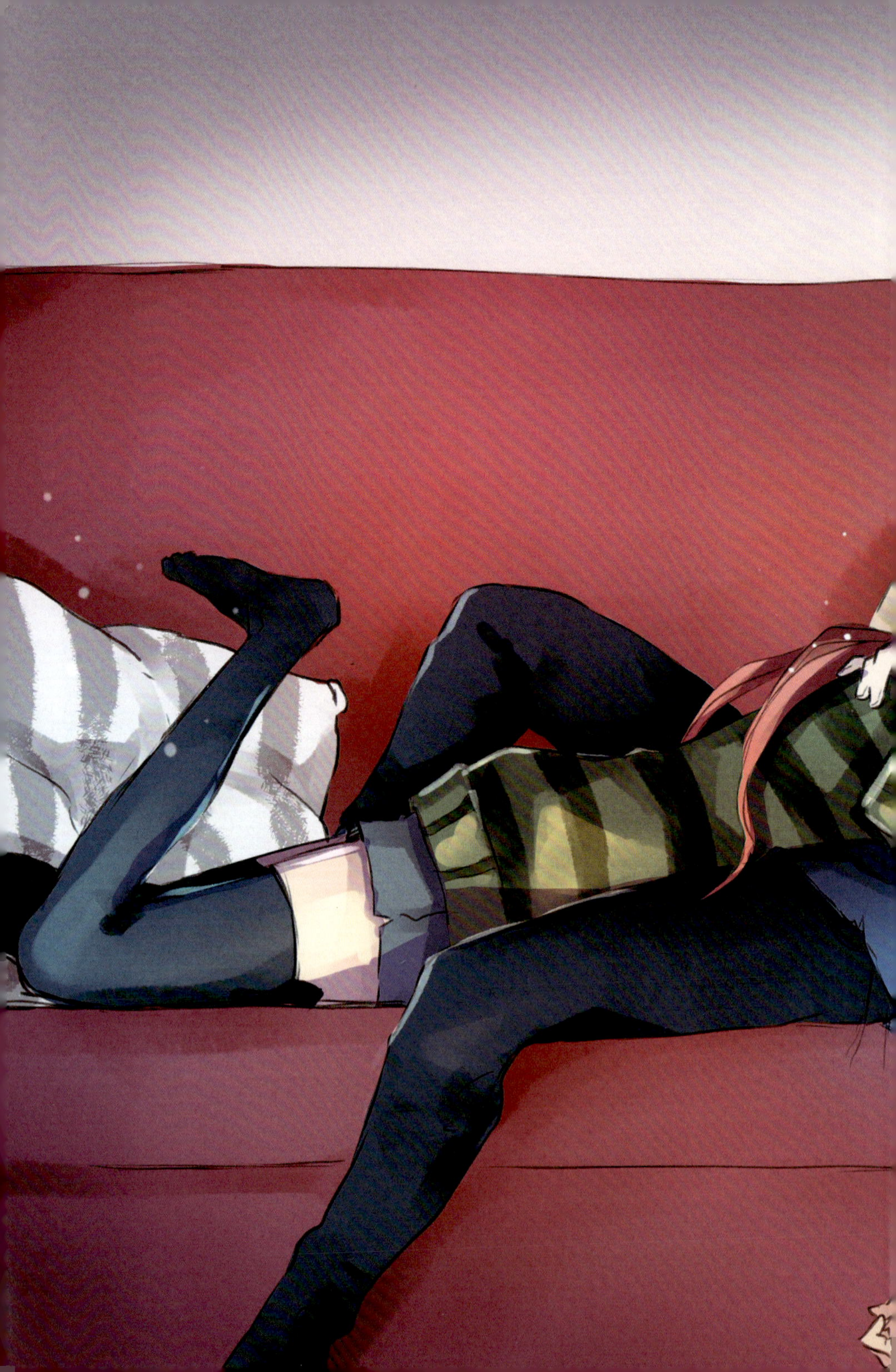

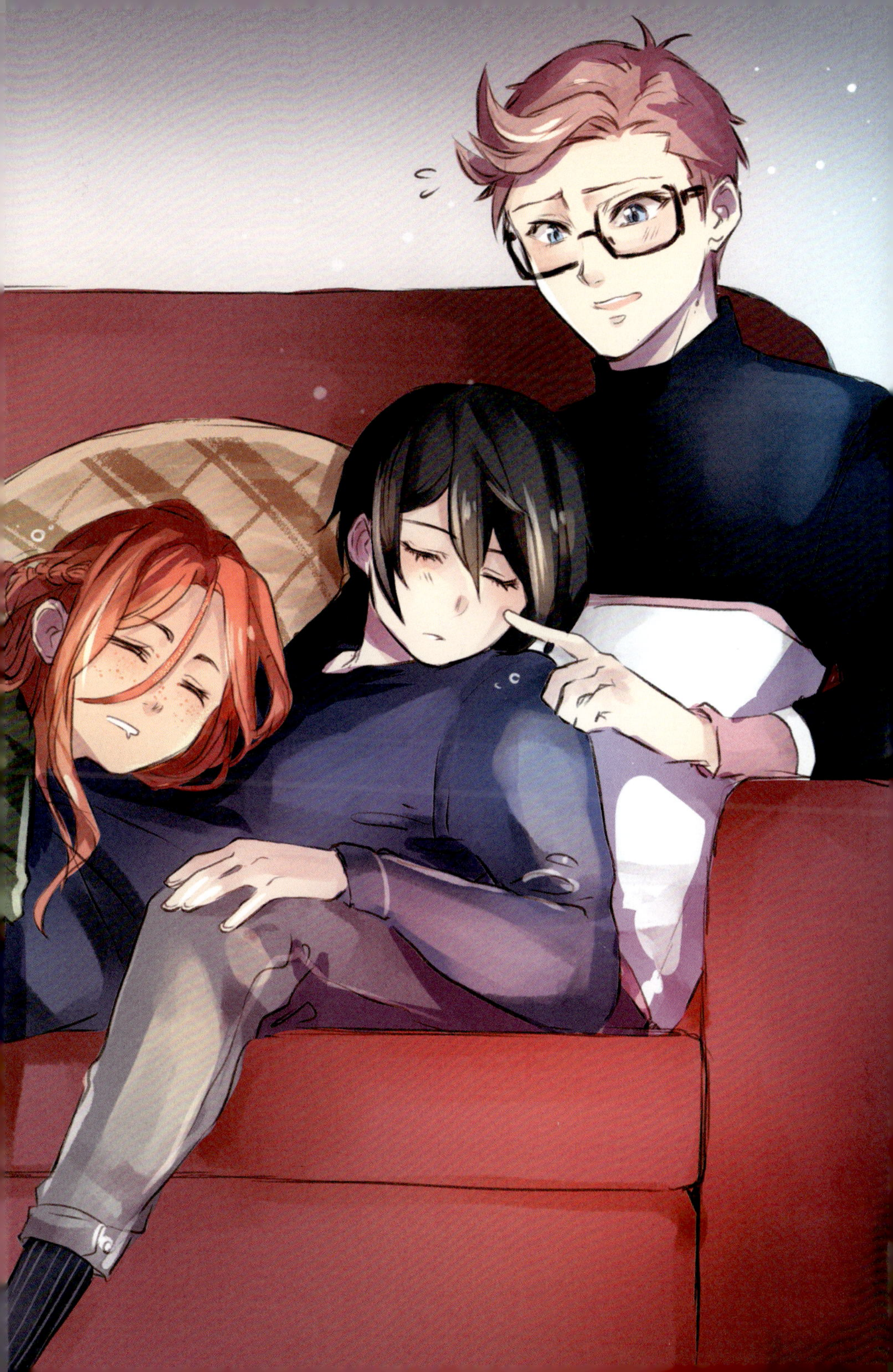

#Muted 01

von: kandismon

1. Auflage 2024
Deutsche Ausgabe/German Edition

Aus dem Englischen von Sibylle Hasse

Programmleitung: Lea Heidenreich & Michael Schuster
Redaktion: Lea Heidenreich
Layout & Lettering: kandismon, Brightstar Studio
Druck: Silber Druck

Print-ISBN: 978-3-910530-87-4

www.papertoons.de – März 2024